O ensino da
leitura

Associação Brasileira para
a Proteção dos Direitos
Editoriais e Autorais

RESPEITE O AUTOR
NÃO FAÇA CÓPIA
www.abpdea.org.br

M148e   McGuinness, Diane
          O ensino da leitura inicial : o que a ciência nos diz sobre como ensinar a ler / Diane McGuinness ; tradução Luzia Araújo. – Porto Alegre : Artmed, 2006.
          284 p. : il. ; 25 cm.

         ISBN 85-363-0687-4

         1. Leitura – Ensino. I. Título.

         CDU 372.41

Catalogação na publicação: Júlia Angst Coelho – CRB 10/1712

O ensino da
leitura

O que a ciência nos diz sobre como ensinar a ler

Diane McGuinness

Professora de Psicologia na
University of South Florida.

Tradução:

Luzia Araújo

Consultoria, supervisão e revisão técnica desta edição:

Adriana Corrêa Costa

Fonoaudióloga clínica. Doutoranda em Educação na UFRGS.
Mestre em Letras pela PUCRS. Especialista em Psicopedagogia pela FAPA.

2006

Obra originalmente publicada sob o título
Early reading instruction: What science really tells us about how to teach reading

ISBN 0-262-13438-1

©2004, Diane McGuinness
All rights reserved. No part of this book may be reproduced in any form by any electronic or mechanical means (including photocopying, recording, or information storage and retrieval) without permission in writing from the publisher.

©2006, Artmed Editora SA, Porto Alegre.

Capa: *Gustavo Macri*

Preparação de originais: *Josiane Tibursky*

Leitura final: *Rubia Minozzo*

Supervisão editorial: *Mônica Ballejo Canto*

Editoração eletrônica: *Laser House*

Reservados todos os direitos de publicação, em língua portuguesa, à
ARTMED® EDITORA S.A.
Av. Jerônimo de Ornelas, 670 – Santana
90040-340 – Porto – Alegre RS
Fone: (51) 3027-7000   Fax: (51) 3027-7070

É proibida a duplicação ou reprodução deste volume, no todo ou em parte, sob quaisquer formas ou por quaisquer meios (eletrônico, mecânico, gravação, fotocópia, distribuição na Web e outros), sem permissão expressa da Editora.

SÃO PAULO
Av. Angélica, 1.091 – Higienópolis
01227-100 – São Paulo – SP
Fone: (11) 3665-1100   Fax: (11) 3667-1333

SAC 0800 703-3444

IMPRESSO NO BRASIL
PRINTED IN BRAZIL

PREFÁCIO

Há 5 mil anos, sábios egípcios e sumérios criaram os primeiros sistemas de escrita completos. Embora esses sistemas diferissem radicalmente quanto à sua forma – os egípcios marcando palavras inteiras e consoantes, e os sumérios marcando sílabas – ambos eram completos e independentes. A qualquer nome, a qualquer palavra já existente ou ainda por surgir poderiam ser atribuídos símbolos apropriados que representassem a fonologia daquela palavra.

As escolas eram fundadas para os filhos da elite – governantes, sacerdotes, administradores e ricos fazendeiros, além dos obviamente talentosos –, e muito pouco se modificou nesse sentido até o século XIX, quando o movimento de educação universal começou a ganhar força. Até então, ninguém controlava quais crianças tinham maior ou menor sucesso no domínio dessa extraordinária invenção. Porém, com a separação das crianças por faixa etária e o maior acesso à escola, tornou-se difícil ignorar as diferenças individuais nessa aprendizagem. Na maioria dos países europeus, tais diferenças eram mínimas e, quando os problemas realmente ocorriam, afetavam a fluência e a compreensão da leitura. Em países de língua inglesa, por sua vez, as diferenças individuais eram imensas. Algumas crianças aprendiam a ler rapidamente, enquanto outras sequer aprendiam – apesar de anos de ensino. Isso afetava tudo – decodificação, soletração,[1] fluência e compreensão da leitura. A que se devia esse fracasso? Ao método de ensino, à natureza do próprio sistema de escrita, ou a algo inerente à criança?

A busca de uma resposta para essa questão consumiu boa parte do século XX e, agora que encontramos as respostas, há algumas enormes surpresas. Leitura e escrita são fáceis de ensinar se você souber como fazê-lo. Teorias influentes, que direcionaram grande parte das pesquisas ao longo dos últimos 30 anos, não são fundamentadas pelos dados. Além disso, o volume das pesquisas transformou-se em uma bola de neve, a tal ponto que se tornou difícil lidar com a quantidade de estudos. As gigantescas e impressionantes bases de dados sobre quase todos os tópicos relacionados à leitura são um obstáculo ao progresso.

Para termos uma idéia do tamanho real dessas bases e da qualidade dos estudos nelas disponíveis, o National Reading Panel (NRP)[2] decidiu inventariá-las. Relataram que, dos 1.072 estudos realizados nos últimos 30 anos sobre os métodos de ensino de leitura, apenas 75 sobreviveram a uma veri-

---

[1] N. de R. T. O verbo *to spell* pode ter três traduções no português: soletrar; escrever e ortografar. No Capítulo 3, a autora deixará claro qual o termo que usará para se referir a ortografia (*orthography*). Entretanto, há uma distinção importante a fazer entre soletrar e escrever. Optei, então, por traduzir a palavra *spelling* por *soletração* toda a vez que se referir a capacidade de transcrever os sons de uma palavra em sua forma escrita (habilidade mais pesquisada) e por *escrita* quando se referir ao código ou a uma habilidade mais geral, como, por exemplo, a habilidade de redigir textos (habilidade muito menos pesquisada).

[2] N. de R. T. O Congresso Norte-Americano reuniu um comitê que envolveu parlamentares, cientistas e profissionais da educação com a finalidade de avaliar o estado da arte sobre o ensino da leitura.

ficação preliminar composta pelos seguintes critérios:

- Publicação em um periódico especializado.
- Comparação entre pelo menos dois métodos de ensino.
- Composição aleatória dos sujeitos em grupos-controle e experimental.
- Desenho experimental ou quase-experimental com o grupo-controle.
- Análise estatística suficiente para computar as magnitudes de efeitos de um método sobre o outro (National Reading Panel, 2000).

Em uma investigação posterior, apenas 38 estudos foram considerados apropriados metodologicamente. A história foi a mesma para cada área do ensino da leitura. O NRP (2000) trouxe à tona massivos 19 mil artigos sobre a idéia de que "ler muito" ajuda as crianças a aprender a ler. Não ajuda, mas apenas 14 estudos sobreviveram à verificação final para comprovar essa idéia. Todos os estudos sobre o ensino da consciência fonêmica, da fluência em leitura, do vocabulário e da compreensão leitora padeciam de um mal semelhante.

Deparei-me com problemas idênticos quando comecei a escrever um livro objetivando analisar as pesquisas sobre a leitura no século XX. A tentativa de reunir todo esse material em um único volume, enquanto decidia entre estudos confiáveis e não-confiáveis, mostrou-se impossível. O resultado foi a publicação de dois livros complementares, porém independentes. Este, *O ensino da Leitura*, enfoca a pesquisa científica e a história do ensino da leitura, incluindo uma análise detalhada do relatório do NRP (2000). O segundo livro, *Language development and learning to read*,[3] concentra-se nos preditores de uma leitura eficaz, ou seja, se as diferenças em determinadas habilidades perceptivas, lingüísticas ou cognitivas afetam ou não a capacidade de aprender a ler. A comprovação, ou falta de, para muitas das teorias mais conhecidas nessa área de estudo reside, justamente, fora dela. Encontra-se nas pesquisas sobre desenvolvimento da linguagem, realizadas por psicólogos do desenvolvimento, psicolingüistas e pesquisadores das ciências da fala e da audição, e isso acrescenta um outro grau de complexidade a já existente controvérsia.

Um guia de pronúncia é apresentado na tabela a seguir.[4] Deve-se notar que esse guia não segue o Alfabeto Fonético Internacional (AFI). Ao contrário, ele representa a soletração mais comum em inglês para cada fonema. O AFI é particularmente pobre em sua correspondência com o sistema de escrita da língua inglesa, comparado a outros alfabetos europeus mais diretamente relacionados ao código latino de som-símbolo. Como tal, é confuso para pessoas não-familiarizadas com ele. Por exemplo, o AFI marca o som /ah/ com a letra a. Em inglês, essa letra representa tipicamente os sons /a/ (*cat*) ou /ae/ (*table*), enquanto que /ah/ é representado com a letra o (*hot*), que é o símbolo para o som /oe/ no AFI. Essa confusão existe na maioria das soletrações das vogais.

Um glossário sobre os termos mais utilizados está no final do livro.

Existem nove fonemas vogal + r. Todos exceto um (/er/) são ditongos – dois sons pronunciados em uma só sílaba que contam como uma vogal. Os listados a seguir têm soletrações especiais e precisam ser ensinados de modo específico. Os demais usam soletrações mais convencionais e podem ser ensinados como "dois sons": /eer/, /ire/, /ure/, /oor/, /our/ como em *deer, fire, cure, poor, our*.

---

[3] N. de T.: *Desenvolvimento da linguagem e aprendizagem da leitura*, obra ainda sem tradução para o português.

[4] N. de R. T Análise semelhante para o português foi realizada por Lamprecht, R.; Bonilha, G.;Freitas, G.; Matzenauer, C.; Mezzomo, C.; Oliveira, C.; Ribas, L.. *Aquisição fonológica do português*. Porto Alegre: Artmed, 2004.

Fonemas da língua inglesa e suas soletrações do código básico
Os sons são indicados pelas barras inclinadas.

Consoantes

Som	Como em	Soletração do código básico
/b/	*big*	b
/d/	*dog*	d
/f/	*fun*	f
/g/	*got*	g
/h/	*hot*	h
/j/	*job*	j
/k/	*kid*	k
/l/	*log*	l
/m/	*man*	m
/n/	*not*	n
/p/	*pig*	p
/r/	*red*	r
/s/	*sat*	s
/t/	*top*	t
/v/	*van*	v
/w/	*win*	w
/z/	*zip*	z

As seguintes são combinações de duas consoantes com soletrações especiais:

Som	Como em	Soletração do código básico
/ch/	*chin*	ch
/ng/	*sing*	ng
/sh/	*shop*	sh
/th/	*thin*	th
/th/	*then*	th
/zh/	*azure*	-
/ks/	*tax*	x
/kw/	*quit*	qu

Vogais		
Som	Como em	Soletração do código básico
/a/	*had*	a
/e/	*bed*	e
/i/	*hit*	i
/o/	*dog*	o
/aw/	*law*	aw
/u/	*but*	u
/ae/	*made*	a-e
/ee/	*see*	ee
/ie/	*time*	i-e
/oe/	*home*	o-e
/ue/	*cute*	u-e
/o͝o/	*look*	oo
/o͞o/	*soon*	oo
ou	*out*	ou
oi	*oil*	oi
Vogal + *r*		
/er/	*her*	er
/ah/-/er/	*far*	ar
/oe/-/er/	*for*	or
/e/-/er/	*hair*	air

SUMÁRIO

Prefácio v

Introdução 11

1 Por Que as Crianças Falantes da Língua Inglesa não Conseguem Ler? 15
2 Sobre a Natureza dos Sistemas de Escrita 22
3 A Estrutura do Código Alfabético Inglês 39
4 Como Ensinar a Leitura: Lições do Passado 63
5 Como Ensinar a Leitura: Pesquisas Modernas 86
6 Treino de Consciência Fonêmica 119
7 Fluência em Leitura 144
8 Ensino do Vocabulário e da Compreensão 159
9 Como se Aprende a Soletrar? 183
10 O Problema das Muitas Palavras: A Soletração é Mais Difícil
do que Parece 205
11 Novas Diretrizes para o Século XXI 230

Apêndice 1: Como os Países Trapaceiam os Estudos
Internacionais Sobre Alfabetização 251

Apêndice 2: Mau Uso da Estatística
Problemas Estatísticos em Bond e Dykstra, 1967 255

Apêndice 3: Uma Análise das Listas de Palavras de
Treiman e colaboradores, 1995 257

Glossário 261

Referências 265

Índice Onomástico 275

Índice Analítico 279

Introdução

Pode surpreender a muitos leitores o fato de sabermos como ensinar leitura de tal forma que toda criança possa alcançar bons resultados. Além disso, existem programas altamente eficazes para todas as habilidades envolvidas na leitura, incluindo a decodificação, a soletração, a fluência, o vocabulário e a compreensão. O conhecimento sobre a existência desses programas deve-se ao National Reading Panel (NRP). O NRP (2000) prestou um enorme serviço a todos os pesquisadores da área ao realizar buscas exaustivas em extensas bases de dados sobre a leitura, excluindo cuidadosamente o desnecessário. Pude aproveitar sua triagem e ir um pouco além neste livro, a fim de observar métodos bem-sucedidos em uma profundidade bem maior do que a alcançada pelo NRP (2000).

Assim, *O ensino da leitura* vai além da pesquisa atual sobre métodos de ensino; ele aborda as descobertas mais recentes de como os sistemas de escrita foram criados e as implicações para as formas de como podem ser ensinados. Ele proporciona uma análise dos esforços para categorizar o código escrito da língua inglesa e de como os novos conhecimentos sobre a estrutura desse código afetam os processos de ensino da leitura e da escrita. O livro também revisa evidências históricas sobre importantes avanços nos métodos de ensino que se perderam no início do século XX.

Ao esmiuçar lições a partir de evidências científicas e históricas, criei um *protótipo*, ou modelo, daquilo que um programa eficaz de leitura deve ou não deve conter. A vantagem de um protótipo é o fato de ser neutro em relação a programas específicos, destacando os elementos que realmente importam, como também aqueles que não funcionam ou que são até mesmo prejudiciais. Quando comparei esse protótipo às pesquisas modernas sobre métodos de leitura, ele refletiu precisamente os programas mais eficazes, aqueles que impulsionam escores de leitura em testes padronizados em um ou dois anos acima do nível da série em que a criança encontrava-se depois de um ano ou até menos de ensino.

Este livro aborda também um novo problema na pesquisa sobre leitura – o que chamo de *problema das muitas palavras*. Esse problema reside no fato de que, mesmo com a introdução em sala de aula de um método de ensino que enfoque a soletração, jamais será possível ensinar as crianças a soletrar todas as palavras da língua inglesa com precisão. Isto se deve ao sistema de escrita inglês ser tão imprevisível. Assim, quais pistas ou tipos de exposição determinam como as pessoas aprendem a escrever e a ler? As respostas para essas questões são novas e surpreendentes.

O ensino da leitura é, em grande parte, uma análise indutiva das evidências históricas e das pesquisas empíricas sobre o ensino da leitura. Em virtude da complexidade dos métodos de leitura e do caráter controverso da área, abordarei a metodologia mais profundamente do que em geral é necessário. Isso se justifica pelo fato de não haver nenhum mecanismo na área para descartar pesquisas inválidas. Exemplos de pesquisas boas e ruins podem ser encontrados em todos os periódicos especializados (até mesmo nas publicações de ponta mais bem cotadas) e são muito difíceis de identificar. Isso vale tanto para os estudos de primeira linha, citados por todos pesquisadores, como também para avanços que ninguém conhece. Esta é uma questão em particular para os Capítulos 5 a 8, que revisam as pesquisas verificadas pelo NRP (2000). Para tornar esse material o mais acessível possível, apresento resumos ao final de cada capítulo.

Alguns fatos sobre como ensinar sistemas de escrita

Este livro enfoca as pesquisas que tratam diretamente a maneira de como ensinar o código alfabético, o sistema de escrita que herdamos dos gregos e com o qual estamos emperrados. Não vou gastar mais tempo do que o necessário considerando formas de leitura que violam o princípio alfabético pelas razões expostas a seguir.

Como veremos no Capítulo 2, todos sistemas de escrita, vivos ou extintos, baseiam-se em unidades fonológicas menores do que a palavra. Sistemas de escrita não podem basear-se em palavras inteiras porque as línguas têm muitas palavras. Evidências históricas demonstram, de modo conclusivo, que a capacidade de memorizar pares de som-símbolo gira em torno de 2 mil pares. Esse é um *limite máximo* que requer anos de estudo, o que significa que ninguém pode aprender a ler memorizando palavras inteiras por visualização.

Há quatro (e apenas quatro) unidades fonológicas adotadas pelos sistemas de escrita do mundo (McGuinness, 1997c; 1998b). *Sílabas* são usadas para línguas com poucos tipos silábicos, como o chinês. *Unidades consoante-vogal* (CV bifônicas) são usadas para línguas em que as palavras baseiam-se principalmente naquelas unidades CVCVCV, como na Índia e no Japão. Uma palavra da língua inglesa com essa estrutura é *potato*.[5]

Consoantes (CCCC) sozinhas são usadas para línguas em que seqüências de consoantes carregam a carga de significado e as vogais indicam mudanças gramaticais, como as línguas semíticas. *Fonemas* (consoantes e vogais individuais) são usados para todas as línguas com uma estrutura silábica altamente complexa e sem padrões fonológicos comuns, como as línguas européias. A história nos revela que essas unidades fonológicas nunca se misturam em nenhum sistema de escrita.

As línguas européias são escritas a partir de um alfabeto, pois não há como serem escritas de qualquer outra forma. As evidências analisadas neste livro mostram que, quando você segue os princípios a partir dos quais os sistemas de escrita são construídos e ensina o sistema de escrita da língua inglesa de modo apropriado, crianças de 4 anos podem facilmente aprender a ler em cerca de 10 a 12 semanas. Não tem sentido continuar ensinando leitura da maneira como fazemos.

As habilidades de leitura variam de um país para outro?

O estudo científico da leitura trata do domínio de uma invenção humana, não do estudo de leis naturais, como as da química, da física ou da biologia. Isso complica as coisas. Para começar, não existe algo universal chamado leitura, independente de uma língua em particular e de uma solução particular para o modo como aquela língua foi escrita. Um problema de leitura em um país não é, necessariamente, um problema de leitura em um outro. Crianças em países de língua inglesa têm muito mais dificuldade ao aprender a ler do que crianças em muitos países europeus, fato que se reflete na maneira como a leitura é avaliada. Em países de língua inglesa, a principal habilidade de leitura a ser avaliada é a *precisão na decodificação*, ou seja, a capacidade de ler palavras isoladas com precisão. Porém, em um grande número de países europeus, a precisão na decodificação tem pouca importância, pois *toda criança lê de modo preciso*. Não existem testes padronizados

---
[5] N. de R. T. Em português: batata, sapato.

para avaliar tal habilidade. Em vez disso, a leitura é avaliada por meio de testes de fluência (velocidade leitora) e compreensão.

Essas diferenças devem-se à forma como os sons individuais da fala, chamados *fonemas*, são relacionados em símbolos nos vários sistemas de escrita alfabética. Em um alfabeto altamente "transparente",[6] como o italiano, o espanhol, o alemão e a maioria dos sistemas de escrita escandinavos, há basicamente uma forma de escrever (soletrar) cada fonema na língua, e uma maneira de decodificar cada letra ou *dígrafo* (sh, como em *ship*[7]). Códigos alfabéticos transparentes são "transparentes" no sentido de ser óbvio o modo como funcionam, tornando-os fáceis de ensinar e aprender.

Códigos alfabéticos altamente opacos, como o inglês, têm soletrações múltiplas para o mesmo fonema (*be*, *see*, *sea*, *scene*, *field*, *deceit*, *radio*, *marine*, *lucky*, *key*[8]), e decodificações múltiplas para a mesma letra ou dígrafo (*soup*, *soul*, *shout*, *should*, *rough*, *cough*, *journey*[9]). Sistemas de escrita opacos podem ser muito difíceis de ensinar, a menos que os professores usem um método estruturado que amenize essas dificuldades. O ensino deficiente de um código complexo cria uma imensa confusão e pode também levar a problemas de leitura e ao fracasso nessa aprendizagem.

Se o sucesso no aprendizado da leitura está intimamente relacionado ao sistema de escrita, nenhuma lei universal pode ser aplicada. Em outras palavras, a leitura não é uma aptidão natural – "uma propriedade da criança" –, e crianças que fracassam ao aprender a ler fracassam principalmente devido a causas contextuais, e não biológicas.

Uma oportunidade perdida

No início do século XIX, Isaac Pitman, um lingüista autodidata e autor do famoso método de taquigrafia, encontrou uma solução para ensinar de forma mais fácil no complexo código alfabético inglês. Revisores da escrita vinham reivindicando mudanças no sistema de escrita da língua inglesa desde o século XVI, sem sucesso. John Hart (*An orthographie*, 1569) e Richard Mulcaster (*The first part of the elementarie*, 1582) preconizavam reformas radicais quase ao ponto de abandonar tudo e começar outra vez. Mulcaster (1582) clamava por um novo sistema de escrita fonético – um alfabeto transparente. Embora nada parecido tenha acontecido, Mulcaster (1582) realmente conseguiu eliminar algumas esquisitices como, por exemplo, as duas letras desnecessárias e os *e* no final das palavras (*greate*, *shoppe*). Ele foi o responsável pela padronização da letra e como *diacrítico*, símbolo que sinaliza uma pronúncia, como nas palavras *came*, *time*, *fume*, *home*.

Nenhuma reforma ortográfica verdadeira, do tipo que Hart (1569) e Mulcaster (1582) preconizaram, jamais aconteceu apesar dos numerosos esforços por parte de estudiosos altamente influentes ao longo dos séculos. Somente em 1755, Samuel Johnson conseguiu padronizar a escrita em seu famoso dicionário. Entretanto, ele padronizou a escrita das palavras, mas não a escrita dos fonemas.

A solução de Pitman foi adaptar seu método de taquigrafia para o ensino da leitura em fase inicial, estabelecendo o que chamo de um *alfabeto transparente artificial*, que consiste na atribuição de uma letra ou símbolo especial para cada um dos 40 fonemas da língua inglesa. Ele desenvolveu isso em um programa de sala de aula chamado Phonotypy, ao lado de A. J. Ellis, em 1847. Um alfabeto transparente artificial nivela o campo de atuação das crianças inglesas ao de suas primas continentais e proporciona ao

---

[6] N. de R. T. O sistema de escrita do português apresenta um grau de transparência relativo. Ele é menos transparente do que o espanhol e o italiano, entretanto, é mais transparente do que o francês e incomparavelmente mais regular do que o inglês.

[7] N. de R. T. Em português: o som /f/ só pode ser grafado com f e esta letra só pode ser lida como [f]. Não temos dígrafos com relação biunívoca.

[8] N. de R. T. Um exemplo no português é o fonema /s/, que pode ter nove soletrações (*sapo*; *cinema*; *passarinho*; *laço*; *faz*; *texto*; *excelente*; *nascer* e *nasça*).

[9] N. de R. T. Um exemplo no português é a letra x, que pode ter quatro sons (*xícara*; *texto*; *exato* e *táxi*).

leitor iniciante informações importantes sobre como os códigos alfabéticos funcionam:

- Baseiam-se em sons (fonemas) que não mudam na nossa fala.
- O número desses sons na fala é finito, proporcionando um ponto de chegada para lidar com o código.
- As letras não são as unidades do código, mas símbolos arbitrários para tais unidades.
- Todos os códigos são reversíveis. Leitura e escrita (decoficar/codificar) são reflexo uma da outra, e deveriam ser ensinadas ao mesmo tempo.

De longe, o programa de sala de aula mais eficaz, derivado das idéias de Pitman, foi desenvolvido por Nellie Dale (1898; 1902), professora em uma escola para meninas, a Wimbledon High School, na Inglaterra. Em vez de adotar a escrita parcialmente artificial de Pitman, Dale estabeleceu um *código básico*, usando a soletração mais comum para cada fonema. Isso oferecia duas vantagens: nenhum símbolo artificial tinha de ser desaprendido e soletrações alternativas podiam ser estendidas ao sistema sem nenhuma alteração em sua lógica.

Professores podiam dizer: "Aprendemos a forma principal de soletrar esse som. Agora vou mostrar-lhes uma outra maneira de soletrá-lo. Vamos observar as palavras que usam essa soletração". O programa de Dale incorporava as idéias de uma grande professora àquelas de um grande lingüista e logo se tornou popular nos dois lados do Atlântico.

Infelizmente, o aparecimento do movimento de educação universal paralisou esses avanços. Na década de 1920, os métodos de memorização de palavra inteira começavam a predominar e, por volta da década de 1930, já haviam obscurecido qualquer tipo de ensino fônico.[10] Embora os avanços de Pitman, de Ellis e de Dale tenham sido redescobertos recentemente, eles podem perder-se novamente. Cabe a nós nos certificar de que isso não aconteça. A triste história do ensino da leitura no século XX, em contraste com os brilhantes programas esperando nos bastidores, é a principal mensagem deste livro.

Estamos emperrados. O ensino da leitura, se é que algo aconteceu, deteriorou-se ao longo do século passado. Estamos atrelados aos desastrosos métodos de memorização de palavra inteira que não irão desaparecer. Para complicar as coisas, pesquisadores da leitura estão tolhidos por uma teoria seriamente imperfeita sobre o desenvolvimento da linguagem nas crianças, e não conseguem pensar além dela. Segundo essa teoria, as crianças desenvolvem gradualmente uma consciência dos sons da fala nesta ordem: palavras, sílabas, fonemas – um processo que leva de sete a oito anos. Isso levou a uma proliferação de programas de ensino de consciência fonológica que são, na melhor das hipóteses, uma perda de tempo (ver Capítulos 5 e 6). A teoria de que a consciência fonológica se desenvolve de unidades de som maiores para menores, ou mesmo de que ela se desenvolve, é refutada por evidências provenientes das principais pesquisas sobre desenvolvimento da linguagem na fase inicial (ver *Language development and learning to read*).

Temos o conhecimento para ensinar todas crianças a ler e a escrever em um impressionante alto nível de habilidade. Até agora esse conhecimento não foi colocado à disposição de educadores, de legisladores, de pais – ou de muitos pesquisadores. A imensa quantidade de pesquisas inválidas e não-confiáveis inundando as bases de dados torna quase impossível a alguém interessado na área desencavar o que é rigoroso e importante e excluir o que não é. O National Reading Panel (2000) deu um primeiro passo importante sobre essa questão e o principal objetivo de *O ensino da leitura* é tentar completar esta tarefa.[11]

---

[10] N. de R. T. No original: *phonics teaching*. Phonics será traduzido como fônico, mas não no sentido de método fônico, e sim na busca do ensino da correspondência fonema-grafema. No capítulo 4 a autora define *"phonics"*.

[11] N. de O. Leitores interessados na história inicial da reforma ortográfica e ensino da leitura devem consultar Scragg, 1974; Morris, 1984; Balmuth, 1992; McGuinness, 1997c, 1998b.

1

Por Que as Crianças Falantes da Língua Inglesa não Conseguem Ler?

Enquanto o movimento de educação universal começava a ganhar terreno, educadores rompiam com as tradições do século XIX. O ensino da leitura saiu dos trilhos de tal forma que o século XX vai entrar para a história como o século do colapso do código alfabético inglês. O último registro de uma tentativa de manter sua sobrevivência veio nos anos de 1990. Pela primeira vez, exames nacionais conduzidos de maneira adequada, pesquisas internacionais sobre leitura, estudos transculturais e pesquisas em sala de aula apontaram para a indiscutível conclusão de que o ensino da leitura em países de língua inglesa é um desastre. O índice de analfabetismo funcional para crianças de 9 anos é de 43% (Mullis, Campbell e Farstrup, 1993; Campbell et al., 1996).

Pesquisas internacionais sobre leitura realizadas pelo Statistics Canada trouxeram resultados desalentadores (*Organization for Economic Cooperation and Developmen*, 1995; 1997). Em seis países de língua inglesa, a proporção de indivíduos com analfabetismo funcional ou com dificuldades de leitura na faixa de 16 a 65 anos variava entre, no mínimo, 42% no Canadá e, no máximo, 52% no Reino Unido. Esses dados contrastavam drasticamente com os de muitos países europeus. O índice de analfabetismo funcional na Suécia para indivíduos na faixa de 16 a 65 anos é de 28% e na faixa entre 16 e 25 anos (nível 1 de cinco níveis) cai para 3,8%. Este último índice é quase três vezes maior no Canadá (10,7%) e seis vezes maior nos Estados Unidos (23,5%).

Em 1993, um relatório surpreendente veio da Áustria. Heinz Wimmer começou a estudar leitores com dificuldades e deu início a uma pesquisa em toda a cidade. Ele pediu a 60 professores de 2ª a 4ª séries, em Salzburgo, que indicassem seus piores leitores para ser submetidos a um teste especial. Esses professores identificaram 120 crianças, cerca de 7 a 8% da população escolar. Imagine a surpresa de Wimmer quando os piores leitores da cidade acertaram quase 100% de um teste de precisão de leitura e praticamente obtiveram o mesmo índice de acerto em um teste de soletração.[1]

---

[1] N. de R. T. Foi solicitado que as crianças escrevessem palavras isoladas. Para uma maior distinção entre soletrar e escrever, ver Comissão de Educação e Cultura. *Alfabetização infantil: os novos caminhos*. Relatório Final do Grupo de Trabalho. Brasília: Comissão de Educação e Cultura, Câmara dos Deputados, 2003, p. 42. Documento elaborado pela Comissão de Educação e Cultura da Câmara em conjunto com um grupo de trabalho composto por diversos pesquisadores importantes, tanto brasileiros (Cardoso-Martins, C.; Capovilla, F.; Oliveira, J.) quanto estrangeiros (Gombert, J.; Morais, J.; Adams, M.; Beard, R.).

Certamente nenhuma dessas crianças tinha qualquer dificuldade com o código alfabético alemão. Verificou-se que seu problema era ler *muito devagar*. Mas devagar é um termo relativo. Quão devagar é devagar?

Para descobrir isso, Wimmer e um colaborador inglês (Wimmer e Goswanii, 1994) conduziram um novo estudo. Eles compararam crianças sem dificuldades de leitura com idades entre 7 e 9 anos, de duas capitais diferentes, Salzburgo e Londres. Os resultados foram surpreendentes. As crianças austríacas de 7 anos leram materiais semelhantes tão rápida e fluentemente quanto as inglesas de 9, cometendo a metade dos erros. No entanto, as crianças austríacas de 7 anos haviam tido um ano de ensino de leitura, ao passo que as inglesas de 9 já vinham aprendendo leitura há quatro ou cinco anos. A mesma rapidez e a metade dos erros em um quarto do tempo de aprendizagem é um avanço *oito vezes maior em eficiência das crianças austríacas sobre as inglesas*!

Wimmer e colaboradores (Landerl, Wimmer e Frith, 1997) obtiveram os mesmos resultados extraordinários quando compararam seus piores leitores (*incrivelmente lentos*) a crianças inglesas identificadas como "disléxicas" (*incrivelmente imprecisas*). Pediram às crianças que lessem textos constituídos por palavras sem sentido (pseudopalavras). Os chamados leitores lentos austríacos foram mais precisos que os "disléxicos" ingleses e também leram duas vezes mais rápido. O "leitor lento" austríaco médio conseguia ler um trecho de 500 palavras em cerca de 10 minutos, errando apenas 7% das palavras. O "disléxico" médio inglês conseguia ler apenas 260 palavras nesse mesmo tempo, errando 40% das palavras. Parece que a expressão "pior leitor" é, também, relativa.

Um estudo ainda mais impressionante foi relatado da Itália. Cossu, Rossini e Marshall (1993) avaliaram crianças com síndrome de Down, com QI na faixa de 40 (a média é 100), em três diferentes testes de leitura. No teste de precisão leitora, elas acertaram cerca de 90%, lidando facilmente com palavras italianas como *sbagliare* e *funebre*.[2] No entanto, não conseguiam compreender o que liam e foram muito mal em um teste de consciência fonêmica, habilidade que se supõe ser essencial para a decodificação.[3]

O que está acontecendo?

A resposta é simples. Países europeus com altos índices de alfabetização têm uma vantagem duas vezes maior.

Primeiro, eles dispõem de um código alfabético transparente, uma correspondência um-para-um quase perfeita entre cada som individual (fonema) na língua e um símbolo visual – uma letra ou um par de letras (dígrafo). Para línguas com mais sons do que letras no alfabeto[4] (o inglês tem 40 sons a mais), essa questão foi cuidadosamente abordada. Quando uma letra, ou dígrafo, é reutilizada para representar mais de um som, ela é marcada por um símbolo especial (um diacrítico) para indicar a pronúncia diferente. Em alemão, *umlaut* distingue o som da vogal em *Bäume* (*boimeh*) daquele de *Baum* (*boum*).[5] E, enquanto um som pode, ocasionalmente, ser grafado de mais de uma maneira, não há nunca mais de uma maneira de ler uma letra ou dígrafo. O sistema de escrita inglês padece de ambos os males: uma letra pode ter vários sons,[6] e um som pode ser grafado com várias

---

[2] N. de R. T. *Sbagliare* é uma palavra italiana usual, mas de correspondência fonema-grafema não tão transparente, uma vez que o [g] não é pronunciado. Já a palavra *funebre* é uma palavra pouco usual, mas de correspondência transparente entre fonema-grafema.

[3] N. de R. T. O importante é que essas crianças conseguiam decodificar palavras difíceis, mesmo indo mal em um teste que se dizia preditor para uma boa decodificação.

[4] N. de R. T. Que também é o caso do português. No português brasileiro há 27 fonemas e três alofones (o número pode variar de região para região) e 23 grafemas unitários, mais os dígrafos.

[5] N. de R. T. Um exemplo no português: sábia (pessoa esperta), sabia (do verbo saber) e sabiá (passarinho). O uso do diacrítico marca a alteração da tonicidade e também distingue os significados.

[6] N. de R. T. No português, a letra x pode assumir quatro sons (/ch/, em xícara; /s/ em texto; /z/ em exato e /ks/ em táxi). Optei em utilizar os mesmos símbolos fonéticos utilizados pela autora, para facilitar ao leitor não familiarizado com o Alfabeto Fonético Internacional (IPA).

letras.[7] Esta é a definição de um sistema de escrita "opaco".

O ensino da leitura é a segunda parte da equação. Em grande medida, o ensino da leitura depende da complexidade do código de escrita a ser ensinado. Ensinar um sistema de escrita transparente é muito mais fácil do que ensinar um sistema opaco, pois é óbvio (transparente) o modo como funciona. O ensino pode ser agilizado e avançar rapidamente. Na Áustria, ensina-se às crianças os sons da língua alemã e qual(is) letra(s) representa(m) cada som. Ler e escrever são integrados em cada etapa, o que reforça a natureza de código de um sistema de escrita – ou seja, o fato de que as operações são reversíveis, envolvendo tanto a codificação quanto a decodificação. Nenhuma confusão interrompe o processo, como por exemplo, ensinar o nome das letras ou exigir que decorem inúmeras palavras inteiras. Por ser rápido e totalmente garantido, o ensino da leitura pode começar mais tarde – aos 6 anos na maioria dos países (7 na Escandinávia) – e terminar cedo (depois de um ano ou menos). Os pais dormem tranqüilos, sabendo que seus filhos estarão lendo e escrevendo ao final do primeiro ano de escola. (Isto não quer dizer que métodos inadequados de ensino não possam anular todas as vantagens de um alfabeto transparente.)

As comparações transculturais revelam que a origem das dificuldades das crianças de língua inglesa ao aprender a ler e escrever é *o sistema de escrita inglês e o modo como ele é ensinado*. Tais comparações fornecem evidências irrefutáveis de que uma teoria biológica da "dislexia", um déficit supostamente considerado inerente à criança, é insustentável, colocando por terra a popular "teoria do déficit fonológico" da dislexia. Para uma teoria biológica ser precisa, a dislexia teria de ocorrer em uma mesma proporção em todas as populações. Do contrário, alguns tipos de anormalidade genética seriam específicos de pessoas que aprendem um código alfabético *inglês* e não se manifestariam em pessoas que vivem em países com um alfabeto transparente, onde leitores com dificuldades são raros. Um distúrbio inteiramente relacionado a um determinado sistema de escrita alfabético é evidentemente absurdo e não tem qualquer base científica. Crianças de língua inglesa têm problemas para aprender a ler e a escrever devido ao complexo código de escrita inglês e aos métodos de ensino atuais, não devido a genes anormais.

Um século de métodos de memorização de palavras inteiras

Evidências históricas mostram que os métodos de ensino mais parecidos com os de Dale e os métodos usados em outros países europeus lembram os programas considerados mais eficazes em estudos recentes (ver Capítulo 5). Esses métodos do tipo fônico foram substituídos no início do século XX como conseqüência da educação universal. Autodenominados gurus educacionais e professores de educação recém-formados, com pouco ou quase nenhum conhecimento de como ensinar leitura, decretaram que a fônica à moda antiga tinha de ser substituída. Deveria-se ensinar às crianças palavras inteiras por visualização, exatamente como os chineses aprenderam a fazer, usando um método denominado "olhar-e-dizer". O século da "palavra inteira" foi lançado, e o código alfabético logo desapareceu sem deixar vestígios.

O método do "olhar-e-dizer" foi logo substituído por um método de palavra inteira baseado no significado. Algumas poucas palavras eram introduzidas em cada lição. As crianças passavam a maior parte do tempo da lição aprendendo o significado dessas palavras (palavras que já conheciam), e depois ficavam lendo histórias aborrecidas em que tais palavras eram repetidas exaustivamente:

"Venha, venha João. Veja só. Eu posso balançar. Venha e veja."[8]

---

[7] N. de R. T. No português, o som /s/ pode ter nove soletrações.

[8] N. do R. T. "O Ivo viu a uva".

As lições de fônica vinham mais tarde, quando vinham, e não faziam nenhum sentido. Essa abordagem foi a base para os "livros de leitura elementar" (nos EUA) ou "esquemas de leitura" (no Reino Unido), produtos de editoras educacionais.[9] Os livros de leitura elementar predominaram dos anos de 1930 até o final dos anos de 1970. Em meados dos anos de 1960, um levantamento de dados mostrou que elas eram usadas em 95% das salas de aula nos Estados Unidos. Muita gente ainda se lembra de *Dick e Jane* ou de *Janet e John*.

O caráter extremamente entediante e repetitivo dos livros de leitura elementar, aliado a outros fatores, acabou gerando uma reviravolta. Os livros de leitura elementar foram varridos por um terceiro método de palavra inteira que se tornou conhecido como "linguagem total" (EUA) ou "livros reais" (Reino Unido). A teoria por trás da linguagem total é a de que, com um mínimo de orientação, as crianças podem aprender a ler sozinhas. Elas fazem isso ao acompanharem o professor ou a professora lendo histórias escritas e ao lerem em seu próprio ritmo, usando todos os seus "sistemas de dicas". Estes incluem tudo, desde adivinhar palavras a partir do contexto e das ilustrações até a memorização de palavras inteiras e tentativas de decodificar por meio do nome das letras. As crianças são incentivadas a "inventar" seu próprio sistema de escrita durante a escrita espontânea.

A abordagem dos livros de leitura elementar pode ter sido aborrecida, lenta e errada, mas pelo menos foi *honesta*. O que você via era o que você conseguia (metafórica e literalmente). A linguagem total baseia-se na fé, prometendo tudo e não cumprindo nada. As crianças são aprovadas de série em série na crença de que, no final, irão auto-ensinar-se a ler. E, se não conseguem, a culpa é delas. Há algo errado com elas. Desnecessário dizer que a linguagem total não foi um sucesso. Este método levou a índices estratosféricos de analfabetismo, muito além de qualquer índice produzido pelos livros de leitura elementar. Na Califórnia, onde a linguagem total predominava em 1987, o índice de analfabetismo funcional saltou para 60%, levando o Estado ao último lugar no *ranking* de indivíduos analfabetos funcionais do país.

Os resultados desastrosos das avaliações esfriaram o entusiasmo de pais e legisladores pela linguagem total, mas tiveram pouco ou nenhum efeito sobre professores das faculdades de educação, editores educacionais, especialistas em currículo e muitos professores em sala de aula. Devido ao fato dessas pessoas controlarem o que acontece em sala de aula, a linguagem total ainda está conosco, surrada, mas não-derrotada, apesar de muitas críticas em contrário.

O novo ecletismo

Nos anos de 1990, pesquisadores da leitura e diretores de agências de pesquisa, mantidos pelo governo e por políticos nacionais, lançaram uma campanha para resgatar as crianças da linguagem total, reivindicando que queriam uma volta ao ensino da fônica. Mas, depois de praticamente um século, ninguém mais estava muito certo sobre o que era a fônica. Em vez disso, o que propunham não era fônica, mas uma nova forma de ecletismo.

O ecletismo do passado referia-se ao hábito do professor mesclar diferentes abordagens e materiais com base na crença equivocada de que as crianças têm diferentes estilos de aprendizagem. Essa forma de ecletismo é individualista e caótica.

O "novo ecletismo" baseia-se na noção de *gradualismo de desenvolvimento*, um resultado do mito de que as crianças tornam-se mais fonologicamente conscientes à medida que crescem. Segundo este novo movimento, as crianças começam aprendendo palavras inteiras pelo seu aspecto visual geral, depois vão para as sílabas (fragmentando pedaços), depois para famílias de palavras (palavras com rimas finais, como *fight*, *might*, *sight*[10]), com o objetivo de facilitar a consciência fonêmi-

---

[9] N. de R. T. No Brasil, esta abordagem foi conhecida como "Cartilhas" ou livros didáticos

[10] N. de R. T. Palavras rimadas, como, por exemplo, mart*elo*, cast*elo*, marm*elo*, b*elo*.

ca. Um processo que leva cerca de um ou dois anos, se é que ele vem a se completar. Isto não é apenas um capricho passageiro, é o método promovido por indivíduos encarregados pelo financiamento das pesquisas nos Estados Unidos. O "novo ecletismo" foi recentemente adotado pelo governo britânico, com maletas de planos de aula, quadros e materiais enviados para cada escola de ensino fundamental no país, a um custo de 56 milhões de libras esterlinas para o contribuinte.

O mito do desenvolvimento fonológico

Há uma lenda esquisita e deturpada por trás desse novo movimento, inspirada por descobertas na área da percepção da fala (A. M. Liberman et al., 1967). Isabelle Liberman (Liberman et al., 1974) propôs que a consciência fonológica "se desenvolve" durante a infância e sustenta a "prontidão de leitura".

Quase ao mesmo tempo, paleógrafos e lingüistas lançavam uma nova área de estudo – a análise comparativa dos sistemas de escrita. Dentre uma série de livros sobre o assunto, de longe o mais influente foi escrito por Ignace Gelb (1963). Gelb (1963) propôs que os sistemas de escrita "evoluem". Eles começam por pictogramas (pequenas figuras reconhecíveis representando palavras inteiras), evoluem para logogramas (sinais abstratos para palavras inteiras), depois para silabários (sinais silábicos) e, finalmente, para alfabetos (sinais fonêmicos). Segundo Gelb, isso vale para qualquer civilização que tenha inventado uma escrita. Enquanto Gelb era altamente considerado por seu trabalho acadêmico (ele desempenhou um papel fundamental ao decifrar o código do sistema de escrita hitita), seus colegas na paleografia estavam bem menos entusiasmados em relação à sua teoria evolucionária. E, à medida que mais evidências arqueológicas vieram à tona, ficou evidente que a teoria de Gelb estava fatalmente equivocada.

Para Liberman e colaboradores, a teoria de Gelb (1963) era verdadeira. Assumiu-se, então, que a ordem "evolucionária" dos sistemas de escrita refletia a seqüência de desenvolvimento da percepção da fala – indo de unidades fonológicas maiores para menores (palavras inteiras, sílabas, fonemas). E, em virtude de as crianças parecerem diferir quanto ao momento em que se tornavam "conscientes fonologicamente" ou ainda caso não se tornavam, a teoria, também, fornecia uma explicação para a dislexia.

Não há qualquer base científica para esta teoria ou qualquer coisa parecida com isso (uma análise completa desta questão é apresentada em *Language development and learning to read*). Ao contrário, evidências mostram que crianças tornam-se menos, em vez de mais, conscientes fonologicamente conforme o tempo passa. Bebês pequenos conseguem perceber a diferença entre quaisquer contrastes de consoante-vogal (ba *versus* pa) em qualquer língua do mundo, uma habilidade que desaparece por volta dos 12 meses. Aos 9 meses, eles são capazes de perceber a diferença entre seqüências de fonemas permitidos e não-permitidos nas palavras (Aslin, Saifran e Newport, 1998; Friederici e Wessels, 1993; Mattys et al., 1999). Em inglês, seqüências de consoantes não-permitidas geralmente formam fronteiras de palavras.[11] Crianças usam esses padrões para extrair palavras de uma seqüência de fala a fim de construir um vocabulário receptivo. Se elas não fossem capazes de ouvir fonemas, seria impossível separar um fonema do outro. Chaney (1992) verificou que praticamente todas as crianças de 3 anos conseguem identificar um erro de fonema simples em uma sentença falada e corrigir esse erro. Além disso, elas podem unir fonemas isolados em uma palavra e escolher aquela palavra entre uma lista de figuras com 88% de precisão (96% atingiram pontuação significativamente acima do acaso).

Isso não significa que as crianças pequenas saibam que a fala consiste em seqüências de fonemas ou que um sistema de escrita alfabético representa tais fonemas. Elas não vão estabelecer essa relação a menos que sejam ensinadas a fazê-lo. Até mesmo leitores

---

[11] N. de R. T. Isto não ocorre no português. No inglês, um exemplo é a expressão wor*d b*oundaries, não existe palavras com a seqüência de consoantes db.

fluentes não são plenamente conscientes dos fonemas até que alguém chame sua atenção para eles e não há qualquer razão para que devam ser. O cérebro realiza essa análise tão rapidamente que opera abaixo do nível da atenção consciente. Ninguém precisa ter consciência dos fonemas a menos que tenha de aprender um sistema de escrita alfabético. Qualquer pessoa, em qualquer idade, que tenha de aprender um sistema de escrita alfabético, deve ser ensinada a reconhecer fonemas nas palavras a fim de compreender como tal sistema funciona.

A relação proposta entre as descobertas na percepção da fala (suas bases biológicas) e a teoria de Gelb (1963) sobre a origem dos sistemas de escrita (sua suposta base "evolucionária") exerceu um forte impacto na pesquisa sobre leitura nos países de língua inglesa, impacto este que não diminuiu com o passar do tempo. Mesmo assim, a teoria de Gelb (1963) estava errada, e a analogia com a percepção da fala sem mérito algum. Sistemas de escrita não evoluem.

A análise comparativa dos sistemas de escrita estava em sua infância quando Gelb propôs sua teoria em 1963. Essa disciplina amadureceu com a publicação do livro *Writing systems of the world*, de Florian Coulmas (1989), uma síntese de fôlego e profundidade extraordinários. Essa publicação foi seguida, em 1996, pelo excepcional compêndio de Daniels e Bright. Talvez seja por acaso que o livro de Coulmas (1989) tenha aparecido no exato momento da história em que, finalmente, nos demos conta da assustadora verdade sobre os índices de analfabetismo funcional nos países de língua inglesa. Este é um problema de proporções monumentais. Não é simplesmente uma questão de como ensinar o extraordinário código de escrita do inglês, trata-se de saber como descartar 100 anos de crenças infundadas sobre métodos de ensino de leitura e teorias falsas sobre o fracasso na aprendizagem de leitura pelas crianças.

Antes que qualquer transformação verdadeira possa acontecer, as pessoas precisam de uma maior compreensão acerca de algumas questões. Precisam saber:

- o que é um sistema de escrita e como ele funciona;
- como um *determinado* sistema de escrita pode ou não pode ser ensinado;
- quais habilidades são importantes para se obter sucesso.

Coulmas (1989) apontou o primeiro caminho para descobrirmos a saída dessa difícil situação. Não há um melhor lugar para começar do que com as lições aprendidas durante os 5 mil anos de história dos sistemas de escrita. Um sistema de escrita tem uma lógica central e essa lógica baseia-se em como a mente humana funciona. Se não se compreende essa lógica, um sistema de escrita não pode ser ensinado de modo eficaz, se é que pode ser ensinado.

Antes de passar para a discussão dessas novas descobertas, quero apresentar as idéias mais comumente defendidas sobre os sistemas de escrita que, direta ou indiretamente, afetam o que acontece em sala de aula. Pode causar supresa o fato de que nenhuma dessas idéias seja verdadeira.

1. Sistemas de escrita evoluem de sistemas de palavra inteira (logográficos), para sistemas silábicos (silabários) e, finalmente, para sistemas fonêmicos (alfabetos). Logogramas estão "em baixa" na escala evolucionária (são inferiores) e os alfabetos estão "em alta" (são superiores).
2. A ontogenia recapitula a filogenia. As crianças passam pelos mesmos estágios durante o desenvolvimento da percepção da fala, refletindo a evolução dos sistemas de escrita: de palavras inteiras, para sílabas, para fonemas.
3. O processo evolucionário (em ambos os casos) é inevitável e segue uma direção.
4. Existe algo como um sistema de escrita logográfica.
5. Os chineses têm um sistema de escrita logográfica (arcaico).
6. O princípio alfabético foi descoberto apenas uma vez e espalhado por difusão.

7. Alfabetos são superiores a outros sistemas de escrita. Quase todos os sistemas de escrita hoje em dia são alfabéticos.
8. Um sistema de escrita alfabético pode ser usado como um *representante substituto* para um sistema de escrita logográfico. Ou seja, as crianças podem aprender a ler um sistema de escrita alfabético ao memorizarem palavras inteiras (seqüências aleatórias de letras) por visualização.
9. Diferentes unidades baseadas em som podem (e devem) ser mescladas no ensino do código alfabético, incluindo (mas não limitando a): palavras inteiras (*coca-cola*), sílabas (*ta-ble/ me-sa*), finais com rima ou família de palavras (*and, band, hand, sand*[12]), encontros consonantais (*br, tw, sl, sts, nt*), e fonemas individuais. As crianças não irão confundir-se com essa prática e, certamente, compreenderão como o código alfabético funciona.
10. Com o passar do tempo, cada palavra é lida como uma palavra inteira. No final das contas, as pessoas lêem holisticamente, e somente palavras raras ou desconhecidas precisam ser fonologicamente decodificadas.

---

[12] N. de R. T. Palavras rimadas: mão, sabão, balão, melão

2

Sobre a Natureza dos Sistemas de Escrita

A análise comparativa dos sistemas de escrita vem esclarecer o que a mente humana pode ou não lembrar e como a memória e a linguagem humanas determinam o modo como tais sistemas são criados. Esse conhecimento ajuda-nos a compreender de que forma um determinado sistema de escrita pode ou não ser ensinado.

A análise comparativa atingiu um importante estágio de desenvolvimento quando se chegou a um conjunto suficiente de evidências que fornecem uma sucessão completa de formas, desde a protoescrita até os sistemas de escrita totalmente desenvolvidos.

No início do século XIX, os sistemas de escrita arcaicos ainda esperavam por decifração: egípcio, sumério, babilônico, acadiano, hitita, aramaico, persa, maia, as escritas cretenses de linear A e linear B, e muitos outros. O primeiro avanço veio em 1823 e o último (até agora) em 1953. Onze sistemas de escrita arcaicos ainda resistem a uma decifração.

A análise de um sistema de escrita extinto desdobra-se em uma série de passos e pode demorar até 100 anos. Vou discutir esses passos brevemente, pois cada um deles é relevante para compreendermos como um sistema de escrita funciona.

Os decifradores de códigos

*Um sistema de escrita é **um código** no qual elementos específicos de uma língua são mapeados sistematicamente por sinais gráficos ou símbolos.* Peritos que decifram sistemas de escrita antigos são "decifradores de códigos", exatamente do mesmo modo como criptógrafos decifram as mensagens codificadas de um inimigo. Os códigos possuem uma lógica interna e um sistema ou estrutura externa; caso contrário, não poderiam ser decifrados.

Os decifradores de códigos têm uma missão extraordinária, e o desvendar de um código quase nunca é feito por uma única pessoa. Esta é a razão pela qual nunca devemos esperar que uma criança pequena, sem ajuda, "decifre o código" de um sistema de escrita. Na verdade, decifradores de códigos precisam de uma habilidade analítica grandiosa, aliada à competência da língua em questão ou em uma língua relacionada. A menos que a língua seja conhecida, ou que possa ser relacionada a alguma outra língua conhecida, o código não pode ser decifrado.

A natureza de código dos sistemas de escrita não é bem-compreendida, em parte porque os sistemas de escrita são representações gráficas imperfeitas tanto do aspecto semântico (baseados em significado) quanto do fonológico (baseados em som) de uma língua falada. Nenhum sistema de escrita é puramente um ou outro (Coulmas, 1989). Ao se pensar no ensino da leitura, é importante ter em mente o fato de que códigos para a linguagem falada são muito complexos. O leitor aprendiz é, em um sentido bem real, como um decifrador de códigos frente a uma escrita desconhecida, e essa tarefa pode tornar-se impossível se o ensino é malconduzido, incompleto ou simplesmente ausente.

Todos códigos são sistemas de mapeamento reversíveis (McGuinness, 1997c; 1998b). O que é colocado em um código (codificado) pode ser decodificado ao se reverter o processo. Um código é mais ou menos transparente na medida que ele tenha uma correspondência um-para-um entre as unidades originais, quaisquer que sejam, e a sua forma codificada. Um código completamente transparente é *perfeitamente reversível*, ou seja, um símbolo é relacionado a apenas uma unidade de algo, e essa unidade tem apenas um símbolo. Nenhum sistema de escrita é completamente transparente, mas alguns alfabetos – como aqueles listados anteriormente – chegam perto.

Existem muitos códigos bem-conhecidos com correspondências perfeitas um-para-um. Os códigos numéricos para quantidades, os códigos para notação musical que marcam o tom, a duração, a métrica rítmica e a tonicidade, e os códigos computacionais criados para traduzir a lógica binária (os zeros e uns do *hardware*) em octal, depois em "linguagens" computacionais.

Um aspecto fundamental dos códigos é que os elementos sendo codificados são logicamente (não apenas perceptualmente) distintos dos símbolos do código (McGuinness, 1997c; 1998b). Para compreender o que é um código, para dominar o sistema e usá-lo de modo eficaz, o aprendiz precisaria saber a direção em que o código foi escrito. Isto é, deve-se fazer com que esse aprendiz se torne consciente, implícita ou explicitamente, daquilo que está sendo codificado e que constitui o código. Símbolos numéricos (algarismos) codificam quantidade, e não são simplesmente transcrições de palavras numéricas (números por extenso). Notação musical codifica a música, não um instrumento em particular, ou a maneira como as teclas em um teclado são pressionadas ou as cordas de um violão são dedilhadas.

Da mesma maneira, símbolos de letras em sistemas de escrita alfabética representam fonemas. Fonemas são a *base* para o código, e as letras *são* o código. As letras não "têm" ou não "produzem" sons. As pessoas têm sons. A menos que essa lógica fique clara para os professores e seja usada para orientar o ensino da leitura em fase inicial, o código vai perder um de seus elementos essenciais: sua reversibilidade. Isso é particularmente importante para aprender um sistema de escrita opaco. As crianças têm um pensamento mágico e podem facilmente acreditar que as letras "produzem sons", o que as levaria a usar uma lógica para ler (decodificar) e outra para escrever (codificar). Por esta razão, neste livro, todos os *fonemas* serão marcados entre barras inclinadas, e todas as *soletrações* (ao contrário das leituras) serão sublinhadas.[1] É importante ser capaz de distinguir entre o que está sendo codificado e o que constitui o código.

Os tradutores

Os tradutores entram em cena quando o código já foi decifrado. Eles são procedentes de várias áreas. Lingüistas e gramáticos devem revelar as propriedades fonológicas, gramaticais e estruturais da língua, antes que uma tradução completa seja possível. Quando os tradutores trabalham com o vocabulário de uma língua extinta, como por exemplo, a língua egípcia antiga, suméria ou babilônia, eles devem observar a mesma palavra em diferentes contextos, em uma variedade de textos, para terem uma idéia concreta daquilo que a palavra significa. Uma vez que o vocabulário

---

[1] N. de R. T. A autora, ao longo do texto, não mantém esta formatação. Assim, além de manter sua formatação original, acrescentei mais três formatações. Os fones serão representados entre colchetes, as palavras serão marcadas em itálico e as palavras escritas em itálico + sublinhado.

e a gramática tenham sido provisoriamente compreendidos, o tradutor precisa de um historiador para recriar fielmente os costumes, o sistema político, a economia e os sentimentos das pessoas em relação a todas as coisas, incluindo o próprio sentido que fazem de si mesmas.

A reconstrução histórica de uma civilização antiga é crucial para uma compreensão da forma como os sistemas de escrita se desenvolveram. Sem conhecer a economia suméria (que era agrícola em larga escala, com um sistema de distribuição em templos agrícolas e propriedades de terra individuais), ou suas práticas religiosas (em que pastores e administradores municipais, conjuntamente, desempenhavam um papel importante em assuntos econômicos), ou o seu sistema judiciário (que era um sistema de justiça eficaz), teria sido difícil saber como e por que razão o seu sistema de escrita se desenvolveu de tal forma.

Como os sistemas de escrita funcionam

Uma das principais contribuições da análise comparativa foi documentar e classificar os elementos fundamentais que determinam o que, de fato, qualifica-se como um sistema de escrita.

Função

Um sistema de escrita codifica a língua falada em uma forma permanente, de modo que ela possa transcender ao tempo e ao espaço. Porém, o aspecto mais importante de um sistema de escrita é a sua finalidade. No mínimo, deveria tornar a vida melhor. Um sistema de escrita que não funciona (por ser muito difícil para a maioria das pessoas aprender), ou que torna a vida pior (gerando milhares de formulários burocráticos), dificilmente vale o esforço de aprendê-lo.

Os sistemas de escrita possibilitam registrar, permanentemente, coisas importantes que são difíceis de lembrar, tais como regras e leis, e decisões específicas em casos de aplicabilidade incerta dessas leis. Eles podem registrar eventos de fundamental importância para todos, tais como migrações, batalhas e outros eventos históricos, além de tragédias, como tempestades, secas e perda de colheita. Podem registrar intenções de boa fé, como em transações comerciais ou em votos matrimoniais. E, se surgir algum desentendimento, membros da família, magistrados ou juízes não precisam confiar na palavra de uma pessoa ou no testemunho de alguém que pode ou não se lembrar ou que pode não estar falando a verdade. Relatos registrados de como disputas de terra e de herança foram resolvidas na Idade Média, quando a maioria das partes e das testemunhas era analfabeta, compõem uma leitura fascinante (Clanchy, 1993). Um sistema de escrita claro e simples faz a civilização funcionar, e ela não pode funcionar sem um sistema de escrita.

Estrutura

Os textos e os documentos descobertos de civilizações com os sistemas de escrita mais antigos do mundo, Suméria e Egito, mostram que os sistemas de escrita se originaram da mesma maneira pelas mesmas razões. Começaram como sistemas de contabilidade, controle de estoque, registros de embarque e faturas. Esta é a razão pela qual a protoescrita (que não é um sistema) tem tantos símbolos que são figuras ou ícones estilizados. Muito mais é preciso para que um sistema de escrita seja qualificado como tal. Um verdadeiro sistema de escrita deve representar a língua toda e, para que isto aconteça, deve preencher certos requisitos fundamentais. Coulmas (1989) especificou três: *economia*, *simplicidade* e *inequivocidade*. Eu acrescentaria *abrangência* à lista.

Economia significa que o número de símbolos usados no sistema deve ser não apenas completo, como também tão pequeno quanto possível. A economia é essencial para manter a carga de memória para símbolos em um nível controlável. Alfabetos, por exemplo, têm o menor número de símbolos e, portanto, são os mais econômicos.

Simplicidade representa que o mapeamento daquilo que está sendo codificado (elementos da fala) é direto, no sentido de que há apenas uma única maneira de escrever uma determinada palavra, e não meia dúzia. As escritas hieroglíficas egípcia e maia falharam, lastimavelmente, quanto ao padrão de simplicidade.

Inequivocidade prescreve que o significado de uma expressão escrita seja determinado pela sua forma. Esta é uma maneira complexa de dizer que o que você lê deve significar uma coisa e não muitas coisas. Sistemas de escrita não deveriam causar confusão, gerando ambigüidades. A ambigüidade parece mais problemática na escrita do que na fala porque o contexto, as expressões faciais, o tom de voz e o conhecimento da história pessoal de quem escreveu estão ausentes nos textos escritos. Coulmas (1989) usou um exemplo de como a forma escrita elimina a ambigüidade de padrões de fala por meio de soletrações variantes, ao contrastar a frase francesa *cette heures* (que quer dizer "nesta hora") com *sept heures* (que significa "sete horas"[2]). Embora os sistemas de escrita egípcio e maia não tenham passado no teste de simplicidade, eles preenchem este critério com total sucesso. É difícil compreender mal um significado quando o mesmo significado é marcado de muitas maneiras diferentes.

Abrangência significa que todas as palavras, nomes e quaisquer possíveis novas palavras possam ser representados pelo sistema de escrita com relativa facilidade. Ou seja, você não precisa convocar uma reunião do Conselho Nacional de Escrita cada vez que uma nova palavra aparece na língua, como *computador, hardware, software, internet, website, hacker, nerd*.

Estes exemplos enfatizam o ponto central da teoria de Coulmas (1989). Há sempre um equilíbrio entre os elementos do sistema. Além disso, não se pode assumir que tudo estará bem ao se optar só pela economia, o que levaria à conclusão de que todo sistema de escrita deveria ser um alfabeto. Em vez disso, a estrutura silábica de uma língua ditará qual forma de código é mais "simples" para ela, e isto simplesmente acaba sendo tão importante quanto a economia. Conforme observado por Coulmas (1989), o código Morse é extremamente econômico, já que é constituido apenas pela duração (com dois valores: longo e curto) e pelo silêncio. Mas isto não é razão suficiente para que ele substitua o alfabeto.

A análise comparativa revelou que um mapeamento isomórfico perfeito entre a fala e o símbolo nunca foi alcançado por cultura alguma até agora, e que esse mapeamento provavelmente nunca funcionaria. Infelizmente não há, e nunca poderá haver, um sistema de escrita perfeito o suficiente para se igualar ao sistema dos sonhos de um lingüista, pois as necessidades do usuário estão muito distantes do ideal imaginado pelo lingüista. O simples fato de que alfabetos usam diferentes soletrações para palavras homófonas (*bear/bare; knight/night; pair/pear/pare*[3]) demonstra que as ortografias funcionam melhor quando são produzidas para ajudar o usuário em vez de para satisfazer ao purista.

Em suma, um sistema de escrita deve atender a várias restrições a fim de funcionar. Deve ser suficientemente fácil de aprender de modo que não se leve a vida toda para aprendê-lo. Um objetivo razoável seria o de que pudesse ser dominado por uma criança em um curto período. Não deve ser ambígüo, isto é, a escrita deveria ser a tradução mais fiel possível do verdadeiro significado da língua falada. Finalmente, deve ser abrangente, sendo possivel registrar cada palavra e cada nome da língua, não apenas alguns.

Alcançar esses objetivos foi um desafio extraordinário. Todos sistemas de escrita primitivos começaram com a solução errada e tiveram de, freqüentemente, mudar seu curso, a ponto de abandonar tudo e começar novamente. Houve soluções temporárias, em que símbolos especiais foram adicionados para

---

[2] N. de R. T. Um exemplo em português de palavras homófonas é a palavra concerto (musical) e conserto (de carro).

[3] N. de R. T. Ver nota anterior para exemplo de palavras homófonas no português.

reduzir a ambigüidade. Porém, quanto mais símbolos especiais eram acrescentados ao sistema, mais difícil de aprender ele se tornava. Os sistemas de escrita hieroglífica egípcio e maia foram aqueles com mais acessórios, maior quantidade de redundância e variação no tamanho das unidades para representar o código. Foram sistemas tão difíceis de aprender que só os sacerdotes eram capazes de fazê-lo.

Iremos analisar mais detalhadamente os sistemas de escrita que conseguiram atender a todas as restrições listadas acima. Tais sistemas têm algo em comum? Se têm, o quê? Existem padrões que podem ser deteminados sobre como e por que os sistemas de escrita são diferentes? Pode um tipo de sistema de escrita ser melhor do que outro?

Sistemas de escrita não evoluem

Estudiosos em análise comparativa dos sistemas de escrita concordaram em maior ou menor grau quanto aos tipos ou formas de escrita e a ordem na qual aparecem. Coulmas (1989) nos dá uma lista que representa a visão majoritária acerca dessa questão. Entretanto, conforme observa, a lista é "abstrata" no sentido de que é mais ou menos correta, mas não perfeitamente correta. Aqui está uma interpretação simplificada e levemente revisada de sua lista.

Existem dois níveis. O primeiro nível é a *escrita da palavra inteira*. Neste nível, encontram-se várias formas de símbolos para representar a palavra inteira: *pictogramas* de uma determinada pessoa ou objeto (*aquele homem, aquele pássaro, aquele navio*) ou uma forma prototípica (*um pássaro, um navio*), e *logogramas*, que são sinais completamente abstratos para palavras inteiras.

Um sistema de escrita em que cada palavra é representada por um único padrão visual não é funcional por várias razões. Primeiro, ele estaria sempre em processo de elaboração e jamais poderia se completar. Fracassaria sempre em relação ao padrão de abrangência. Segundo, ele também não cumpre o critério de economia. Falantes adultos conhecem cerca de 100 mil palavras e usam mais de 50 mil em conversas normais. Se toda palavra fosse codificada por um único símbolo, seriam necessários 50 mil símbolos só para começar. O *Oxford Companion to the English Language* estima que a língua inglesa tenha cerca de 1 milhão de palavras (ver McArthur, 1992). Terceiro, cada signo deve ser ensinado individualmente; logo não se qualifica como um código. Se a palavra não está no seu vocabulário, não haveria nenhuma maneira de ler (decodificar) o signo. Em poucas palavras, a escrita de palavra inteira não é um sistema. Ela não tem estrutura. Aprender um sistema de escrita logográfico seria exatamente como decorar a lista telefônica.

Por tais razões, o segundo nível – *escrita baseada em som* – torna-se inevitável devido à inoperância do primeiro. Aqui, símbolos abstratos representam unidades de som da fala. Há bem menos sons que palavras em cada língua de diversas ordens de magnitude, não importa qual unidade de som seja escolhida, portanto, isto preenche o requisito da economia. A lógica central de um sistema baseado em som é que *a unidade de som dirige o sistema e que o significado não o faz*. Isto é verdadeiro muito embora som e significado possam coincidir, como no caso de palavras de uma sílaba em um sistema de escrita silábico. Outro fator crucial é que unidades de som em uma língua são *fixas em número*, ao passo que palavras nunca o são.

Coulmas (1989) lista as opções de unidades sonoras como sílabas ou fonemas, mas não especifica uma seqüência. Gelb (1963) sugeriu que os sistemas de escrita evoluíam em uma ordem fixa: alfabetos devem seguir silabários, e estes devem seguir logogramas. Para Gelb (1963), evolução significa mover-se de formas inferiores para formas superiores. Sendo assim, pictogramas são primitivos e alfabetos são sofisticados e "melhores".

Finalmente, Coulmas (1989) inclui uma espécie de período de descarte no qual a redundância é eliminada e a forma escrita é padronizada por meio da criação de uma "ortografia" ou "forma-padrão".

À medida que revisarmos o desenvolvimento de sistemas de escrita individuais, ficará óbvio que a posição de Gelb (1963) é insustentável. Além disso, quero tomar uma direção um pouco diferente da de Coulmas (1989) e apresentar uma análise mais psicológica e pragmática das semelhanças e diferenças entre os vários sistemas. Desta maneira, podemos incluir o que conhecemos a partir das pesquisas sobre memória e percepção humanas, tornando isto relevante para a sala de aula. Coulmas (1989) está correto ao dizer que um sistema de escrita deve ser econômico, devido aos limites da memória humana, e deveria ser elaborado para se adequar ao usuário. Mas tais limites não precisam ser vagos. Há respostas precisas não somente a partir das pesquisas na psicologia, mas também a partir de evidências sobre a análise da estrutura dos sistemas de escrita. Isto significa que podemos descobrir *exatamente* o que um aprendiz humano pode ou não se lembrar, e *exatamente* o que um observador humano pode ou não perceber sobre elementos no fluxo da fala, algo que Coulmas (1989) não discute. Em outras palavras, existem ainda mais restrições na criação de sistemas de escrita além das que Coulmas (1989) identifica.

Os limites da memória humana

Quando culturas antigas iniciaram a transição para um sistema de escrita bem-desenvolvido, duas coisas aconteceram. Os pictogramas desapareceram relativamente rápido. Logogramas expandiram-se rapidamente. Um número máximo de logogramas foi observado na Suméria, na China e também no Egito.

A partir de evidências históricas, é óbvio que os sábios antigos rapidamente descobriram que um sistema logográfico (de palavra inteira, baseado em significado) não funcionaria. Se tivesse funcionado, não teria sido abandonado tão cedo. Não foi a questão da abrangência que esfriou o ânimo de todos pelos logogramas. Mas o limite da memória humana. Memorizar milhares de padrões visuais abstratos é algo que cérebros humanos simplesmente não conseguem fazer. Mas isto é apenas a metade do problema.

Em um sistema de escrita logográfico, cada padrão visual abstrato e sem significado é relacionado a uma determinada palavra. Psicólogos chamam isso de *aprendizagem por associação de pares*. Em uma tarefa típica de associação de pares, as pessoas são solicitadas a memorizar uma lista aleatória de pares de palavras (árvore-boca) e recebem como dica, mais tarde, uma dessas palavras: árvore— ? . As pessoas vão particularmente mal nesta tarefa quando os pares de palavras não têm relação de sentido (semântico), como no exemplo mencionado, e são duramente pressionadas a memorizar mais de 20 pares como este. E essas memórias não sobrevivem (Meyer, Schvaneveldt e Ruddy, 1971; Postman, 1975; Fisher e Craik, 1977).

A aprendizagem por associação de pares é ainda mais difícil se as palavras são emparelhadas com símbolos visuais abstratos. Mesmo com um treino intensivo durante um longo período, memorizar milhares de símbolos visuais abstratos e se lembrar de qual símbolo combina com uma palavra pode ser bom para um computador, mas é uma péssima idéia para um cérebro humano. E o grau de dificuldade iria ao máximo se os símbolos visuais consistissem em milhares de seqüências e combinações aleatórias de 26 letras. Isto é o que os métodos de palavra inteira exigem de uma criança que está aprendendo um sistema de escrita alfabético, e esta é a razão pela qual ninguém é um leitor de palavra inteira. Tampouco as pessoas tornam-se leitores de palavra inteira quando adultas, como alegam alguns pesquisadores. Somente os leitores com surdez profunda lêem puramente pela visualização, e eles atingem no máximo um nível de leitura/escrita típico de estudantes da 4ª série (Aaron et al., 1998; ver também o Capítulo 10 deste livro).

As evidências provenientes do estudo dos sistemas de escrita nos mostram que a leitura de palavra inteira é impossível, como também nos mostram *quando,* exatamente, ocorre a sobrecarga da memória. No caso dos hieróglifos egípcios, até mesmo os sacerdotes, os guardiões da Sagrada Escritura que se vangloriavam de suas façanhas ao dominá-los desistiram dos logogramas como a unidade principal do sistema em um período tão cedo que ele sequer pôde ser rastreado. Já no ano 3000 a.C., época da mais antiga escrita egípcia descoberta até agora, o sistema de escrita tinha três diferentes componentes. De fato, havia pictogramas/logogramas representando palavras inteiras, mas todos eles tinham um conjunto de pistas ao seu redor (classificadores). Uma pista era um "determinante de categoria", um símbolo que representava uma categoria semântica comum (homem, água, montanha, cereal e assim por diante).

Outras pistas consistiam em um conjunto de símbolos fonéticos para representar seqüências de consoantes individuais, duplas (CC) e triplas (CCC). As consoantes expressam o significado de uma palavra (sua raíz) em línguas hamito-semíticas como o egípcio. As vogais indicam alterações gramaticais e se permutam, enquanto a raíz permanece intacta. Hoje esses "alfabetos consonantais" são o principal sistema de escrita para o hebreu e o árabe modernos. Em algum momento, antes de 3000 a.C., os egípcios haviam compreendido isso. Os logogramas estavam todos lá, embora não precisassem estar.

A Suméria é a única civilização antiga com um registro contínuo do sistema de escrita desde os tempos mais remotos. Fichas com símbolos esculpidos em argila e inseridos em recipientes desse mesmo material eram usados no comércio e foram datados como sendo tão antigos quanto 10000 a.C. (Schmandt-Besserat, 1978). Juntamente, havia símbolos para um sistema numérico com pictogramas para produtos sendo transportados.

Um verdadeiro sistema de escrita não apareceu até cerca de 3200-3000 a.C. A forma mais primitiva desse sistema usava pictogramas, símbolos abstratos representando palavras (logogramas) e determinantes de categoria para substantivos. Isto mudou rapidamente devido à natureza da língua. O sumério era uma língua "aglutinativa", que consistia principalmente em palavras compostas de uma sílaba com os seguintes tipos silábicos: CV, VC, CVC. Nesse tipo de língua, palavras com uma sílaba são combinadas ("grudadas") em palavras maiores e frases. Por exemplo, o plural era indicado pela duplicação: "Vejo homem-homem". Em virtude de os sumérios usarem o mesmo símbolo para o som da palavra, não importando que papel ela desempenhasse na sentença, o sistema de escrita funcionava essencialmente como um silabário – um sistema baseado em som.

A passagem do significado para o som não foi óbvia e confundiu os estudiosos ao longo dos anos. Contagens proporcionais de pictogramas e logogramas, realizadas a partir de um vasto número de placas de argila recuperadas em escavações arqueológicas, mostram que o registro logográfico diminuiu com o passar do tempo. Isto ocorreu, em parte, porque os estudiosos acreditavam, inicialmente, que todos os sistemas de escrita antigos fossem logográficos. O que os levou a ver mais símbolos logográficos do que os que realmente estavam lá. Isso também ocorreu, em parte, porque os sumérios passaram a usar menos logogramas à medida que o tempo passava. Por exemplo, Falkenstein (1964) relatou que, entre todos os signos datando de 3000 a.C. (pictogramas, logogramas e classificadores), 2 mil eram logogramas. Em estimativas posteriores, a contagem de logogramas era bem menor e diminuiu drasticamente ao longo dos séculos: 1.200 logogramas em 3000 a.C., 800 no período 2700-2350 a.C., e 500 em 2000 a.C. (Coulmas, 1989). Ainda assim, Michalowski (1996), um dos maiores estudiosos da civilização suméria, acredita que os sumérios possam ter tido uns poucos logogramas, se algum, quase desde o início. Ele estimou que o *corpus* inteiro de símbolos (todos os tipos) era cerca de 800 por volta de 3200 a.C., afirmando que o sistema estava praticamente completo naquele tempo. Um sistema de escrita com 800 signos é compatível com um silabário.

Em 2500 a.C., os acadianos semíticos adotaram a língua suméria como sua língua administrativa, junto com o sistema de escrita (como muitos europeus tomaram emprestado o latim). Com o tempo, o sumério foi adaptado à língua acadiana e se tornou um silabário de cerca de 300 signos (Cooper, 1996). Por volta do reinado do Rei Sargon I, em 2350 a.C. o uso de logogramas havia praticamente parado (Civil, 1973).

Podemos traçar um desenvolvimento semelhante na China. A escrita chinesa antiga foi descoberta no final do século XIX em um conjunto de ossos de oráculo, datado da dinastia Shang, por volta de 1200 a.C. Os caracteres, que chegavam a quase 2.500, eram tão complexos e numerosos que estudiosos chineses supõem que o sistema de escrita deve ter-se desenvolvido muito antes. Até agora, nenhuma evidência adicional foi encontrada (Chang, 1963; Ho, 1976).

Os caracteres Shang são idênticos, em tipo, aos caracteres chineses modernos, embora diferentes na forma. Os caracteres são símbolos compostos. O símbolo principal representa uma unidade sonora (a sílaba). Um símbolo secundário, que é fundido com o símbolo principal, representa um classificador semântico, chamado "radical". Isto é, uma pista para a categoria da palavra: homem, água, comida, montanha, terra e assim por diante. Esses símbolos compostos constituem o principal sistema de escrita. Karlgren (1923) estimou que 90% de todos os caracteres chineses modernos eram "compostos do tipo semântico-fonéticos". Mair (1996) atualizou esses números para 81%.

O chinês, como o sumério, tem um número restrito de tipos de sílabas (somente CV e CVC). Os fonemas combinam-se nesses padrões silábicos para criar 1.277 sílabas chinesas permitidas. Como a língua chinesa tem poucas sílabas, o chinês (como o sumério) é cheio de palavras homófonas, palavras que são pronunciadas da mesma forma, mas têm diferentes significados. Isso não representa um problema na fala, pois o chinês é uma língua tonal. Mudanças na inflexão vocal (tom) assinalam uma mudança no significado. Porém, os tons não são marcados na escrita chinesa, e os símbolos de categoria (radicais) são pistas fundamentais para o significado. Eles servem à função da inequivocidade.

O número de símbolos ou caracteres no sistema de escrita chinês moderno nos proporciona uma boa estimativa dos limites da memória humana. As crianças memorizam cerca de 1.260 símbolos silábicos, mais 214 classificadores de categoria, para um total de 1.474 signos básicos. Elas devem ainda aprender qual palavra (qual dos nove significados de *tang*, por exemplo) é representada por qual combinação particular composta de sílaba mais classificador, porque isto nem sempre é óbvio. Mair (1996) estimou que 90% das palavras nos textos usuais podem ser escritas com mil caracteres compostos e 99% das palavras com 2.400 caracteres compostos. Ele concluiu que "há um limite superior natural para o número de formas únicas que podem ser toleradas em uma escrita funcional. Para a maior parte dos indivíduos, esse valor parece residir na faixa de aproximadamente 2.000-2.500" (p. 200).

O sistema de escrita japonês é o único que ainda mantém um grande número de logogramas (*kanji*). Esses símbolos foram originalmente emprestados da China e usados para palavras de empréstimo chinesas. Hoje, o Ministério da Educação do Japão estabeleceu como obrigatoriedade da escola ensinar cerca de 1.860 *kanji*. As crianças aprendem a metade destes símbolos no ensino fundamental e a outra metade no ensino médio, um processo que leva cerca de 12 anos. O domínio de um repertório adicional de 2 mil a 3 mil *kanji* é considerado a marca de uma pessoa altamente instruída e memorizar esse repertório adicional pode levar cerca de uma década ou mais da vida adulta.

É desnecessário dizer que um repertório de 1.860 sinais de palavras, que os aprendizes levam 12 anos para aprender, é raramente suficiente para representar as 50 mil palavras necessárias a um cidadão japonês médio para ler um jornal ou revista. Esta é a razão pela qual a maior parte do sistema de escrita japonês consiste em duas escritas fonéticas (redundantes), o *katakana* e o *hiragana*, com cerca de 50 símbolos cada. Elas representam as unidades bifônicas consoante-vogal (CV) tão típicas da língua japonesa (ka-ta-ka-na).

O sistema de escrita japonês contém 1.860 sinais de palavras, mais 50 símbolos *katakana* e mais 50 símbolos *hiragana*, um total pouco abaixo de 2 mil símbolos, mais o acréscimo das letras romanas para representar palavras estrangeiras. Aqui está um sistema de escrita que não cumpre dois dos três critérios de Coulmas (1989): economia e simplicidade. Por estes parâmetros, ele não se qualifica como um "sistema de escrita eficaz", ainda que funcione de algum modo.

Os dados desses registros nos contam algo. Há um limite na memória humana de longo prazo para memorizar padrões visuais abstratos emparelhados com palavras individuais. Esse é um *limite último*, presente depois de anos de intensa memorização. Com base em uma análise anterior de sistemas de escrita conhecidos, demarquei esse limite em aproximadamente 2 mil, o que é notavelmente próximo à estimativa de Mair (1996) baseada no chinês (McGuinness, 1997c).

Logogramas não fazem o que um sistema de escrita faz, isto está bem claro. Logogramas nem mesmo são eficazes como componentes de um sistema de escrita. É evidente que nenhuma civilização nunca imaginou isso, ou desenvolveu qualquer coisa remotamente próxima a um sistema de palavra inteira. Temos uma história de 5 mil anos para mostrar que sistemas de escrita são essencialmente sistemas baseados em som, e que nenhum método de palavra inteira pode funcionar. É amplamente falsa a idéia de que as crianças consigam aprender a ler palavras inteiras puramente pelo aspecto visual geral dessas palavras, ou a de que adultos cedo ou tarde tornam-se leitores competentes de palavras inteiras por meio dessa estratégia de memorização.

Sem exceção, em cada sistema de escrita já traduzido, o problema da sobrecarga de memória foi resolvido ao evitar a palavra como a unidade do sistema e, em vez disso, enfatizar as unidades fonológicas menores. Neste ponto, chegamos ao nível 2 da lista de Coulmas (1989) e nos deparamos com um grande dilema.

O nível baseado em som: sílabas, partes de sílabas, fonemas

Neste nível, um problema maior fora criado por um sistema de classificação prematuro. Dito de maneira simples, lingüistas reconhecem palavras, sílabas e fonemas, mas criadores de sistemas de escrita não viam isso assim. Eles não se prendiam a sílabas ou fonemas ao escolherem uma unidade baseada em som. De certa forma, os lingüistas colocaram uma "camisa de força" na análise comparativa, não permitindo alternativas.

A falta de terminologia para os sistemas de escrita que não são nem silabários nem alfabetos cria controvérsias desnecessárias entre analistas. A escrita consonantal egípcia é um caso a ser observado. Gelb (1963) alegava que ela devia ser um silabário, já que os símbolos consonantais automaticamente implicam vogais e também porque nenhum sistema de escrita pode pular um passo na seqüência evolucionária em que esse estudioso acreditava. Outros paleógrafos afirmavam que, porque os símbolos não marcam qual vogal usar, ou se a vogal deveria preceder ou seguir a consoante (VC ou CV), a escrita consonantal egípcia não poderia ser um silabário, mas deveria ser algum tipo de alfabeto (Jensen, 1969). Na verdade não é nenhum dos dois. Não é nem silabário e nem alfabeto porque é o leitor que faz o trabalho de preencher os sons vocálicos que embora implícitos, não são marcados. Isto acontece porque uma parte considerável do "sistema de escrita" é inferida. Ela deve ser processada na cabeça de alguém. Além disso, um sistema de escrita como esse só pode funcionar para línguas com uma determinada estrutura, em que consoantes carregam a carga de significado e permanecem em uma seqüência fixa, enquanto as vogais se alteram indicando mudanças na gramática. Estas são características das línguas hamito-semíticas e de nenhuma outra. A mera existência de um sistema de escrita exclusivamente consonantal refuta a noção de que existe um modelo universal que se aplicaria ao desenvolvimento de todos os sistemas de escrita.

Se vistos de um modo imparcial, os fatos sugerem que a escolha de uma unidade baseada em som não tem nada a ver com uma progressão evolucionária. Essa escolha não é tampouco feita por acaso, ou apenas "relativamente" com base na estrutura silábica, ou tomada de empréstimo de modo acidental por difusão. A escolha é governada pela estrutura da língua em termos tanto do número de sílabas quanto da *fonotática*, ou seja, das seqüências de fonemas permitidas em uma determinada língua. Por exemplo, a seqüência de consoantes adjacentes /str/ é permitida no início de palavras da língua inglesa (*street*), mas não no final.[4] Esta não é uma questão acadêmica, mas sim uma questão vital acerca de uma língua viva. Bebês de 9 meses já se esforçam na árdua tarefa de analisar a estrutura fonotática de sua língua (Aslin, Saffran e Newport, 1998; Friederici e Wessels, 1993; Jusczyk, 1998; Mattys et al., 1999; ver também *Language development and learning to read*).

A idéia de que a estrutura fonotática de uma língua é importante na escolha de uma unidade fonética para um sistema de escrita foi proposta por vários autores (Matinngly, 1985; Coulmas, 1989; Katz e Frost, 1992; McGuinness, 1997c), embora não tenha sido explorada em profundidade. Sugeri á existência de quatro tipos de sistemas de escrita baseados em som, não de dois (McGuinness 1997c). Esses quatro tipos básicos derivam da estrutura silábica e da fonotática de cada língua. A escolha de uma unidade sonora é baseada no princípio do menor esforço – um equilíbrio entre dois fatores: economia (a facilidade com que as unidades sonoras podem ser aprendidas) e percepção (a facilidade de discriminação ou "naturalidade" das unidades a serem adotadas). Isto supondo que as outras restrições também se aplicam.

Isso representa um distanciamento do conhecimento convencional sobre esta questão. Contudo, convém explorá-lo, pois ele nos dá respostas para alguns enigmas bastante fundamentais, sendo este o primeiro deles: se Gelb (1963) estava tão certo de que um silabário é um passo inevitável na rota para os alfabetos, onde é que estão os silabários a que ele se refere? Até agora, encontramos apenas três (sumério, acadiano e chinês). Há os silabários babilônico e assírio (línguas que eram dialetos do acádio), o silabário hitita, além da escrita clássica para anamês (vietnamita) emprestada da China. Cerca de sete silabários em 5 mil anos não é um número considerável. Apenas um, o anamês, foi fracionado para um alfabeto, e isto não se tornou oficial até 1912. Um argumento mais convincente contra o modelo evolucionário linear de Gelb (1963) é o de que ele não pode explicar os muitos exemplos em que o alfabeto foi rejeitado em favor de algo mais silábico. Se Gelb (1963) estivesse certo sobre sistemas de escrita evoluindo para formas superiores, então a evolução poderia ocorrer tanto para frente como para trás no tempo e, assim, não contaria como "evolução".

Para entender as implicações desse novo esquema classificatório, precisamos observar a estrutura dos quatro tipos de sistemas de escrita e como foram criados. Especificamente, vamos observar o papel crucial que a consciência do nível fonêmico-fonético da língua desempenhou no modo como o sistema de escrita foi estabelecido. Isto ilustra o fato de que nenhum sábio antigo poderia ter criado um sistema de escrita, a menos que conhecesse o *corpus* fonêmico de sua língua, e levanta a seguinte questão: se conheciam, por que eles nem sempre optavam por um sistema de escrita alfabético?

Sistemas de Escrita Silábicos   A sílaba é a maior unidade fonológica abaixo do nível da palavra, no sentido de conter a principal informação fonética. As palavras inglesas *straight* e *I*[5] são ambas palavras de uma sílaba. Sistemas de escrita silábicos só funcionam para línguas que têm um número extremamente restrito de tipos de sílabas. Duas importantes civilizações, Suméria e China,

---

[4] N. de R. T. Esta seqüência não é permitida no português, em nenhuma posição na palavra.

[5] N. de R. T. Em português: trem (CCVC), eu (VV), pó (CV), ar (VC), monossílabos de diversos tipos silábicos.

encaixam-se nesta descrição, e ambas têm um sistema de escrita silábica.

Mas será que a adoção de um sistema de escrita silábico significa que os antigos sábios optaram por essa solução porque não estavam conscientes dos fonemas e não podiam ter descoberto que um alfabeto seria a melhor solução? Nenhum registro foi preservado das centenas de horas que os sábios devem ter investido na criação de um sistema de escrita silábico. Pode-se apenas especular. Existem duas saídas. A primeira seria trabalhar oralmente de uma forma casualística e pouco sistemática. Conforme cada sílaba vem à mente – *tan*, *chang*, *ho*, *tang*, *wan*, *min* –, um símbolo seria criado para ela. Isso é um pouco caótico e perigoso, pois, com o passar dos dias, as pessoas se esqueceriam de qual símbolo foi associado a que sílaba.

Outra saída é trabalhar os sons individuais nas sílabas (os fonemas) e criar símbolos para eles. Existem bem menos fonemas do que sílabas em qualquer língua (o chinês tem cerca de 35 e o sumério, 21). Se você fizesse isso, poderia estabelecer uma matriz e trabalhar sistematicamente. Desta maneira, você teria muito menos chances de deixar algo escapar, e seria muito mais fácil manter o controle daquilo que estivesse fazendo.

Eis aqui uma solução fonêmica parcial para criar um silabário em uma língua com as vogais /a/ e /o/ e as consoantes /b/ e /t/. A questão que estamos abordando é de quantos símbolos silábicos precisamos para representar cada sílaba permitida (CV, CVC) em uma língua semelhante ao Chinês. Ao começar com símbolos para os quatro fonemas, acabaríamos com 12 possíveis sílabas permitidas, como mostram as tabelas a seguir. O próximo passo é excluir da lista as sílabas não-permitidas na língua e criar um símbolo especial para cada sílaba que permanecer. Isso pode ser registrado em um quadro em separado.

Este exemplo pretende ressaltar o fato de que, quando a sua solução logográfica esbarra no teto da memória humana, você deve encontrar um jeito melhor e ele deve ser completo. Um sistema de escrita parcial não tem utilidade. A questão é: seria mais eficiente começar atribuindo símbolos para 35 fonemas como um dispositivo de memória, depois estabelecer uma matriz e trabalhar a partir dela, ou fazer tudo isso de modo aleatório, criando cada símbolo silábico conforme se avança? Não temos quaisquer pistas a partir de documentos chineses acerca do que foi feito, mas temos, sim, algumas pistas dos sumérios nas milhares de placas de argila encontradas nos templos, palácios e escolas, datando de 4000 a.C. (Kramer, 1963, 1981; Michalowski ,1996).

Michalowski (1996) relatou que escavações no Uruk antigo revelaram uma transição abrupta, datada entre 3200 e 3000 a.C. A fase inicial da protoescrita não tinha nenhuma ordem ou estrutura específica. No momento em que começa a escrita propriamente, de repente a ordem aparece. Após ter observado esse material, ele escreveu: "A estrutura e a lógica do sistema indicam que ele tenha sido inventado como um todo e não se desenvolvido gradativamente" (p. 35). Michalowski enfatizou o fato de que desde o começo havia uma preocupação em relação à transmissão estruturada do sistema.

Kramer chegou a uma conclusão parecida em sua análise das placas sumérias escritas para e por alunos pequenos (cerca de 2000 a.C.). As crianças eram introduzidas aos sinais silábicos de uma maneira sistemática: todas as sílabas CV, todas as sílabas VC, depois as sílabas CVC, cada uma memorizada de forma independente. A seguir, aprendiam

C	V	C	C	V	C	C
	a	*o*		*a*	*o*	
b	ba	bo	*b*	bab	bob	*b*
t	ta	to	*b*	bat	bot	*t*
			t	tat	tot	*t*
			t	tab	tob	*b*

listas de palavras em categorias semânticas. Os símbolos escritos não eram aprendidos em uma ordem aleatória, incidentalmente como parte da leitura de textos significativos, e é bem pouco provável que tivessem sido criados dessa maneira.

Esses exemplos mostram tanto a possibilidade de que os chineses e os sumérios fossem conscientes da estrutura fonêmica de sua língua quanto a de que eles não o fossem. E, se fossem conscientes, poderiam facilmente ter observado que um alfabeto seria extremamente econômico. Mesmo assim, eles optaram por não usar o alfabeto.

Sistemas bifônicos CV Quando uma língua tem mais de três ou quatro tipos de sílabas, um silabário não vai funcionar pela simples razão de que iria exaurir os limites da memória humana. Conforme o conhecimento herdado sobre este assunto, a única outra opção é um alfabeto. Mas isso não foi nem remotamente o que aconteceu. A unidade de base sonora mais comum adotada por todos os sistemas de escrita, passados ou presentes, é a unidade consoante-vogal. Sistemas de escrita CV funcionam para as centenas de línguas construídas *principalmente* em uma estrutura fonológica como esta: CV-CV-CV. Estas unidades fonológicas aparecem universalmente em vocalizações de crianças: *ba-ba-ba*, *goo-goo*, *ba-goo-da*. Uma palavra da língua inglesa com este padrão é *potato (batata)*. Não existem línguas em que as unidades VC geralmente formem palavras: VC-VC-VC (*edit* e *idiot* são exemplos apropriados).

Tais sistemas de escrita foram identificados por McGuinness (1997c) e denominados sistemas bifônicos (dois sons). Até o presente momento, sistemas de escrita bifônica têm sido classificados como alfabetos ou silabários. Coulmas (1989, p. 225) referiu-se a um desses sistemas como um "alfabeto silábico do tipo *devanágari*",[6] uma boa amostra do problema da falta de terminologia.

A palavra mais importante no primeiro parágrafo desta seção é *principalmente*. Todas as línguas escritas em um sistema de escrita bifônica têm mais tipos de sílabas além do CV. Se não tivessem, seriam línguas de uma sílaba, e os sistemas de escrita seriam, na verdade, silabários. Mas essas línguas têm palavras que terminam em uma consoante (VC, CVC) e palavras com seqüências de consoantes (CCV, CCVC, CVCC). Isto é particularmente verdade nas línguas índicas, em que todas são escritas com um sistema bifônico. Uma das características das línguas índicas (e todas as outras línguas indo-européias) é a variedade de encontros consonantais.

Isso significa que os sistemas de escrita bifônicos são inerentemente ambíguos. Há o problema de como não pronunciar o som de uma vogal extra quando a palavra termina em uma consoante. *Balam* é uma palavra maia, porém, em sua escrita bifônica, ela seria lida como *balama*. Os encontros consonantais em *krishna*, uma palavra hindu, seriam lidos *karishana*. A solução foi adicionar marcas ou diacríticos indicando quando omitir a vogal, e isso pode tornar-se parte da própria escrita. Sistemas de escrita índicos usam "ligaduras" (traços finos que funcionam como conectores) para indicar ao leitor que pule uma vogal entre duas consoantes. Essa é a razão pela qual um sistema bifônico é diferente de um silabário. Ele não marca todos os padrões silábicos na língua, este é o fato que o diferencia dos demais.

Não seria prático enumerar cada sistema de escrita que usava ou usa a bifônica CV como uma unidade de base sonora para o código, mas até mesmo uma lista parcial é impressionante. Os maias parecem ser os únicos a criarem um sistema composto, com pictogramas e logogramas, além de uma escrita bifônica CV e símbolos para vogais. Os demais sistemas bifônicos são apenas baseados em som. O mais antigo até agora é a escrita linear B (cerca de 1450 a.C.), encontrada em Creta e, mais tarde, usada no comércio pelos gregos. Em seguida, aparecem os sistemas baseados na escrita brami índica, desenvolvida pouco depois do século V a.C.

---

[6] N. de R. T. O *devanágari* é uma escrita alfabeto-silábica da família brâmica, do sul da Ásia, usada desde o século XII. Muitas linguagens da Índia, como hindi, sânscrito, marati, kashmiri, sindhi, bihari, bhili, konkani, bhojpuri e nepali, usam o *devanágari* (Dicionário *Wikipédia*).

Essa escrita levou a um número incrível de descendências.[7]

Supõe-se que a escrita páli índica, ou alguma similar, levou à criação de dois sistemas bifônicos japoneses, o *hiragana* e o *katakana*, por intermédio dos missionários budistas. Outros sistemas bifônicos incluem o etíope (uma língua semita), cerca do século IV d.C., e o sistema Han'gul, desenvolvido durante a reforma da escrita coreana no século XV. Há, ainda, o sistema de escrita dos índios cheroqui, e um híbrido bifônico mais interessante, da Pérsia, discutidos mais detalhadamente abaixo.

A mensagem relevante é que alfabetos podem ser predominantes nas culturas ocidentais, mas eles o são por razões lingüísticas (fonotáticas), não por serem intrinsecamente superiores a todas as outras formas.

Evidências sobre como esses sistemas bifônicos foram organizados e criados proporcionam outra surpresa. Na época em que a escrita brami foi criada, peritos indianos já haviam inventado símbolos para representar cada fonema na sua língua. Esses "símbolos do alfabeto" foram organizados em ordem fixa e agrupados por ponto e modo de articulação, mostrando seu sofisticado conhecimento de fonética. A mesma "ordem alfabética" foi usada para dicionários. Especula-se que esse "quadro alfabético" era usado por aprendizes para aprender a cantar mantras com uma pronúncia precisa. Mas é muito provável que o quadro alfabético tenha sido usado para criar a escrita bifônica brami, conforme indicado pela maneira como foi construído. Cada consoante mais vogal /ah/ (a vogal primária nas línguas índicas) era atribuída a um símbolo diferente. Em seguida esses símbolos eram sistematicamente modificados para cada mudança de vogal, conforme mostra a Figura 2.1.

Julgando a partir das evidências sobre como esses sistemas foram estabelecidos e o grande número de pessoas que os adotou e criou (cerca de 200 dessas escritas foram verificadas apenas na Índia), teria sido óbvio para sábios antigos que um alfabeto poderia funcionar como um sistema de escrita. *Mesmo assim, um alfabeto jamais foi adotado com este objetivo.*

O sistema de escrita Han'gul da Coréia é um exemplo ainda mais claro, pois sua criação é mais transparante. Primeiro, a cada vogal e a cada consoante era atribuído um símbolo, e estes eram organizados em uma matriz, 10 vogais distribuídas na horizontal e 14 consoantes ao longo da vertical. Em cada cruzamento de consoante e vogal eles precisavam de um símbolo para todos os pares CV na língua coreana. Em vez de criarem 140 novos

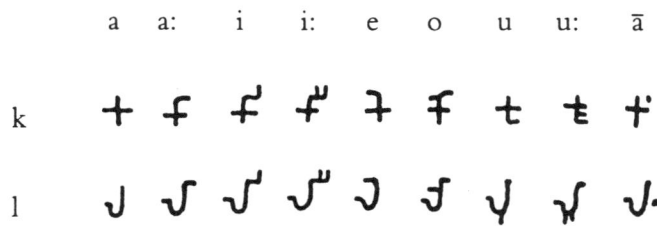

| Figura 2.1 |

Escrita brami, século V a.C. Exemplos de símbolos bifônicos para duas consoantes e nove vogais.

---

[7] N. de O. A descendência brami inclui os sistemas de escrita para kusan, gupta, a escrita *devanágari*, usada para o sânscrito, hindu e nepalês, além das escritas para siamês, burmanês, kavi ou sinhalês, bengalês, assamês, tibetano, mongol, kashimira, balinês, madurês, tâmil, indiano central, panjabi e malaio, como também as importantes escritas páli, criadas para as línguas prakrit associadas ao budismo. Essas escritas viajaram pelo oriente conforme o budismo se espalhava, dando origem ao sistema bifônico do Sri Lanka, de Burna, da Tailândia, do Cambodja e da Indonésia.

símbolos, como todos antes deles haviam feito, tiveram uma idéia melhor. Para não desperdiçar os símbolos alfabéticos, esses símbolos eram fundidos em pares, conforme mostra a Figura 2.2.

Há um outro exemplo proveniente da Pérsia Antiga, durante o reinado de Darius I (522-486 a.C.), o mais curioso até agora. É escrito em símbolos cuneiformes, sem dúvida alguma emprestados da escrita babilônica. Este é um sistema híbrido de 36 símbolos. Há 13 signos exclusivamente consonantais que são usados com três signos vocálicos (um alfabeto). Além disso, há 20 signos consonantais diferentes, que incluem uma vogal inerente, e variam de acordo com qual vogal está indicada (bifônicos CV). Outra supresa é que a ordem "alfabética" desses símbolos é idêntica àquela usada na Índia, com consoantes agrupadas por ponto e modo de articulação. Nossa ordem alfabética deriva do sistema semítico ocidental (fenício) e é bem diferente. Não se sabe se essa ordem alfabética é originária da Pérsia ou da Índia, pois os dois sistemas de escrita surgiram por volta da mesma época.

O persa arcaico era uma língua indo-européia. Entretanto, a língua administrativa do império persa era o aramaico semítico. O sistema de escrita aramaico originou-se por volta do século IX a.C. e marcava apenas consoantes, usando caracteres parecidos com letras simples, semelhantes à escrita fenícia, a antecessora do nosso alfabeto. Parece que a

		ㅏ	ㅑ	ㅓ	ㅕ	ㅗ	ㅛ	ㅜ	ㅠ	ㅡ	ㅣ
		a	ya	ŏ	yeo	o	yo	u	yu	eu	i
ㄱ	g(k)	가	갸	거	겨	고	교	구	규	그	기
ㄴ	n	나	냐	너	녀	노	뇨	누	뉴	느	니
ㄷ	d	다	댜	더	뎌	도	됴	두	듀	드	디
ㄹ	r(l)	라	랴	러	려	로	료	루	류	르	리
ㅁ	m	마	먀	머	며	모	묘	무	뮤	므	미
ㅂ	b	바	뱌	버	벼	보	뵤	부	뷰	브	비
ㅅ	s	사	샤	서	셔	소	쇼	수	슈	스	시
ㅇ	※	아	야	어	여	오	요	우	유	으	이
ㅈ	j	자	쟈	저	져	조	죠	주	쥬	즈	지
ㅊ	ch	차	챠	처	쳐	초	쵸	추	츄	츠	치
ㅋ	k	카	캬	커	켜	코	쿄	쿠	큐	크	키
ㅌ	t	타	탸	터	텨	토	툐	투	튜	트	티
ㅍ	p	파	퍄	퍼	펴	포	표	푸	퓨	프	피
ㅎ	h	하	햐	허	혀	호	효	후	휴	흐	히

| Figura 2.2 |

Símbolos bifônicos para combinações de vogais e consoantes em Han'gul.

escrita persa fora influenciada por dois fatores: a forma da escrita (cuneiforme) e o sistema bifônico CV dos babilônicos, e o conceito de símbolos exclusivamente consonantais, característicos do sistema de escrita aramaico. O que quer que esteja correto, é sabido que os persas criaram pelo menos um alfabeto parcial, mas *não conseguiram utilizá-lo* como um sistema de escrita. Temos agora três exemplos de "evolução" para trás.

Sistemas de seqüências de consonantes Sistemas de escrita baseados em seqüências de consoantes (sem vogais) são exclusivos das línguas semíticas. Há registros de sistemas de seqüências de consoantes no Oriente Próximo e no Oriente Médio, ambos no passado e no presente, sendo que o protótipo eram os hieroglifos egípcios (3000 a.C.). Em certo sentido, tais sistemas não podem ser classificados, pois dependem muito de o leitor conhecer todas as possíveis palavras e convenções da língua falada antes que o texto possa ser decodificado. Poder-se-ia concebê-los como versões abreviadas de um sistema bifônico, só que isto seria impreciso, já que a escrita não oferece qualquer indicação de quais vogais devem ser adicionadas à leitura. Se o leitor visse p t t (CCC) e fosse aplicada uma regra bifônica, ele poderia pensar: CVCVCV, "isto deve ser *potato*". Mas a escrita não indica onde vão as vogais. A seqüência poderia ser lida de várias maneiras: VCVCVC (oputot) ou CVVCVCV (piatuti).[8]

Este não é realmente um *sistema* de escrita. Ele mais parece um esboço ou uma seqüência de pistas. Por exemplo, seria impossível ler uma palavra que não existisse em nosso vocabulário. Sistemas de pistas de consoantes são tão econômicos que falham nos dois testes de inequivocidade e abrangência. Sistemas de consoantes modernos, como o hebreu e o árabe, usam diacríticos para indicar vogais quando os textos são difíceis. Isto se aplica a livros para leitores principiantes, a textos sagrados ou clássicos, e a livros altamente técnicos. Com o acréscimo de marcadores vocálicos específicos, tais sistemas se transformam em alfabetos.

Alfabetos Quando uma língua tem um número muito grande de tipos silábicos (o inglês tem 16, sem contar os plurais[9]), quando lhe falta uma estrutura bifônica básica CVCVCV ou qualquer outra estrutura simples, ou quando ela não tem a natureza "raiz-consoante" das línguas semíticas, ela deve ser escrita de alguma outra forma. Neste estágio, estamos praticamente fora das opções de unidade de som, e a única outra maneira é descer – descer um nível mais abaixo da unidade CV para as consoantes e vogais individuais (fonemas).

Todos os sistemas de escrita baseados em fonemas são chamados *alfa-betos*, nomes das duas primeiras letras (*alpha*, *beta*) da escrita consonantal fenícia antiga. Os gregos tomaram emprestado esses símbolos no século VIII a.C. para criar o primeiro sistema de escrita alfabética. Eles usaram os 22 símbolos consonantais fenícios para representar sons parecidos em grego. As letras restantes foram atribuídas a vogais e novas letras foram criadas para os demais sons. Quando terminaram, havia uma letra para cada fonema em grego, um sistema de escrita alfabético perfeito ou transparente. Certamente este não foi o primeiro alfabeto criado, mas foi o primeiro *usado como um sistema de escrita*. Todos que falam uma língua européia hoje usam um alfabeto derivado do antigo alfabeto grego por meio do processo de difusão.

Um alfabeto transparente, como o alfabeto grego, é muito eficiente e não tem ambigüidade. Os alfabetos têm um pequeno conjunto de símbolos que são facilmente lembrados. Além disso, não são necessários acessórios, regras ou pistas, como determinantes ou classificadores (silabários), nenhum som vocálico tem de ser omitido (sistemas bifônicos

---

[8] N. de R. T. Para btt ler *batata*, mas também poderia ser lida como *habitat*; ou "*bautoto*".

[9] N. de R. T. No português, são 13 tipos silábicos: CV (*casa*); CVV (*sau*dade); CVC (*mar*); CCV (*prato*); CVCC (*monstro*); CCVC (*três*); CCVV (*grau*); CCVCC (*trans*formação); V (*olho*); VV (*aula*); VC (*arco*); VCC (*abs*trato), CCVVCC (*claus*tro). (Fonte: Bisol, L. (Org.). *Introdução a estudos de fonologia do português brasileiro*. 2.ed. Porto Alegre: EDIPUCRS, 1999.)

CV), e nenhuma vogal tem de ser adicionada pelo leitor (sistemas de seqüências de consoantes), sendo, sem dúvida, uma grande vantagem. Por que, então, não há mais alfabetos no mundo? Por que os sistemas bifônicos CV são os tipos mais comuns de sistemas de escrita?

Agora estamos no âmago da questão. A história do desenvolvimento dos sistemas de escrita mostra que sábios antigos devem ter tido consciência do alfabeto. É muito pouco provável que qualquer sistema de escrita pudesse ser criado sem um. Exemplos de tabelas de alfabeto, de padrões nos símbolos das escritas, mostram que os sábios estavam bem cientes dos fonemas. Ainda assim, eles evitaram usar um alfabeto mesmo quando estavam diante de um. É difícil escapar à conclusão de que o fonema era uma unidade impopular para um sistema de escrita.

Sistemas bifônicos, por outro lado, têm várias características úteis. Encontram-se bem dentro dos limites da memória. (Um sistema bifônico para o inglês poderia chegar perto dos 315 símbolos, embora nunca pudesse funcionar). São criados para uma unidade de som altamente saliente, fácil de ouvir no fluxo da fala. Esses sistemas se encaixam nos padrões de uma língua natural, ao passo que os fonemas individuais não conseguem fazer isso. Há mais informação fonética por símbolo que em um alfabeto, assim, como silabários, eles são mais rápidos para ler e escrever (perto de duas vezes mais rápidos).

Os fonemas, ao contrário, sobrepõem-se uns aos outros no fluxo da fala e desaparecem tão rapidamente que as pessoas não têm consciência deles. Se as crianças não tiverem a sua atenção chamada para os fonemas quando elas estão aprendendo a ler, elas vão compreender mal como um alfabeto funciona. O fato de as pessoas não acharem natural analisar e isolar seqüências de fonemas nas palavras é, sem dúvida, a razão pela qual os sistemas de escrita alfabéticos não são encontrados em todo lugar. Parece que quando um alfabeto poderia ser evitado, ele era.

Implicações para o Ensino e a Pesquisa

Os principais tipos de sistemas de escrita foram descritos com um certo detalhamento para enfatizar o fato de que sistemas de escrita são invenções. Sua criação e desenvolvimento demandam tempo. Têm uma estrutura complexa. Devem ser criados por sábios com suficiente acesso pelo poder e influência para convencer todos a aprenderem os sistemas. Os esforços empreendidos na criação dos sistemas de escrita antigos foram monumentais. A possibilidade de representar os sons fugazes da fala humana em símbolos que marcam cada palavra em uma língua é algo quase milagroso. Tais fatores têm importantes implicações para a pesquisa e para o ensino da leitura.

As suposições sobre sistemas de escrita defendidas por muitos educadores e pesquisadores foram enumeradas no final do último capítulo. Aqui está uma recapitulação das razões pelas quais tais suposições são falsas.

Primeiro, absolutamente não há fundamento para uma seqüência evolucionária fixa no desenvolvimento dos sistemas de escrita, nem quaisquer evidências de que povos antigos "gradualmente evoluíram" na sua capacidade de ouvir fonemas. O que parece evolucionário (a transição de sistemas de palavra inteira para sistemas baseados em som) deve-se a fatores logísticos/históricos, em uma tentativa de usar símbolos gráficos, criados para fins econômicos, em um sistema de escrita pleno para amplos fins culturais. Durante essa transição, os logogramas rapidamente atingiram um limite máximo, depois diminuíram à medida que o sistema baseado em som foi tornando-se dominante. Pelo menos este era o padrão nas civilizações em que os sistemas de escrita foram criados do nada.

A resistência dos logogramas, no caso do Japão, pode também ser explicada em termos de fatores históricos. Em uma fase anterior do desenvolvimento de seu sistema de escrita, os japoneses tomaram emprestado caracteres chineses e os usaram como logogramas (kanji) para palavras chinesas. Tais logogramas foram, posteriormente, utilizados para palavras japonesas com os mesmos significados ou significados relacionados. Um símbolo kanji hoje em dia tem muitas "leituras", outra razão pela qual custa tanto aprendê-los.

Segundo, um sistema de escrita é uma *invenção* e não parte de nossa herança biológica, como a língua falada. As pessoas devem ser treinadas a usar invenções. Um método de leitura deve assegurar que a natureza e a lógica do sistema de escrita sejam transparentes para o aprendiz, e que os elementos do sistema sejam dominados. Métodos que pedem às crianças para "adivinharem" como o sistema de escrita funciona (linguagem total) são completamente irresponsáveis.

Terceiro, nenhum sistema de escrita jamais se baseou na palavra inteira, tampouco símbolos de palavra inteira (logogramas) permaneceram mais de uma fração de minuto em qualquer sistema de escrita. As línguas têm muitas palavras. A memória humana para símbolos abstratos sobrecarrega-se com cerca de 2 mil símbolos e, até mesmo atingir isto, leva muitos anos. Um método de leitura total ou parcialmente baseado na memorização de palavra inteira pela visualização fará a maioria das crianças fracassar. Esses fatores também refutam a idéia proposta por alguns psicólogos cognitivistas de que as pessoas, cedo ou tarde, lêem todas as palavras por visualização. Isto não pode ser feito. (Para uma descrição dessas teorias e suas implicações, ver Capítulo 11.)

Quarto, todos os sistemas de escrita baseiam-se em uma das quatro unidades fonológicas sem significado específico, isto porque *unidades fonológicas não são possíveis de serem misturadas*. Métodos de leitura que treinam as crianças a se conscientizarem da unidade de som do seu sistema de escrita, e somente aquela unidade, e que lhes mostram como tais sons são representados pelos símbolos, serão eficazes. Ensinar um *pot-pourri*[10] de outras unidades de som (palavras, sílabas, segmentos de sílabas, família de palavras), que não têm nada a ver com o seu sistema de escrita, levará à confusão e ao fracasso de muitas crianças.

Quinto, sistemas de escrita são criados para se ajustar à estrutura fonológica (fonotática) das línguas para as quais foram escritos. A escolha da unidade sonora básica do sistema de escrita não é arbitrária. As civilizações adotaram uma solução alfabética por uma questão de necessidade e não de escolha, porque nenhuma outra solução funcionaria. Os gregos, por exemplo, já tinham um sistema de escrita bifônico (linear B), que usavam para o comércio. Mas ele não servia para representar a língua grega, com a sua complexa estrutura silábica. Todos os textos de escrita linear B usados pelos gregos consistem em registros de embarque, listas de estoque e faturas. E é bastante óbvio, vendo esses textos, que as unidades bifônicas CV da escrita linear B mapeiam a língua grega de modo extremamente pobre (ver Robinson, 1995).

Finalmente, a história nos mostra que os alfabetos tendem a ser evitados, quando possível. Sábios de diferentes culturas, amplamente separados no tempo e no espaço, criaram alfabetos por outras razões, mas fracassaram em usá-los para um sistema de escrita. Os registros mostram que uma unidade fonológica maior, claramente audível, era a solução preferida, especialmente se o número dessas unidades estivesse bem abaixo do limite mágico de 2 mil.

As pessoas normalmente não têm consciência fonêmica, e é antinatural isolar os fonemas uns dos outros. Isto tem importantes implicações para o ensino. Crianças que aprendem um sistema de escrita alfabético precisam ser ensinadas a ouvir no nível do fonema no fluxo da fala, e precisam aprender a relacionar os fonemas aos símbolos de letras. Elas têm de ser treinadas a ouvir no nível fonético *correto* e olhar para as unidades simbólicas *corretas* (letra(s) em uma seqüência de letras). Qualquer método de leitura que ensine a unidade de som errada ou múltiplas unidades de som (palavras, sílabas, fragmentos de sílabas) corre o risco de confundir as crianças, levando-as ao fracasso.

---

[10] N. de R. T. Optei por manter esta palavra, por já fazer parte do vocabulário português. *Pot-pourri* significa uma mistura

3
A ESTRUTURA DO CÓDIGO ALFABÉTICO INGLÊS[1]

Um sistema de escrita é um dispositivo de *codificação* para representar unidades de sons na língua por meio de um conjunto de símbolos. O que chamamos "soletração" (codificação) é a operação fundamental ou básica, o processo de transformar sons em símbolos. O que chamamos "leitura" envolve decodificar aqueles símbolos novamente em sons para recuperar as palavras. Ler e escrever são processos reversíveis e deveriam ser ensinados ao mesmo tempo para que essa reversibilidade fique óbvia. Infelizmente, em países de língua inglesa, é uma prática comum ensinar leitura e escrita como dois processos totalmente distintos, usando diferentes palavras e diferentes métodos, além de serem ensinadas em dias alternados. Essa prática ofusca completamente a natureza de código do sistema de escrita do inglês, tornando o aprender a ler e escrever tarefas muito mais laboriosas e confusas do que precisam ser.

Reversibilidade estrutural, entretanto, não significa reversibilidade psicológica. Leitura e escrita são estruturalmente reversíveis, mas recorrem a diferentes habilidades de memória. Decodificação, ou leitura, envolve a *memória de reconhecimento*, memória com uma pista indutiva. As letras permanecem visíveis enquanto estão sendo decodificadas. Codificação, soletração ou escrita,[2] envolve a *memória de evocação*, memória sem dicas ou pistas, que é consideravelmente mais difícil. Para escrever uma palavra, você deve primeiro identificar cada fonema em seqüência na sua mente, lembrar-se de como cada fonema naquela palavra em particular é soletrado e depois escrevê-la (soletrá-la). O que você consegue escrever você pode facilmente ler (reconhecer). Mas o que você consegue ler não é necessariamente fácil de soletrar (evocar). O fato de a soletração ser o processo primário e ter 100% de ganho para a

---

[1] N. de R. T. Neste capítulo, a autora faz uma análise minuciosa das tentativas de classificar o sistema de escrita do inglês. Para quem tiver interesse, análise semelhante para o português é encontrada em Lemle, M. *Guia teórico do alfabetizador*. São Paulo: Ática. 15.ed, 2003; Zorzi, J. *Aprendizagem e distúrbios da linguagem escrita*. Porto Alegre: Artmed, 2003; Morais, A. *Ortografia: ensinar e aprender*. São Paulo: Ática, 1998, entre outros.

[2] N. de R. T. A distinção básica entre soletrar e escrever é que o primeiro envolve simplesmente a capacidade de transformar sons em letras (escrita de palavras) e o segundo envolve toda uma construção de significados (produção de texto).

leitura é reconhecido há séculos, razão pela qual Noah Webster escreveu um "manual de escrita", em 1793, e não um "manual de leitura". Maria Montessori recomendava intensamente a professores que ensinassem as crianças a escrever (soletrar) primeiro para, em seguida, deixá-las descobrir sua capacidade de ler aquilo que haviam escrito.

Os sumérios compreenderam isso há 5 mil anos. As milhares de placas de argila, contendo histórias e exercícios, descobertas em ruínas da antiga Suméria são testamento de vários fatos importantes sobre os sistemas de escrita e do modo como devem ser ensinados. De acordo com os registros históricos, há uma grande probabilidade, de que os criadores do sistema de escrita sumério também desempenharam um papel significativo no estabelecimento das escolas para ensiná-lo. Nenhuma outra cultura na história nos proporcionou um retrato tão nítido de como os criadores de um sistema de escrita concebiam a forma de como deveria ser ensinado.

A partir desse material, torna-se evidente que as crianças eram ensinadas cada sílaba em sua língua e o símbolo que a representava. Elas aprendiam isso por meio de uma série de exercícios, começando com as formas silábicas básicas (CV, VC, CVC), progredindo sistematicamente para palavras polissilábicas mais complexas (CV-CVC-VC-CV). A codificação (soletração) e a decodificação (leitura) estavam ligadas e eram aprendidas, passo a passo, como um *processo reversível*. Os alunos copiavam sílabas, palavras e sentenças, ou as escreviam a partir de ditados. Depois liam em voz alta para o professor o que haviam escrito.

Sendo assim, os sumérios, há 5 mil anos, nos deram as diretrizes básicas para ensinar leitura e escrita para qualquer sistema de escrita:

1. Certificar-se de que a estrutura completa do sistema de escrita tenha sido compreendida (ou completamente entendida) antes de um método de ensino ser desenvolvido.
2. Ensinar as unidades de som específicas que formam a base para o código. (Não ensinar outras unidades de som que não têm nada a ver com o código.)
3. Ensinar os símbolos abstratos e arbitrários que representam esses sons. Tais símbolos constituem o código.
4. Ensinar os elementos do sistema em uma ordem, do simples ao complexo.
5. Garantir que o aluno aprenda que um sistema de escrita é um código e que códigos são reversíveis.
6. Certificar-se de que a codificação (soletração) e a decodificação (leitura) estejam ligadas em cada nível de instrução por meio do olhar (memória visual), da audição (memória auditiva) e da escrita (memória cinestésica).

É difícil imaginar um conjunto melhor de diretrizes. Infelizmente, a prática educacional desviou-se tanto de suas raízes que, dificilmente, educadores ou professores em sala de aula aderem a pelo menos *um* desses princípios, o que dizer os seis. Não podemos começar a implementar reformas a menos que educadores (e pesquisadores) compreendam como os sistemas de escrita funcionam em geral, e como o sistema de escrita do inglês funciona em particular.

As crianças precisam ser conscientizadas de que unidades de som específicas (no caso, fonemas[3]) na língua são a base para um código escrito, e que os símbolos representando esses sons constituem o código. Deve-se deixar bem claro que sons são "reais" e letras são símbolos "irreais" e arbitrários para esses sons. Letras não "têm sons", ou "dizem" qualquer coisa, como ouvem as crianças freqüentemente em aulas de fônica no mundo de língua inglesa. E elas certamente não "dizem" o nome das letras.

A mensagem importante é esta: um sistema de escrita é um código com uma relação sistemática entre unidades de som e símbolos visuais. Todos os códigos são reversíveis. Essa é a natureza dos códigos. Se um código

---
[3] N. de R. T. Caso do português.

não pode reverter-se (por meio de decodificação/codificação), não vai funcionar como um código.

Existem códigos fáceis e códigos difíceis,[4] códigos que são obviamente reversíveis (como aqueles na Alemanha, Itália, Finlândia, Suécia e Noruega) e códigos que não podem se reverter a menos que sejam ensinados corretamente. Códigos construídos com uma finalidade, como o sistema de escrita grego e o sistema original de escrita anglo-saxônico, foram criados por sábios familiarizados com a natureza dos códigos e com a maneira como os sistemas de escrita funcionam. Esses sistemas foram criados em um curto espaço de tempo e tendem a ser "códigos fáceis". Um código fácil é eficaz (implicando uma carga razoável de memória), abrangente e transparente – só um símbolo é usado para cada unidade de som na língua (qualquer que seja a unidade escolhida). Esses sistemas são conhecidos por sistemas transparentes, pois a relação letra-som é biunívoca, sendo facilmente reversíveis. O aluno pode facilmente perceber que o código opera em ambas direções: codificação e decodificação. O som /d/ é sempre escrito *d*, e a letra *d* é sempre lida como /d/. Por esta razão, códigos transparentes são bem mais fáceis de ensinar e aprender do que os opacos.[5]

Venezky (1973) verificou como é fácil aprender um alfabeto transparente em um estudo realizado com 240 crianças finlandesas de 1ª a 3ª séries. As crianças iniciam as aulas de leitura na Finlândia aos 7 anos (1ª série). Foi elaborado um teste de leitura de pseudopalavras (palavras sem sentido), que incluía itens escritos com cada uma das possíveis variações de uma correspondência um-para-um no sistema de escrita finlandês.[6] Ao final da 1ª série, as crianças acertavam 80% do teste, marca que permaneceu inalterada até a 3ª série. Alunos universitários, acertaram 90% no mesmo teste, errando na soletração das relações fonema-grafema que são mais obscuras no finlandês.[7] Em outras palavras, as crianças finlandesas levam em torno de um ano ou até menos para se tornarem capazes de ler e de soletrar quase tão bem quanto um aluno universitário médio.

Conforme observado no Capítulo 1, Wimmer (1993) constatou que os piores leitores na cidade de Salzburgo, na Áustria, acertaram perto de 100% em um difícil teste de precisão de leitura, e conseguiram praticamente a mesma marca na soletração. Wimmer e Landerl (1997) compararam crianças austríacas e inglesas em um teste de soletração de palavras com complexidade semelhantes para cada idioma. As crianças inglesas cometeram duas vezes mais erros de soletração (de todos os tipos) que as austríacas. Mais importante é que 90% dos erros cometidos pelas crianças austríacas eram permitidos (fonologicamente corretos[8]), comparados com apenas 32% para as crianças inglesas.

Geva e Siegel (2000) investigaram 245 crianças canadenses que estavam aprendendo a ler e a escrever, ao mesmo tempo, em dois idiomas: o inglês e hebraico. Na maioria dos casos, o inglês era a primeira língua. O hebraico é escrito com um sistema de pistas de consoantes em que símbolos representam as consoantes, e marcas diacríticas são usadas para vogais quando os textos são difíceis, como para leitores principiantes. Os símbolos consonantais e diacríticos são quase 100% consistentes, o que torna o hebraico um sistema de escrita altamente transparente. Ao final da 1ª série, as crianças acertaram 79% de um teste de leitura em hebraico, mas apenas 44% na versão inglesa do teste. As crianças não atingiram o nível de competência de

---

[4] N. de R. T. No original é *good codes* and *bad codes*. Optei por traduzir por fáceis e difíceis, por acreditar que um código de escrita não é melhor do que outro.
[5] N. de O. Só para lembrar, os fonemas aparecem entre barras inclinadas ao passo que as letras aparecem sublinhadas.\
[6] N. de R. T. Um exemplo para o português de uma pseudopalava possível fonotaticamente é *labu*, só pode ser lido como [labu].
[7] N. de R. T. Um exemplo no português de pseudopalavra com relação fonema-grafema mais obscura é *mixo*, que pode ser lida como [mishu]; [misu]; [miksu], devido aos vários sons da letra *x*.
[8] N. de R. T. São os erros que não dizem respeito a questões ortográficas. Um exemplo de soletração fonologicamente correta no português é na escrita infantil de *caxoru/* cachorro. A relação fonema-grafema está correta; a criança está transgredindo a norma ortográfica.

80% em inglês até a 5ª série e, nesse período, acertaram 90% em hebraico.

Sistemas de escrita que evoluem durante longos períodos de tempo tendem a ser opacos, faltando-lhes consistência entre sons e símbolos. Isso acontece por duas razões. A primeira tem a ver com a natureza arbitrária do processo; os inventores são pioneiros, e não há modelo prévio de um código ou sistema de escrita. O processo se dá por tentativa e erro e, enquanto o conhecimento é adquirido gradativamente, nenhuma reforma da escrita ocorre para reparar erros anteriores.

A segunda razão é um acidente histórico. Um país (Inglaterra) com um sistema de escrita transparente (anglo-saxônico ou inglês arcaico) é conquistado por um povo que fala uma língua diferente e tem uma maneira diferente de escrever (soletrar) os mesmos sons ou os sons parecidos (francês normando). A língua e o sistema de escrita são sobrepostos sobre o sistema existente. Ou, ainda, um país (Inglaterra) com um sistema de escrita transparente (anglo-saxônico) adota o latim para fins religiosos, jurídicos e acadêmicos, sobrepondo mais uma vez um código sobre o outro. O sistema de escrita latino emprega diferentes símbolos para os mesmos sons ou sons semelhantes. Com o tempo, essas palavras tornam-se parte do vernáculo, e palavras latinas, aliadas às suas soletrações, são adicionadas ao sistema existente. E nenhuma reforma da escrita jamais ocorre para corrigir esses problemas. Além disso, a língua falada se transforma lentamente com o tempo. As vogais mudam na pronúncia. Seqüências de consoantes podem tornar-se não-permitidas (caem em desuso na língua). Na palavra anglo-saxônica para "know" (grafado <u>cnawan</u>), o /k/, /n/, e /w/ eram pronunciados "k-na-wan".[9]

Por "reforma" não quero dizer uma reforma ortográfica que contorne o problema ao padronizar a escrita, mas uma reforma verdadeira, na qual a correspondência um-para-um entre som e símbolo é restaurada.

Devido ao fato de a língua inglesa e de o sistema de escrita inglês terem sido atacados por muitas invasões de línguas estrangeiras, não é exagero algum dizer que o sistema inglês é um dos sistemas de escrita existentes mais opacos. Ele representa cinco línguas e seus sistemas de escrita sobrepostos uns sobre os outro: anglo-saxônico, dinamarquês, francês normando (uma mistura de dinamarquês, francês arcaico ou romântico, e latim), latim clássico e grego. A vantagem foi ser uma das mais expressivas línguas do mundo, enquanto a desvantagem foi ter um dos mais altos índices de analfabetismo funcional entre as nações alfabetizadas. Não há dúvida de que o alto índice de analfabetismo funcional em países de língua inglesa é amplamente um produto do assustador código escrito inglês e da maneira como é (ou não é) ensinado.

O argumento central neste capítulo é o de que um sistema de escrita opaco e complexo como o inglês precisa ser ensinado com muito cuidado. Não pode funcionar como um código (não pode reverter-se) se for ensinado com uma lógica errada e na direção errada: apenas da letra para o som. Eis a razão. Existem mais de 40 sons na língua inglesa, e cerca de 176 maneiras comuns de soletrá-los (veja a seguir). Este número aumentaria se todas as soletrações incomuns fossem incluídas (Venezky, 1970, 1999). Se o código for ensinado na direção em que ele foi escrito, ou seja, os 40 sons para as alternativas de soletrações múltiplas, e de volta novamente, a natureza de código do sistema de escrita permanece intacta. *Os 40 sons são a única constante no sistema.*

Se o código for ensinado na direção errada, de/das 176 soletrações para 200 "sons" ou até mais, não há como chegar aos 40 fonemas ingleses. Isso destrói a lógica do sistema de escrita. A confusão pode começar a surgir bem cedo e provocar o fracasso dos alunos antes que cheguem perto das 176 soletrações alternativas (de qualquer forma, tais soletrações jamais seriam ensinadas porque os professores não sabem quais são elas).

Eis um exemplo típico de um erro comum. A Sra. Jones é simpática à idéia de incluir princípios de fônica em suas aulas. Ela trabalha inteiramente a partir da lógica visual:

---

[9] N. de R. T. Atualmente, o /k/ não é mais pronunciado, mas é grafado.

da letra para o som. Ela ensina as letras k, c, e o dígrafo ck, mas não ao mesmo tempo. Diz algo como: "A letra ce pronuncia-se /k/". (A Sra. Jones é cuidadosa para não dizer "kuh", o que é bom). Ela escreve as palavras *cat*, *cup*, *car*, e *cow* no quadro. Uma semana depois, diz: "Esta é a letra ka, e pronuncia-se /k/". Ela escreve as palavras *keg*, *keep* e *kill* no quadro. Várias semanas depois diz: "As duas letras ce e ka, juntas, pronuncia-se /k/". Escreve as palavras *back*, *duck* e *sick* no quadro.[10]

Se as crianças se lembram da primeira lição (o que muitas não fazem), podem pensar que, provavelmente, entenderam algo errado. O que ouviram uma semana antes não era realmente /k/, mas qualquer outra coisa de que não conseguem lembrar-se. Outras crianças, poderão supor que o som /k/ que a letra c diz é um /k/ diferente daquele que a letra k diz, e um /k/ diferente daquele que as letras ck dizem. Crianças pequenas cometem muito esse tipo de erro. Elas acreditam, ou realmente *ouvem*, o mesmo fonema como se soasse diferente dependendo do lugar em que aparece em uma palavra. Para algumas crianças o /b/ em *bat* soa diferente do /b/ em *cab*. Acusticamente, eles *são* diferentes. O /b/ em *bat* é bem mais explosivo que o /b/ em *cab*[11]. Essas distinções sutis são conhecidas como *alofones* (variantes do mesmo som). Mas o sistema de escrita do inglês é baseado em fonemas, não em alofones. Se as crianças forem levadas a aprender os 40 fonemas em primeiro lugar, esse tipo de confusão jamais irá ocorrer.

Aqui está o que a Sra. Jones deveria ter dito: "Hoje vamos aprender o som /k/. Há mais de uma maneira de soletrar esse som. Vou ensinar a vocês alguns padrões para ajudá-los a se lembrar quando usar cada grafia."

Agora a mensagem está clara. As crianças não vão pensar que estão ficando loucas ou que são burras demais para aprender.

Devido ao fato de ser o código de escrita inglês altamente complexo, seria possível imaginar que um esforço considerável tenha sido gasto para que sua estrutura pudesse ser trabalhada por lingüistas, planejadores de currículo e pesquisadores dedicados a estudar como as crianças aprendem a ler e a escrever. Isso não aconteceu. A natureza e a estrutura do código de escrita inglês são praticamente desconhecidas. Como conseqüência, pesquisas sobre a forma como as crianças dominam um sistema de escrita são conduzidas sem qualquer conhecimento sobre a sua estrutura, ou até mesmo sobre o fato de que se trata de um código. Isso é como estudar o que as crianças fazem quando são colocadas em uma sala durante horas a fio diariamente, ao longo de anos, com um piano, algumas partituras, alguns CDs e sem nenhuma lição sobre como ler música. Para a maior parte dos estudiosos, a pesquisa em leitura demonstrou amplamente duas coisas: a enorme ingenuidade e versatilidade da mente infantil diante da falta de um ensino adequado e o fato milagroso de que algumas crianças realmente aprendem a ler e a escrever.

Uma Torre de Babel

A confusão na área começa com a terminologia básica, como *ortografia*, *normas de soletração* e *soletração regular*. A palavra *ortografia* aparece em quase todo relatório de pesquisa sobre escrita e em uma vasta bibliografia sobre leitura também. *Ortografia* significa "soletração padronizada", sendo *orto* o equivalente a uniforme ou padrão, e *grafia* equivalente a sinais ou símbolos escritos. O inglês tem um sistema de escrita padronizado graças a Samuel Johnson, mas conhecer a soletração correta não nos diz nada sobre a estrutura do código de escrita. Mesmo assim, pesquisadores freqüentemente confundem a palavra *ortografia* com essa estrutura e com

---

[10] N. de R. T. Um exemplo em português seria: "A letra ce pronuncia-se /k/". (A Sra. Jones é cuidadosa para não dizer "kee", o que é bom). Ela escreve as palavras *casa*, *copo*, *cama* e *cola* no quadro. Uma semana depois, diz: "Esta é a letra que, e pronuncia-se /k/". Ela escreve as palavras *queijo*, *quatro* e *quibe* no quadro. Várias semanas depois diz: "Esta é a letra ka e pronuncia-se /k/, comum em nomes próprios ou palavras emprestadas de outros idiomas" Escreve as palavras *Katerina*, *Karla* e *Kodak* no quadro.

[11] N. de R. T. Um exemplo é o /r/. Na palavra *prato* ele é menos vibrante que na palavra *mar*.

"normas de soletração". Muitos acreditam que "normas de soletração" governam o porquê e o como as palavras são soletradas de determinadas maneiras, muito embora ninguém esteja bem certo de que normas são essas. Ainda assim, é exatamente esse conjunto de "normas" que se espera que as crianças aprendam intuitivamente e internalizem à medida que vão lidando com páginas de escrita e testes de escrita ao longo dos anos. Aqui está um resumo do problema terminológico. Quando a terminologia básica de uma disciplina é mal-empregada, ou nunca definida adequadamente, os pesquisadores não compreendem o que estão estudando.

Normas

Clymer (1983) escreveu um artigo revelador e interessante sobre normas de soletração, ou como ele disse, sobre "generalizações de soletrações". Em suas palavras, "fomos cuidadosos ao não chamar de 'normas' as generalizações, pois todas as nossas afirmações tinham várias exceções. Quando a classe finalmente formulou uma generalização quanto às relações das letras, posição das letras e sons, expressões defensivas tais como 'na maioria das vezes', 'geralmente' e 'freqüentemente' apareceram como medida de proteção" (p. 113).

Clymer se deparou com a verdade sobre "generalizações" enquanto dava uma aula no ensino fundamental. Fora aconselhado, em um curso sobre ensino de leitura, a deixar as crianças descobrirem as normas de soletração por meio de exercícios de categorização de padrões de soletração. Enquanto ele e seus alunos estavam completamente engajados nessa atividade, um aluno ("Kenneth") passava seu tempo folheando o dicionário, localizando exceções para as generalizações tão depressa quanto a classe conseguia criá-las. Quando Clymer explicou-lhe que o dicionário estava cheio de palavras não usuais, Kenneth voltou sua atenção para as listas de palavras dos livros de leitura elementar, obtendo aos mesmos resultados. Com seu interesse desperto, Clymer decidiu rastrear regras de soletração fônica em vários manuais e programas. Usando um *corpus* de 2.600 palavras, ele calculou quantas palavras se encaixavam ou não em 45 regras comuns. As únicas regras que funcionavam 100% do tempo especificavam quais letras formavam dígrafos (*sh* em *ship*). Todas as outras regras falharam de uma forma ou de outra. Isso inclui a fiel "c = [s] antes de *e*, *i*, *y* " (*crustacean*, *suspicion* fogem à norma[12]), e a infame: "quando duas vogais saem para passear é a primeira que vai falar", regra que falhou 55% das vezes.

Uma regra quebrada não é uma regra. Se "lavar as mãos antes das refeições" for uma regra da família, lavar as mãos "só algumas vezes" quebra essa regra. Tampouco ajuda camuflar as coisas ao chamar as regras de "generalizações": "*A maior parte das vezes* lavamos as mãos antes das refeições nesta casa". Isso traz à tona a questão sobre o que significa "a maior parte das vezes". De qualquer maneira, mesmo quando se supõe que as regras ou generalizações sejam confiáveis, elas nunca funcionam. As crianças não conseguem se lembrar das regras. E conseguem, menos ainda, aplicá-las. Noah Webster observou e comentou isso em seu manual de escrita há 200 anos. Muitas das regras listadas por Clymer nem mesmo fazem sentido: "Em palavras de duas ou três sílabas o *e* final alonga a vogal na última sílaba" (norma quebrada 54% das vezes).

Não existem regras de soletração para o inglês.[13] Vamos esquecer as regras. Vamos esquecer as generalizações.

Soletração regular

A expressão "soletração regular" é usada todo o tempo em publicações sobre leitura, bem como em descrições de testes de leitura e soletração. O uso casual dessa expressão e o fato

---

[12] N. de R. T. Estas palavras são pronunciadas com [sh] e não com [s]. Em português, está é uma regra que funciona todo o tempo.

[13] N. de R. T. No português, há algumas regras que podem facilmente ser ensinadas para as crianças, ver autores citados, em nota, no início do capítulo.

de que ela nunca é definida, implica a suposição de que todos saibam o que "soletração regular" significa. Alguns autores referem-se a "escritas de fonema-grafema regulares", outros a "regras de correspondência fonema-grafema", aparentemente na crença de que existam regras determinando quais decodificações são "regulares" e "irregulares" em inglês, mas não existem tais regras em inglês.[14]

Contudo, algumas soletrações são obviamente mais comuns que outras, e, na falta de qualquer definição para "soletração regular", vou providenciar uma aqui. "Soletração regular" é a única soletração para um determinado fonema (incluindo a duplicação de letras), ou a soletração mais provável ou menos ambígua. Por exemplo, o som /b/ é sempre grafado b ou bb. As soletrações ee e ea são as mais prováveis (comuns) para o som /ee/, e representam esse som com aproximadamente a mesma freqüência. No entanto, ea é ambíguo (*bead*, *head*) e ee não é.

Vale observar que "soletração regular" significa *codificação* regular, e não deve ser confundida com *decodificação* regular, que é como esse termo é usado freqüentemente. Por exemplo, supõe-se que o dígrafo oa seja "regular" porque é geralmente *decodificado* como /oe/ (*broad* e *oasis* são exceções). Mas oa não é a *escrita* mais comum (regular) para o som /oe/, um dos muitos problemas que emergem quando o código é analisado da forma errada. (A soletração mais comum de /oe/ é o-e, como em *home*.)[15]

Ortografia

Wagner e Baker (1994) descobriram 11 definições para *ortografia* em publicações de destacados pesquisadores de leitura. Cada definição era diferente. Três eram circulares, usando a palavra *ortográfica* ou *ortografia* para definir *ortografia*. De acordo com Szeszulski e Manis (1990, p.182), por exemplo, a "codificação ortográfica permite acesso direto a um léxico mental de palavras familiares baseado em sua ortografia única". Outros autores frisaram a função e a estrutura do código de escrita, os "atributos gerais do sistema de escrita", que incluíam coisas como "redundâncias estruturais" (Vellutino, Scanlon e Tanzman, 1994), ou características estruturais semelhantes" (Leslie e Thimke, 1986; Jordan, 1986). Alguns incorporaram o processamento fonológico à definição (Foorman e Liberman, 1989; Ehri, 1980; Goswami, 1990; Olson et al., 1994), enquanto outros excluíram esse processamento a duras penas, frisando que a ortografia era diferente da "mediação fonológica" (Stanovich e West, 1989). Perfetti (1984, p.47) chegou próximo ao verdadeiro significado, definindo a habilidade *ortográfica* como "o conhecimento que um leitor tem sobre padrões de letras permissíveis".

Vou reservar *ortografia* para seu verdadeiro significado (soletração padronizada) a fim de evitar confusões futuras. O objetivo deste capítulo é estabelecer um conjunto de critérios que definem a estrutura do código de escrita inglês. Um desses critérios, conforme Vellutino e colaboradores corretamente observaram, é a "redundância estrutural" ou *probabilidade*. Mas uma "estrutura de probabilidade" não é uma ortografia. Probabilidade refere-se ao fato de que algumas soletrações alternativas para um determinado som são mais ou menos possíveis que outras. Isso é uma probabilidade estatística, definitivamente não uma regra ou uma generalização. Probabilidade estatística pode ser confiavelmente estimada, ao passo que regras e generalizações não são confiáveis, conforme vimos.

Em um sistema de escrita opaco, os únicos fatores que o tornam um código – e não um caos – são a reversibilidade e a probabilidade estatística, ou seja, a incidência de padrões estruturais previsíveis.

A complexidade do código de escrita inglês levou a maioria das pessoas a acreditar

---

[14] N. de R. T. No português, existem. Um exemplo é o uso do m antes de p e b (há uma regra que determina o uso) e um exemplo para escritas irregulares é o uso de x/ch.

[15] N. de R. T. Em português, também ocorre este fato. O que é regular na leitura nem sempre o é na escrita. Por exemplo, na leitura o u em final de sílaba é sempre lido como /u/ (ex. [sEu] para céu). Já na soletração, o som [u] pode ser grafado com u como em *urubu*, com l em *papel* [papEu] ou com o em *livro* [livru]. Claro que essas variações dependerão do dialeto.

que tal sistema tende ao infinito, sem nenhum fim que se possa enxergar. Essa é a razão pela qual professores em sala de aula, planejadores de currículo e pesquisadores encontram tal consolo em "famílias de palavras" (*damp, lamp, clamp, stamp*[16]), essas pequenas ilhas em um infinito oceano de caos, os poucos padrões discerníveis no sistema. A idéia de que a escrita inglesa é indomável, e portanto, impossível de ser ensinada, foi reforçada por três tentativas bem-conhecidas de compreender os obstáculos ou limites do sistema. Todas fracassaram, muito embora por razões diversas. Antes de delinear a razão desse fracasso vejamos as complexidades peculiares do sistema de escrita inglês. Aqui temos uma longa lista de infortúnios desse sistema de escrita:

1. Não há letras suficientes no alfabeto para os 40 fonemas da língua inglesa. Para resolver esse problema, os anglo-saxões seguiram o exemplo dos romanos re-utilizando letras combinadas (dígrafos) para representar um único fonema (sh em *ship*).
2. Existem apenas seis letras de vogais para aproximadamente 23 sons vocálicos em inglês (15 vogais e 8 fonemas vogal + r). A multiplicidade dos dígrafos e fonogramas vocálicos (igh em *high*) torna as vogais particularmente difíceis de ler e escrever.
3. Existem múltiplas maneiras de grafar o mesmo som: *alternativas de soletração.*[17]
4. Existem múltiplas maneiras de "ler" a(s) mesma(s) letra(s): *sobreposições de código.*[18]
5. A conexão entre alternativas de soletração e sobreposições de código não é direta. Isso cria a falsa idéia de dois sistemas independentes, um específico para codificar (soletrar) e outro específico para decodificar (ler).

Para ilustrar os pontos 3 a 5, o som /ee/ pode ser codificado (soletrado/grafado) de dez maneiras: ee (como em *green*), ea (*mean*), e (*be*), ie (*siege*), ei (*deceive*), e-e (*serene*), ey (*key*), y (*folly*), i (*radio*) e i-e (*marine*). A soletração ee é sempre decodificada como /ee/, mas as demais podem ser decodificadas em uma multiplicidade de outras maneiras. A soletração ea pode ser decodificada como /e/ (*head*) ou /ae/ (*break*), a soletração e (*bed*) ou /ə/ (*the*), e a soletração ie como /ie/ (*die*), /ue/ (*view*), /e/ (*friend*), ou /i/ (*sieve*), e assim por diante.

Devido a essa complexidade e à maneira desorganizada como a leitura e a soletração são ensinadas, é fácil notar que, para a criança (assim como para professores e pesquisadores da leitura), o código de escrita inglês parece não ter qualquer estrutura discernível. Mas os cérebros são analisadores de padrões e não podem codificar ou evocar aleatoriedades. Eles ressoam ativamente com regularidades recorrentes na entrada (*input*), e automaticamente registram as probabilidades de padrões recorrentes. Aos 9 meses, os bebês podem aprender as redundâncias estatísticas de quatro seqüências de sílabas estrangeiras em palavras faladas em cerca de dois minutos de tempo de audição (Aslin, Saffran e Newport, 1998). Aleatoriedade verdadeira, ou seja, relações imprevisíveis entre som e símbolo, não é passível de aprendizagem, da mesma forma que não se pode aprender a lista telefônica. O fato de que a maioria das pessoas aprende a escrever nos diz que o código de escrita do inglês não pode ser tão aleatório. Ele deve ter uma estrutura de probabilidade na qual padrões recorrentes são mais ou menos previsíveis. E, se houver padrões, estes podem ser classificados de forma a poderem ser ensinados.

Tentativas de Classificar o Código escrito inglês

Webster

A primeira tentativa de classificar o código de escrita inglês, como também de estabelecer um método seqüencial para o ensino da lei-

---

[16] N. de R. T. Palavras rimadas.
[17] N. de R. T. Em português, o som /s/ que pode ter nove diferentes soletrações, como já foi comentado.
[18] Em português, a letra x assume quatro sons diferentes.

tura e da escrita, foi feita por Noah Webster e publicada em 1873. O livro se tornou conhecido como o *American Speller* ou o *Blue-Backed Speller*. Webster (1873) bem sabia que o código escrito funciona do som à grafia e de volta da grafia para o som, e que o sistema de escrita é o código: "A escrita é a base da leitura". Mas, talvez porque os "sons" sejam difíceis de representar na grafia, ele criou o manual de escrita apenas da grafia para o som. Aqui estão suas observações iniciais sobre como usar o manual: "Deixe uma criança ser ensinada primeiramente as letras romanas, tanto as minúsculas quanto as maiúsculas, ... depois as itálicas ... depois os sons das vogais; não pronunciando as letras duplas a e u separadamente, mas apenas o som que essas letras unidas expressam ... depois as letras duplas. Tudo isso uma criança deve saber antes de deixar o alfabeto e começar a escrever" (Webster 1783, p. 28). O manual de escrita consiste basicamente em listas de palavras organizadas por número de sílabas (até sete sílabas) e por tipos de sufixos. A única estrutura fonológica imposta nessas listas era o uso de famílias de palavras (com rimas). Não houve qualquer tentativa de fornecer os padrões comuns de relações entre sons e letras no código escrito inglês. Nenhuma alteração nesse formato básico ocorreu nas seis edições do manual ao longo de 100 anos. (Para uma discussão mais ampla da análise websteriana do problema, ver McGuinness, 1997c, 1998b).

Venezky

Surpreendentemente, desde aquele tempo, foram feitas poucas tentativas de abordar os elementos estruturais e os limites do código. Venezky (1970, 1995, 1999), também usando uma abordagem da letra-para-som, analisou a incidência e a variedade de *sobreposições de código* (item 4 na lista anterior). Segundo ele, "a ortografia envolve letras e soletrações, a representação da fala na escrita. Não é exatamente do que trata este livro, no entanto. Aqui apenas uma direção na relação entre fala e escrita – aquela da escrita para a fala – é abordada" (Venezky 1999, p. 3).

Venezky atribuiu a si mesmo a tarefa de descobrir todas as formas possíveis pelas quais uma letra em particular ou uma combinação de letras pode ser decodificada, usando um *corpus* de 20 mil palavras. Por exemplo, ele identificou 17 maneiras diferentes de decodificar a letra o. Existem 48 maneiras de decodificar as cinco vogais (sozinhas em inglês). Contudo, Venezky tende a atribuir um peso idêntico a todas as opções, o que só contribui para enfatizar o número de exceções. Ele não escreveu, por exemplo, "na maioria das vezes a letra o é decodificada de três maneiras – /o/, /oe/ e /u/, como em *hot*, *told*, *among*". Em vez disso, soletrações comuns e pouco usuais são explicadas do mesmo modo (*sapphire*, *catarrh*), e, embora essas curiosidades sejam interessantes, elas levam o leitor a acreditar que o sistema escrito inglês não tem salvação.

Venezky não considerou a estrutura probabilística dessas sobreposições de códigos, mas ofereceu, de fato, dois sistemas de classificação. No primeiro sistema, as letras foram categorizadas funcionalmente como unidades relacionais, marcadores ou não-pronunciadas. *Unidades relacionais* indicam uma decodificação em particular (um fonema); *marcadores* referem-se a letras usadas como diacríticos; letras *não-pronunciadas* não têm função. Entretanto, as letras não estão confinadas a apenas uma categoria (i.e., não são mutuamente excludentes); desta forma, não fica claro para que serve esse esquema de classificação. Por exemplo, a letra e é uma unidade relacional para três decodificações (*be*, *bet*, *the*), é um marcador ou diacrítico para as pronúncias da vogal e da consoante (*can/cane*; *bulge*, não *bulg*), e é não-pronunciada em *axe*.

No segundo esquema de classificação Venezky denominou padrões de soletração como *invariante*, *variante mas previsível* ou *imprevisível*, querendo dizer que a decodificação é ou fixa (b é sempre lido /b/) ou limitada a um conjunto de alternativas, ou desconhecida sem instrução. Porém Venezky, não especificou que padrões de letra se encaixam em quais de seus esquemas de classificação, tampouco explicou a conexão entre eles. Poderia uma letra ou dígrafo ser uma "unidade relacional variante mas previsível"? Porque poucos exemplos foram dados para ilustrar essas categorias, nenhuma estrutura geral pode ser desenvolvida a partir deles. Tem-se uma sensação de desesperança em relação ao código de escrita do inglês, e parece que Venezky também tinha (1995, p.29): "Se padrões ortográficos fossem simétricos, pronunciar as palavras a partir de suas soletrações e soletrar as palavras a partir de suas pronúncias seriam tarefas relativamente semelhantes... Tal simetria permitiria uma integração ou fusão do ensino da leitura e da escrita, bem como uma simplificação da descrição de padrões ortográficos. Mas, infelizmente, a ortografia inglesa é dolorasamente assimétrica".

Essa é uma afirmação surpreendente em dois níveis. Primeiro, é uma confissão de que não há qualquer simetria se o código for analisado unicamente da grafia para o som (como ele fez). Segundo, a confissão equivale à alegação de que o sistema de escrita inglês não é reversível. Mas se não for reversível, ele não pode ser um código. E, se não for um código, ninguém pode aprendê-lo. A afirmação de Venezky foi seguida de três páginas de ilustrações e descrições da surpreendente complexidade criada por múltiplas alternativas de soletração para os sons /k/ e /z/, e de como estes, por sua vez, podem ser decodificados em uma multiplicidade de maneiras não-relacionadas. Esses exemplos têm o efeito de forçar o leitor a reconhecer a completa futilidade de se tentar compreender os limites do sistema de escrita inglês.

O *The American Way of Spelling* (Venezky, 1999) é o mais sistemático dos escritos de Venezky, e é dedicado a uma análise do sistema de escrita inglês. O título dá uma falsa idéia do conteúdo, pois o objetivo do livro é descrever as "decodificações" dos vários padrões de soletração,[19] não como os 40 fonemas do inglês podem ser soletrados.[20] O livro começa com um profundo arrazoado dos muitos padrões de soletração no sistema inglês e termina com um capítulo sobre ensino fônico, descrevendo uma lista mais simplificada de quais padrões de soletração deveriam ser ensinados e em que ordem. Apesar de incluir um capítulo sobre as distinções fonéticas em inglês, o livro praticamente não fornece nenhuma análise de como os padrões de soletração se relacionam com tais distinções, nem uma explicação da relevância dessa estrutura fonética para a natureza do código ou para o ensino da leitura e da escrita.

O primeiro objetivo de Venezky nesse livro foi fornecer um tipo de ordem, um conjunto de categorias ou "regras" para o modo como o sistema de escrita inglês funciona, embora ele reconheça que ninguém pode aprender a ler tentando memorizar ou aplicar essas regras. Sua busca por regras é, na verdade, uma busca pela lógica, como se o sistema de escrita inglês fosse idiossincrático *de propósito*. Assim, ele faz muitas observações, tais como: "Identidade visual de partes de palavras significativas tem prioridade sobre a simplicidade letra-som" – isto para explicar a razão do plural s significar duas pronúncias (como em *cats* e *dogz*). Venezky busca por padrões em palavras homófonas, como o uso de "letras não-pronunciadas" (*plum/plumb*; *rain/reign*; *him/hymn*) como se o uso fosse intencional. Algumas de suas observações são corretas e bem úteis, tais como o modo constante que as vogais simples governam a soletração de consoantes finais: o /k/ final é grafado ck depois de vogais simples (*sick*, *sock*, *sack*), mas não depois de dígrafos (*weack*, *seeck*) ou consoantes (*milck*, *sharck*). Consoantes finais geralmente dobram depois de vogais simples (*well*, *stuff*), mas não depois de dígrafos ou consoantes (*real*, *leaf*, *girl*, *self*).

Venezky tenta olhar para a "regularidade" de duas maneiras. Uma tem a ver com pseudopalavras ou não-palavras pronunciáveis. Conforme observa, "nenhum conjunto completo de regras para gerar soletrações permitidas para pseudopalavras jamais foi publicado". Ele tenta delinear algumas regras aqui, tais como "todas as palavras de uma ou duas letras são irregulares por critérios estritos", listando *ebb*, *odd*, e *egg* como

---

[19] N. de R. T. Análise da letra para o som.
[20] N. de R. T. Análise do som para a letra.

exemplos do porquê a letra final é duplicada. (Mas existem muitas soletrações regulares que não seguem essa norma, como *in, is, it, at, am, an, as.*)

A segunda maneira é identificar cada soletração de vogal e de consoante, e estabelecer uma contagem de freqüência de quantas vezes cada soletração é usada em todo o *corpus* de palavras e nas posições inicial, medial e final nessas palavras. Uma tabela é dada para consoantes, mas não para vogais. Um problema com essa tentativa é que um *corpus* de 20 mil palavras contém palavras estrangeiras e nomes próprios, o que torna os registros enganosos. Exemplos incluem *Ghent*, *khaki*, *khan*, *Slav*, *Yugoslav*, *Chekhov*, *leitmotiv*, *Himalayas*, *Maya*, *Sawyer*, *Agassiz* e *Suez*. A soletração consonantal rrh para /r/ aparece em seis palavras gregas para doenças (*cirrhosis*, *diarrhea*).

Apesar disso, aprendemos que a consoante inicial mais comum é a letra c, a letra medial mais comum é r e a letra final mais comum é m. Mas isso não nos diz quais *sons (fonemas)* são comuns nessas posições ou como esses sons deveriam ser soletrados. Tampouco, isso nos fala como essas letras são decodificadas. Por exemplo, saber que o c é mais comum na posição inicial não nos diz com que freqüência ela representa /k/ ou /s/ (*cut*, *cent*).[21]

O capítulo sobre consoantes descreve a história da soletração de 38 consoantes, abrangendo o lugar de onde a(s) própria(s) letra(s) se originou(aram), os tipos de soletrações ou palavras regulares e irregulares em que elas podem aparecer e o som ou sons nos quais elas podem ser decodificadas. A letra b é geralmente decodificada como /b/, pode dobrar em certas palavras (bb), e está sujeita a ser "não-pronunciada" em *debt*, *doubt*, e *subtle*, está sujeita a "apagamento pré- ou pós-juntural" em *bdellium, bomb*, está sujeita a "apagamento de encontro consonantal medial" em *subpoena*.[22] As 38 soletrações de consoante são listadas em ordem alfabética e incluem muitas soletrações alternativas, como por exemplo: ck, dg, gh, gn, kh, ph, pph, rh, rrh, sch, tch, u (u representa /w/ em palavras como *quiz*, *anguish*, *persuade*). Vale lembrar, há apenas 23 fonemas consonantais em inglês, incluindo /zh/ (*vision*) e /kw/ (qu) e /ks/ (x).

O capítulo sobre a soletração de vogais não traz uma tabela de padrões de soletração e freqüências (isto é, nenhuma análise de probabilidade para soletrações de vogais). Em vez disso, as vogais são dispostas em um esquema categorial, conforme segue:

Padrões primários principais: a, e, i, o, u, y. Essas letras significam vogais que são "frouxas", como em *cat*, *bet*, *sit*, *hot*, *cut*, *gym*, ou "tensas", como em *cake*, *mete*, *kite*, *home*, *cute*, *why*.

Subpadrões primários. Padrão e final: corresponde a soletrações como acima: a-e, e-e, i-e, o-e, u-e.

Padrão de consoante geminada.[23] Decodificação especial para vogais em conjunto com duas consoantes: *mamma*, *albatross*, *coffee*, *gross*, *doll*, *pudding*.

Influências de consoantes: Vogal + *r*. Venezky estabelece 15 padrões de vogal + *r* e 12 padrões de exceção. Há muitas sobreposições tanto nas soletrações como na pronúncia para isso ser válido. Lingüistas geralmente reconhecem cerca de cinco ou seis fonemas vogal + *r*. Só consegui encontrar nove, conforme listado no prefácio.

Antes de l ou ll finais. Isto se refere à chamada pronúncia de vogais "controlada pelo l" em palavras como *ball*, *doll*, *almond*, *calm*.

a controlada pelo w: como em *wand*, *swan*, em que o w indica a vogal /o/.

i antes de nd, ld, gn: como em *kind*, *mild*, *sign*.

Padrões de sufixo: acentuação silábica e vogal fraca.

Exceções para decodificação de palavras com soletrações de e final: *have*, *morale*.

---

[21] N. de R. T. [kaza] para casa e [sinema] para cinema.
[22] N. de T. Para quem não é familiarizado com a língua inglesa, todas estas palavras são pronunciadas sem o [b].

[23] N. de R. T. É uma consoante que é produzida com uma duração mais longa, equivalente a duas consoantes iguais.

Padrões secundários principais são soletrações de baixa-freqüência: aa, ae, eau, eo, ieu, iew, oe, ue, ye.

No último capítulo, Venezky afirma que 100 "grafemas comuns" deveriam ser ensinados primeiramente no ensino fônico inicial, processo que ele estima que deva levar de dois a três anos para se completar, e isso não inclui o tempo adicional para aprender padrões de soletração de sufixos e prefixos. Esses 100 grafemas consistem em 58 soletrações de consoantes e 38 soletrações de vogais, além de quatro regras de soletração. Contudo, o capítulo menciona apenas 34 soletrações de vogal e 23 soletrações de consoante, além de uma regra, e não há nenhuma explicação do porquê da omissão dos demais padrões. A lista exclui 32 alternativas de soletração comuns que discuto mais adiante (ver p. 52). Entretanto, inclui muitas soletrações que as crianças não vão precisar nesse nível, tais como: t para /sh/ em *nation*, c para /sh/ em *ocean*, s para /zh/ em *measure* (o fonema /zh/ não é mencionado em lugar nenhum no livro), ch para /k/ em *chord*, o h não-pronunciado em *honour*, e o b não-pronunciado em *bomb*. (As representações fonêmicas são minhas e seguem a tabela apresentada no prefácio.)

É também fornecida uma lista de 37 "palavras excepcionais" (palavras inteiras que deveriam ser aprendidas por memorização), além de 32 prefixos e sufixos. Dezesseis dessas palavras têm escritas perfeitamente regulares e não são, de modo algum, excepcionais. Não há instruções para como esses padrões de escrita, regras, palavras excepcionais e afixos deveriam ser ensinados. Apenas umas poucas palavras são dadas para cada soletração e as soletrações raras são exatamente iguais às comuns. Resumindo, é difícil ver como professores devem usar esse material e mais difícil ainda é entender como a leitura pode ser ensinada sem referência aos 40 fonemas da língua inglesa.

Venezky sugere que a escrita deveria ser ensinada junto com a leitura, mas não dá qualquer informação sobre como isso pode ser feito. Freqüentemente, ele usa uma lógica contraditória ao modo como o código funciona, uma lógica que bloqueia o ensino da escrita de algum modo significativo. Por exemplo, ele incentiva os professores a reforçar múltiplas maneiras de decodificar uma mesma letra. Os professores deveriam perguntar repetidas vezes aos seus alunos "que outros sons aquela letra (ou dígrafo) poderia *ter*?" e "você conhece uma palavra na qual essa letra *tem* um som diferente?" (p. 232, grifo meu).

Letras não têm sons. Pessoas têm.

Hanna, Hanna, Hodges e Rudorf

Na terceira tentativa conhecida de se chegar a um acordo sobre o sistema de escrita inglês, o código foi analisado apropriadamente do som para a grafia, da forma como fora criado. Esse projeto era muito mais ambicioso que o de Venezky. Usando um *corpus* de 17.310 palavras inglesas, Hanna e colaboradores (1966) estabeleceram todas as alternativas de soletração para os sons da língua inglesa. Aparentemente, este estudo foi a primeira tentativa de fazer isso. Seu objetivo era classificar as várias alternativas de soletração conforme a "freqüência" com a qual determinadas soletrações apareceram no referido *corpus*.

Quero estabelecer uma distinção aqui entre freqüência em termos de probabilidade em um *corpus* de palavras (com que freqüência uma determinada soletração aparece em todas as palavras) e freqüência na escrita (com que freqüência palavras com determinadas soletrações aparecem no texto), o que não é o que Hanna e colaboradores estavam interessados. Por exemplo, ee e ea são as soletrações mais prováveis para o som /ee/. Mas e é a soletração mais freqüente porque palavras com esta soletração aparecem mais freqüentemente na escrita (*be, he, she, me, we*), e esta soletração também aparece em prefixos comuns (*de-, e-, be-, re-, pre-*). Vou usar a palavra *probabilidade* para a primeira e *freqüência* para a segunda. Ambas são importantes ao se estabelecer a estrutura do código e ao delinear um currículo de como ensiná-lo.

O trabalho de Hanna e colaboradores (1966) foi um esforço monumental em todos os sentidos da palavra, e é uma pena que uma série de grandes equívocos e outros problemas levem a um resultado amplamente inutizável. A classificação foi baseada em 52 fonemas da língua inglesa, cerca de 10 a mais. Estes incluem as 15 vogais primárias: /a/, /e/, /i/, /o/, /u/, /ae/, /ee/, /ie/, /oe/, /ue/, /o͞o/, /o͞o/, /ou/, e /oi/, mais (ə) fraco, um som não-acentuado /uh/. O som vocálico /aw/ foi omitido. Foram incluídas também cinco dos oito fonemas vogal + r: /ar/, /er/, /or/, /air/, e /eer/. Foram omitidas /ire/, /ure/ e /our/.[24]

Alguns sons vocálicos foram contados duas vezes: /er/ (*her*) e /ur/ (*fur*); /o/ (*soft*) e /o/ (*odd*). Houve inúmeros erros ao classificar alternativas de soletração para vogais. O mais sério derivou da compreensão inadequada do papel do *e* como um marcador diacrítico para consoantes em palavras como *juice, dense, live, siege, judge* e *soothe*. O *e* foi equivocadamente codificado com a vogal, produzindo muitas alternativas de soletração inexistentes como oo-e (*choose*) e ui-e (*juice*), além de centenas de palavras mal classificadas em que o *e* funciona com a consoante mas foi codificado como se funcionasse com a vogal precedente: e-e (*license*), o-e (*dodge*) e i-e (*massive*).

Existem 23 consoantes em inglês (25 se incluirmos os símbolos escritos para encontros consonantais, a letra x assume o som /ks/ e a letra qu assume o som /kw/). Hanna e colaboradores (1966) listaram 31. Essas incluíam /ks/ e /kw/, mais o h não-pronunciado (*honest*) e vários fonemas que não existem, marcados com uma parada glotal /'l/, /'m/, e /'n/, como em *table, chasm* e *pardon*. Estas são palavras de duas sílabas. Cada sílaba, por definição, deve ter uma vogal não uma parada glotal. Essas palavras são pronunciadas *ta-bəl, kazzəm*, e *pardən*, com uma vogal schwa[25] na segunda sílaba.

Hanna e colaboradores levantaram um total de 174 soletrações para 52 fonemas (93 para consoantes e 81 para vogais), incluindo soletrações para os níveis latinos e gregos da língua. As alternativas de soletração foram classificadas, por sua vez, conforme apareciam em uma sílaba tônica ou átona. No entanto, o sistema de escrita inglês não é nada relacionada à tonicidade silábica. A vogal schwa sempre aparece em uma sílaba átona, mas saber isso não nos diz nada sobre qual das suas seis soletrações devem ser usadas. A seguir, Hanna e colaboradores classificaram palavras polissilábicas conforme a soletração aparecia na sílaba inicial, medial ou final, mais um exercício de futilidade. Padrões de soletração são afetados pela posição do fonema *dentro da* sílaba, não entre sílabas em palavras polissilábicas. Tudo isso aumentou consideravelmente o grau de complexidade de seus resultados.

Além disso, houve erros na entrada dos dados. Pessoas foram treinadas para classificar palavras por fonema e por alternativas de soletrações. Inicialmente, houve um alto índice de sucesso com um *corpus* experimental de 565 palavras. Esse nível de precisão não foi mantido, no entanto, e o estudo de Hanna e colaboradores está repleto de centenas de erros de entrada de dados. O mais evidente de todos foi colocar as palavras com o som vocálico /ue/ (*cue*) nas listas de palavras com o som vocálico /o͞o/ (*coo*), um erro que não aparece nas tabelas de vogais no início do livro.

---

[24] N. de O. Fonemas do tipo vogal + *r* são conhecidas como vogais "rotacizadas" ("*modificadas pelo r*"). Porque o *r* por si só é uma vogal (/er/ em *her*), uma vogal + *r* é efetivamente um dígrafo que representa um ditongo. Isso é o mesmo que outras combinações vogal-vogal que contam como uma vogal: /ou/ = *ah-oo* (*out*); /oi/ = *oh-ee* (*oil*). Fonemas do tipo vogal + *r* são muito afetadas por dialetos, e em alguns deles a porção /r/ não é pronunciada. Há uma considerável controvérsia entre lingüistas com relação a quantos fonemas do tipo vogal + *r* existem.

[25] N. de O. O schwa é uma vogal central, média-baixa e produzida sem o arredondamento dos lábios. De acordo com Cristófaro-Silva (2005), "tem características articulatórias bem próximas ao **a** átono final do português brasileiro – como na vogal final da palavra 'pizza'. No português brasileiro, o schwa tende a ocorrer sempre em posição pós-tônica, ou seja, após a vogal tônica e sempre se relaciona com um 'a' ortográfico(p. 132). Fonte: Cristófaro-Silva, Thaïs. *Pronúncia do Inglês para falantes do português brasileiro: os sons*. Belo Horizonte: FALE, UFMG, 2005.

Houve, porém, um problema bem mais sério, minando completamente todo o estudo. Hanna e colaboradores (1966) não separaram os níveis latinos (ou gregos) da língua das palavras inglesas comuns (anglo-saxônicas e francês normando). Isso precisa ser feito, pois há diferenças estruturais importantes no código de escrita para palavras latinas e padrões de soletração especiais para palavras derivadas do grego.

O conjunto impreciso de alternativas de soletração, o esquema de classificação silábica complexo e desnecessário, além da inclusão de uma abundância de formas afixadas da mesma raiz de palavra (*idea*, *ideal*, *idealismo*, *idealista*, *idealizar*, *idealmente*) levou a um pesado tomo de 1.716 páginas, ocupando o espaço de quatro livros grandes na estante. A terrível complexidade desse documento aliada ao seu volume apenas confirmou de uma outra maneira que o sistema de escrita inglês é muito selvagem para ser domesticado.

Esses esforços convenceram os pesquisadores de que a soletração não poderia ser ensinada. E o fato de que as crianças aprendiam a escrever corretamente foi considerado uma evidência de sua passagem por "estágios de desenvolvimento" (ver Capítulo 9). A forma extrema dessa noção equivale à crença de que cérebros *ingleses* evoluíam para aprender a soletrar o sistema de escrita inglês. Essa especificidade é um pré-requisito do modelo, pois os erros de escrita que as crianças inglesas cometem à medida que progridem nesses chamados estágios de escrita não aparecem em crianças que estão aprendendo ortografias transparentes e que recebem ensino apropriado (Venezky, 1973; Wimmer e Landerl, 1997; Geva e Siegel, 2000).

McGuinness

A mais recente tentativa de classificar o código de escrita inglês é a minha própria (McGuinness, 1992, 1997a, 1997c, 1998a, 1998b). Essa classificação é baseada em uma orientação estritamente som-para-escrita como a de Hanna e colaboradores (1966). Mas os objetivos e procedimentos foram diferentes, no sentido de que a finalidade da minha classificação era semelhante ao de Webster – sistematizar e iluminar o código de escrita inglês de modo que *pudesse ser ensinado*. O processo começou com a estrutura fonotática da língua inglesa (seqüências de fonemas permitidos nas palavras). Todas as sílabas permitidas fonotaticamente foram determinadas. Se uma sílaba constituía uma palavra autêntica, ou era parte de uma palavra autêntica, sua soletração era registrada. Com base nessa análise, foi estimado haver cerca de 55 mil sílabas inglesas permitidas. Compare isso com as 1.277 sílabas permitidas em chinês, e você verá a razão pela qual o sistema de escrita inglês é um alfabeto e não um silabário.

Código básico O primeiro passo em qualquer processo de classificação é estabelecer limites ou pontos de chegada. Pontos de chegada criam um contorno ou fronteira. Isso é essencial para códigos, pois eles devem ter um eixo central em torno do qual o código possa se reverter. Esse ponto de chegada ou eixo central é o número finito de fonemas na língua. Uma vez que o aluno conheça os 40 fonemas não há mais o que aprender.

O passo seguinte é estabelecer um código básico (um alfabeto artificial, transparente) usando a soletração mais apropriada para cada fonema, conforme definida na seção "Soletração regular" mais acima. Um código básico pode ser facilmente ensinado para crianças de 4 ou 5 anos em um espaço de tempo relativamente curto (Johnston e Watson, 1997; ver também o Capítulo 5 neste livro), muito embora isso não possa ser confundido com o código completo. Um código básico possibilita ler e escrever um grande número de palavras comuns de uma ou duas sílabas. É transparentemente reversível de modo que as crianças possam ver e experimentar a lógica de um sistema de escrita. A idéia de um código básico não é nova (Ellis, 1870; Dale, 1898), e é comum a muitos programas fônicos hoje em dia, especialmente no Reino Unido. Mas praticamente todos os programas param aqui, ou, na melhor das hipóteses, ensinam apenas uma fração do código completo.

O código de escrita avançado O principal obstáculo no sistema de escrita inglês é dominar as múltiplas soletrações para cada fonema. Esta é a razão pela qual crianças falantes da língua inglesa apresentam tanta dificuldade ao aprender a ler e a escrever. É o "código avançado" que causa os principais problemas para leitores fracos, e ensinar isso acaba sendo muito mais importante durante a reabilitação que treinar habilidades de consciência fonêmica (C. McGuinness, D. McGuinness e G. McGuinness, 1996).

Devido à sua complexidade, o próprio código avançado precisa de um esquema de classificação com limites e fronteiras. Todos os sistemas de classificação são um tanto arbitrários, e se este aqui é o melhor para essa finalidade continua sendo uma questão empírica. O primeiro obstáculo é descobrir quais alternativas de soletração são comuns e quais são raras, como também o número suficiente de palavras para estabelecer uma alternativa de soletração confiável. O número de alternativas de soletração deve ser mantido em limites razoáveis e, ao mesmo tempo, deve-se evitar centenas de exceções especiais. Se uma soletração improvável (incomum) de um fonema ocorre em umas poucas palavras, o que deve ser feito com essas palavras? A solução foi criar, no nível do código avançado, *quatro categorias adicionais*.

A primeira categoria compreende as *principais alternativas de soletração* além do nível do código básico. Soletrações que não se qualificaram como principais foram classificadas em uma dessas três maneiras: como um *grupo especial* (poucas palavras, soletração improvável e alta freqüência na escrita), como *palavras inteiras* (soletração singular, mas com alta freqüência na escrita), ou *omitidas* (soletração singular e com baixa freqüência na escrita).

Ao estabelecer tais distinções, a probabilidade (quantas vezes uma alternativa de soletração é usada em um grande *corpus* de palavras) foi primordial na determinação de uma alternativa de soletração principal, enquanto que a freqüência na escrita foi mais importante para inclusão como um "grupo especial" ou uma "palavra inteira". Grupos especiais como *could, would, should*, e *door, floor, poor*, e *break, great, steak* são palavras importantes de alta freqüência com soletrações improváveis. Outra decisão foi evitar "letras não-pronunciadas", colocando-as com dígrafos ou fonogramas multi-letras sempre que possível. Assim, igh é uma das quatro alternativas de soletração principais para o som /ie/ (*high*). Isso ajuda professores a evitar frases sem sentido como: "na palavra *high* o /l/ diz seu nome e o /gee/ e o /aitch/ não diz nada". Esta solução funciona bem, exceto em casos raros. Para palavras como *honor, hour* e *honest* não há outra escolha senão dizer às crianças: "a primeira letra não é pronunciada nessas palavras".

Todo esforço foi feito para evitar classificar uma palavra como uma palavra inteira. A maioria dos programas de leitura produzidos pelas principais editoras inclui uma grande lista de palavras inteiras, muitas usando soletrações "regulares". É uma péssima idéia ensinar palavras inteiras para crianças que estão aprendendo *qualquer* sistema de escrita, como vimos no Capítulo 1. Mas ainda há mais em questão. Ensinar palavras inteiras por visualização produz uma estratégia de decodificação falha. Isto acontece porque memorizar palavras inteiras parece lógico e é relativamente fácil no início, levando a uma falsa idéia de segurança. Mas, uma estratégia de palavra inteira irá inevitavelmente entrar em colapso, dependendo do vocabulário e das habilidades de memória visual da criança. Ao mesmo tempo, essa estratégia pode se cristalizar em um hábito difícil de ser mudado (McGuinness, 1997b).

Por tais razões a categoria palavra inteira foi reservada para palavras comuns em que um ou mais fonemas têm uma única soletração que é difícil de decodificar sem uma instrução direta. Quase não há palavras nas quais *cada* fonema tem uma soletração imprevisível. Por esse critério há consideravelmente poucas palavras inteiras autênticas. As seguintes palavras inteiras e palavras do grupo especial não se encaixaram em uma categoria de soletração principal em um grande *corpus* de palavras de origem inglesa/francesa. Existem aproximadamente 100 palavras inteiras:

/a/	aunt, laugh, plaid
/e/	*friend, leopard*
/i/	*been, busy, sieve, pretty, women*
/o/	*abroad, broad, cough, father, gone, trough, yacht*
/u/	*a, because, does, blood, flood, of, once, one, the, was, what*
/ae/	*straight, they* Group: <u>ea</u> *break, great, steak*
/ee/	*people, ski*
/ie/	*aisle, choir, I, height, sleight*
/oe/	*sew*
/ue/	*beauty, feud, queue*
/oo/	*move, prove, shoe, deuce, through* Group: <u>o</u> *do, to, who, whom, whose*
/oo/	Group: <u>oul</u> *could, would, should*
/ar/	*are, heart, hearth* Group: <u>orr</u> *borrow, tomorrow, sorrow, sorry*
/er/	*acre, glamour, journey, syrup, were* Group: <u>ure</u> *leisure, measure, pleasure, treasure*
/or/	*drawer, laurel* Group: <u>oor</u> *door, floor, poor*
/air/	*bury, heron, scarce, their, there, they're, very, where*

Final /k/ —<u>c</u> *ou* <u>ch</u> *arc, tic, ache, stomach* Group: /k/ —<u>lk</u> *baulk, caulk, chalk, stalk, talk, walk*
/t/ —<u>bt</u> Group: *debt, doubt, subtle*
/th/ *final* —<u>th</u> *smooth (/th/ final pronunciado é geralmente grafado* <u>the</u>*, como em breathe, clothe)*
/v/ *final* —<u>f</u> *of*
<u>h</u> *inicial não é pronunciado: honest, honor, hour*
/h/ *inicial* —<u>wh</u> *who, whom, whose, whole*

A categoria "omitida" elimina palavras inteiras inconvenientes – aquelas palavras raras, de baixa freqüência, com soletrações perigosas que só bloqueiam o sistema, como *sapphire* e *catarrh*. Essas palavras são geralmente fáceis de ler e só difíceis de escrever. Precisam ser vistas várias vezes ou verificadas no dicionário até que sejam memorizadas.

Até agora essa análise cobre palavras derivadas do anglo-saxônico e do francês normando. Há 132 alternativas de soletração principais para essas palavras, 55 para soletrações de consoantes e 77 para vogais (incluindo as 4 soletrações de vogal + *r*). Uma vez elaborada, essa estrutura foi organizada por fonemas de uma forma facilmente acessível, como um "dicionário de escrita". Todas as palavras contendo um fonema com uma soletração em particular foram listadas sob cabeçalhos apropriados e em ordem alfabética, em duas dimensões ao longo da página. Alternativas de soletração foram listadas em uma linha ao longo do topo da página da mais para a menos provável, com as palavras grafadas no código básico à esquerda. Desta forma, um *corpus* de cerca de 3 mil palavras comuns da língua inglesa pode ser apresentado em apenas 75 páginas, proporcionando uma visualização clara da estrutura de probabilidade do código de escrita inglês (McGuinness 1997a). Essa estrutura é óbvia até mesmo para uma criança. Uma página do dicionário é mostrada na Tabela 3.1.

Bem pouca memorização ativa é necessária quando o aprendizado se baseia na exposição a padrões previsíveis. O cérebro realiza o trabalho para nós. A única memorização ativa necessária é para aprender os 40 fonemas da língua e suas soletrações básicas. Alternativas de soletração para cada fonema podem ser dominadas por meio da exposição controlada e da repetição variada, via atividades com dicionários, formulários de exercícios confiáveis, histórias especialmente preparadas, cópias e escrita espontânea.

Uma vez que a estrutura do código de escrita é estabelecida visualmente, diversas características e diversos padrões vêm à tona. O uso desses padrões pode acelerar drasticamente a aprendizagem enquanto reduz a carga de memória, e é essencial para o estabele-

Tabela 3.1

Som: /ae/	Palavra-chave: *came*				
	Alternativas de soletração				
	a-e	*a-i*	*a*	*ay/ey*	*ei/eigh*
h		hail			
	hale		halo		
	haste				
	hasty				
	hate		hatred	hay	
	haze			hey	
i	inflate				
j	jade	jail		jay	
l			label		
			labor		
	lace		ladle		
			lady		
		laid			
		lain			
	lake				
	lame				
	lane				
	late				
	lathe		lazy	lay	
m	mace	maid			
	made	mail			
		mail			
		maim			
		main			
		maize	major		
	make				
	male				
	mane		manger		
			maple		
	mate			may	
	maze				
n		nail			
	name				
	nape		nasal		
			native		
			nature		
			naval		
			navel		
			navy		neighbor
o				obey	

Fonte: McGuinness, 1997a.

cimento de uma seqüência de instrução. Aqui estão alguns dos padrões mais importantes.

Características estruturais do código

1. Alguns fonemas têm alternativas raras ou nenhuma alternativa de soletração. A não ser por dígrafos consonantais, não há quaisquer maneiras de ler errado ou soletrar errado esses fonemas:

    /b/, /d/, /l/, /p/, /th/, /a/, /ar/

2. Devido aos fonemas terem uma ou duas alternativas de soletração usadas em um número muito pequeno de palavras, é possível ensinar por exclusão: "Este som é soletrado no código básico, exceto nestas palavras."

    /g/, /h/, /m/, /n/, /ng/, /t/, /i/

3. Algumas soletrações de consoantes são determinadas pela posição da consoante, se ela está na posição inicial ou final em uma sílaba.

/j/	*jinx barge bridge*
/th/	*this bathe*
/v/	*vain groove*

4. Algumas soletrações de consoante em posição final são determinadas na dependência de serem precedidas por uma das cinco vogais "frouxas": /a/, /e/, /i/, /o/, e /u/. (Há exceções).

/ch/	*lunch beach catch*
/j/	*siege barge hedge*
/k/	*beak milk sick*
/l/	*girl fool dull*

5. Há 76 encontros consonantais permitidos na língua inglesa, e apenas 3 aparecem em ambas posições, inicial e final, em uma sílaba. Eles são *sk*, *sp* e *st* (*skip/ask; spoon/gasp; stop/fast*). Quase todos os encontros consonantais são sempre grafados no código básico, algo muito útil de saber. Se as crianças conseguem segmentá-los, sempre serão capazes de lê-los e soletrá-los corretamente.

6. Padrões dentro de padrões (regularidades estatísticas) tornam o aprendizado de alternativas de soletrações múltiplas mais controlável. Uma vez conhecidos, eles podem ser ensinados diretamente. Exposição, ou seja, prática é a chave, nada de regras ou de memorização. Por exemplo, /ee/ tem a maioria das alternativas de soletração de qualquer fonema. Elas podem ser fragmentadas de várias maneiras. Palavras polissilábicas terminadas em /ee/ são grafadas y ou ye na maioria das vezes (exceções: *cookie, collie, coffee, toffee*), e essas soletrações raramente representam /ee/ em outras posições. As crianças deveriam aprender isso por exposição – ao ler, escrever e grafar uma variedade de palavras polissilábicas terminadas com o som /ee/. Ensinar tais padrões enfraquece a complexidade ao se considerar quando e onde alternativas de soletração específicas são usadas. Por um processo de exclusão, a complexidade é reduzida de 10 soletrações de /ee/ para oito, e pode ser reduzida para sete pela memorização de poucas palavras e prefixos em que /ee/ é soletrado com e (*be, he, me, she, we, be-, de-, pre-, re-, tre-*) e assim por diante.

7. A classificação revela zonas de perigo, tais como alternativas de soletração sem padrões óbvios ou memorizáveis, ou aqueles com sobreposições de código conflitantes, assinalando a necessidade de maior exposição. Isso pode ser ilustrado com outro exemplo da complexa soletração /ee/. As duas maneiras principais de grafar /ee/ (ee e ea) são igualmente prováveis em palavras usuais da língua inglesa: *bean, clean, green, mean, queen, seen, screen, teen, wean / beat, beet, bleat, feat, feet, fleet, greet, heat, meet, neat, peat, seat, sleet, street, sweet, treat, wheat*. Estabeleci isso nas famílias *een* e *eet* para chamar atenção para o fato de que "famílias de palavras" não nos ajudam a escrever. Por não haver nenhuma pista indicando qual des-

sas soletrações usar, a única solução é ver e escrever essas palavras repetidamente.

O Nível Latino do Código Um tipo diferente de classificação é requerido para o nível latino do código de escrita inglês, o relacionado ao nível morfológico da língua (McGuinness, 1998a). Um morfema é a menor unidade de som com significado. Inglês, francês normando, latim e grego são *línguas compostas*, nas quais palavras podem combinar-se com outras palavras ou afixos para alterar classes gramaticais, modificar tempos verbais, ou criar palavras totalmente novas, tais como *deadline, firefly, household, hotdog,* e *railroad.*[26] Ensinar alternativas de soletração em palavras latinas no contexto dessa estrutura composta simplifica imensamente a natureza e o tipo de alternativas de soletração que precisam ser ensinados. Isso aumenta consideravelmente a decodificação e a escrita de palavras polissilábicas, enquanto vai, ao mesmo tempo, construindo um vocabulário.

A estrutura composta das palavras em inglês, francês, latim e grego, aliada a questões especiais como vogais adjacentes, homófonas e a *schwa* pode ser totalmente abordada com um *corpus* adicional de 3 mil palavras.

Vamos suprimir os detalhes do composto inglês e as transformações que ocorrem quando prefixos e sufixos ingleses são adicionados a palavras. Eles são razoavelmente conhecidos e suficientemente ordenados (ver McGuinness 1998a). Por exemplo, se uma palavra termina em e, este deve cair antes de se adicionar um sufixo que comece com uma vogal, como –ing ou –ed. Para adicionar um sufixo a palavras do tipo CVC com vogais "simples", a consoante final é dobrada para preservar o som da vogal, se o sufixo começar com uma vogal (-ing, -ed, -er, -y),. Exemplos envolvendo *bat* incluem *batting, batted, batter* e *batty* (não *bating, bated, bater* e *baty*). Essa é uma convenção bastante estável, chegando bem próxima de uma regra no código de escrita inglês. Adicionar prefixos não causa problemas porque nenhuma transformação é necessária.

O nível latino é diferente. Em primeiro lugar, é raro que uma palavra de língua inglesa tenha uma raiz latina (*fact, duct* e *port* são algumas exceções). Isso significa que o centro das palavras latinas/inglesas é desprovido de significado, uma clara desvantagem. Palavras inglesas/latinas são compostas por prefixos, sufixos, ou ambos. Como um exemplo, a palavra *struct* ("construir") não é uma palavra inglesa, mas é "inglesa" em inúmeras formas de afixos comuns: *intruct, construct, instructor, instruction, instructed, construction, constructed, destruction, indestructible, structure, obstruction,* entre outras. (O prefixo *in-* significa "em", *con-* significa "com"; *de-* significa "desfeito" ou "em oposição a", e *ob-* significa "no caminho de" ou "contra". O sufixo *–or* significa "uma pessoa", e "shun" (-<u>tion</u>) significa que a palavra é um substantivo).

Felizmente, raízes e prefixos latinos são geralmente grafados em código básico, o que é uma vantagem. Mas sufixos latinos não são e representam problemas específicos a serem ensinados como uma seqüência de fonemas individuais. Isso produziria uma série ofuscante de alternativas de soletração e sobreposições de códigos. O fonema /sh/ pode ser grafado <u>ti</u> (*nation*), <u>si</u> (*tension*), <u>ci</u> (*magician*), <u>ce</u> (*ocean*), <u>shi</u> (*cushion*), <u>sci</u> (*conscious*), ou <u>xi</u> (*anxious*). É mais razoável manter sufixos latinos intactos como unidades multi-fonemas. Esse é um abandono radical da abordagem usada para o nível inglês da língua.

Um bom exemplo é o sufixo "shun", o sufixo latino mais comum. Ele tem três alternativas de soletrações principais e quatro raras. De longe a mais comum é -<u>tion</u>, que aparece em dezenas de milhares de palavras em inglês. O próximo mais comum é –<u>sion</u>, seguido por –<u>cian</u>. As soletrações raras são –<u>tian</u> (*dietitian, gentian, Martian, titian*), -<u>cion</u> (*coercion, suspicion*), -<u>cean</u> (*crustacean, ocean*) e –<u>shion</u> (*cushion, fashion*). Há muitas pistas úteis para essas soletrações "shun":

- Quando em dúvida, grafe –<u>tion</u>
- Se for uma profissão ou pessoa, grafe –<u>cian</u>

---

[26] N. de R. T. *dead/morto + line/linha = prazo mortal; hot/quente + dog/cachorro = cachorro-quente.*

- O sufixo –<u>sion</u> geralmente se agrega a raízes de palavras terminando em /s/: *access, compress, concuss, confess, convulse, depress, digress, discuss*, etc., embora outras raízes de palavras levem essa soletração também: *admit/admission, ascend/ascension*.
- Memorize as palavras que usam as soletrações –<u>tian</u>, -<u>cion</u>, -<u>cean</u>, e –<u>shion</u>.

Além disso, -<u>tion</u> e –<u>sion</u> estão por todo lado. Movem-se como uma unidade, o que é outra razão para ensiná-los como uma unidade. Aparecem como soletrações para "zhun" (*equation, vision*), e para "chun" (*digestion, question, suggestion*). Ao todo, há 38 soletrações de sufixos latinos e duas de francês arcaico que devem ser ensinadas. Isso eleva o total de alternativas de soletração para 172, mais quatro soletrações de consoantes "gregas" extras nesse nível, um total de 176. Surpreendentemente isso está perto do registro de 174 alcançado por Hanna e colaboradores, mas por razões bem diferentes.

Ensinar esses sufixos latinos requer uma abordagem de ensino diferente, e mantê-los intactos traz vários desdobramentos. Um deles é o de que facilita a leitura e a escrita de palavras longas e assustadoras como *advantageous* e *unconcious*. Saber que as soletrações assustadoras –<u>geous</u> ou –<u>scious</u> são meramente "jus" ou "shus" disfarçadas as torna muito menos desalentadoras. Uma vez desmistificados, tais sufixos podem ser identificados primeiro, tornando o restante da palavra fácil de decodificar e de grafar: ad-van-ta-/<u>geous</u>, un-con/<u>scious</u>. As teminações das palavras derivadas do latim são notadamente bem-comportadas e em geral grafadas em código básico ou em uma alternativa de soletração altamente provável.

Um segundo desdobramento é o de que sufixos se agregam a raiz de uma palavra de modos previsíveis. Quando –<u>tion</u> se agrega a uma palavra, a forma mais comum envolve adicionar a letra <u>a</u> à palavra: *inform-information, limit-limitation*. Quando raízes de palavras terminam em <u>e</u>, o <u>e</u> é suprimido: *agitate-agitation, create-creation*. Uma imensa família de palavras –<u>ate</u> segue esse padrão, outra razão para agrupar palavras ao ensinar tais sufixos.

Palavras gregas chegam à lingua via filosofia, medidina e ciência, originalmente em grego e, mais tarde, como transliterações com soletrações "gregas" especiais. Se evitamos palavras especializadas ou técnicas, a invasão grega é notoriamente menos inoportuna do que as pessoas acreditam. Bem poucas palavras usuais usam essas soletrações, e apenas oito delas aparecem em palavras familiares. Tais palavras podem ser listadas em uma única página. As soletrações incluem <u>ch</u> para /k/ (*chorus*), <u>y</u> para o /i/ medial (*myth*) ou /ie/ (*cycle*), <u>ph</u> para /f/ (*dolphin*), e soletrações mais raras como <u>pn</u> para /n/ (*pneumatic*), <u>rh</u> para /r/ (*rapsody*), <u>ps</u> para /s/ (*psalm*), e <u>x</u> para /z/ (*xylophone*).

Isto não equivale a dizer que tudo se resolve apenas pela classificação. Outros elementos do código de escrita inglês apresentam diferentes desafios, e alguns provocam pesadas demandas na memória visual. Palavras com vogais adjacentes são um problema porque tendem a parecer como dígrafos comuns e às vezes se sobrepõem a eles. Esse grupo abrange palavras como *poet, briar, ruin, create, fluent, denial, radio, annual, oasis, alien* e *idiot*. As crianças precisam de aulas sobre como separar as sílabas dessas palavras.

As maiores dores de cabeça, aquelas que nunca passam, acontecem no momento de dobrar consoantes e de grafar uma vogal schwa. Esses erros de escrita são os maiores responsáveis pelas linhas vermelhas produzidas pelo corretor ortográfico do seu computador. A vogal schwa, um som átono "uh", aparece em dezenas de milhares de palavras polissilábicas. Embora as soletrações inicial e final estivessem padronizadas para <u>a</u> (*among, agenda*), não há qualquer rima ou razão de como grafar a schwa em qualquer outro lugar na palavra: *hes<u>i</u>tate, ben<u>e</u>fit, rel<u>i</u>ant, grat<u>i</u>fy, imp<u>o</u>lite, cult<u>i</u>vate, econ<u>o</u>my, import<u>a</u>nt, adjac<u>e</u>nt*, e a lista continua. Supõe-se resolver a duplicação de letras em palavras baseadas no latim por meio de normas de derivação de palavras. Mas, em função de ninguém mais saber latim, isso não ajuda. Qual das soletrações a seguir é correta: *recomendation, reccomendation, recommendation, reccommendation*?

Pesquisas Baseadas em Sistemas de Classificação de escrita Ortográfica

A derradeira questão é: classificar o código escrito de tal forma que possa ser ensinado torna mais fácil para as crianças aprenderem a ler e a soletrar? Praticamente não há pesquisa sobre escrita (ou leitura tratando dessa questão) com base em uma compreensão bem-fundamentada do código escrito; é tão pequena, na verdade, que enquanto o relatório do National Reading Panel (2000) tem seções sobre consciência fonêmica, leitura, fluência, vocabulário e compreensão, ele nada apresenta sobre escrita.[27] Não conheço nenhuma pesquisa aplicada que se apóie nas tentativas de Hanna e colaboradores de sistematizar o código ou em suas recomendações subseqüentes (Hodges, 1981, 1982). Alguns poucos estudos usam os níveis de soletração propostos por Venezky (1995), e pelo menos um estudo usa minha classificação. Tais estudos contribuem para elucidar a diferença de resultados ao se ensinar o código a partir da grafia para o som (estratégia visual) *versus* som para grafia (estratégia fonêmica).

Berninger e colaboradores (1998) estabeleceram um conjunto de 48 palavras derivadas de oito níveis ou seqüências propostas por Venezky. Esses níveis são comandados pela grafia, assim é importante destacar que são *níveis de decodificação* (leitura), não níveis de codificação (o código ensinado ao contrário). Os níveis são os seguintes:

0. palavras CVC: *bat nut men mad hit wet*
1. palavras mistas: *flag back last ask drop club*
2. palavras com soletrações a-e, i-e, o-e
3. palavras com soletrações de dígrafo de vogal e consoante: sh ch ng oy ou aw
4. palavras com soletrações de dígrafo de vogal: ai ay ee ea oa ow
5. palavras grafadas com um ou dois l
6. palavras com vogal + *r* : ar er ir ur or
7. palavras grafadas com wr kn igh mb tch dge

Juntos há 33 fonemas aqui representados por 47 soletrações. Estão faltando sete fonemas na lista (/ue/, /oo/, /oo/, /th/, /th/, /v/, e /z/), cinco fonemas do tipo vogal + *r* , e as soletrações qu e x. Essa abordagem visual arbritrária é característica de muitos programas fônicos, e quero analisá-la para ilustrar os problemas criados por uma abordagem grafia-para-som como esta. Analise comigo, pois, se isso confunde vocês, imagine como não vai confundir a uma criança.

Os primeiros dois níveis introduzem palavras com letras que representam os seguintes fonemas:

Nível 0: /b/, /d/, /t/, /m/, /n/, /h/, /w/, /ʌ/, /e/ e /i/

Nível 1: /f/, /l/, /g/, /k/, /s/, /t/, /p/, /o/ e /u/

Palavras de nível 1 incluem três soletrações para o som /k/: c, k e ck, como visto nas palavras *club, ask* e *back*.[28] As crianças aprendem isso como três soletrações para o *mesmo* som ou como três sons *diferentes*?

No nível 2, as crianças aprendem a decodificar palavras com as soletrações de vogal a-e (*lane*), i-e (*fine*) e o-e (*tone*). No nível 4, elas aprendem soletrações alternativas para duas dessas vogais (/ae/ e /oe/): ai (*hail*) e ay (*day*); oa (*soap*) e ow (*cow*), não ficando claro, desta maneira, a qual som se refere. A pergunta é: as crianças aprendem as vogais do nível 4 como novos sons, ou aprendem que ai, ay, oa, e ow são soletrações alternativas para dois sons que aprenderam no nível 2? E se for este o caso, onde estão as alternativas de soletração para o som /ie/ que também

---

[27] N. de R. T. As pesquisas são em soletração, capacidade de transcrever os sons de uma palavra em sua forma escrita.

[28] N. de R. T. *casa* e *cinema*

foi introduzido no nível 2? Essas alternativas são i (*find*), y (*cry*), e igh (*high*).

O nível 5 é dedicado a ensinar palavras grafadas com um ou dois l's. Por que isso é importante não fica claro. Não há nenhum "nível" para as soletrações igualmente enganosas de um e dois *f* (*elf, staff*) ou qualquer outra soletração em que a duplicação da consoante final é uma questão: *bag, egg; gas, dress; quiz, buzz*.

No nível 6, as crianças aprendem ar e or, como também três alternativas de soletração para o som /er/: er, ir e ur. Novamente, as crianças aprendem er, ir e ur como sons diferentes, ou como três soletrações para o mesmo som? Se a segunda hipótese, por que as principais soletrações para /o/ – ore (*bore*), oar (*soar*) e our (*your*) – não estão listadas aqui também? (/ar/ não tem alternativas de soletração comum).

No nível 7, as crianças vêem uma mistura de dígrafos e fonogramas comuns e raros. Não há uma razão lógica ou estrutural para estarem aí. Cinco são alternativas de soletração para fonemas previamente ensinados, mas é altamente improvável que as crianças venham a se dar conta disso. Assume-se que igh é ensinado como um "novo" som, não tendo qualquer relação com o som /ie/ ensinado cinco níveis antes.

O nível 7 desorganiza a estrutura do código ao separar alternativas de soletração do código básico. A soletração do código básico para /ch/ é ch (ensinada no nível 3). As crianças aprendem que tch (nível 7) representa o mesmo som? É dito a elas qual é usada apenas em posição final de palavra, e quando? A soletração dge para o som /j/ (também uma soletração de final de palavra) é introduzida aqui também. Mas a soletração do código básico *j* nunca foi ensinada. Como, então, as crianças devem grafar palavras como *just, June* e *jelly*? Elas devem ser escritas dgeust, dgeune e dgeelly?

Essa abordagem e sua organização caótica são notáveis pela total desconsideração dos sons na língua. Isto torna impossível às crianças compreenderem que nosso sistema de escrita associa 40 sons da fala a um conjunto de soletrações, pois tais sons nunca são ensinados.

Usando o sistema de Venezky, Berninger e colaboradores lecionaram para um grande número de crianças da 3ª e 4ª séries, identificadas como "soletradoras fracas". As crianças foram divididas em diversos grupos que receberam diferentes tipos de treinamento, além de um grupo controle. Foram ensinadas a soletrar 48 palavras em um período de quatro meses (24 sessões de 10 minutos cada, totalizando cerca de 4 horas). O grupo controle teve aula sobre consciência fonológica e conhecimento do nome das letras, e não viu essas palavras.

Depois do treino, as crianças fizeram como teste um ditado de soletração com "palavras de transferência", que diferiram ligeiramente das palavras treino. A maioria (75%) envolveu uma simples mudança da consoante inicial. Os pesquisadores verificaram que as crianças nos grupos treino escreveram as 48 palavras de transferência de modo mais preciso que o grupo controle (40,5 acertos *versus* 30). Não houve qualquer diferença de resultado nos diferentes tipos de treino. Não importou se as crianças memorizaram as palavras como palavras inteiras ou via segmentação fonêmica e análise de aliterações,[29] ou qualquer combinação destas. Com efeito, tais resultados mostram que se você estuda as mesmas 48 palavras em 24 situações, você terá maiores chances de escrever corretamente palavras quase idênticas como se nunca as tivesse visto antes.[30]

O teste decisivo é se o ensino da soletração transferiu para medidas padronizadas de soletração. Não transferiu. Os autores relataram "não ter encontrado quaisquer diferenças

---

[29] N. de R. T. Palavras com rimas iniciais, por exemplo: rato roeu a roupa do rei de Roma.
[30] N. de O. Os autores não relataram "diferenças significativas" entre as diferentes abordagens de ensino, mas esta não era a mensagem no resumo ou na seção final. *Resumo*: "Combinar ensino de palavra inteira e aliteração é mais eficaz ao alcançar a transferência do princípio alfabético no contexto das palavras". *Resumo final*: "Ensino explícito em conexões de palavra inteira e aliteração levou à maior transferência do princípio alfabético para palavras monossilábicas não-ensinadas".

confiáveis entre os tratamentos como grupo ou isoladamente e nos grupos controle, ou entre os diferentes tratamentos nas medidas normalizadas e padronizadas que continham palavras diferentes das que foram ensinadas" (p. 596).

Em resumo, ensinar palavras com base na seqüência de níveis de escrita de Venezky não produziu efeitos maiores na habilidade de soletração medida por um teste padronizado que avalia tal habilidade *que ensinar nada*, e isto foi verdadeiro independentemente da ênfase de treino empregado (palavra inteira, fonemas, aliteração).

Henry (1989) adicionou um componente multi-sílaba para os níveis latino e grego da língua a um programa fônico desenvolvido por ela e Calfee (Calfee e Henry, 1985). O programa fônico, *Project Read*,[31] havia sido aplicado em 14 turmas antes desse estudo. Esse é um programa orientado pela escrita muito semelhante ao de Venezky. Oito turmas de 3ª e 5ª séries usaram a adaptação de Henry (READ PLUS) junto com as lições do Project Read. Um grupo controle foi ensinado com um método tradicional (leitura elementar). O READ PLUS consistiu em cinco lições de 30-45 minutos, distribuídas ao longo de cinco semanas (2,5 a 4 horas). As lições incluíam palavras de raiz latina, prefixos e sufixos, agrupados por soletrações comuns, com vários exemplos de cada. Infelizmente os resultados desse estudo são obscuros. Os testes de leitura e de soletração não foram testes padronizados, e as confiabilidades foram apenas "boas". Além disso, em virtude dos resultados dos testes de leitura e de soletração terem sido mesclados na análise de dados, não é possível determinar o impacto separado do treino na leitura e na soletração.

Os escores de ganho (escores brutos) para "leitura/soletração" no segundo ano foram 6,2 pontos (controles), 6,7 (Project Read) e 9,0 (READ PLUS). Crianças do READ PLUS tiveram ganhos significativamente maiores ($p < 0,05$). Contudo quando os escores do teste de leitura/soletração foram convertidos para melhoria percentual ao longo do ano, os ganhos não foram consideráveis e os grupos não diferiram. Além disso, as crianças do Project Reader tiveram escores idênticos às do grupo método tradicional, sugerindo que esse programa fônico não é, particularmente, eficaz.

Um estudo usando um programa de soletração baseado em minha análise (McGuinness, 1997a, 1998a) foi realizado na Nova Zelândia (Smith, 1999) com adolescentes de 13 e 14 anos. Todos tinham atrasos extremos de leitura e de soletração, conforme avaliado por testes padronizados. Eles estavam entre dois anos e meio e cinco anos abaixo da idade cronológica para o reconhecimento de palavras, e cinco a oito anos abaixo para a escrita de palavras isoladas. Cada um estava abaixo do 25º percentil em compreensão de leitura. Os alunos receberam 12 horas de ensino um-a-um em escrita até o nível latino do código escrito, usando um *corpus* de cerca de 6 mil palavras.[32]

Alunos com perfis tão extremos são difíceis de mudar, especialmente em apenas 12 horas, apesar disso os resultados foram bastante encorajadores. Os ganhos de escore-padrão médios nos subtestes do Woodcock Reading Mastery[33] e no Test of Written Spelling-3[34] (TWS-3; Larson e Hammill 1976) foram os seguintes: decodificação de palavra melhorou em 10,6 pontos de escore-padrão para um escore final de 88, decodificação de pseudopalavra em 18,6 pontos para 100, compreensão de palavra em 14,8 para 104, compreensão

---

[31] N. de R. T. *Project Read* é um programa didático que pode ser utilizado tanto na sala de aula pelos professores, como também na reabilitação de crianças e adolescentes com dificuldades no aprendizado da leitura. Ele foi desenvolvido a partir dos componentes essenciais apresentados pelo NRP (2000).

[32] N. de O. O ensino envolve lições criadas a partir de um dicionário de escrita inglês e latino, formulários de exercícios confiáveis, histórias envolvendo um fonema e suas múltiplas soletrações e ditado ortográficos.

[33] N. de R. T. Teste não-disponível em português. Avalia a decodificação de palavra, pseudopalavra e a compreensão de palavra, de parágrafo e de texto.

[34] N. de R. T. Teste não-disponível em português. Avalia a soletração (escrita) de palavras com correspondência regular entre fonema-grafema e de palavras com correspondência irregular entre fonema-grafema.

de parágrafo de 10,4 para 96, compreensão de leitura em 12,8 para 100, e soletração em 9 para 90, para palavras regulares, e em 7 para 78, para palavras irregulares. Ganhos dessa magnitude para essa faixa etária são equivalentes a um aumento médio (todos os testes combinados) de 27 pontos percentuais, trazendo os alunos para a faixa média (50º percentil) geral.

Um dos resultados mais importantes desse estudo é que um programa especificamente criado para ensinar o código escrito avançado teve um efeito ainda maior na decodificação e na compreensão de leitura que na soletração. Isso é prova (embora provisória, devido ao tamanho pequeno da amostra) de que ensinar o código alfabético completo no sentido correto, do som à escrita, permite ao código se reverter. O que as pessoas podem escrever, elas podem automaticamente ler. O programa não ensina diretamente decodificações múltiplas (sobreposições de código) da mesma soletração (*soup, out, soul*), ainda que as crianças as aprendessem de qualquer maneira. Isso significa que a preocupação de Venezky acerca da falta de simetria entre a decodificação e a codificação é infundada. O código é assimétrico apenas se você ensiná-lo no sentido errado. Esses resultados embasam e ampliam os resultados de Ehri e Wilce (1987) e Uhry e Sheperd (1993) que as crianças conseguem escores mais elevados em testes de leitura quando são ensinadas a soletrar do que quando são ensinadas a ler.

Escores de soletração não melhoraram na mesma taxa que os escores de leitura e de compreensão. Como observado anteriormente, a soletração depende da memória de evocação (nenhuma pista está disponível), enquanto a leitura requer apenas memória de reconhecimento. Vai levar mais de 12 horas para os padrões de soletração deixarem um traço estável na memória de longo prazo. Entretanto, escores de soletração são raramente influenciados mesmo em intervenções de longo prazo desse tipo (National Reading Panel, 2000; ver Capítulo 5, neste livro), assim um ganho de nove pontos de escore-padrão é notável.

Existem vários problemas com esses estudos. Muito mais pesquisas são necessárias para estimar o valor do ensino de soletração/leitura com base em uma análise do código escrito. O estudo de Smith usou uma pequena amostra e não havia um grupo-controle. Ganhos em escores-padrão foram comparados aos escores pré-teste e a normas do próprio teste, mas há sempre a chance de que essas normas possam não ser verdadeiramente representativas das crianças no estudo.

Berninger e colaboradores usaram uma amostra extensa, grupos bem combinados, além de um grupo-controle. Enquanto a transferência do treino ocorreu de fato para palavras quase idênticas àquelas que haviam sido ensinadas, ela não generalizou além dessas palavras para testes padronizados. Além disso, crianças que haviam sido ensinadas via estratégia de palavra inteira conseguiram resultados tão bons quanto as demais, sugerindo que os resultados foram devido à exposição (memória visual) e não a um método em particular. Os resultados de Henry para o READ PLUS foram encorajadores, mas testes de leitura e soletração confiáveis (e separados) são essenciais para permitir comparações com outras pesquisas.

Vamos voltar a este tema no Capítulo 9, que reavalia as evidências sobre como crianças aprendem a soletrar usando métodos de escrita tradicionais que não têm nada a ver com a estrutura do código escrito. Nesses métodos, dá-se às crianças listas de palavras impressas escolhidas aleatoriamente ou que caracterizam padrões estruturais como famílias de palavras que são irrelevantes. Dada a alta complexidade do sistema de escrita inglês, como as crianças aprendem a escrever sob tais circunstâncias é parte de um mistério. Estudos recentes, contudo, têm propiciado algumas informações surpreendentes sobre como o cérebro consegue codificar a estrutura de probabilidade do seu sistema de escrita.

Neste momento, vamos nos voltar para o ensino da leitura.

4

COMO ENSINAR A LEITURA:
LIÇÕES DO PASSADO

No ano 2000, o National Reading Panel (NRP), comitê que reune vários especialistas, publicou um relatório com uma extensa revisão e análise das pesquisas sobre o ensino da leitura. Os temas abordados foram: programas de ensino de leitura e de treino em consciência fonológica, além de métodos de ensino desenvolvidos para melhorar a fluência em leitura, o vocabulário e a compreensão leitora. Esse empreendimento extraordinário prestou um enorme serviço a educadores e à comunidade científica ao examinar uma base de dados de milhares de artigos em busca de mérito científico e ao avaliar os principais resultados dos melhores estudos.

Meu objetivo nos próximos dois capítulos é o de comparar as lições do passado com os resultados das pesquisas ao longo dos últimos 40 anos. Para começar, quero sintetizar o que aprendemos a partir da análise comparativa dos sistemas de escrita e da análise estrutural do código alfabético inglês, e avançar no tempo. Isso nos permitirá estabelecer os parâmetros básicos para um programa eficaz de leitura – aqui denominado de um *protótipo* – e comparar tais parâmetros com os programas mais eficazes identificados na investigação do NRP (2000).

Lições do passado

Começamos com o que aprendemos a partir das tentativas de criar um sistema de escrita funcional.

Lição 1 Os criadores dos primeiros sistemas de escrita, começaram usando a mesma lógica que as pessoas haviam usado para criar sistemas contábeis: um símbolo para cada palavra. Essa tentativa rapidamente fracassou de modo irreversível e universal. Eles foram forçados a substituir a palavra por uma unidade sonora menor, devido às extremas limitações da memória humana para dominar pares de palavra-símbolo. Uma pessoa "média" tem um limite máximo de memória para pares em torno de 2 mil, não importa qual unidade sonora seja escolhida. Este é um limite máximo, um teto de memória, que não melhora mesmo após um treinamento. Assim, esse tipo de aprendizagem por mapeamento de pares obedece a lei dos rendimentos decrescentes.

Temos evidências abundantes, que se reportam há mais de 5 mil anos, de que um sistema de escrita de palavra inteira baseado em significado não funciona, nunca funcionou e nunca funcionará.

As evidências do relatório NRP (2000) proporcionam um embasamento inquestionável para essa conclusão. Os resultados em avaliações de leitura em crianças que foram alfabetizadas por métodos de palavras inteiras foram, consideravelmente, menores do que aqueles alcançados pelas crianças alfabetizadas por métodos que enfatizam as correspondências fonema-grafema.

Há um outro problema com os métodos de palavra inteira: eles são altamente enganadores. Tanto crianças quanto adultos tendem intensamente a favor do significado lingüístico, ou seja, do significado da palavra. Um método de memorização de palavra inteira é extremamente apelativo às crianças, especialmente porque, desde cedo, memorizar seqüências de letras e "formas de palavras" é bem fácil. Isso dá as crianças a falsa impressão de que estão aprendendo a ler. Mas é apenas uma questão de tempo até que essa estratégia comece a implodir. A memorização de palavras inteiras começa a falhar próximo ao final da 1ª ou 2ª séries, dependendo do vocabulário da criança e de suas habilidades de memória visual e, a menos que descubram uma estratégia melhor, sua leitura não irá aperfeiçoar-se (McGuinness, 1997b).

Lição 2 Apenas quatro tipos de unidades sonoras foram adotadas para os sistemas de escrita do mundo: a sílaba, o bifone CV, as consoantes e o fonema. A unidade escolhida depende da estrutura fonotática ou fonética da língua e essas unidades sonoras nunca se misturam. Se mais de uma unidade fosse adotada, isso tornaria o sistema de escrita altamente ambígüo e extremamente difícil de aprender.[1]

Um método de leitura deve ensinar o som para o qual o sistema de escrita foi criado e nenhuma outra unidade. Isso elimina métodos de leitura "ecléticos" ou "balanceados" que ensinam, ao mesmo tempo, palavras inteiras, sílabas, fragmentos de sílabas como rimas finais[2] e fonemas. Isso equivale a ensinar quatro sistemas de escrita simultaneamente.

O relatório do NRP (2000) confirma isto também. Métodos que introduzem uma variedade de unidades fonológicas ou as unidades fonológicas erradas, são muito menos eficazes que métodos que enfatizam os fonemas.

Lição 3 Os sábios antigos evitavam adotar o fonema como a base para um sistema de escrita. Mesmo assim, há muitas evidências de que eles conheciam muito bem a estrutura fonêmica de sua língua e de que usavam tal conhecimento para estabelecer o sistema de escrita e para criar dicionários. O fato dos fonemas serem mais difíceis de isolar que as unidades fonológicas maiores parece ser a primeira razão e talvez até a única pela qual todas as civilizações atuais não dispõe de um sistema de escrita alfabético. Por essa razão, faz sentido ensinar as crianças a segmentar (e aglutinar) fonemas se elas têm um sistema de escrita alfabético. Um método que inclua esse tipo de ensino deve ser mais eficaz do que um que não inclua.

Isso também é confirmado pelo relatório do NRP (2000). Métodos de leitura que incluem tarefas de análise fonêmica são muito mais eficazes do que métodos que não incluem.

Aqui está a mensagem até agora: *se você tem um sistema de escrita alfabético, você deve ensinar um sistema de escrita alfabético. Não faz sentido fingir que tem alguma outra coisa.*

Lição 4 O código alfabético inglês é altamente opaco. Há duas maneiras de atenuar esse problema e ajudar as crianças a lidarem com essa complexidade. A primeira é garantir que elas compreendam a direção na qual o código foi escrito, de cada som na fala para sua soletração. Para um sistema de escrita opaco funcionar como um código, ele deve estar ancorado em um número

---

[1] N. de O. O Japão é uma exceção, uma vez que adicionaram o alfabeto romano às suas duas escritas bifônicas CV.

[2] N. de R. T. Palavras rimadas: mar*telo*, cas*telo*, b*elo*.

finito de sons da língua, e não em letras ou em combinações de letras. A menos que isso seja feito, a natureza de código do sistema de escrita fica obscurecida e o código não pode reverter-se. Um código não-reversível não é um código.

Por outro lado, códigos transparentes são relativamente fáceis de aprender e de ensinar. A segunda maneira de ajudar as crianças a dominarem um código alfabético opaco é estabelecer um "alfabeto transparente artificial" ou um código básico temporário. Isso revela a natureza ou a lógica de um sistema de escrita alfabético, tornando-o "transparente" ou acessível a uma criança. Isso também proporciona uma plataforma, uma base, a partir da qual o código pode expandir-se e alternativas de soletração podem ser fixadas no sistema sem mudar a lógica. Programas de leitura com base nesses dois princípios devem funcionar melhor do que programas não baseados neles. Até agora, nenhuma análise, incluindo a revisão do NRP (2000), enfocou essas possibilidades: uma orientação som-para-escrita e o ensino por meio de um alfabeto artificial transparente.

Começamos esta análise aqui, e ela continua no próximo capítulo. É muito importante seguir a história dessas novas idéias e identificar os programas que satisfazem essas diretrizes, do século XIX até o presente. Dessa forma, podemos avaliar como um modelo de programa de leitura baseado nesses princípios se comporta em pesquisas bem-conduzidas.

A origem do alfabeto transparente artificial

Scragg (1974) e Morris (1984) nos proporcionam uma interessante história do ensino da leitura na Grã-Bretanha e das tentativas de melhorar o código escrito ao longo dos séculos. Conforme observado na introdução, o principal avanço na forma de como ensinar o opaco sistema escrito inglês derivou da taquigrafia de Isaac Pitman, criada em 1834, usando letras comuns e letras inventadas para os fonemas restantes. Com a colaboração de A. J. Ellis (1870), eles desenvolveram um programa de leitura para sala de aula baseado nesse novo alfabeto. Mais tarde, o programa foi recriado e renomeado por Ellis (*Glossic*, 1870). A transformação final ocorreu quando Nellie Dale, uma professora da *Wimbledon School for Girls*, escreveu uma versão mais prática e de fácil utilização, usando a soletração mais comum para cada um dos fonemas em inglês e nenhum caractere especial – em outras palavras, o que chamo de "código básico". Este é o primeiro programa verdadeiramente elaborado para sala de aula baseado em um código básico e ensinado a partir do som para a escrita.

O programa de Dale foi organizado em um manual para professores entitulado *On the Teaching of English Reading*[3] (1898) e expandido em 1902 (*Further Notes on the Teaching of English Reading*[4]). Ela descreveu 83 lições inovadoras que poderiam ser ensinadas para a toda a turma, e que "funcionou bem para turmas com até 70 crianças". Os sons da língua eram o foco inicial. As crianças eram ensinadas a ouvir um fonema-alvo nas posições inicial, medial e final das palavras, aprendiam como os fonemas eram produzidos e descobriam quais padrões articulatórios eles tinham em comum. Por exemplo, consoantes com o mesmo ponto de articulação (/b/, /p/) eram identificadas como "irmãs". As crianças checavam qual era sonora (com vibração das pregas vocais) tocando sua traquéia.

Depois que diversos fonemas tivessem sido ensinados e as crianças tivessem praticado a combinação deles, mostrava-se a elas letras grandes, moldadas em madeira. Conforme cada correspondência som-letra era ensinada, a letra era pendurada em um quadro na frente da sala de aula de acordo com suas características articulatórias. Um espaço era reservado na parte inferior do quadro para a construção de palavras. As crianças copiavam cada letra em um quadro-negro dentro

---

[3] N. de T. Sobre o *Ensino da leitura em língua inglesa*, manual não-disponível para o português.
[4] N. de T. *Observações adicionais sobre o ensino da leitura em língua inglesa*, não-disponível em português.

da tampa de suas mesas, pronunciando o som conforme escreviam a letra. Em outros exercícios, elas moviam-se pela sala "tornando-se" um fonema ou uma letra. Formavam palavras ao ficarem em uma fileira (da esquerda para a direita), conforme a ordem de seus sons ([v] [a] [k] [a]), ou de suas letras (v a c a), enquanto a turma agrupava os fonemas ou letras em uma palavra.

Não havia testes de leitura padronizados no início do século XX, assim, o sucesso do programa de Dale jamais poderá ser conhecido. Com base no que sabemos hoje, seu programa teria sido altamente bem-sucedido. Os professores certamente pensavam daquela maneira naquele tempo e o programa vendeu bem em ambos os lados do Atlântico.

Tais inovações foram encobertas pela expansão da educação universal no início do século XX. O ensino da leitura foi seqüestrado por gurus da educação recém-formados em colaboração com as editoras educacionais. O programa de Dale e outros programas do tipo fônico começaram a desaparecer das salas de aula durante os anos de 1920, para ser substituídos por métodos de memorização de palavras inteiras do tipo "olhar-e-dizer" ou pelos livros de leitura elementar[5].

Enquanto uns poucos programas do tipo fônico sobreviveram, persistindo em algumas escolas particulares católicas, o código básico não sobreviveu. Ele voltou à tona 40 anos mais tarde em três diferentes programas de leitura. Um deles graças a laços de família. O neto de Pitman, Sir James Pitman, criou o *initial teaching alphabet*[6] ou i.t.a. (Pitman e St. John, 1969). Pitman (1969) acreditava que os dígrafos (sh em *ship*[7]) eram confusos para leitores principiantes. Por esta razão, o i.t.a. usava uma escrita artificial (temporária) com símbolos especiais para dígrafos. Os dois outros programas eram americanos, embora um tivesse vínculos óbvios com o de Dale, relacionando fonemas a uma análise de seus padrões de fala e movimentos da boca.

Esse método, Discriminação Auditiva em Profundidade, foi criado como um programa de reforço por Pat e Charles Lindamood no final dos anos de 1960 (Lindamood e Lindamood, 1969). O terceiro método passou por algumas renomeações em sua história. Na primeira versão, era denominado de *Hay-Wingo*, nome derivado de seus autores, Julie Hay e Charles Wingo . Este foi o programa usado por Rudolf Flesch em *Why Johnny Can't Read* (Flesch, 1955/1985). Foi mais tarde revisto e ampliado, para incluir histórias e exercícios, por McCracken e Walcutt (1963), e desde então tornou-se conhecido como o programa Lippincott, sobrenome do editor. Vamos ver o sucesso desses programas na próxima seção.

Neste momento, preciso dizer umas poucas palavras sobre fônica. Em meados dos anos de 1960, o termo *fônica* podia significar qualquer método que tivesse a ver com o ensino de letras, nomes de letras e/ou correspondências de letra-som. Podia referir-se a formas tão diferentes de ensino de leitura, como o ensino dos 26 nomes e sons das letras do alfabeto ou um programa fônico-lingüístico tão sofisticado quanto o de Dale . O termo *Fônica* acabou adquirindo conotações bem distintas em países diferentes. No Reino Unido, por exemplo, é mais provável que *fônica* signifique algo semelhante ao programa de Dale. Nos Estados Unidos, fônica geralmente se refere a métodos orientados pela escrita, como o desenvolvido por Webster (ver McGuinness, 1997c, 1998b). Por esta razão, a chamada guerras dos métodos, que começaram para valer nos anos de 1960, não podem realmente ser caracterizadas como um debate entre métodos fônicos *versus* métodos de palavra inteira. Enquadrar o problema nesses termos simplistas não ajuda em nada.[8]

No início do século XX, as decisões sobre o que deveria fazer parte de um método de leitura e como ele deveria ser estruturado passaram a ser baseadas nos defensores do princípio alfabético ou nos defensores do

---

[5] N. de R. T. As cartilhas ou os livros didáticos.
[6] N. de T. Alfabeto de ensino inicial
[7] N. de R. T. Em português, alguns exemplos de dígrafos são: ch (chave); lh (filha); qu (queijo), entre outros.

[8] N. de R. T. Em português, uma referência importante é o Dr. Fernando Capovilla. Com grande quantidade de publicações sobre o método fônico.

princípio logográfico, e, posteriormente, deram início às "guerras" de leitura. Antes dos anos de 1960, não havia como determinar se um tipo de método de leitura funcionava melhor que outro. Lógica apenas não poderia resolver esta questão. Havia pouco entendimento sobre o funcionamento dos sistemas de escrita. Não havia testes confiáveis para medir o sucesso ou o fracasso de um método de ensino e nenhuma ferramenta científica ou estatística. Apesar da retórica e do rancor, não havia a menor evidência de que um determinado método fônico ou de palavra inteira funcionasse melhor em sala de aula ou em qualquer outro lugar.

Precisávamos de pesquisas sólidas sobre o conteúdo dos programas de leitura e sobre quais componentes eram mais eficazes para as crianças pequenas. Tivemos de esperar por muito tempo. Os primeiros e mais importantes esforços começaram na metade dos anos de 1960. A seguir, vamos nos voltar para os monumentais estudos daquela década.

Fazer pesquisa sobre métodos de leitura não é tão fácil como se pensa

Antes dos anos de 1960, educadores assumiram que um método de leitura era autônomo, tão autônomo que seria mais importante que qualquer outra coisa: a escola, as crianças, a sala de aula, o professor, os pais, e assim por diante. Assim, parecia razoável comparar turmas que usavam o método X com turmas que usavam o método Y. Se, no geral, as crianças ensinadas com o método X tivessem melhores escores em testes de leitura, então todos poderiam alegrar-se e mudar para o método X. Muitos problemas vieram à tona conforme esses estudos foram acumulando-se.

O primeiro problema foi que os resultados de um estudo para o seguinte eram contraditórios. O método X funcionava bem em uma escola, mas não em outra. Funcionava bem em uma turma, mas não em outra *da mesma escola*. Conforme os pesquisadores buscavam as razões, davam-se conta de que as crianças, o professor, o diretor, os pais e os testes de leitura importavam mais do que pensavam anteriormente. Os estudiosos perceberam que as medidas básicas tinham de ser verificadas antes de se comparar os métodos X e Y, pois as crianças entram na escola com habilidades amplamente diferentes.

As próprias medidas tinham de ser válidas e confiáveis. Os testes tinham de refletir com precisão os tipos de desempenho que se desejava avaliar e propiciar informações sobre uma ampla gama de aptidões. Por exemplo, testes de leitura deveriam incluir critérios de decodificação, de soletração, de compreensão e de fluência. Os testes deveriam ser normatizados e padronizados. Deveriam ser confiáveis de tal forma que, quando aplicados em momentos diferentes (ou de formas diferentes), os alunos tivessem resultados similares. Esses elementos, se não controlados, podem resultar em uma infinidade de "variáveis confusas", o que é uma maneira simpática de dizer que os resultados não são uma conseqüência do método, mas de um fator ou de vários fatores desconhecidos.

Uma questão persistente perseguiu muitos pesquisadores. Se o método X é "melhor", então quão melhor é "melhor"? De um ponto de vista prático, um escore médio de leitura de 26 pontos comparado a um escore médio de 19 pontos em um teste de leitura é suficiente para todo o distrito escolar abandonar tudo, treinar professores e adquirir novos materiais? Vale a pena se preocupar e investir em uma melhora de dois meses acima das normas de idade ou do nível de escolaridade? Até os anos de 1960, os dados eram registrados em médias simples ou em escores médios porque as ferramentas estatísticas não eram muito conhecidas.

O primeiro livro sobre estatística para as ciências do comportamento, *Psychological statistics*, de Quinn McNemar, foi publicado em 1949. McNemar (1949) comentou, no prefácio, que escrevera o livro para seus alunos, pois não havia material disponível nesta área. Evidentemente, a estatística é apenas parte da resposta para a pergunta "quão melhor é melhor?"

Há outro problema. Programas de leitura não são "puros". São seqüenciados de modos diferentes, têm várias durações e contêm uma variedade de atividades. Se o método X fosse considerado melhor que o Y (mesmo através de análises estatísticas poderosas com resultados altamente significativos), o que havia exatamente nesse método que fazia a diferença? Seria a ênfase na memorização de palavras inteiras? O incentivo a envolver-se em uma leitura compartilhada? O tempo gasto cantarolando o nome das letras? O foco nos sons da língua inglesa? A ênfase dada à natureza de código do sistema de escrita ou a ênfase na adivinhação de palavras dentro de um contexto? Estas ainda são as questões-chave nas pesquisas sobre leitura, embora tenhamos algumas respostas importantes, que serão discutidas no próximo capítulo.

Por todas essas razões, a pesquisa em leitura fez pouco progresso até os anos de 1960. Ao recontar essa história, Graves e Dykstra (1997) pensaram que o principal catalisador para uma abordagem mais rigorosa na pesquisa em leitura tinha sido a publicação de *Why Johnny Can't Read.* Certamente, esta publicação causou alvoroço. Mas o livro de Flesch apareceu em 1955, e o alvoroço já tinha acalmado-se antes que qualquer coisa acontecesse. Alguns rumores foram ouvidos pelos participantes da Conferência Nacional sobre Pesquisa em Língua Inglesa, em 1959. E, a partir da preocupação entusiasmada de uma pesquisadora, um famoso estudo emergiu.

O Caminho de Jeanne Chall

Em 1961, Jeanne Chall deu início a uma intensa busca para fornecer uma análise minuciosa de programas de leitura e de desempenho de professores em sala de aula e para realizar uma investigação sobre a pesquisa em leitura. O projeto durou três anos e resultou na publicação do livro *Learning to read: the great debate,*[9] em 1967. A investigação envolveu entrevistas com 25 autores e editores de programas de leitura, uma análise de 22 programas de leitura, mais de 300 horas de observações em sala de aulas nos Estados Unidos, Inglaterra e Escócia, e uma revisão da literatura sobre pesquisas em leitura.

Chall (1961) estava tentando relacionar as opiniões de autores e planejadores curriculares ao conteúdo programático real dos manuais e materiais dos professores, ao que eles faziam realmente em sala de aula, e, com sorte, relacionar, também, com às realizações de leitura das crianças. Naquela época, cerca de 95% das salas de aula americanas estavam usando programas do tipo Leitura elementar[10]. Autores desses programas tendiam a imitar uns aos outros, até defendendo o mesmo conjunto contraditório de pressupostos. Por um lado, concordavam que as crianças deveriam aprender a ler com palavras do seu vocabulário, memorizando essas palavras por visualização. Por outro, a maior parte das lições dedicava-se a explorar o significado de novas palavras na lição, palavras que as crianças já entendiam. Esses autores acreditavam que a leitura deveria preceder a escrita, e concebiam a leitura e a escrita como processos totalmente separados. Isso significava que, para a maioria dos leitores iniciantes, desde 1920 até a época desse estudo, os aspectos de codificação do sistema de escrita nunca eram mencionados. Letras e palavras não eram nem escritas nem copiadas, a soletração não era ensinada, e não havia qualquer escrita espontânea. A maioria destes programas não introduzia a escrita ou a soletração até a 2ª ou 3ª séries.

Quando se perguntava a autores desses tipos de programas por que pensavam que as crianças fracassavam ao aprender a ler, eles forneciam uma lista interminável de causa amorfas, insubstanciadas por quaisquer fatores, como por exemplo: famílias disfuncionais, falta de cultura, escolarização abaixo do padrão, professores fracos, falta de fundos, classes super lotadas, bem-estar emocional e psicológico das crianças, deficiências físicas, entre outras. É claro que, aqueles autores cujos seus métodos não estavam sendo usados diziam que "os métodos" dos outros que

---

[9] N. de T. *Aprendendo a ler: o grande debate*, livro não-publicado em português.

[10] N. de R. T. Livros didáticos, tipo as cartilhas.

eram o principal problema. Enquanto isso, os reformadores do código escrito focavam o problema no próprio código, alegando que as crianças continuariam a fracassar até que o código escrito fosse revisto.

A análise dos programas

Chall (1967) fez uma análise dos conteúdo e da seqüência dos programa, além de um relatório exaustivo sobre três programas.

Os programas de leitura elementar, como um todo, traziam bem poucas palavras em suas histórias e "manuais de leitura". Não eram considerados importantes, nem a regularidade da correspondência letra-som, nem o tamanho da palavra. As correspondências letra-som eram introduzidas mais tarde, e as crianças aprendiam lenta e gradualmente. Cada palavra exposta era analisada do todo para a parte, um método conhecido como *fônica analítica* ou *intrínseca*. Essas lições não começavam até perto da 2ª série e continuavam por vários anos.

Os programas descritos como *fônica sintética* eram muito mais variáveis. Chall observou que o vocabulário escolhido para ser desenvolvido com as crianças levavam em conta as regularidade das correspondências letra-som e o tamanho de palavra. As primeiras palavras eram simples e curtas, aumentando gradativamente seu nível de complexidade. A ênfase residia no domínio das correspondências letra-som e novas palavras eram introduzidas rapidamente. Para isto, ensinava-se as crianças a aglutinar e a segmentar sons em palavras e a relacionar sons a letras.

Um terceiro grupo, chamados de programas *lingüísticos* (Olhar e dizer), apresentavam muitas características em comum. Primeiro, eram escritos por lingüistas. Havia pouca ênfase no significado por razões óbvias, e o foco residia no alfabeto, especialmente nos nomes das letras. O vocabulário da leitura consistia em palavras curtas, previsíveis, fornecidas em listas que esbanjavam famílias de palavras: *cat, rat, sat, mat.*[11] Esperava-se que as crianças detectassem espontaneamente as regularidades som-símbolo,
a partir desses padrões de soletração, e que lessem a palavra como um todo, não "a articulasse". Estranhamente, o aspecto lingüístico do código era o mais ignorado e o mais distorcido. Os sons da língua não eram ensinados. Nenhuma segmentação ou aglutinação de sons era permitido. Se as crianças encontrassem uma nova palavra, elas deveriam soletrá-la em voz alta dizendo o nomes das letras, depois lê-la como um todo. Ilustrações eram mínimas ou totalmente inexistentes. Visualmente, esses programas se assemelham muito a manuais de escrita sem sentido, e se o manual de Noah Webster (1783) estivesse entre eles, teria encaixado-se perfeitamente. É difícil compreender o que é "lingüístico" nesses programas.

Dois programas no grupo sintético se encaixam no protótipo – uma orientação sompara-escrita e um código básico. Estes eram o *Initial Teaching Alphabet* (i.t.a.) e o programa Lippincott. Conforme observado anteriormente, o i.t.a. emprega uma escrita especial para representar os 44 fonemas da língua inglesa, e as crianças são obrigadas à transferir para as soletrações convencionais. O programa i.t.a. tem uma forte ênfase na escrita. A escrita começa tão cedo quanto possível, e a escrita espontânea é especialmente estimulada. O programa Lippincott será discutido mais abaixo.

Chall estudou os três programas minuciosamente, da fase pré-leitor (pré-escola) até a 3ª série. Dois eram programas de leitura elementar: Scott-Foresman e Ginn, os programas mais populares nos Estados Unidos. O programa Scott-Foresman é familiar a qualquer pessoa que se lembre de Dick e Jane. O terceiro foi o programa Lippincott.

Os programas de leitura elementar eram muito parecidos. As histórias gradualmente aumentavam de tamanho por meio de repetições. Ao longo de todas as séries, novas palavras eram lentamente introduzidas em uma taxa constante de uma a duas palavras para cada 100 palavras já lidas em uma história. Ao final da 3ª série, as crianças haviam

---

[11] N. de R. T. Era, fera, Vera.

visto cerca de 1.500 palavras. Os professores eram instruídos a focar no significado assim como nos elementos visuais da palavra – seu tamanho e sua forma, ou padrão gráfico (ascendente, como nas letras *b, d, f, h, l* e *t* e descendente, *g, j, p, q* e *y*). O programa Ginn, na verdade, trazia linhas em volta de novas palavras para enfatizar sua forma. As ilustrações eram inúmeras e coloridas, especialmente nos livros antigos, com 6,5 figuras para cada 100 palavras.

A contagem de palavras daquilo que o professor supostamente tinha de dizer nas lições parcialmente preparadas *versus* a contribuição permitida das crianças sempre favorecia intensamente o professor. Apesar dessa barragem verbal, Chall não conseguiu encontrar, em nenhum dos programas, uma única afirmação em páginas e mais páginas de instruções ao professor acerca do fato de que o alfabeto é um código. Comentários sobre relações som-símbolo, ou segmentação e aglutinação, eram completamente ausentes até o final da 1ª e início da 2ª série.

Em trechos das chamadas lições fônicas nos livros de leitura elementar ficava óbvio que os autores não faziam idéia de como o código alfabético funciona. Os elementos eram introduzidos aleatoriamente, e as afirmações nas lições não faziam sentido. Em um exemplo da 2ª série, era para as crianças dizerem ao professor "qual *i* e qual *a*" (dizendo o nome das letras) elas ouviam nas palavras *sit, night, bird, hand, rain, car* e *ball*.[12] Isso pressupõe que as crianças "percebam" que os nomes das letras representam as letras, e que as letras, por sua vez, representam sons.

O programa Lippincott era o extremo oposto. Cada lição introduzia um fonema e sua soletração mais comum, além de uma história com o som-alvo aparecendo em todas as posições na palavra (nenhuma família de palavra). As lições começavam com as cinco vogais "simples" e prosseguiam com as consoantes. Encontros consonantais vinham logo após, seguidos de dígrafos de vogais e consoantes. Ao final da 1ª série, alternativas de grafia de vogais eram ensinadas, incluindo fonogramas (*ough* em *bought*). Grafias alternativas e sobreposições de código (*out, soup*), às vezes, eram introduzidas ao mesmo tempo para ilustrar determinados problemas com o código.[13]

Havia uma ênfase intensa no ensino da relação entre sons e letras e na conexão imediata disso com as palavras. Vinte e dois por cento do tempo da lição era dedicado à escrita, comparado a zero nos programas do tipo leitura elementar. As crianças copiavam e faziam ditados de palavras. Enfatizava-se a leitura em voz alta.

Essa abordagem levou a um rápido aumento no vocabulário de leitura. Ao final da 1ª série as crianças haviam sido introduzidas a mais de 2 mil palavras, 10 vezes mais do que as crianças da classe alfabetizada pela leitura elementar haviam visto nesse estágio, e 500 palavras a mais do que teriam visto ao final da 3ª série. Em virtude de as crianças do Lippincott serem ensinadas a decodificar, enquanto as do outro grupo não o eram, suas habilidades rapidamente se transferiam para a decodificação de palavras desconhecidas.

Observações em sala de aula

A terceira fase da pesquisa de Chall (1967) incluía visitas a mais de 300 classes do pré-escola até a 3ª série. As observações consistiam em impressões subjetivas de qualidades indefiníveis tais como "humor da classe", "impaciência" e "interesse", por parte das crianças, assim como "ímpeto", "apoio" e "expectativas", por parte do professor. Chall optou pela variedade (300 salas em muitos meses), em vez de estabilidade (menos classes analisadas repetidamente), para investigar o impacto de muitos dos diferentes

---

[12] N. de R. T. Nestas palavras, as letras *a* e *i* são pronunciadas de diferentes formas, com diferentes sons.

[13] N. de R. T. Para aqueles não-familiarizados com a língua inglesa, o primeiro exemplo a autora chama de fonograma, pois todo o segmento *ougt* é lido como [o], usando a transcrição da autora. Já no exemplo seguinte, apesar das soletrações serem idênticas, o primeiro é lido como [awt] e o segundo [sup]. O sistema vocálico inglês é muito mais complicado que o português brasileiro.

métodos de leitura na motivação das crianças para aprendê-los, e no seu sucesso nessa aprendizagem. Contudo, o segundo objetivo acabou transformando-se em uma busca infrutífera. Em alguns casos, os registros escolares e os escores dos testes não foram colocados à disposição. Em outros, os registros estavam incompletos, ou os testes usados por diferentes escolas mediam diferentes coisas, ou as crianças eram testadas em idades diferentes. Resumindo, a aplicação dos testes era caótica e diferia em tal grau que seus escores não podiam ser comparados.

O que ficou foram impressões e *insights* de Chall. Ela observou que um bom professor pode motivar as crianças em uma lição considerada chata por um adulto, e um mau professor pode fazer as crianças ficarem entediadas e impacientes durante uma lição que deveria ter sido interessante. Muitas das observações de Chall eram essencialmente descrições de bom ensino. Bons professores têm o controle da classe, motivam as crianças durante as lições, levam-nas aos limites de sua confiança e não além, progridem na lição no ritmo adequado, deparam-se com e resolvem problemas rápida e claramente e envolvem tantas crianças quanto possível em cada lição. Nenhuma novidade até aqui. Mas, alguém pode perguntar, tais qualidades são suficientes para fazer um programa ruim de leitura ser bem-sucedido, e a ausência delas é suficiente para fazer um bom programa de leitura fracassar? Sem dados objetivos sobre o desempenho em leitura das crianças, tais questões não podem ser respondidas.

Uma das mais importantes descobertas de Chall foi a de que professores tendem a ser ecléticos. Se solicitados, ou decididos, a mudar para um novo programa, eles não abandonam antigas atividades e lições de programas que gostavam de ensinar ou que acreditavam ser importantes. Tampouco abandonam suas filosofias. Isso pode criar uma situação em que elementos de diferentes programas, com lógicas contraditórias, anulam um ao outro, como, por exemplo, uma ênfase na decodificação e uma ênfase na memorização das formas das palavras. Isso traz profundas implicações para a pesquisa em sala de aula, pois significa que sempre haverá uma sobreposição de diferentes métodos, dependendo da formação dos professores e de quantos métodos diferentes eles foram solicitados a ensinar. Parece altamente improvável que um método em particular seja ensinado de maneira "pura" algum dia, a menos que um professor realmente se comprometa com ele ou que o programa seja tão eficaz a ponto de ter sucesso apesar das estranhezas.

Um resumo da pesquisa

O último componente da revisão de Chall foi uma análise das pesquisas em sala de aula sobre métodos de leitura. Todos os estudos de comparação entre olhar-e-dizer e fônica foram publicados entre 1912 e 1940 e não serão discutidos. As conclusões desses estudos foram resumidas em uma série de tabelas. O método que produziu o melhor resultado nos testes de reconhecimento de palavra, compreensão, soletração, etc. foi indicado por suas iniciais. Assim, se olhar-e-dizer foi "melhor" num determinado teste, um OD foi assinalado. (Fônica sintética = FS; fônica analítica = FA.) Expressões como *melhor, mais elevado,* e *"teve uma vantagem"* foram usadas para descrever esses resultados. *Melhor* não foi definido, e nenhum dado numérico foi fornecido.

Em que tipo de dados Chall se baseou? A maioria dos estudos relatava resultados em escores médios. Parece que nenhuma análise estatística dos dados ocorreu antes dos anos de 1960, conforme mostrado pelo fato de que "nenhuma diferença" foi indicada por I (para igual) em todos os estudos anteriores a 1960, mas por NS (não significativo) de 1960 em diante.

As tabelas estão salpicadas de FSs, sugerindo uma enorme "vantagem" para a fônica sintética. Nas comparações listadas da 1ª à 2ª séries, FS foi "melhor" 68 vezes, FA apenas 11, e houve 34 empates (29 Is e 5 NSs), dando a impressão de que a fônica sintética foi a esmagadora vitoriosa. Isso é muito enganoso.

A ausência de dados numéricos, a dependência de escores médios para determinar *melhor*, e a falta de uma definição para o termo *melhor* tornaram impossível delinear quaisquer conclusões a partir dessa revisão. Chall nos deixa com uma contradição básica. Se a fônica sintética é amplamente superior, conforme suas tabelas parecem demonstrar, então a qualidade do ensino é bem menos importante que o método. Na verdade, a habilidade de ensino perde toda importância comparada à esmagadora superioridade da fônica sintética, de acordo com as tabelas. Mesmo assim, as observações de Chall em sala de aula indicaram que a habilidade do professor pode superar o método, pelo menos ao tornar a lição excitante e motivadora. Por um lado, a mensagem da sala de aula é que o professor importa tanto quanto ou mais que o método. Por outro, a apresentação de Chall de sua pesquisa pareceu mostrar que o método importa muito mais que o professor. Qual conclusão é verdadeira?

Chall (1967) delineou importantes questões e fez as perguntas fundamentais, muitas das quais ainda não foram respondidas e precisam ser. Mas a forma que tomou sua pesquisa e suas conclusões a partir dela fracassaram na tentativa de convencer as pessoas de que estávamos fazendo algo tremendamente errado e precisávamos modificar nossos métodos. Enquanto Chall começava sua análise, outro projeto estava em andamento e tinha precisamente tais objetivos.

O Programa de Pesquisa Cooperativa

Em 1963, um dedicado grupo de pesquisadores, entre eles Chall, Bond, Clymer e Durrell, convenceu o Ministério da Educação norte-americano a patrocinar um projeto ambicioso que iria resolver de uma vez por todas o debate leitura elementar *versus* fônica. Esse projeto foi chamado Programa de Pesquisa Cooperativa em Ensino de Leitura na 1ª Série, e seus diretores eram Guy Bond e Robert Dykstra, da Universidade de Minnesota. O projeto foi fundado em 1964. O primeiro relatório publicado apareceu três anos depois (Bond e Dykstra, 1967) e foi reimpresso no *Reading research quarterly* (Bond e Dykstra, 1997). Não há melhor lugar para se começar uma análise aprofundada da pesquisa quantitativa sobre leitura do que esse estudo pioneiro e tudo o que ele implica.

A agência financiadora requisitou propostas de projetos sobre métodos de leitura e sua eficácia, e elas deveriam adequar-se a um pré-requisito: uma vez que os livros de leitura elementar eram usados em 95% das escolas, cada projeto tinha de comparar um programa baseado nesse método com algum outro. A lógica era algo como: Se "Joãozinho não consegue ler", a culpa é desses programas ubíquos? Não havia, de fato, nenhuma forte evidência de que "Joãozinho" fosse capaz de ler ou não, e nem Flesch nem Bond ou Dykstra tinham algo a dizer sobre os escores dos testes dos alunos. A questão era mais subjetiva. Tinha a ver com a guerra entre entusiastas dos métodos de palavra inteira e entusiastas da fônica.

Um grande número de propostas foi recebido, e 27 projetos foram financiados. Provavelmente nada desse porte será visto novamente algum dia. A chave para o sucesso ou para o fracasso do empreendimento todo era o grau com que se poderia assegurar que todos os diretores dos projetos usassem os mesmos padrões para as mesmas medidas. O estudo se deu como segue.

Primeiro, o mundo foi dividido entre dois tipos de programas de leitura. Tudo que alguém fosse capaz de imaginar que pudesse afetar o aprendizado da leitura foi avaliado tão precisamente quanto possível. O cronômetro foi acionado, e o tempo passou sem interferência nos 140 dias (sete meses) em sala de aula de ensino de 1ª série. Muitos testes de leitura foram aplicados. A Tabela 4.1 ilustra a estrutura geral desse estudo.

Este estudo é altamente complexo. Classes estão abrigadas em projetos. Projetos em métodos e estes no Estudo como um todo. (Termos como "Estudo", "Método", "Projeto" e "Classes", que representam as variáveis no desenho da pesquisa, estão em maiúsculas para distingui-los de sua forma genérica). Aqui está um glossário para ajudar a manter esses componentes bem-definidos.

Estudo. Refere-se ao estudo como um todo, incluindo todos os métodos e os projetos.

Método. O método específico que está sendo comparado aos livros de leitura elementar. Cinco métodos diferentes foram investigados.

Projetos. Cada comparação de método incluía vários projetos conduzidos por pessoas diferentes em diferentes lugares.

Classes. cada projeto incluía um grande número de classes.

Coleta de dados

Medidas básicas Dados demográficos foram coletados sobre as crianças, os professores, a comunidade e a escola. Para as crianças, esses dados foram idade, sexo, meses de experiência na pré-escola e dias de ausência. As variáveis dos professores incluíam sexo, idade, diploma(s), certificados, anos de experiência, estado civil, número de filhos, atitude em relação ao ensino da leitura, dias de ausência e grau de eficiência determinado por um supervisor. Informações sobre a comunidade/escola abrangiam nível de instrução médio dos adultos, renda média, população, tipo de comunidade (urbana, rural, etc.), tamanho da classe, tempo de escola por dia/ano, custos por aluno, etc.

Esses dados podem ser descartados bem rapidamente. Nenhuma das variáveis da comunidade e da escola estavam mais que modestamente correlacionadas com os escores nos testes de leitura das crianças. "Experiência do professor" foi a única variável marginalmente relevante do professor ($r = 0,30$). Sexo foi considerado um forte indicador e, por esta razão, foi incluído como uma variável em todas as análises estatísticas seguintes.

As crianças realizaram uma bateria de testes com habilidades consideradas preditoras de uma leitura subseqüente eficaz. Isso incluía tarefas de discriminação auditiva e de discriminação visual, testes de conhecimento do nome das letras, prontidão da leitura e QI.

Tabela 4.1
Comparação de cinco métodos: número de projetos, sujeitos, aulas e médias

Métodos	Projetos	Testes em grupo			Testes Individuais
		N	Nº de classes	Médias	N
Leitura elementar		1.038	49	98	149
vs.	5				
i.t.a		1.055	49	96	163
Leitura elementar		722	33	66	161
vs.	4				
Leitura elementar + Fônica		1.002	42	84	204
Leitura elementar		1.523	61	122	138
vs.	3				
Experiência lingüística		1.431	60	120	134
Leitura elementar		597	25	50	120
vs.	3				
Lingüístico		760	31	62	146
Leitura elementar		525	24	48	97
vs.	3				
Lippincott		488	23	46	94
Total N		9.141			

Quando a aplicação desses testes era completada em cada escola, o cronômetro dos 140 dias começava a correr.

Medidas dos resultados Ao final dos 140 dias as crianças foram avaliadas uma vez mais em vários testes de leitura. Foram aplicados cinco subtestes do Stanford Reading Test,[14] que havia acabado de ser renormatizado. Os subtestes são *leitura de palavra* (reconhecimento de palavra), *compreensão de um parágrafo* (compreensão), *vocabulário* (vocabulário receptivo), *soletração* (ditado de palavras) e *habilidades de estudo de palavra* (testes de percepção auditiva e de habilidades para decodificação).

Além do Stanford Reading Test, quatro testes foram aplicados individualmente a um subgrupo de crianças, escolhidos aleatoriamente em cada sala. O número total de crianças nessa amostra foi 1.330. Os testes foram o Gilmore Tests of Accuracy and Rate,[15] o Fry Word List (decodificação de palavras regulares) e Gates Word List (decodificação de palavras irregulares e freqüentes na língua).

Análise correlacional

A primeira questão foi se os escores dos testes básicos correlacionaram com (indicaram) os escores do Stanford Reading Test sete meses depois. Havia dados completos sobre 8.500 crianças. As correlações foram computadas separadamente para cada método e também para classes leitura elementar combinadas entre todos os projetos e métodos.

Testes aplicados em grupo Os melhores indicadores de desempenho nos testes Stanford foram os testes Murphy-Durrell (que avalia o nome das letras e a discriminação de fonemas) e Pitner-Cunningham (que avalia o QI). No teste de discriminação de fonema a criança fazia avaliações mesmo/diferente entre dois fonemas falados (/b/ *versus* /p/ ou /v/ *versus* /t/). As correlações nos seis métodos variaram de 0,48 a 0,55 para conhecimento de nome de letra, de 0,37 a 0,38 para discriminação de fonema e 0,32 a 0,50 para QI. Entretanto, essas medidas estavam correlacionadas entre si: conhecimento do nome da letra correlacionou-se com o teste de discriminação de fonema em 0,50. QI correlacionou-se com conhecimento do nome de letra em 0,43, e com o teste de discriminação fonêmica em 0,46. Se o QI tivesse sido excluído estatisticamente, é pouco provável que os testes de nome de letra e fonema tivessem tido tanto poder indicativo. Os demais testes básicos (Metropolitan Reading Readiness e discriminação visual de Thurstone) não foram fortes indicadores da habilidade posterior de leitura. As correlações foram positivas, porém baixas (0,20 a 0,35).

Os subtestes do Stanford Reading Test foram considerados intensamente correlacionados *entre si* em todos os casos, variando de 0,63 a 0,76 (X = 0,67). Exceto o vocabulário. Isto mostra que, para as crianças da 1ª série, todos os aspectos da habilidade de leitura – habilidades de decodificação, soletração, compreensão e fônica – estão intensamente correlacionados, e se sair bem em um indica sair-se bem no outro. O vocabulário correlacionou com as medidas de leitura em torno de 0,50.

Testes aplicados individualmente Nenhuma correlação foi feita entre os testes básicos e os escores dos testes individuais (Gilmore, Fry e Gates). Entretanto, os testes de leitura individuais e em grupo estavam correlacionados entre si. Exceto pelo teste Gilmore Rate of Reading (correlações de 0,45 a 0,62), todas as outras correlações foram muito altas, na verdade, variando de 0,61 a 0,86. Evidentemente, os testes em grupo e os testes individuais estavam medindo as mesmas habilidades. Isto mostra que ambos os dados, individuais e em grupo, foram medidas válidas e confiáveis da habilidade de leitura.

Um resultado particularmente importante foi a correlação quase perfeita (0,86) entre o teste Fry Word (um teste de decodificação de palavras regulares) e o teste Gates Word (um

---

[14] N. de R. T. Não-disponível em português.
[15] N. de R. T. Teste de precisão e velocidade leitora. Não-disponível em português

teste de reconhecimento visual das principais palavras grafadas irregularmente ou das palavras inteiras). Isso foi surpreendente, pois as pessoas assumiam, como muitos ainda o fazem, que a decodificação e a memorização de palavras inteiras requerem diferentes habilidades. Esperava-se que as crianças treinadas para memorizar palavras inteiras (grupos de leitura elementar) se saíssem bem no Gates e pior no Fry. Inversamente, esperava-se o oposto de crianças ensinadas a decodificar palavras grafadas regularmente (ênfase na fônica e poucas palavras inteiras). Tais padrões iriam produzir correlações de baixas a moderadas. Em vez disso, o desempenho em um teste indicou quase que precisamente o desempenho no outro. Há apenas uma interpretação: crianças que são boas decodificadoras são boas decodificadoras, não importa se são palavras regulares ou irregulares. Crianças que dependem principalmente da memória visual (não-decodificadoras) são más decodificadoras e vão igualmente mal com palavras inteiras.

Comparação dos métodos de leitura

O principal foco do estudo foi a comparação dos diferentes tipos de programas de leitura com os programas do tipo leitura elementar. Os projetos foram reduzidos a 15 (dos 27 originais) de tal forma que pelo menos três estivessem usando o mesmo método. Os métodos foram o *Initial Teaching Alphabet* (i.t.a., cinco projetos), *Leitura elementar + fônica* (quatro projetos), *Experiência Linguística* (quatro projetos), *Lingüístico* (três projetos), e *Lippincott* (três projetos).

Os programas do tipo leitura elementar foram descritos anteriomente. O mais freqüentemente usado nesse estudo foi a série Scott-Foresman (Dick e Jane). Detalhes sobre os outros métodos são apresentados nos parágrafos seguintes.

O i.t.a. usa letras e padrões especiais para fornecer símbolos separados para 44 fonemas em inglês. Há uma correspondência um-para-um entre cada fonema e seu símbolo em todos os materiais, que incluíam manuais de leitura. As crianças são incentivadas a fazer muitos exercícios de escrita e de leitura. Mais tarde, ocorre a transição das crianças para a soletração convencional. Observou-se que muitas crianças não haviam feito essa transição ao final do primeiro ano.

A condição *Leitura elementar + fônica* adicionou um componente fônico individual ao currículo do dos livros de leitura elementar em metade das classes. Os programas fônicos adicionais foram ou Speech to Print, Phonic Word Power ou Phonic Exercises, todos programas com ênfase no código. Descrições desses programas não foram fornecidas.

O programa Experiência Linguística envolve interações um-a-um altamente individualizadas entre professor e criança. A idéia é desenvolver a habilidade de ler e escrever a partir do vocabulário de cada criança. O processo começa com a criança contando uma história, que é copiada pelo professor. A criança lê o que o professor escreveu, copia as palavras e, gradualmente, desenvolve habilidade suficiente para escrever sozinha, usando quaisquer soletrações que conseguir. Os professores ouvem as crianças lerem seu próprio trabalho, corrigem a soletração e assim por diante. Mais tarde, as crianças vão para livros de sua escolha.

Os programas do tipo lingüístico foram descritos anteriormente como sendo os menos "lingüísticos" de todos os programas fônicos. Esses foram o programa McGraw-Hill e programas de autoria de Fries e de Bloomfield e Barnhart. Ambos, Fries e Bloomfield, eram lingüistias.

O programa Lippincott foi usado em três projetos nesse grupo. Uma análise detalhada desse programa foi apresentada na seção anterior.

Resultados do Stanford Reading Test (Aplicado em Grupo) Apesar de essa pesquisa ter sido impecavelmente controlada, nesse ponto ocorreram muitos tropeços estatísticos que, em essência, invalidaram a maioria dos resultados. Os autores decidiram usar escores médios de cada classe em vez de escores individuais, um para meninos e outro para meninas. Isso reduz os dados de 20 a 30 crianças em uma classe para um menino e uma menina prototípicos. Em seguida, os dados foram analisados com estatística de análise de variância (ANOVA) para os cinco Métodos separadamente. Reduzir os dados para médias invalida o uso da estatística ANOVA, pois a matemática se baseia em *variâncias* derivadas de distribuições normais de escores individuais, não em médias de grupo – daí o seu nome.[16]

Ao usar médias em vez dos escores nos testes individuais das crianças, duas coisas aconteceram. Primeiro, o foco do estudo mudou. Agora toda a variância (variabilidade em cada medida de resultado) deveu-se à variabilidade *entre classes*, não mais à variabilidade entre as crianças *nas classes*. Isto transforma um estudo que compara crianças aprendendo diferentes métodos em um estudo que compara classes. Analisando possivelmente as habilidades de ensinar. Segundo, isto representa uma imensa perda de poder estatístico. A Tabela 4.1. ilustra a diferença entre o número real de crianças no estudo e o número de escores usado para análise dos dados, uma redução de 10 vezes (100 para 10).[17]

Vou examinar a comparação leitura elementar *versus* i.t.a. para ilustrar os tipos de problemas que isso acarretou. Houve amplos efeitos importantes de sexo (melhor p das meninas <0,001), efeitos de método (i.t.a. melhor no subteste Word,[18] leitura elementar melhor na soletração) e efeitos de Projetos (alguns foram melhores que outros). No entanto, houve também interações altamente significativas entre projeto (conduzidos por pessoas diferentes em diferentes lugares) e método, em todos os testes, exceto em vocabulário. Às vezes, as classes com o método do tipo leitura elementar saíam-se melhor e, outras vezes, a classes com o método i.t.a., dependendo do projeto em que estavam. Esse é o principal problema nos métodos de pesquisa, o pior pesadelo para um pesquisador: "Agora você vê isso aqui, agora vê isso ali, agora não vê em lugar nenhum".

Os investigadores tentaram reduzir ou eliminar essas interações por análise de covariância (ANCOVA), partindo do pressuposto de que resultados irregulares ocorreram porque as crianças começaram a partir de diferentes níveis de habilidade. A ANCOVA ajuda a nivelar o campo de ação ao equalizar os escores nos testes básicos (conhecimento do nome das letra, consciência fonêmica, QI, entre outros), e ao fazer os ajustes correspondentes nos testes Stanford Reading. Se uma criança se saiu muito bem nos testes básicos, os escores de leitura são ajustados para baixo, e vice-versa.

Contudo, a análise de covariância deve preencher requisitos rigorosos. McNemar (1949) advertia que ela deveria ser usada apenas quando não se pode designar aleatoriamente os grupos em comparação, ou quando eles têm algo que provocará diferenças no desempenho entre os dois grupos. Por exemplo, diferenças de QI terão impacto na capacidade de aprender novas habilidades.

Infelizmente, o estudo de Bond e Dykstra não se ateve a esses critérios:

1. A única habilidade que "causaria" diretamente o desempenho subseqüente de leitura é o desempenho em leitura inicial, e isto não foi avaliado.
2. Correlações nos escores de leitura não podem ser usadas para inferir causalidade

---

[16] N. de O. Há, atualmente, uma teoria afirmando que a unidade de ensino deve também ser a unidade de análise. Se o "tratamento" é a classe toda, então a medida deve ser a classe toda também (escores médios). Esta é uma prática duvidosa, e, tanto quanto sei, desconhecida de Bond e Dykstra (1967,1997) naquela época. Uma análise completa desse problema é apresentada no Apêndice 1.

[17] N. de O. Os autores não justificam a razão de terem reduzido os dados à média da classe e de terem analisado as comparações de métodos uma de cada vez. Quando esse projeto foi realizado, computadores eram fisicamente grandes e computacionalmente pequenos. Os dados e as informações programa-código iam para cartões perfurados. Comparar 15 projetos em uma análise requer um *design* de fator-quatro com 300 células! É bem pouco provável que algo de tamanha complexidade pudesse ter sido realizado por computadores naquela época. Escores médios podem ter sido usados pela mesma razão. ANOVAs são simples de computar à mão (com calculadora) se o conjunto de dados é pequeno (poucas centenas), mas praticamente impossível quando os números atingem os milhares.

[18] N. de R. T. Subteste análise de palavra.

e, em nenhum caso, as medidas básicas estão correlacionadas entre si; assim, é impossível saber o que está causando o quê.
3. Uma covariante válida, nesse estudo, foi o QI, mas ela não foi usada como uma covariante *individual* na análise ANCOVA.

Os autores não relataram que tipo de dados foram usados para a análise da covariância, mas as tabelas revelam que escores médios foram usados novamente, o que invalida o uso da estatística ANCOVA. (Você não pode fazer análise de covariância com escores médios.) As tabelas também revelam que graus de liberdade extremamente exagerados foram usados em todas as análises. (Esses problemas são discutidos de modo mais completo no Apêndice 1.)

Apesar dessas manipulações estatísticas, as interações *Projeto x Métodos* não desapareceram. Algo mais estava causando esse efeito. Os pesquisadores decidiram reanalisar os dados para cada Projeto separadamente (ver a Tabela 23 em Bond e Dykstra, 1967, 1997). Dois Projetos tiveram resultados fortemente generalizados, favorecendo os grupos i.t.a. em relação aos grupos de leitura elementar. Três projetos, realmente, não encontraram quaisquer diferenças entre os dois métodos, exceto pela soletração. As classes de leitura elementar tiveram escores de soletração consideravelmente maiores. Em uma observação mais cuidadosa, a explicação era óbvia. Muitas das crianças das Classes i.t.a. ainda estavam usando escrita não-padronizada,[19] e os critérios para as análises não permitiam isso. No entanto, não ficou completamente claro por que dois projetos mostraram uma considerável vantagem do i.t.a. em relação aos demais testes, e três projetos não. Os autores não conseguiram explicar os resultados. O uso de médias ao invés de dados individuais na análise poderia ter produzido esse efeito, ou, de outro modo, poderia ser um efeito real. Não há como dizer.

Dados das outras comparações de métodos (leitura elementar + fônica, lingüístico, experiência lingüística, Lippincott) foram analisados da mesma maneira, produzindo as mesmas confusões pelas mesmas razões. Em função dos problemas da análise de dados levantados acima não vou seguir na revisão dessas estatísticas. Em vez disso, reavaliei os dados e vou apresentar os resultados mais adiante.

Testes aplicados individualmente A análise dos testes aplicados individualmente (Gilmore, Fry e Gates) realmente usou dados individuais em vez de médias. Isso foi muito bom principalmente porque houve mais escores individuais que escores médios (ver Tabela 4.1, coluna da direita).[20]

Aqui estão os resultados para os testes individuais mais criteriosos, o Fry e o Gates. As crianças usando o programa Lippincott foram superiores em ambos, Fry e Gates, comparado aos controles do Leitura elementar em todos os três projetos (seis de seis comparações: 100% em $p < 001$). Classes de i.t.a. também saíram-se bem. Foram superiores em sete das 10 comparações (70%). Programas leitura elementar + fônica foram superiores em cinco de oito comparações (62%), experiência lingüística em duas de seis (33%), lingüístico em nenhuma. Os grupos leitura elementar não foram superiores em nenhuma das 36 comparações apesar do fato de o Gates ser um teste de palavra inteira e de conter muitas das mesmas palavras que essas crianças foram ensinadas a memorizar.

Um novo olhar sobre velhos dados Há 92 tabelas nesse relatório, mas nenhuma resumindo o projeto todo. Em vista do uso inapropriado dos dados na análise estatística, um resumo dos dados combinados a

---

[19] N. de R. T. Escrita não-alfabética.

[20] N. de O. Os graus de liberdade estavam incorretos aqui também. No entanto, quando comparei seus valores de probabilidade com tabelas estatísticas *usando os graus corretos de liberdade*, os valores de probabilidade estavam precisos.

partir dessas mais de 9 mil crianças deve ser fornecido. Será bem mais informativo e mais válido que seu predecessor. Calculei as grandes médias abrangendo todas as Classes no âmbito de um método em particular. Esses resultados são mostrados nas Tabelas 4.2 e 4.3. As tabelas ilustram o número de crianças que participaram do estudo. Com números desta magnitude, *testes estatísticos não são necessários*. Pode-se assumir com confiança uma distribuição normal, e a média é a medida mais precisa dessa distribuição se os desvios padrão são baixos. Felizmente, a tabela 75 no artigo de Bond e Dykstra forneceu os desvios padrão para cada subteste do Stanford Reading Test relativo a cada método, assim como para todos os grupos leitura elementar combinados. Esses desvios-padrão foram computados corretamente nos escores dos testes individuais das crianças. Todos foram baixos e extremamente consistentes, indicando as excelentes propriedades psicométricas dos testes Stanford, assim como a notável aplicação dos testes e a coleta dos dados. Assim, sabemos estar lidando com distribuições normais, e combinar médias entre Classes é uma indicação válida do que aconteceu nesse estudo. Os valores da tabela representam apenas os dados não-transformados (não-covariados).

A Tabela 4.2 mostra as médias finais para os subtestes Stanford, além das conversões de nível de série (em decimais, não meses). O nível de série esperado para essas crianças ao final do projeto era 1,7 (1ª série, oitavo mês de instrução). Os grupos de Leitura elementar tiveram escores constantes nesse nível ou próximo dele em todas as medidas. O teste Stanford foi normatizados recentemente em crianças americanas. Como o método mais utilizado nos EUA é o "leitura elementar" (95% das escolas utilizam este método), a coincidência na Tabela 4.2 entre as normas de nível de série e os escores das crianças do grupo leitura elementar nos testes não é surpresa alguma. Mas nos dá uma boa dose de segurança de que os dados são reais.

A Tabela 4.3 contém as médias finais para os testes aplicados individualmente. Infelizmente, nenhuma tabela de conversão foi fornecida para esses escores brutos; assim, é impossível traduzi-los em termos de série ou de idade.

As Tabelas 4.2 e 4.3 ilustram que, acima de tudo, os programas do tipo fônico funcionaram um pouco melhor que o ensino da leitura com programas do tipo leitura elementar, mas não muito melhor. O resultado principal é a evidência clara e segura de que um método (Lippincott) é constantemente superior aos demais, algo não relatado no artigo. Esse método produziu os maiores escores-gerais em ambos resultados dos testes, tanto individuais quanto em grupo. O valor 2,2 traduz-se em *seis meses acima do nível da série*. Isto está em notável contraste com os efeitos pequenos ou inexistentes dos outros programas. Há algo sobre o programa Lippincott que funcionou em sala de aula de uma maneira que os programas Lingüísticos e outros programas fônicos não funcionaram.

O próximo passo obviamente seria observar em detalhes o programa Lippincott. O que havia nesse programa e o que acontece nas salas de aula Lippincott que funcionavam melhor comparadas aos demais programas, como o lingüístico, que surpreendentemente fracassaram? Esse fracasso poderia ser atribuído:

- à ênfase ao nome das letras nos programas lingüísticos até o não uso da análise fonêmica e correspondências fonema-para-letra nas lições?;
- ou ao fato de que foram desenvolvidos por lingüistas sem nenhuma experiência em sala de aula?;
- os professores ou as crianças encontraram quaisquer elementos nesses programas que foram particularmente bons ou particularmente confusos?

Surpreendentemente, questões como essas não foram abordadas como uma conseqüência desse relatório, e o programa Lippincott nunca recebeu a devida atenção.

Tabela 4.2
Escores médios e equivalentes nível-série nos subtestes Stanford Reading

Grupo	Leitura de palavra	Equivalente série-nível	Compreensão de um parágrafo	Equivalente série-nível	Vocabulário	Equivalente série-nível	Soletração	Equivalente série-nível	Estudo de palavra	Equivalente série-nível
Leitura elementar (1.028)	20,1	1,7	19,6	1,7	22,0	1,9	11,4	1,9	35,9	1,9
i.t.a. (1.055)	23,3	1,9	20,9	1,8	21,9	1,9	10,8	1,9	38,6	2,0
Leitura elementar (722)	19,0	1,7	16,7	1,7	20,2	1,7	8,7	1,7	32,8	1,7
Leitura elementar+fônico (1.002)	20,9	1,8	20,5	1,8	21,1	1,8	10,8	1,9	35,3	1,8
Leitura elementar (1.523)	20,0	1,7	20,7	1,8	21,2	1,8	12,1	2,0	36,6	1,9
Experiência da lingüística (1.431)	21,5	1,8	21,1	1,8	22,1	1,9	12,3	2,0	37,3	1,9
Leitura elementar (597)	19,1	1,7	19,2	1,7	21,5	1,9	10,8	1,9	36,3	1,9
Lingüístico (760)	19,0	1,7	15,8	1,6	19,6	1,7	9,3	1,7	33,8	1,8
Leitura elementar (525)	19,6	1,7	19,6	1,7	22,2	1,9	10,8	1,9	36,1	1,8
Lippincott (488)	26,6	2,2	24,4	1,9	23,7	2,2	14,1	2,2	41,4	2,2
Leitura elementar Total (4.405)	19,6	1,7	19,2	1,7	21,4	1,8	10,8	1,9	35,6	1,9

Tabela 4.3
Escores médios em testes individuais

Grupo	N	Gilmore Precisão	Gilmore Velocidade	Fry Word[21]	Gates Word[22]
Leitura elementar	149	23,3	59,0	7,4	13,3
i.t.a.	163	26,0	60,0	17,2	19,3
Leitura elementar	161	21,6	59,2	6,2	12,1
Leitura elementar + fônico	204	23,5	59,9	9,9	14,5
Leitura elementar	138	18,9	52,2	5,9	12,1
Experiência lingüística	134	21,8	53,0	9,1	13,8
Leitura elementar	120	23,3	59,1	6,5	12,1
Lingüístico	146	17,9	43,8	7,8	10,5
Leitura elementar	97	24,4	56,2	6,0	12,3
Lippincott	94	29,5	62,4	18,4	20,5
Leitura elementar – médias finais		22,3	57,2	6,4	12,4

O que realmente aconteceu nesse estudo?

O resumo das comparações de métodos de Bond e Dykstra foi mais tendencioso para com os resultados estatísticos que favoreciam os métodos fônicos ou lingüísticos. Ao compararem os métodos leitura elementar e i.t.a. eles escreveram: "O tratamento i.t.a. produziu habilidades superiores de reconhecimento de palavras, conforme avaliado pelo subteste Stanford de Leitura de Palavra e pelas listas de palavras de Fry e Gates" (Bond e Dykstra, 1997, p.414). Isto é verdade, mas eles não relataram que este foi o único teste Stanford em que as crianças se sobressaíram, tampouco mencionaram que esse efeito não aconteceu em três dos cinco projetos.

Em vez de me aprofundar nessas questões, tendo em vista especialmente os muitos problemas com o manuseio dos dados e a análise estatística, o que segue é um resumo do que esse estudo demonstrou.

O desenho do estudo e medida Os pesquisadores fizeram uma excelente escolha de medidas básicas e de resultados. O estudo também empregou um conjunto considerável (útil) de variáveis demográficas que ajudaram a excluir uma ampla gama de fatores que não contribuem para o desempenho leitor. Finalmente, houve um controle soberbo sobre esse estudo desde o topo até cada diretor de Projeto e cada local de teste. Isso levou a testes extremamente confiáveis e a dados altamente robustos para um empreendimento tão vasto. (Os autores observaram o excelente espírito de colaboração entre os diretores de projeto.)

Os resultados Diferenças de sexo em favor de meninas foram muito amplas e constantes e apareceram em cada teste em todas as comparações.

Correspondências entre as medidas básicas (QI, discriminação fonêmica, conhecimento do nome das letras) e o teste Stanford Reading foram modestas, com os melhores indicadores consistindo em aproximadamente 25% da variância. Contudo, houve um alto grau de sobreposição (variância compartilhada) entre essas medidas básicas que não foram controladas.

O fato de que a discriminação fonêmica indicou 20-25% da variância nos escores de

---
[21] N. de R. T. Decodificação de palavras regulares
[22] N. de R. T. Decodificação de palavras irregulares, porém usuais.

leitura subseqüentes foi uma nova descoberta e precisou ser investigado.

As correlações entre testes de leitura individuais e em grupo foram muito altas, indicando uma boa aplicação dos testes e boa validade.

Houve evidências inequívocas de que bons decodificadores podem decodificar palavras tanto regularmente quanto irregularmente grafadas com a mesma facilidade, e que a memorização de palavra inteira não funciona (ver os escores das crianças do grupo leitura elementar no teste de decodificação de Fry na Tabela 4.3, p. 80).

Médias de sala de aula foram usadas nos ANOVAs para o teste Stanford, e graus incorretos de liberdade foram usados em cerca de 75% das análises. Em conseqüência disso, as médias finais tiveram maior validade. Isso mostrou que as crianças ensinadas com o método Lippincott conseguiram:

- seis meses acima da série em praticamente todos os subtestes Stanford;
- foram *superiores a todos os outros grupos de métodos em todos os testes*;
- houve amplas magnitudes de efeitos em todas as medidas exceto em vocabulário.

Essas conclusões foram reforçadas por desvios baixos e constantes nos escores dos testes.

Bond e Dykstra enumeraram 15 parágrafos em suas conclusões finais sobre os dados de comparação dos Métodos. Muitos comentários são *ad hoc* e não-garantidos pelos resultados, mesmo que as estatísticas tenham sido confiáveis. No entanto, o parágrafo 15 se destaca como a afirmação mais profética em seu resumo:

> É provável que a melhora resultaria da adoção de certos elementos de cada uma das abordagens usadas neste estudo... Por exemplo, os programas i.t.a. e fônico/lingüístico (Lippincott), ambos relativamente eficazes, têm em comum um vocabulário controlado na regularidade som-símbolo, a introdução de um vocabulário de leitura relativamente grande e a ênfase em símbolos de escrita como uma forma de aprendê-los. Seria interessante saber quais desses elementos, se algum, são primordialmente responsáveis pela eficácia do programa. (1997, p.416)

No parágrafo 13, Bond e Dykstra escreveram que esses dois programas "incentivam as crianças a escreverem símbolos enquanto aprendem a reconhecê-los e a associá-los a sons" (1997, p.416).

Esta é a primeira vez no relatório em que o leitor tem alguma idéia sobre as características específicas do programa Lippincott, e é a primeira vez que Bond e Dykstra (1997) dão alguma indicação de que têm consciência do que aconteceu nesse estudo. A partir do que sabemos hoje, se essas sugestões tivessem sido investigadas com pesquisas apropriadas, poderíamos estar uma ou duas décadas além de onde estamos agora, e poderíamos ter evitado o sofrimento desnecessário de centenas de milhares de crianças que têm lutado para aprender a ler. Mas tais sugestões não foram investigadas. Não se pode deixar de imaginar o porquê.

Variáveis ausentes O problema ao se fazer uma pesquisa pioneira é que faltam elementos. Verificou-se que praticamente nenhuma das variáveis demográficas, escolares ou de professores que os autores pensaram medir previamente correlacionou-se com o desempenho em leitura. Obviamente essa informação é tão válida quanto descobrir o que *de fato* correlaciona. Nesse projeto e em publicações subseqüentes (Dykstra, 1967, 1968b), os autores ponderaram sobre o que sentiram falta. Na conclusão de seu estudo, escreveram: "Evidentemente, a aquisição da leitura é influenciada por fatores peculiares aos sistemas escolares acima das diferenças nas capacidades avaliadas de pré-leitura das crianças" (Bond e Dykstra, 1997, p.415). Eles não refletiram sobre o que poderiam ser tais fatores. Sugeriram que os professores precisavam de melhor preparo, embora não explicassem por que pensavam assim, ou no que isso implicava.

Ao longo do artigo de 1967, Bond e Dykstra observaram que os resultados foram instáveis por conta dos amplos efeitos do projeto e, possivelmente, em virtude do efeito original, argumentando que novos programas "indubitavelmente influenciam" e que "teriam" contribuído para um melhor desempenho das crianças em salas de aula que usavam programas inovadores. Chall também concordava com isso, e acrescentou a idéia de que a personalidade do professor pode contribuir para esses resultados. Mesmo assim a "originalidade" não pôde explicar os indicadores desencorajadores dos programas lingüísticos, tanto nesse estudo como nas observações de Chall, ou a ausência de quaisquer efeitos fortes para o leitura elementar + fônica ou para o programa de experiência lingüística.

A importância do professor Em um comentário sobre a reimpressão do artigo de Bond e Dykstra de 1967, David Pearson (1997) relatou uma história contada a ele por Dykstra quando o projeto original estava em andamento. Um dia Dykstra apareceu sem avisar na sala de aula de uma professora do projeto. Essa professora, designada para o método *experiência lingüística* (ensino individualizado), estava alegremente fazendo lições de fônica com a classe toda. Quando questionada sobre isso, ela respondeu que as crianças precisavam da fônica para conseguirem aprender a ler. Ela obviamente pensou, ou tinha afirmado, que seus alunos não estavam aprendendo a ler, pelo menos conforme seus padrões, com a outra abordagem.

Essa experiência levou Dykstra a levantar a questão da "fidelidade de tratamento" em seu artigo sobre a extensão desse estudo para a 2ª série (Dykstra, 1968b). Será que os professores estavam ensinando os métodos que haviam sido designados conforme os mesmos padrões e da mesma maneira? Será que estavam misturando métodos ou deixando alguns elementos de fora? Dykstra escreveu: "Uma das implicações mais importantes desse estudo é que as pesquisas futuras devem concentrar-se nas características da situação de ensino e aprendizagem em vez de métodos e materiais" (p. 66). Isto reflete as observações de Chall sobre o sucesso ou não de diferentes professores usando o mesmo programa, e sublinha o fato de que professores tendem a ser ecléticos. No entanto, abordagens de pesquisa enfatizando professores e métodos não são mutuamente excludentes. Ambas poderiam ser estudadas ao mesmo tempo.

A história sobre a professora incorrigível é sustentada pelas observações em sala de aula de Chall e Feldman de que os relatórios dos professores sobre suas atividades não fecham com as observações deles. Professores nem sempre fazem o que pensam que estão fazendo, nem sempre dizem o que estão fazendo; assim pedir que preencham formulários ou façam anotações não adianta nada também. Além disso, professores podem nem sempre saber ou se lembrar do que fizeram. Há interrupções; uma atividade que vai indo bem será prolongada; algo que o professor pretendia fazer não é feito. Há, infelizmente, apenas uma solução: sentar-se na sala de aula e gravar o que o professor faz e durante quanto tempo.

O comportamento da professora na história de Pearson (1997) também enfatiza um verdadeiro dilema ético. Se uma professora acredita piamente que o que lhe pediram para fazer em uma pesquisa não está funcionando, ela tem toda a liberdade de parar de fazê-lo. Ela é responsável por vidas humanas. Não-leitores e maus leitores não se saem bem na nossa sociedade. Qualquer pessoa que já tenha ensinado para leitores fracos pode atestar o grande sofrimento por que passam eles e suas famílias. O dilema do professor é semelhante ao que ocorre em experiências médicas/clínicas, quando alguns pacientes são distribuídos ou no grupo da droga milagrosa ou no grupo do placebo.

O impacto do estudo

Esse estudo pareceu exercer um forte impacto negativo em pesquisas posteriores. Pearson (1997) escreveu que o valor de um projeto científico é determinado pela quantidade de pesquisa que ele gera. Ele observou: "Por aquele padrão, os estudos da 1ª série foram um fracasso deprimente... eles, em conjunto com o livro de Chall, marcaram o fim das comparações metodológicas nas pesquisas sobre leitura inicial (pelo menos até os anos de 1990)" (p. 431).

Evidentemente, um estudo como esse praticamente grita: "Agora supere isto!" Talvez por ter sido tão complexo, com suas 92 tabelas estatísticas, que apenas pareciam destacar os resultados inesperados, outros pesquisadores sentiram-se intimidados por ele. Essa também foi a última década em que os fundos para pesquisa fluíram consideravelmente, e os anos de 1970 testemunharam um drástico corte no apoio à pesquisa de todos os tipos. Nenhum estudo como este jamais apareceu novamente.

Todavia, há tantas idéias tentadoras aqui que é admirável que ninguém se inspirou a segui-las. Eis algumas delas:

- Discriminação fonêmica pode ser importante no aprender a ler.
- Ser ensinado a decodificar é mais benéfico que ser treinado a memorizar palavras inteiras. Crianças do grupo Leitura elementar tinham sérios problemas de decodificação.
- Um método de leitura com as seguintes características produzia ganhos bem maiores que todos os outros métodos nesse estudo: regularidade de som-símbolo; um amplo, porém controlado, vocabulário introduzido sistematicamente, cópia de letras, de palavras e de frases dizendo o som que o símbolo representa, e a leitura de histórias que tenham como alvo um determinado fonema.
- O que os professores fazem nas salas de aula pode ser imprevisível, importa muito, e precisa ser investigado quantitativamente em colaboração com pesquisas em sala de aula sobre métodos.

O que aprendemos sobre pesquisa

É fácil olhar para 1967 e dizer: "Bem, não fazemos mais coisas como aquelas". Temos computadores poderosos para lidar com conjuntos de dados complexos como esses, e tudo está bem. Essa percepção pode ser reconfortante, mas não é precisa. De certo modo, o problema é pior, pois nos tornamos complacentes. Assumimos que, em todo relatório científico, as estatísticas corretas foram usadas nos dados apropriados pelas razões corretas e que a interpretação dos resultados no estudo é um reflexo preciso daquilo que realmente aconteceu. Assumimos que todas as imperfeições serão pegas pelos revisores, que podemos confiar plenamente no processo de revisão e que podemos aceitar os resultados e as conclusões do autor tal como são apresentados. Infelizmente, estes são pressupostos perigosos, conforme testemunhado pelo fato de que o artigo de Bond e Dykstra fora reimpresso em 1997 sem quaisquer comentários sobre os problemas com o manuseio dos dados e das estatísticas no estudo original. Ou os editores não tomaram ciência disso ou optaram por não comentar. O relatório NRP (ver os próximos quatro capítulos) é testemunha de graves problemas metodológicos que infestam esse campo.

Um Adendo: Estudos Subseqüentes

Em 1968, Dykstra (1968a, 1968b) publicou dois breves relatórios sobre dados subseqüentes relativos a 960 crianças que haviam completado a 2ª série. Os dados eram provenientes de 10 Projetos: dois de cada para leitura elementar, i.t.a., experiência lingüística, lingüístico e Lippincott. Nenhum grupo leitura elementar + fônica foi incluído. Além disso, 250 alunos foram acompanhados em testes aplicados individualmente.

Dados correlacionais revelaram praticamente os mesmos resultados que os encontrados na 1ª série. Os mesmos três testes básicos – conhecimento do nome das letras, discriminação de fonema e QI – correlacionaram com os subtestes Stanford Reading: Vocabulário e Compreensão (os únicos dois testes relatados). Cada uma das medidas básicas representou aproximadamente 16-25% da variância nos escores do Stanford.

O rendimento da leitura medido ao final da 2ª série correlacionou-se com a leitura ao final da 1ª série em valores variando de 0,60 ou mais, mostrando que o rendimento da leitura é o melhor indicador do rendimento da leitura. Isto levou Dykstra (1968b, p.60) a concluir:

> O melhor indicador do sucesso no aprendizado de uma tarefa é o sucesso anterior no aprendizado de uma tarefa semelhante... Há pouca indicação de que quaisquer das habilidades do substeste de prontidão relacionava-se unicamente ao sucesso nos vários tipos de programas... Os resultados indicam não ser viável colocar estudantes de maneira diferenciada em programas de ensino com base em um perfil de testes de prontidão administrados no início da 1ª série.

Nas comparações de métodos, o i.t.a. e o Lippincott foram superiores aos demais na maioria das comparações. Enquanto que o grupo leitura elementar foi superior em um. Entretanto, nenhuma tabela, nem dados numéricos foram fornecidos para embasar essas afirmações. Diferenças de sexo a favor das meninas ainda eram evidentes. Dykstra concluiu: "Na média, não se pode esperar que os meninos atinjam o mesmo nível das meninas com os métodos atuais." Não houve indicação, a partir desses relatórios, de que os problemas estatísticos haviam sido resolvidos ou de que os escores individuais tivessem sido usados nessas análises. Todas as comparações de métodos ainda estão sujeitas à mesma crítica levantada anteriormente.

Houve um outro projeto em larga escala desse período. Foi o Projeto Follow Through,[23] envolvendo pesquisas sobre como evitar que crianças em programas Head Start[24] perdessem ganhos depois da pré-escola. Ao todo, foram examinadas 22 abordagens de ensino. Elas classificavam-se mais ou menos em três grupos: aqueles que focavam principalmente habilidades acadêmicas, aqueles que enfatizavam o desenvolvimento cognitivo e aqueles que enfatizavam o desenvolvimento afetivo ou emocional. Uma pesquisa sobre os resultados dos vários métodos, realizada pela Abt Associates e pelo Stanford Research Institute (Stebbins et al., 1977) mostrou-se difícil. Os dados não foram coletados nas mesmas proporções e os testes não foram sincronizados no tempo nem reportaram um perfil similar.

Essa pesquisa não teve o planejamento prévio e os controles uniformes impostos por Bond e Dykstra em seu estudo e apenas as mais vagas conclusões podem ser tiradas. Havia uma tendência para a abordagem acadêmica ser a mais bem-sucedida e, neste grupo, o método de ensino direto conhecido como DISTAR foi o mais eficaz. O DISTAR foi desenvolvido na Universidade do Oregon, por Engelmann e Bruner (1969) e se destinava a crianças desfavorecidas em contextos de alfabetização de pequenos grupos. Ele requer um treinamento mínimo do professor, pois as lições são previamente preparadas e os professores são incisivamente incentivados a não se desviarem do roteiro.

O DISTAR abrange uma variedade de componentes, incluindo matemática e linguagem. O programa de leitura é de orientação fônica e inclui um roteiro modificado. As letras variam em tamanho dependendo da sua reconhecida importância na decodificação ou são marcadas para indicar a pronúncia. As crianças não aprendem a separar, mas a ler de um "jeito devagar" estendendo os sons. Os efeitos a longo prazo do programa DISTAR completo foram analisados por Becker e Gersten em 1982. Eles forneceram uma análise dos dados subseqüentes para a 5ª e a 6ª séries, coletados em 1975. Essas crianças tinham estado em um programa DISTAR de três anos para leitura, linguagem e matemática, começando na 1ª série em 1969 e 1970. Ao término do ensino com o DISTAR, na 3ª série, as crianças haviam ganho mais de 20

---

[23] N. de R. T. Um estudo com crianças em desvantagem econômica.

[24] N. de R. T. É um programa federal cujo objetivo primordial é preparar as crianças provenientes de famílias de baixa renda para a escola, por meio de uma combinação de serviços: educação, alimentação, assistência médica e odontológica, serviços de saúde mental e de assistência social e educação de pais.

pontos no teste Wide Range Achievement[25] (WRAT) para leitura, 9 pontos em ortografia, e 7,5 pontos em aritmética. Escores em porcentagem foram 67, 40 e 45 (50 é a média nacional). Estes são bons resultados.

Houve uma continuação mais adiante, na 5ª e na 6ª séries, depois que as crianças do DISTAR foram transferidas para escola de ensino normal. Comparadas a um grupo controle combinado, elas estavam significativamente à frente na leitura no teste WRAT em 23 das 31 comparações. Na 5ª série, as crianças DISTAR foram superiores em um terço das comparações na bateria de testes Metropolitan Achievement (MAT)[26] e iguais aos controles nos demais dois terços. Na 6ª série, essa vantagem tinha diminuído para cerca de 10-20% das comparações.

Contudo, quando comparadas às normas nacionais, essas crianças não se saíram bem. Quando Becker e Gersten (1982 traçaram as porcentagens médias e os escorespadrão para as crianças nas seis séries, as crianças DISTAR mostraram um forte pico (perto da norma ou bem acima das normas) em ambas, 2ª e 3ª séries (durante o período de ensino DISTAR), seguido de um declínio preciso na 5ª e 6ª séries. A leitura no teste WRAT decaiu para os 30% e a leitura no teste MAT para a faixa dos 13-19%, junto com os escores de matemática. Apesar dessas quedas as crianças DISTAR ainda estavam à frente dos grupos de controle combinados e mantiveram essa vantagem.

O fracasso dessas crianças em manter seus ganhos duramente conquistados é, ao mesmo tempo, enigmático e problemático. Becker e Gersten acreditavam que elas sofriam de uma falta de trabalho desafiador e que, uma vez terminado o programa DISTAR, "sem instrução efetiva que continue a construir a partir dessas habilidades em séries intermediárias, as crianças provavelmente perderão terreno contra seus pares de renda média" (p. 89). Os resultados também sugerem que os professores não avaliam adequadamente as habilidades dessas crianças quando transferidas para classes normais aos 9 anos. Esse estudo foi importante por mostrar o que pode ser alcançado com jovens desfavorecidos, e por ilustrar a fundamental importância dos dados longitudinais.

Como esses estudos monumentais desapareceram da memória, os conhecimentos que trouxeram se perderam. Uma leitura apropriada desses trabalhos poderiam ter poupado muito tempo e nos impelido a estudos que não apareceram ao longo de outros 30 anos.

---

[25] N. de R. T. Teste não-disponível em português.
[26] N. de R. T. Teste não-disponível em português.

5

COMO ENSINAR A LEITURA: PESQUISAS MODERNAS

É uma extrema ironia que o livro de Chall (1967) e o estudo de Bond e Dykstra tiveram o efeito oposto daquilo que pretendiam. A análise dos dados de Bond e Dykstra (1967, 1997) falhou ao revelar o que realmente aconteceu, isto é, a superioridade do programa Lippincott em todas as medidas, e parecia mostrar que o sucesso de um método de leitura era completamente imprevisível. Essa mensagem minou a avaliação de Chall de que o método fônico sintético era o evidente e incontestável vencedor e conferiu maior peso às suas observações sobre o impacto do professor. Considerados em conjunto, os projetos apontaram para a mesma conclusão: *professores são mais importantes do que métodos*. Dykstra (1968b) até sugeriu isto em um relatório posterior, referindo a preocupação de que os professores precisavam ser monitorados em pesquisas futuras.[1]

O efeito final do projeto de Bond e Dykstra foi praticamente acabar com a pesquisa aplicada sobre métodos de leitura em sala de aula. Se o professor é mais importante que o método, consequentemente o método é irrelevante. Se os programas de leitura elementar não são nada piores que os outros programas, não há razão para mudar. E, a menos que se encontre alguma forma de neutralizar ou de estabilizar a participação do professor no processo, qualquer pesquisa futura sobre métodos é uma perda de tempo. Não havia sentido em financiar esse tipo de pesquisa quando um estudo com mais de 9 mil crianças fracassou em mostrar algo definitivo.

O fato de que apenas 38 relatórios de pesquisa sobre métodos de leitura passaram na verificação final do recente National Reading Panel (2000) diz tudo. E, destes 38 relatórios, metade são programas de tutoramento para leitores mais avançados.[2] Vinte estudos válidos sobre programas de leitura em sala de aula em 30 anos significam dois estudos a cada três anos, uma das razões por termos feito tão pouco progresso ao estabelecer evidências científicas sólidas sobre como ensinar as crianças a ler.

Os projetos dos anos de 1960 provocaram ainda mais reações "tempestuosas", abrindo as portas para o movimento da linguagem to-

---

[1] N. de O. Bem depois, Chall deu uma explicação mais arrepiante em uma conferência de qual participei, afirmando que a pesquisa sobre métodos de leitura em sala de aula é impossível.

[2] N. de R. T. Alunos a partir da 3ª série.

tal. O livro de Chall (1967), ao lado do livro de Flesch (1955) desmascarou os programas elementares. Os fatos estavam lá para todos verem, completos com páginas virtuais daqueles manuais de leitura chatos. Ao final da 3ª série, as crianças haviam sido expostas a um vocabulário de leitura de somente 1.500 palavras. Elas não aprenderam a soletrar. Não praticaram escrita de nenhum tipo até o final da 2ª série.

De acordo com os fundadores do movimento da linguagem total, isso era a antítese do que deveria acontecer. Eles acreditavam que aprender a ler fosse tão "natural" quanto aprender a falar. As crianças deveriam aprender a ler *lendo*, e usar histórias escritas em linguagem natural, real, não no estilo forçado e repetitivo dos manuais de leitura do tipo "*Dick e Jane*". Desta forma, as crianças poderiam aplicar todas as suas habilidades lingüísticas (vocabulário, sintaxe, sensibilidade ao contexto) para compreender o que liam. De acordo com Goodman (1967), ler é um "jogo de advinhação psicolingüístico" em que o principal objetivo é seguir a essência da história. Precisão leitora é totalmente irrelevante.

Aparentemente, a abordagem de "linguagem total" soava como uma solução melhor, e tinha a vantagem adicional de ser divertida – divertida para o professor, cuja tarefa principal era ler histórias interessantes na verdadeira literatura infantil e divertida para as crianças, que tinham de ouvir e "ler junto" essas histórias. Era divertido para os professores, pois incentivavam a escrita espontânea e assistiam com admiração as crianças inventando o seu próprio sistema de escrita, e divertido para as crianças, porque "escreviam histórias" sem dar importância se o que escreviam poderia ser decifrado. Era motivante para as crianças, uma vez que acreditavam que estavam aprendendo a ler, a soletrar e a escrever, apesar do fato de não estarem. O movimento da linguagem total foi o terceiro, e último, método de palavra inteira do século XX, e tomou de assalto o mundo falante de língua inglesa – com conseqüências catastróficas (ver Capítulo 1).

Os fundadores da linguagem total não estavam sozinhos ao acreditarem que o desenvolvimento da linguagem tivesse algo a ver com o aprendizado da leitura. Este também era o principal tema das pesquisas sobre leitura. A maioria das pesquisas sobre soletração deriva da crença de que as crianças passam por estágios de desenvolvimento da escrita (ver Capítulo 9). Conforme observado no Capítulo 1, a teoria predominante nas pesquisas sobre leitura, ao longo dos últimos 30 anos, foi a de que a "consciência fonológica se desenvolve", teoria esta não embasada em quaisquer dados. Isto deu origem a uma proliferação de programas de ensino de consciência fonológica, que é o tema do próximo capítulo.

Desde o início dos anos de 1970, a conexão linguagem-leitura dominou o terreno dos estudos científicos sobre leitura. Em uma estimativa aproximada, cerca de 90% das pesquisas científicas ao longo dos últimos 30 anos foi descritiva e correlacional, abordando a seguinte questão: Quais habilidades fonológicas ou lingüísticas os bons leitores precisam ter e que faltam aos leitores fracos? (ver *Language development and learning to read*). Os 10% restantes dos estudos publicados são aplicados e lidam com questões mais fundamentais, tais como a identificação do que é mais importante para ensinar as crianças a ler.

Apenas alguns poucos estudos nesse período de 30 anos abordaram o problema crítico que Chall e Dykstra identificaram. Qual é a contribuição do professor e do método para a habilidade de leitura das crianças? Esta é a questão mais importante de todas, pois, a menos que possamos respondê-la, a pesquisa sobre métodos é uma perda de tempo.

Métodos e professores importam

Em seu estudo observacional em salas de aula, Chall e Feldman (1966) constataram que o que os professores diziam que faziam correspondia apenas vagamente ao que era realmente feito e registrado nas observações. Talvez isto não seja surpresa. É difícil monitorar o próprio comportamento quando se faz parte da ação. As classes são altamente dinâmicas, e o que acontece minuto a minuto é imprevisível. As tarefas são interrompidas. Uma tarefa que está indo bem pode ser prolongada e uma tarefa que foi planejada acaba nunca se realizando.

Isto significa que, pedir a professores para manter diários ou para preencher listas de verificação sobre o que fizeram na turma em um dia ou em uma semana não é a maneira mais produtiva de descobrir o que realmente acontece em sala de aula. Certamente, *não é* a maneira de descobrir quais das atividades realizadas pelos alunos realmente importam no aprendizado da leitura. A única forma de fazer isso é sentar-se na sala de aula e registrar o que as crianças fazem minuto a minuto. Poucos pesquisadores tiveram a sorte de fazer isso, e o primeiro estudo rigoroso demorou 20 anos para aparecer.

Os psicólogos canadenses Evans e Carr (1985) realizaram observações em turmas de 1ª, 2ª e 3ª séries. Dez turmas seguiam o formato da experiência lingüística (EL), descrita no capítulo anterior. As lições são desenvolvidas em torno do vocabulário da criança. A criança conta uma história para a professora. Ela escreve a história e copia as palavras em cartões. Isto se torna o "banco de palavras" da criança, que deve memorizá-lo. Esta fase termina quando o banco atinge cerca de 150 palavras. Depois disso, a criança trabalha com materiais publicados, seguindo o método da linguagem total. Em outras 10 turmas, as crianças usavam um programa baseado na "fônica tradicional". Elas memorizavam palavras inteiras, aprendiam a relacionar letras a sons (decodificar), preenchiam exercícios de fônica, praticavam a escrita de letras, palavras e sentenças e liam livros de leitura do tipo fônico.

Cada uma das 400 crianças do estudo foi observada em 50 diferentes ocasiões por períodos de 10 segundos. As observações cobriam o horário escolar do dia todo. Os comportamentos foram codificados em categorias e o "tempo total na tarefa" para cada categoria foi registrado.

Os dois grupos diferiram visivelmente (e significativamente) no modo como o tempo fora distribuído. As crianças do grupo EL trabalhavam de modo independente cerca de dois terços do tempo, enquanto as crianças do grupo de orientação fônica tradicional passavam mais da metade do tempo (57%) em atividades de classe inteira, conduzidas pela professora. Elas passavam muito mais tempo analisando palavras e decodificando – três vezes mais em grupos, e seis vezes mais quando trabalhando sozinhas. Também passavam mais tempo escrevendo letras e palavras, mais tempo lendo silenciosamente e menos tempo lendo em voz alta.

Em comparações diretas de vários testes padronizados de compreensão leitora (a única habilidade de leitura avaliada) no final do ano, as crianças do grupo de orientação fônica tradicional estavam significativamente mais avançadas do que aquelas do grupo EL. Não houve diferenças entre os dois grupos em quaisquer testes de habilidades cognitivas e lingüísticas.

O aspecto crítico desse trabalho foi a relação entre o tempo gasto nas várias atividades (tempo na tarefa) e os escores nos testes de leitura, *independentemente do método de leitura* (todas as turmas combinadas). Houve inúmeras descobertas importantes. O tempo gasto na memorização de palavras inteiras estava negativamente correlacionado com cada teste de leitura. Isto foi verdade tanto no ambiente de grupo quanto no individual. Os escores médios foram de -0,32 no grupo e -0,63 no individual. A correlação negativa significa que, quanto mais tempo as crianças passavam memorizando palavras inteiras, menor eram os seus escores de leitura. O tempo gasto com leitura em voz alta, independente se para a professora ou para a classe, não estava correlacionado com a habilidade de leitura. Curiosamente, as lições sobre compreensão e sobre como usar o contexto para entender a história não estavam correlacionadas com a compreensão leitora (correlações em zero). Todas as turmas se beneficiaram da leitura silenciosa *em grupo* (correlações fortemente positivas), mas não da leitura silenciosa individual (nenhuma correlação). Aparentemente é mais fácil focar a leitura quando todos na sala de aula estão em silêncio do que quando apenas você está.

Outros resultados foram mais específicos nos tipos de ensino. As crianças do grupo de orientação fônica tradicional passavam mais tempo copiando palavras e fazendo várias atividades de escrita. Tais atividades estavam correlacionadas positivamente com os escores de compreensão da leitura (variação $r = 0,37$ a $0,75$). Houve uma modesta correlação entre leitura e tempo gasto em atividades do tipo fônico, independente se realizadas pela turma toda ou individualmente (variação $r = 0,04$ a $0,41$). As crianças do grupo EL envolveram-se em muito mais atividades de linguagem oral conduzidas pela professora (lições de vocabulário e gramática, ouvir histórias). O tempo gasto nessas atividades estava forte e *negativamente* correlacionado com a habilidade de leitura em valores surpreendentemente altos (variação $r = -0,70$ a $-0,80$).

Os autores analisaram o resultado negativo nas diversas tarefas independentes de leitura, e sugeriram que as crianças "podem estar correndo o risco de declinar para um aprendizado de leitura quase aleatório, o que pode perturbar ou interferir em práticas mais sistemáticas de ensino das habilidades de leitura" (Evans e Carr, 1985, p. 344). A única exceção foi a prática da escrita, que foi altamente produtiva para a habilidade de leitura e raramente teve lugar em um ambiente de grupo. Falar sobre o significado das palavras e ouvir a professora ler histórias "rouba" tempo das atividades mais produtivas. O tempo gasto nessas atividades teve conseqüências negativas para a compreensão da leitura.

Slumber (1999), em Toronto, empregou uma abordagem semelhante. Dez turmas de pré-escola estavam usando um programa fônico-lingüístico chamado Fônica Jolly (FJ).[3] Um programa semelhante ao protótipo. O princípio alfabético é ensinado do som para a escrita usando um código básico. As crianças têm uma prática extensa em aglutinação e segmentação de sons e de letras em palavras reais, tanto na forma oral como na escrita. Vamos analisar mais detalhadamente esse programa no decorrer deste capítulo. As outras 10 turmas empregaram uma abordagem "balanceada", que incluía uma vasta gama de atividades escolhidas a critério do professor.

As crianças freqüentavam sessões de meio período no último ano da pré-escola. A média de idade quando as aulas e as observações começaram era de 6 anos. As observações seguiram o formato desenvolvido por Evans e Carr (1985). Cada criança em sala de aula foi acompanhada por um breve período de tempo em numerosas ocasiões, e as observações prosseguiram por vários meses.

Os padrões globais de atividade foram parecidos nos dois tipos de grupos. As crianças brincavam durante o mesmo período de tempo, passavam a mesma quantidade de tempo intercalando entre as atividades e eram interrompidas com igual freqüência. Contudo, as crianças das turmas "balanceadas" gastavam uma proporção significativamente maior do tempo em atividades não relacionadas à alfabetização (35% nas classes balanceadas *versus* 28% na FJ). Das 10 atividades de alfabetização registradas, houve diferenças significativas em quatro, com as crianças do FJ participando com uma freqüência consideravelmente maior em cada uma. As crianças do FJ usavam 10% do período de linguagem em atividades relacionadas à fônica (explicadas abaixo), comparado a 2% para as demais. Elas, também, participavam mais tempo em tarefas orais de consciência fonêmica (7% nas turmas FJ *versus* 3,7% nas turmas balanceadas), e mais tempo memorizando palavras inteiras e aprendendo gramática, embora as duas últimas atividades não fossem freqüentes em todas as turmas.

Não houve diferenças entre os dois tipos de método em relação ao tempo despendido nas demais categorias: aprender conceitos de escrita, como a ordem das palavras na página e a ordem das páginas, ler em voz alta ou

---

[3] N. de R. T. Jolly por ser o nome do editor. Será explicado, pela autora, mais adiante.

silenciosamente, "brincar de escrever" sentenças, copiar letras/palavras/sentenças e escrevê-las de cor, aprender o nome das letras e lições de vocabulário. As atividades de vocabulário tomaram a maior parte do tempo em ambos os tipos de métodos (18% nas turmas FJ e 20% nas turmas balanceadas).

As crianças fizeram cinco testes padronizados de leitura e soletração no final do ano escolar. Crianças das turmas FJ estavam significativamente mais avançadas em todos os testes. Quando os escores desses testes foram correlacionadas com o tempo na tarefa para as várias atividades, apenas duas atividades estavam significativamente (e positivamente) correlacionadas aos escores de leitura e soletração. Estas foram as atividades fônicas (variação $r = 0,48$ a $0,62$), e as atividades de copiar/escrever letras e palavras (variação $r = 0,50$ a $0,55$). As correlações entre tempo gasto em análise fonêmica oral (sem letras) foram essencialmente zero para todas as cinco medidas de leitura. Embora quaisquer outros valores não fossem significativos, as atividades para o aprendizado do nome das letras, as lições de vocabulário e as atividades de "não-alfabetização estavam constantemente correlacionadas *negativamente* com todos os cinco testes de leitura e soletração, com valores variando de -0,20 a -0,31:" (15 correlações negativas entre 15 não aconteceriam por acaso).[4]

A categoria fônica consistiu em cinco subcategorias:

1. Soletração oral: soletrar em voz alta o nome das letras, sem o uso da escrita.[5]
2. Soletração visual: dizer o nome das letras das palavras e aprender correspondências som-letra.[6]
3. Análise de palavra: excluir e misturar sons em palavras usando letras.

4. "Ações" de Fônica Jolly. Estas ações só ocorreram nas classes FJ. Em virtude de sempre se sobreporem ao aprendizado das correspondências som-para-letra (categorias não-independentes), elas não serão discutidas neste livro.

As crianças passavam pouco tempo em atividades de soletração visual ou oral, e as comparações não foram significativas. As crianças da classe FJ passavam oito minutos por dia aprendendo correspondências som-para-letra e oito minutos adicionais analisando palavras (segmentação e aglutinação). As crianças dos programas "balanceados" tiveram, em média, menos de um minuto por dia em ambas as atividades. O tempo gasto nessas duas atividades estava significativamente correlacionado à leitura e soletração (correlações variavam de $r = 0,35$ a $0,55$ nos testes de leitura e soletração).

O impacto negativo do tempo em que a professora ficava contando histórias sobre a habilidade de leitura das crianças também foi mostrado por Meyer e colaboradores (1994). Dois grandes grupos de crianças em três diferentes regiões escolares foram acompanhados desde a pré-escola até o final da 1ª série. Na pré-escola, quanto mais tempo a professora passava lendo para a classe, mais baixas eram as notas das crianças em uma variedade de testes de leitura, especialmente nos testes de decodificação ($r = -0,44$ a $-0,71$).

Ler para as crianças, tanto na pré-escola quanto na 1ª série, teve impacto zero nos escores, posteriores, de leitura na 1ª série. Entretanto, o tempo gasto com o ensino de habilidades de decodificação estava fortemente correlacionado com a habilidade de leitura em cinco testes ($r = 0,44$ a $0,62$).

Estes resultados são extraordinariamente coerentes. O tempo dedicado a aprender correspondências som-para-letra, segmentar e aglutinar sons nas palavras, e escrever letras e palavras é indicativo da subseqüente habilidade de leitura e de escrita em leitores principiantes como também nos mais avançados. A maioria das outras "atividades de alfabetização" não tem efeito nenhum. Já as

---

[4] N. de O. Deve-se observar que os "sujeitos" neste estudo eram as "turmas", o que reduziu precisamente o N e o poder estatístico.
[5] N. de R. T. Por exemplo, para bolo dizer be- o- ele – o.
[6] N. de R. T. Por exemplo, em frente a um cartão com a escrita da palavra bolo, dizer: be- o- ele – o e após pronunciar os sons, /b/ /o/ /l/ /u/.

atividades de memorizar palavras inteiras, fazer exercícios de vocabulário e ouvir histórias têm um efeito constantemente negativo.

A importância da escrita para gravar na memória correspondências som-símbolo foi investigada por Hulme e colaboradores (Hulme, 1981; Hulme e Bradley, 1984; Hulme, Monk e Ives, 1987). Eles compararam a velocidade do aprendizado das correspondências fonema-grafema para exercícios de cópia usando cartões alfabéticos ou blocos de letras. As crianças aprendiam bem mais rápido quando escreviam as letras. Hulme e colaboradores (1987) concluíram que a *atividade motora* estimula a memória, e que isso auxilia as crianças na aprendizagem da leitura. Mas isto é apenas parte da resposta. Copiar letras força a criança a olhar cuidadosamente e a manter a imagem na mente enquanto escreve. Isto, aliado ao ato de formar os traços, torna mais evidente o modo como as letras diferem. (Ver McGuinnes, 1997c para uma análise de como a cópia auxilia a memória.)

Cunningham e Stanovich (1990b) relataram o mesmo efeito para precisão na soletração. Crianças de 1ª série memorizavam listas de palavras usando três métodos distintos: cópia à mão, uso de blocos de letras e digitação das listas em um teclado de computador. As crianças soletravam corretamente duas vezes mais palavras quando aprendiam por meio da cópia de letras que com blocos ou da digitação. Os autores observaram também que dizer o nome das letras enquanto escreviam essas letras não tinha qualquer impacto no desempenho da soletração.

O resultado mais surpreendente surgido dos estudos observacionais foi o grande número de atividades tanto não-produtivas (relação zero com a leitura) quanto realmente prejudiciais (correlações negativas). Correlações negativas podem significar duas coisas: tempo perdido (aprender habilidades que não são importantes em detrimento de outras que são), ou um resultado negativo, como a criação de uma estratégia ineficaz. A pesquisa correlacional jamais conseguiu comprovar a causalidade, mas é difícil imaginar que atividades de vocabulário e ouvir histórias sejam "ruins" para as crianças. Aqui, o argumento da troca de tempo faz sentido, principalmente porque as tarefas de vocabulário e de ouvir histórias tomaram mais tempo do que qualquer outra atividade de alfabetização na maioria das classes. A grande questão é se o tempo gasto nas tarefas de vocabulário realmente melhora o *vocabulário*. Vamos retomar esta questão no Capítulo 8.

Por outro lado, sabemos que o tempo gasto na memorização de palavras inteiras pode provocar um resultado negativo ao promover a estratégia da adivinhação desta palavra. Isto ocorre quando as crianças decodificam a primeira letra fonemicamente e adivinham o restante da palavra com base em seu tamanho e forma. Essa estratégia é altamente indicativa do subseqüente fracasso na leitura (McGuinness, 1997b). Sabe-se muito bem que a ênfase do programa, seja, a análise da palavra inteira, a adivinhação baseada em contexto, a análise de parte da palavra ou a decodificação fonêmica, afeta consideravelmente a estratégia de decodificação da criança, e que esta estratégia rapidamente se torna arraigada (Barr, 1972, 1974/1975; Vellutino e Scanlon, 1987; McGuinness, 1997b, 1997c).

Boronat e Logan (1997) mostraram, de forma convincente, que o que prestamos atenção é automaticamente codificado pelo cérebro e automaticamente buscado na memória. Segundo eles, "aquilo em que alguém presta atenção atua como uma pista de recuperação que extrai associações da memória" (p. 45). O que ignoramos, mesmo que esteja fisicamente ao lado daquilo que olhamos, não é sequer codificado. Quanto mais uma criança foca em padrões e em combinações errados de seqüências de letras nas palavras, mais automático (habitual) isso se torna.

Nos estudos observacionais, o tempo gasto na memorização de palavras inteiras estava negativo e fracamente correlacionado com os escores de leitura das crianças da pré-escola, mas negativa e consideravelmente correlacionado com os escores das outras crianças (de 6 a 8 anos). Uma estratégia de palavra inteira começa a sobrecarregar entre os 7 e 8 anos. Verifiquei que crianças que adotaram essa estratégia não haviam melhorado seu desempenho do final da 1ª série, quando foram reavaliadas na 3ª série (McGuinness, 1997b). Essas crianças, freqüentemente, cometiam os mesmos erros de decodificação que haviam cometido dois anos antes nas mesmas palavras, e eram, uniformemente, os piores leitores da classe.

Os estudos observacionais são incrivelmente poderosos, pois fazem algo que a pesquisa sobre métodos em sala de aula não consegue fazer. Eles ultrapassam os distratores habituais em uma sala de aula, como os detalhes do currículo e a variabilidade do professor, e vão ao âmago da questão. Os estudos observacionais possibilitam relacionar o sucesso na aprendizagem da leitura e da escrita àquilo que está realmente sendo ensinado. A prática em ouvir unidades de som do sistema de escrita, aprender as correspondências entre essas unidades e seus símbolos, e imaginar como as unidades se relacionam para formar palavras são os elementos essenciais de um método de leitura eficaz. Quanto mais essas habilidades forem praticadas pelos olhos, pelos ouvidos e pelas mãos, melhor.

Depois de 5 mil anos, os sumérios foram legitimados pela ciência.

A escrita auxilia a leitura, mas ver, freqüentemente, palavras escritas de forma errada não é bom para esse aprendizado.

Houve outras importantes descobertas ao longo dos últimos 30 anos. Dois grupos de estudos em particular enfocaram diretamente a importância da prática da escrita e da soletração. Um dos grupos, observou o impacto da prática de soletração sobre a habilidade de leitura. O segundo grupo derivou da preocupação acerca de métodos de leitura que defendem palavras escritas errado como uma estratégia para aprender a escrita correta, ou que toleram a soletração errada de palavras pelas crianças.

No Capítulo 3, observei que aprender a escrever (corretamente) causa um impacto na leitura, pois a escrita requer *memória de evocação*, uma forma de memória substancialmente mais ampla (e profunda) do que a leitura envolve. A leitura depende da *memória de reconhecimento* (memória com pistas), um tipo mais superficial de memória. Esta é a razão pela qual aprender a ler tem menores chances de influenciar a escrita que o contrário. Smith (1999) verificou que leitores muito fracos tinham escores normais em testes de reconhecimento de palavras e compreensão de leitura depois de 12 horas de lições estruturadas sobre o código de escrita avançado. Outros pesquisadores investigaram isso mais diretamente.

Aprender a ler aprendendo a soletrar corretamente

Ehri e Wilce (1987) ensinaram um grupo de crianças de 5 anos a soletrar palavras sem sentido com blocos de letras e um outro grupo a ler as mesmas palavras utilizando um alfabeto de 10 letras ligeiramente modificado. Depois da prática o grupo de soletração teve escores de *leitura* mais altos do que o grupo de leitura em uma tarefa de transferência (mesmas letras/palavras diferentes). Em uma investigação mais ampla, Uhry e Shepherd (1993) estudaram dois grupos de 1ª série, combinados por habilidade de leitura, durante 40 minutos por semana ao longo de 28 semanas. Um grupo recebeu treino de segmentação e de soletração, enquanto o outro recebeu uma versão imagem-refletida, consistindo em um treino de aglutinação e decodificação (leitura). Na 32ª semana, as crianças fizeram uma bateria de testes. O grupo de soletração/segmentação estava significativamente mais avançado em todos os testes de *leitura*, soletração e consciência fonêmica (incluindo aglutinação). As crianças escreveram em blocos de letras ou digitaram em um teclado as palavras. Com base nas evidências de que escrever letras acelera o aprendizado, poder-se-ia esperar que isto fizesse uma diferença ainda maior.

Escrita inventada

Existem poucas pesquisas sobre as conseqüências da escrita inventada, pois se assume que a escrita segue estágios de desenvolvimento natural. Quando as crianças são incentivadas a "apenas escrever" e a "inventar" seu próprio sistema de escrita, o padrão mais comum que emerge (diferente da completa aleatoriedade) é escrever o nome da letra (assim, por exemplo, a palavra *far* seria escrita *fr*[7]), como observado no Capítulo 1. Isto não é um "estágio de desenvolvimento", conforme alegam os pesquisadores. O nome das letras é tudo o que se tem ensinado às crianças. (Se elas fossem ensinadas com os sons que as letras representam, palavras escritas corretamente apareceriam muito mais cedo no desenvolvimento da escrita).

Sabemos, a partir da pesquisa de Uhri e Shepherd (1993), que cantarolar o nomes das letras conforme se escreve não produz efeito algum, e sabemos, a partir dos resultados de Lippincott, que dizer os sons produz. Isso comprova que *usar* os nomes das letras para escrever é realmente prejudicial. Treiman e Tincoff (1997) descobriram que aprender o nome das letras foca a atenção das crianças na sílaba e não no fonema (*es, em, ef, kay, pee, are*[8]), bloqueando sua compreensão conceitual do modo como o alfabeto funciona, para não mencionar o fato de que elas não vão aprender a escrever corretamente.

A justificativa para ensinar o nome das letras as crianças pequenas tem sido sempre a de que o nome contêm o som que a letra representa. Mas este é outro mito. Tente esta pequena brincadeira com um amigo. Escreva as seguintes seqüências de nome de letras em um pedaço de papel e peça para ele ou ela escrever: *sea-oh-double-you, aitch-ee-ay-tee,* e *ef-are-oh-gee.*[9]

É óbvio que a escrita inventada, por definição, impedirá, interromperá ou atrasará a escrita correta. Será que a escrita correta, no final das contas, emerge dessa confusão, conforme acreditam os educadores? Até agora, não há estudos sobre crianças que esclareçam esta questão, mas há estudos com adultos.

O impacto negativo de ver palavras escritas erradas

Qualquer professor sabe que depois de horas dando notas a trabalhos de alunos, sua noção do código escrito começa a vacilar. O que antes era fácil (apontar erros de escrita sem esforço) agora se torna hesitante. Pode uma noção de "erro" ou de "acerto" de determinadas grafias (aprendidas ao longo de décadas) começar a se evaporar em tão curto espaço de tempo?

Esse fenômeno foi inicialmente documentado por Pintner, Rinsland e Zubin (1929) e por Nisbet (1939). Eles verificaram que se alunos fizessem um teste de escrita, depois vissem algumas das mesmas palavras escritas de maneira errada, quando fizessem o teste novamente os erros aumentariam em cerca de 15%. Estudos mais recentes corroboraram esses resultados. Brown (1988) aplicou a estudantes universitários um teste de ditado ortográfico de dificuldade intermediária. Metade dos alunos viu a metade das palavras novamente e teve de gerar mais duas soletrações fonéticas possíveis (que eles considerassem erradas) para cada palavra. Os outros alunos fizeram uma tarefa não-relacionada. O teste ortográfico original foi aplicado novamente. Os erros ortográficos aumentaram em 17% para o grupo experimental *versus* 7% para o controle, um resultado altamente significativo.

Em um segundo experimento, Brown observou o efeito de *ver* palavras escritas errado em vez de criá-las. O experimento foi conduzido em um computador. O formato era parecido: um teste de ditado ortográfico, depois um teste de reconhecimento ortográfico (não aplicado no grupo-controle), seguido de um teste de ditado ou de reconhecimento ortográfico. O teste de reconhecimento ortográfico consistiu em diversas soletrações da mesma palavra (*manguezal, mangesal, manguesal, manguesau*), e a tarefa era es-

---
[7] N. de R. T. Por exemplo, escrever *cd* para a palavra *sede*.
[8] N. de R. T. O nome das letras: s; m; f; q; p e r.
[9] N. de R. T. Para quem não domina o inglês, aqui a autora faz uma brincadeira com o nome das letras, que na verdade, ao dizer o nome das letras, estamos criando outras palavras. No exemplo *sea-oh-double-you* forma: *mar, oh (exclamação), duplo e você.*

colher a escrita correta. Os alunos tiveram, também, de classificar cada palavra escrita errada de acordo com o quanto elas se assemelhavam à soletração correta. O grupo-controle fez um quebra-cabeças. Ao final do teste de ditado, os erros ortográficos foram duas vezes maiores para o experimental.

Um dos mais intrigantes e complexos estudos sobre este assunto foi realizado por Jacoby e Hollingshead (1990). Eles estavam interessados em investigar se simplesmente ver palavras escritas de forma errada era suficiente para reduzir a habilidade ortográfica, quando comparadas ao processamento ativo, que requer tomar decisões ou escrever as palavras. Estudantes universitários, viram palavras difíceis de escrever uma de cada vez em um computador: 20 escritas corretamente, 20 incorretamente. Foi-lhes atribuída uma dessas três tarefas: *ler* as palavras em voz alta, *digitar* as palavras ou *escrever* as palavras exatamente conforme apareciam no computador. Todos os alunos foram avisados de que algumas dessas palavras estavam escritas errado. Depois disso, fizeram um teste de ditado ortográfico com as mesmas 40 palavras, mais 20 novas palavras de igual dificuldade.

A precisão ortográfica (o teste de ditado) foi consideravelmente afetada pela exposição prévia às escritas corretas e incorretas de igual modo. Os resultados foram os mesmos, independentemente de os alunos terem previamente lido, digitado ou escrito as palavras. Os escores foram os seguintes: palavras velhas escritas corretamente (93%), palavras novas escritas corretamente (87%), palavras escritas incorretamente (83%). Ver palavras escritas de forma errada reduziu significativamente os escores de ortografia, e a probabilidade de usar a mesma soletração errada foi alta (0,76). Isto mostra um efeito *"priming"*[10] (p.118) em que a exposição recente a palavras escritas corretamente melhora a ortografia (93%) dessas palavras, comparado a palavras escritas corretamente não vistas recentemente (87%).

Enquanto a precisão ortográfica não variou com os três tipos de exposição, a velocidade de digitação, sim, variou. Os grupos que digitaram ou escreveram na fase de exposição, digitaram mais rápido no teste de ditado que o grupo que apenas leu. Isto sugere que o envolvimento motor tem maior impacto na eficiência do que na precisão. Em um teste de memória de reconhecimento ("Esta palavra estava na lista?"), o desempenho também foi superior para os grupos que digitaram ou escreveram.

Em um segundo experimento, os alunos viram as mesmas listas de palavras. Desta vez, um grupo copiou cada palavra enquanto elas permaneciam à vista. Um segundo grupo observou a palavra por três segundos, depois distraiu-se por 10 segundos. Ambos grupos fizeram os mesmos testes de ditado ortográfico e de reconhecimento ortográfico. Os dois grupos não diferiram em precisão nos testes de ortografia, e os escores refletiram o primeiro experimento: palavras escritas corretamente (92%), novas palavras (86%), palavras escritas incorretamente (80%). Isto mostra que uma tarefa distratora não apaga o impacto negativo de ver palavras escritas incorretamente, ou o efeito *priming* de ver palavras escritas corretamente. Não apenas isso, mas a memória de reconhecimento foi maior para o grupo que se distraiu (85% correto *versus* 65%).

Jacoby e Hollingshead (1990) exploraram diversas explicações teóricas possíveis para esses resultados e descartaram a maioria delas. Por exemplo, nenhuma teoria "modelo", na qual cada soletração tem um traço de memória especial, ou um sistema ativado por "recordação" ou "regras ortográficas", pode explicar esses resultados. Processamentos inconscientes (automáticos) estão em operação aqui. Voltaremos ao significado desses resultados brevemente.

Um estudo parecido foi realizado com alunos de graduação no Reino Unido (Dixon e Kaminska, 1997). Os alunos foram classificados em bons ou maus soletradores, a partir do seu desempenho em um teste ortográfico com palavras extraídas do *The awful speller's dictionary* (Krevisky e Linfield, 1990), que

---

[10] N. de R. T. Efeito de elicitação.

contém palavras difíceis de escrever. Primeiro, eles fizeram um teste de ditado ortográfico, consistindo em 60 palavras desse dicionário, depois fizeram uma dessas três tarefas interferentes: ler palavras escritas erroneamente do mesmo teste, ler palavras escritas corretamente do mesmo teste ou ler palavras escritas corretamente que não estavam no teste. Um teste final de ortografia foi aplicado imediatamente após e novamente uma semana mais tarde. O intervalo não teve efeito. A exposição a palavras escritas erradas diminuiu os escores de ortografia, os quais não retrocederam ao longo da semana. Ver palavras escritas corretamente duas vezes não teve efeitos mais benéficos do que vê-las uma só vez. Bons e maus soletradores não foram diferentemente afetados por nenhuma dessas manipulações. Ou seja, ficaram igualmente suscetíveis ao impacto das palavras escritas de forma errada imediatamente após e depois de um intervalo.

Os autores desses três estudos advertiram enfaticamente educadores e pesquisadores a não usarem testes de reconhecimento ortográfico, seja para avaliação escolar ou para pesquisa ortográfica. Esse tipo de teste aparece em baterias de testes bemconhecidas como o California Achievement Test, o Comprehensive Test for Basic Skills, o Metropolitan Achievement Test e o McGraw-Hill Basic Study Skills. Há duas razões para se preocupar. Primeiro, um teste de reconhecimento ortográfico é um método inválido para testar a habilidade ortográfica. É um teste de memória de reconhecimento ("escolha a soletração que parece 'familiar'"), não um teste de memória de evocação. Segundo, simplesmente fazer o teste pode criar amnésia ortográfica para as palavras escritas errado. Jacoby e Hollingshead relataram sobre a experiência da segunda autora, que conduziu o experimento muitas vezes, expondo-a às palavras escritas de forma errada muitas e muitas vezes. Isto erodiu seriamente sua confiança ou impressão do que pareciam ser escritas corretas, não apenas para essas palavras, mas também para outras.

Estes estudos forneceram consideráveis conhecimentos acerca do processo pelo qual o cérebro codifica e relembra soletrações. O fato de que uma única exposição pode apagar ou degradar uma determinada grafia mostra que traços de memória, especialmente para soletrações complexas vistas freqüentemente, são extremamente instáveis e podem facilmente ser sobrescritos por breve exposição a algo "quase correto". O cérebro é um analisador de padrão estatísco por excelência. Padrões de entrada são instantaneamente combinados a representações anteriores dos mesmos padrões ou de padrões semelhantes. Se existe um pequeno desvio (uma mudança ortográfica) como em uma palavra relativamente não-familiar, a probabilidade estatística vai mover-se na direção da nova forma. Parece um milagre que tenhamos memórias estáveis de soletrações, diante das idiossincrasias do código de escrita inglês. As implicações para o ensino são imensas. Primeiro, um treino de "escrita inventada" impossibilita formar memórias estáveis de palavras escritas corretamente. Segundo, as técnicas ortográficas e os truques amplamente empregados por professores em sala de aula, onde se pede às crianças que escrevam todas as possíveis maneiras de escrever uma palavra para ver o que parece certo, são fatalmente imperfeitas.

truble, trubble, trubbel, troble, trobble, trobbel, trouble, troubble, troubbel[11]

A justificativa é a de que as crianças deveriam fazer isso porque adultos geralmente tentam diferentes soletrações quando se esquecem de como escrever uma palavra ou quando uma soletração "parece engraçada". Mas adultos experimentam soletrações parecidas, não uma lista de palavras altamente improváveis e intencionalmente escritas errado. E adultos sabem escrever corretamente; do contrário uma palavra escrita de forma errada não "pareceria engraçada" em primeiro lugar, acionando a necessidade de tentar outra soletração. As crianças não sabem escrever corretamente e, assim, escrever listas

---

[11] N. de R. T. *caxoru; cachorru; cachoro; caxorro, caxorru, cachorro; caxorro*

de todas as soletrações possíveis, verificando cuidadosamente cada uma delas e, então, descartando-a, é um "método anti-ortográfico" certeiro. As crianças verão mais soletrações erradas que corretas, tornando impossível ao cérebro realizar seu trabalho. Padrões constantes levam a memórias acessíveis. O cérebro não pode codificar aleatoriedade. Conforme mostrou a pesquisa de Boronat e Logan (1997), aquilo que você é forçado a prestar atenção é aquilo de que irá lembrar-se. Certo ou errado não faz qualquer diferença nesse processo automático.

O protótipo: uma atualização

Antes de passarmos a uma análise dos programas de leitura à luz dessas novas informações, temos abaixo o que um programa de leitura/escrita deveria ou não ter com base no que foi discutido até agora:

- Nenhuma palavra inteira (exceto palavras de alta freqüência com soletrações raras).[12]
- Nenhum nome de letra.
- Orientação som-para-escrita. Fonemas, não-letras, são a base do código.
- Ensinar fonemas apenas – nenhuma outra unidade de som.
- Começar com o código básico (uma correspondência um-para-um entre os 40 fonemas do inglês e sua soletração mais comum).
- Ensinar as crianças a identificar e a seqüenciar sons em palavras reais por meio da segmentação e da aglutinação, *usando letras*.
- Ensinar as crianças como escrever cada letra. Integrar a escrita em cada lição.
- Relacionar escrita e leitura para assegurar que as crianças aprendam que o alfabeto é um código e que códigos são reversíveis: codificar/decodificar.
- A escrita deve ser precisa ou, no mínimo, foneticamente precisa (tudo dentro do senso comum).
- As lições devem avançar até incluírem o código alfabético avançado (as 136 demais soletrações comuns na língua inglesa).

Ensino da Leitura: Os Resultados do National Reading Panel

Esta seção reavalia as evidências da pesquisa do National Reading Panel (NRP, 2000) sobre métodos de ensino da leitura. Meu objetivo é observar mais de perto os programas da base de dados do NRP (2000) que têm um sucesso maior e mais constante. Será que esses programas se alinham bem com o protótipo que vim montando nos dois últimos capítulos?

Na introdução do projeto, o NRP (2000) relatou que uma verificação geral das bases de dados trouxe à tona aproximadamente 100 mil trabalhos de pesquisa sobre leitura, publicados desde 1966. Para manusear o volume desse material, o NRP dividiu a "leitura" em cinco áreas temáticas. Vou discutir uma dessas áreas – ensino da leitura – neste capítulo. As demais áreas (treino de consciência fonêmica, métodos para melhorar a fluência, ensino de vocabulário e ensino de compreensão) serão abordadas nos capítulos seguintes. O ensino da escrita não foi incluído na pesquisa do NRP (2000), sem dúvida, por existir tão pouca pesquisa disponível sobre o assunto.

O painel ouviu pais, professores, pesquisadores e outras partes interessadas que compunham o público pretendido para seu relatório. Aqui está um dos sete temas identificados a partir dessas vozes: "A necessidade de informações claras, objetivas e embasadas cientificamente sobre a eficácia dos diferentes tipos de ensino da leitura e a necessidade de ter tal pesquisa instruindo as políticas e as práticas" (NRP, 2000, p. 12).

A partir desses temas foram desenvolvidas questões mais específicas para orientar a pesquisa. A afirmação geral acima foi consideravelmente estreitada, produzindo questões como: "O ensino da fônica melhora a aquisição da leitura? Se melhora, qual é a

---

[12] N. de R. T. Aquelas palavras do tipo arbitrário, por exemplo, o h em início de palavra.

melhor maneira de prover esse ensino?" (p. 1-3).

Em nenhum momento explica-se o porquê de ter limitado o foco à fônica, especificamente à "fônica sistemática", conforme veremos a seguir. Parte da razão parece refletir a preferência do painel, embora a razão principal possa residir no fato de que defensores da linguagem total raramente conduzam pesquisas sobre sua própria abordagem. O mesmo pode ser dito de editores de programas de leitura elementar.

Esta é uma situação muito curiosa. O método predominante de leitura é universalmente aceito sem a mais remota evidência que comprove sua eficácia, ao passo que defensores dos programas fônicos continuamente têm de provar que esses programas funcionam. Poder-se-ia imaginar haver uma volumosa pesquisa sobre linguagem total, método empregado em 90% das salas de aula durante os últimos 30 anos, e que pesquisas sobre outros programas, como o fônico, seriam difíceis de encontrar. Porém, o oposto é que é verdadeiro, não apenas em termos de volume, mas em termos de qualidade. Isto diz muito sobre o porquê de nossas escolas estarem com problemas.

Dos 1.072 estudos originais sobre ensino da leitura examinados pelo NRP (2000), apenas 75 resistiram à primeira verificação com base nestas diretrizes:

- Um desenho experimental ou quase-experimental com um grupo-controle.
- Publicado em uma revista especializada depois de 1970.
- Fornece dados testando a hipótese de que a instrução fônica sistemática melhora o desempenho de leitura mais que a instrução fônica alternativa ou nenhuma instrução fônica (i.e., outros programas).
- A leitura deve ter sido avaliada como um resultado.
- Informações adequadas de estatística, sendo essas suficientes para computar as magnitudes de efeitos.

Outros problemas vieram à tona na medida em que o NRP (2000) analisou mais a fundo os 75 estudos, como falta de grupos-controle, foco ou período de tempo muito limitados, análise estatística incorreta ou inadequada, avaliações de resultado inapropriadas e estudos (ou dados) duplicados encontrados em outra publicação. Como resultado, apenas 38 relatórios de pesquisa (um total de 66 comparações individuais) passaram na verificação final.

Porém, mesmo essa amostragem frustrante é melhor que a base de dados de pesquisa sobre linguagem total. Em 1989, Stahl e Miller tentaram reavaliar as pesquisas sobre linguagem total/experiência lingüística e fornecer uma síntese quantitativa dos resultados das pesquisas. A busca foi exaustiva e retrocedeu até os anos de 1960. Incluiu todas as bases de dados óbvias, resumos de teses e bibliografias. Cartas pessoais foram enviadas às principais figuras da área, solicitando informações e ajuda. Além da pesquisa sobre o método experiência lingüística de Bond e Dykstra, apenas 46 estudos foram encontrados, e desses 17 apresentavam dados estatísticos suficientes para computar as magnitudes de efeitos. Esses 46 estudos constituíram o conjunto total da pesquisa sobre os métodos de linguagem total e experiência lingüística. Compare isto com os 1.027 estudos encontrados pelo NRP (2000). Tais estudos compararam linguagem total/experiência lingüística com vários programas de leitura elementar.

Devido ao fato de Stahl e Miller (1989) terem localizado tão poucos estudos, nenhum poderia ser excluído, apesar dos inúmeros problemas metodológicos detectados por eles e da maioria desses estudos jamais ter sido revisada por seus pares. Eles foram obrigados a mostrar os resultados em uma tabela semelhante àquela usada por Chall. A tabela mostrou que 58 comparações não foram significativas, 26 favoreceram a linguagem total/experiência lingüística e 16 favoreceram os programas de leitura elementar. Em uma observação mais cuidadosa, a vantagem para a linguagem total residia inteiramente nos testes que não avaliavam a leitura (testes como "conceitos de escrita") e, pior ainda, a vantagem era apenas nas classes de pré-escola. Dos

17 programas com informações estatísticas suficientes para computar as magnitudes de efeitos, apenas quatro eram artigos publicados. Desses quatro, a linguagem total teve magnitudes de efeitos ligeiramente mais altas em "conceitos de escrita" e "prontidão". Fora isso, os resultados ou foram insignificantes ou favoreceram os programas de leitura elementar.

Ao contrário, todos os estudos do grupo final dos dados do NRP (2000) foram publicados. Todos tinham dados suficientes para computar magnitudes de efeitos e para fornecer uma metanálise dos resultados. Antes de revisar essas evidências, preciso discutir o que é metanálise e o que ela pode ou não fazer. Leitores que já conhecem a metanálise podem pular a próxima seção.

A metanálise simplificada

O NRP (2000) converteu cada comparação estatística entre métodos de leitura em uma *magnitude de efeito* (ME). Esses valores, ME, são empregados na metanálise, que é essencialmente a média final de todas as magnitudes de efeitos para um grande número de estudos. Para compreender os resultados do NRP (2000), precisamos compreender o que isso significa.

Uma magnitude de efeito proporciona uma métrica comum para comparar dois métodos de leitura em qualquer teste ao transformar médias e desvios-padrão em *unidades de desvio-padrão*. Uma magnitude de efeito é computada tomando-se a diferença entre duas médias dos métodos em comparação em uma determinada avaliação, e dividindo este valor pela média de seus desvios-padrão (m1 – m2/d.p.1 + d.p.2 x 0,5). Isso fornece uma estimativa da magnitude (*magnitude* do *efeito*) da diferença. Uma ME de 1,0 representa uma diferença de desvio-padrão um entre dois grupos, muito grande de fato. Isso iria refletir 15 pontos de escore-padrão em um teste de leitura padronizado, a diferença entre um escore no 50º percentil (escore de 100) ou no 15º percentil (escore de 85).

Uma metanálise agrupa as magnitudes de efeitos de um grande número de estudos e ajusta os valores conforme o número de participantes em cada estudo. Depois disso, os estudos podem ser classificados e comparados de diferentes maneiras. Por exemplo, treinar consciência fonêmica junto com letras tem um impacto muito maior nos escores de testes de leitura do que quando o ensino é puramente sonoro.

Apesar de sua utilidade, a metanálise não é uma pílula mágica. Há inúmeras restrições e dificuldades com esta técnica. Uma metanálise requer um grande número de estudos para tornar as generalizações confiáveis. *Os estudos precisam ser tão parecidos quanto possível*. As crianças deveriam ser da mesma idade e da mesma série. O conteúdo geral ou período de ensino nas categorias de métodos de leitura (fônico, linguagem total) deveriam ser semelhantes. Em virtude da imensa variedade de programas de leitura e da variabilidade com que são ensinados, é impossível satisfazer essas restrições. Por esta razão, observarei os estudos em uma profundidade muito maior que o NRP (2000) foi capaz de observar.

Outra dificuldade com a metanálise é que uma magnitude de efeito é totalmente dependente do grupo-controle ou do grupo-comparação. Pesquisas aplicadas sobre métodos tipicamente comparam dois diferentes programas com o objetivo de descobrir qual deles é o melhor. Se um programa é realmente melhor do que o outro, o valor ME será grande. Mas nem todos os desenhos de pesquisa são parecidos. Há inúmeros estudos na base de dados do NRP (2000) em que crianças "em risco" de fracassar no aprendizado da leitura foram comparadas a crianças "normais" que não tiveram qualquer treino especial. O objetivo do treino era fazer com que as crianças do grupo "de risco" alcançassem o mesmo padrão. Se essa tentativa foi bem-sucedida, os dois grupos não vão diferir, e os valores ME estarão próximos de zero. Isso significa que uma magnitude de efeito não pode nos dizer nada absoluto; pode apenas nos dizer algo relativo a outra coisa. Quando um grande número de estudos, com diferentes desenhos de pesquisa ou outras variações metodológicas, é combinado em uma metanálise, eles irão cancelar parcialmente um ao outro, dando uma falsa impressão do que é verdadeiro. Metaforicamente, uma metanálise é mais como fazer um censo contando as casas em vez de contar as pessoas que vivem nelas.

Preciso acrescentar, ainda, que computei as magnitudes de efeitos usando a fórmula dada pelo NRP (2000). Para a maior parte, meus valores foram idênticos ou equiparáveis àqueles relatados pelo painel. Entretanto, em alguns casos, as diferenças foram grandes, e vou comentá-las conforme prosseguimos. As explicações mais prováveis para essas discrepâncias brutas são erros matemáticos no relatório do NRP (2000).

Uma breve visão geral

Com estas ressalvas em mente, vamos explorar o que a metanálise do NRP (2000) mostrou sobre a eficácia global dos diferentes tipos de programas de ensino de leitura. Na maioria das vezes, os estudos que investigam as bases de dados, compararam um programa do tipo fônico com algum outro. Foi raro encontrar dois programas fônicos sendo comparados. Tomando todos os casos (66 valores ME), a média ME depois do treino foi 0,41 para escores de leitura combinados. O grupo que foi testado no final um ano (N = 62) a médias ME foi de 0,44 (ver Tabela 5.1). O valor positivo mostra uma vantagem dos métodos fônicos sobre os outros métodos. Essas magnitudes de efeitos são um valor composto que representam cada medida de leitura, em cada grupo etário, em populações normais e especiais, e para todos os tipos de desenhos de pesquisa. É interessante observar o que acontece quando um subgrupo de estudos é subtraído do grupo inteiro. Um resumo geral dos valores ME para os estudos como um todo é mostrado na Tabela 5.1.

Separei os estudos com leitores principiantes (alunos da pré-escola e 1ª série) dos estudos com leitores mais avançados (crianças que recebiam tutoramento[13]). Nos leitores principiantes, o valor ME aumenta para os métodos fônicos (N = 30, ME = 0,55). Para leitores mais avançados e fracos é substancialmente reduzido (N = 32, ME = 0,27). O primeiro valor é moderadamente grande e significativo, e o segundo não é. Será que isto significa que os programas do tipo fônico não funcionam para os leitores mais avançados e fracos? Bem, não. Mas significa que uma grande proporção dos programas de recuperação nessa base de dados *em particular* fracassaram. Por exemplo, programas baseados no modelo Orton-Gillingham foram particularmente ineficazes (10 casos produziram um valor ME de apenas 0,23).

Em virtude de minha análise estar focada no ensino da leitura inicial, podemos eluci-

---

[13] N. de R. T. Ensino com um tutor. Conselheiro ou guia de outro a quem serve de apoio. Não necessariamente seja um professor, pode ser um colega mais experiente.

Tabela 5.1
NRP: Magnitudes de efeitos do ensino da leitura para o método fônico *versus* outro método

	N	Leitura	N	Soletração	N	Compreensão
Todos os estudos						
Teste imediato	65	0,41				
Teste ao final do ano (estudo de acompanhamento)	62	0,44				
Pré-escola e 1ª série apenas	30	0,55	29	0,67	20	0,29
2ª a 6ª séries	32	0,27	13	0,09	11	0,12

dar isto um pouco mais, examinando o que o valor ME de 0,55 representa. As 30 comparações individuais que contribuíram para este valor nos dizem, em geral, que um programa do tipo fônico produz uma vantagem de desvio-padrão de 0,5 em relação a um programa não-fônico. Nem todos os programas fônicos foram igualmente bem-sucedidos. Particularmente fracos foram os programas descritos como *analogia de rima*. Esses programas ensinam unidades de som maiores, como famílias de palavras, e incentivam as crianças a fazerem analogias com outras palavras trocando partes da palavra (*cr-own, fr-own, d-own*[14]). A magnitude de efeito média foi 028 para esse grupo de estudos, não significativamente diferente dos programas não-fônicos.

Estudos sobre o Reading Mastery ou Direct Instruction (DISTAR[15]), produziram resultados altamente inconsistentes. É interessante comparar o conjunto desses estudos do NRP (2000) a uma metanálise recente sobre o DISTAR, realizada por Adams e Engelmann (1996). Eles localizaram 350 estudos, reduzidos a 37 após uma verificação cuidadosa. Para satisfazer os critérios, o estudo tinha de incluir um grupo de comparação, escores pré-teste, desvios médios e padrões e um treino substancial (nenhum estudo de curto prazo foi permitido). Além disso, o DISTAR não poderia ser confundido com nenhum outro método. Os estudos não precisavam ser publicados, no entanto, o que *era* um pré-requisito no protocolo do NRP (2000).

Dos 37 estudos apenas 13 eram específicos de leitura ou soletração. Depois de excluir estudos sobre adultos e um sobre programa de escrita avançado do DISTAR (7ª série), restaram seis estudos sobre populações de educação especial e quatro sobre ensino de leitura em sala de aula (crianças normais). A magnitude de efeito para crianças da educação especial foi sólida (ME = 0,74), mas o DISTAR impressionou menos em sala de aula normal (ME = 0,40).

Em função de apenas um estudo ter aparecido em ambas bases de dados (no NRP, 2000 e no estudo de Adams e Engelmann, 1996), irei abordar os estudos da base NRP separadamente. Eliminei três. Gersten, Darch e Gleason (1988) tinha um desenho de estudo incomum, comparando crianças que receberam dois anos de DISTAR, mas que participaram ou não do programa DISTAR de pré-escola. Magnitudes de efeitos foram perto de zero. Em outro estudo, crianças de 1ª série "em risco" de fracassar no aprendizado da leitura receberam ensino individual, mas as crianças no grupo-controle não, produzindo uma magnitude de efeito grande demais. O terceiro estudo, envolveu três diferentes abordagens de ensino (tutoramento, computadores, grupos pequenos, e assim por diante), algumas das quais combinaram o DISTAR com outros métodos. A magnitude de efeito cumulativa foi zero.

Depois de eliminar esses estudos, as magnitudes de efeitos totais para os demais foram maiores que os relatados por Adams e Engelmann: ME = 1,1 para leitura e 0,45 para soletração. Todavia, a variabilidade entre os estudos era ainda grande sem nenhuma razão aparente. Por causa disso, o DISTAR não será incluído em nenhuma outra análise. Também excluí os estudos individuais, que usaram um programa de leitura desconhecido e não-publicado. É impossível generalizar a partir de um único estudo, especialmente quando os autores falham ao descrever o programa adequadamente.

Há inúmeros programas de leitura na base de dados do NRP (2000) que são muito parecidos com o protótipo. Vou abordá-los separadamente para verificar como se comparam às magnitudes de efeitos totais mostradas na Tabela 5.1. Antes de fazer isso, no entanto, preciso fornecer um glossário dos termos comuns.

Um glossário

Leitura elementar ou *ensino tradicional* é o jargão para um currículo de leitura completo de qualquer tipo, publicado para as escolas por uma editora educacional. A palavra *ele-*

---

[14] N. de R. T. *b- ela; m-ela, c-ela, t-ela; v- ela.*
[15] N. de R. T. Um programa de ensino.

mentar significa "básico" e "abrangente". No Reino Unido livros de leitura elementar são chamados de *esquemas de leitura*, um termo mais descritivo. Esses programas contêm todos os componentes necessários para o professor em sala de aula: manuais do professor, planos de aula, sugestões de atividades, livros de exercícios, cartazes, livros de prática de leitura graduados e listas de leituras recomendadas.

Programas de Leitura elementar tendem a ser parecidos (as editoras copiam umas as outras). A maioria se resguarda e inclui todas as formas possíveis de ensinar a leitura: memorização de palavra inteira, decodificação de parte de palavra (famílias de palavras) e manuais de leitura especializados, juntamente com uma pitada de lições e folhas de exercícios de fônica. É típico, tanto no conteúdo quanto na lógica das lições de fônica, combinar mal os manuais de leitura com as atividades de soletração. Há diferenças na ênfase; alguns programas são mais orientados à linguagem total e outros mais orientados à fônica. No geral, a *fônica* neste contexto não corresponde à noção de fônica da maioria das pessoas.

Fônica é uma palavra problemática. Na maioria dos relatos de pesquisa, a descrição daquilo que entendem por fônica é extremamente vaga. A frase "sons de letras foram ensinados" poderia referir-se aos 26 sons das letras do alfabeto, ou aos 40 ou mais sons da língua inglesa e suas soletrações comuns, ou a nenhuma dessas possibilidades. No Reino Unido, o termo *som da letra* é praticamente sinônimo de *fonema*, prática que está causando uma boa dose de confusão. Em raras ocasiões o leitor poderá ser capaz de decifrar o que significa a partir de outras pistas. Griffith, Klesius e Kromey (1992, p. 86) escreveram isto sobre uma unidade fônica elementar tradicional: "O foco educacional está primeiramente sobre a aquisição da informação da correspondência letra-som e menos sobre a associação da língua falada à língua escrita. Na verdade, durante a 1ª série, as crianças são expostas a aproximadamente 90 diferentes sons individuais. Pensa-se que, por meio da instrução direta sobre correspondências letra-som individuais, as crianças irão aprender a decodificar e a soletrar palavras".

Griffith e colaboradores (1992) não têm problemas com a afirmação de que as crianças aprendem 90 sons diferentes, apesar do fato de haver apenas 40 sons na língua inglesa. Contudo, esta afirmação avisa o leitor que o componente fônico desse programa é totalmente direcionado pela letra, sendo, portanto, bem distante do protótipo.

Algumas lições de fônica elementar lembram um jogo de adivinhação ou um quebra-cabeça cognitivo em vez de terem algo a ver com ensino. É tarefa do aluno decifrar o que a professora fala, descobrir o objetivo do jogo, e depois resolver o problema. Uma professora pode fazer uma pergunta como: "O som curto do "a" está nesta palavra?" e apontar para uma série de figuras. Observe que ela usa o nome da letra, não o som /a/, e assume que a criança é capaz de fazer a conexão entre o nome da letra e o som sem saber como fazê-lo. A professora pede à criança para ponderar sobre algo que não existe – o " som curto" do nome da letra de uma vogal.

Precisamos de descrições bem melhores para os diferentes tipos de fônica. O grupo de leitura do NRP (2000) fez uma tentativa, porém não operacionalizou sua classificação em termos do que exatamente é ensinado e como é ensinado. Na introdução do relatório do NRP (2000) sobre o ensino fônico, a *fônica* é definida como uma maneira de ensinar o sistema alfabético por meio do ensino explícito e sistemático de correspondências letra-som e padrões de soletrações. O relatório segue especificando variações entre programas fônicos que se encaixam nessa categoria geral, conforme segue:

Programas de fônica sintética ensinam as crianças a converterem letras em sons ou fonemas e, depois, a agrupar os sons para formar palavras reconhecíveis. A *fônica analítica* evita fazer com que as crianças pronunciem sons isolados para compor palavras. Em vez disso, as crianças são ensinadas a analisar relações letra-som uma vez que a palavra é identificada. Programas de *fônica-via-escrita* ensinam as crianças a transformar sons em letras para soletrar as palavras. Abordagens de *fônica em contexto* ensinam as crianças a usarem correspondências som-letra associadas a pistas de contexto para identificar palavras desconhecidas que encontram nos textos. Programas de *fônica por analogia* ensinam as crianças a usar partes de palavras escritas que já conhecem para identificar novas palavras (NRP 2000, p. 2-89).

Esta classificação é insatisfatória pois não identifica a diferença crucial na lógica entre programas que ensinam o código de modo inverso, da escrita para o som, e aqueles que o ensinam do som para a escrita (fônico/lingüístico). Eles descrevem a "fônica-via-soletração" como um método som-para-escrita, mas isto parece referir-se a uma estratégia para o ensino da escrita, não um método para ensinar decodificação (leitura) e soletração. Há, também, o problema de que no Reino Unido, particularmente, e alguns outros países de língua inglesa, usam a *fônica* (especialmente a *fônica sintética*) para referir-se ao ensino da leitura baseado em um "código básico". Este tipo de fônica está ancorado nos 40 fonemas da língua inglesa e nas suas principais soletrações. Isto não é o que os americanos querem dizer por *fônica* ou por *sintética*, como pode ser observado acima.

Para evitar esse tipo de confusão, criei um novo sistema de classificação:

FÔNICA CAÓTICA A prática de aspectos ou elementos de ensino do código alfabético de uma maneira caótica, sem sentido e não-estruturada. A maioria dos programas fônicos elementares vem sob esse título.

FÔNICA VISUAL A versão abreviada (a) ensina os 26 "sons" das 26 letras do alfabeto. A versão completa (b) ensina de 40 a 256 ou mais "sons" das letras, dígrafos e fonogramas.

FÔNICA TODO-PARA-PARTE (também conhecida como embutida, analítica, intrínseca). A prática de introduzir gradativamente as crianças aos fonemas começando com palavras inteiras, depois partes de palavras (famílias de palavras, agrupamentos), depois fonemas individuais, aberta ou ocultamente (embutida). Isto equivale a ensinar três diferentes sistemas de escrita, um depois do outro, cada um anulando o anterior.

A fônica todo-para-parte não é o mesmo que um programa de leitura eclético, que contém quaisquer dos elementos acima, além de memorização de palavra inteira e linguagem total.

FÔNICA MULTISSOM Idêntico ao método acima, mas as unidades de som de diferentes tamanhos são misturadas e ensinadas de modo aleatório.

FÔNICA LINGÜÍSTICA Não deve ser confundida com "programas lingüísticos" da década de 1960.

Incompleta. (Chamada *sintética* no Reino Unido.) Ensina do som para a letra. Ensina os 40 ou mais sons da língua inglesa e suas soletrações principais (código básico), além de algumas alternativas de soletração.

Completa. Inclui a alternativa incompleta (a) acima, além de 136 alternativas de soletração.

O PROTÓTIPO Contém a alternativa completa (b) acima, além de outros componentes do protótipo listados anteriormente. Não há nenhum programa que contenha todos os elementos do protótipo na base de dados do NRP (2000), embora alguns cheguem perto.

Programas previstos para brilhar

Os programas descritos nesta seção são aqueles mais representativos do protótipo.

Lippincott e i.t.a. A pesquisa de Bond e Dykstra de 1967 incluiu dois programas de leitura próximos ao protótipo: o alfabeto de ensino inicial (i.t.a.) e o Lippincott. (Ver o Capítulo 4 para a descrição desses programas.) A pesquisa de Bond e Dykstra (1967) não foi incluída na base de dados do NRP (2000) devido à data de corte de 1970. Estou adicionando-a aqui, pois as magnitudes de efeitos representam mais de 3 mil crianças, proporcionando a estimativa mais precisa da força desses programas. Computei as magnitudes de efeitos para o i.t.a. e para o Lippincott nos subtestes do Stanford Reading Test. ("Estudo de palavra" é uma avaliação do conhecimento fônico.) Os grupos comparação foram classes com programas de leitura elementar (ver Capítulo 4).

A Tabela 5.2 compara a eficácia desses dois programas. O programa Lippincott tem magnitudes de efeitos bem maiores que o i.t.a., e é superior aos programas de leitura elementar em todos os aspectos (ME = 1,12 para leitura, 0,61 para soletração, 0,62 para conhecimento fônico e 0,57 para compreensão de leitura). Talvez, ter de aprender e depois desaprender uma soletração especial (i.t.a.) desperdice tempo e/ou cause confusão. Estudos mais recentes sobre o Lippincott que constam no conjunto de dados do NRP (2000) são mostrados na Tabela 5.2. Magnitudes de efeitos são menores mas, no geral, confirmam os resultados de Bond e Dykstra, que é, de longe, a mais precisa reflexão da força desse programa.

Lindamood: Discriminação auditiva em profundidade Outro programa que se encaixa parcialmente no protótipo (código básico, orientação som-para-escrita) é o programa Lindamood. Este programa foi originalmente desenvolvido para reabilitação de leitores fracos. Como o programa de Dale, ele enfoca o modo como os sons da fala são produzidos, e inclui inúmeros exercícios para classificar e analisar fonemas. As lições são planejadas em torno de vários materiais, como figuras com posições da boca, letras e dígrafos impressos em cartões, feltros, blocos, além de blocos coloridos e cartazes especiais. Não há um componente de escrita neste programa. Em vez disso, um alfabeto móvel é usado. O programa se prende, em grande medida, à correspondência um-a-um entre fonemas e suas soletrações do código básico. A diferença principal é que as palavras trabalhadas tendem a restringer-se a palavras sem sentido. Algumas alternativas de soletração são ensinadas (cerca de 16), mas palavras inteiras comuns não são incluídas. Atividades de soletração são indiretas no sentido de que as crianças constroem e alteram palavras sem sentido usando blocos de letras. O programa leva, em média, 80 horas para que os leitores fracos atinjam níveis normais de leitura.

O programa Lindamood foi elaborado para reabilitação de leitores com dificuldade, portanto para ensinar leitores principiantes, tal programa requer algumas modificações e flexibilidade. Os exercícios de análise de fonema precisam de ajustes, e as lições sobre os 40 ou mais sons e sua soletração no código básico precisam ser aceleradas. Com estas modificações, o programa pode ser altamente eficaz em sala de aula, quando ensinado para grupos pequenos. Isto foi mostrado no trabalho de Howard (1982, 1986) e em um estudo não-publicado de Lindamood (1991) – estudos que não apareceram no grupo do NRP (2000).

Dois estudos usando o Lindamood constavam da base de dados do NRP (2000). Estes são McGuinness, McGuinness e Donohue (1995), um estudo sobre alunos sem dificuldades de leitura de 1ª série, e Torgesen e colaboradores (1999), um estudo sobre alunos de pré-escola em risco de fracassar no aprendizado da leitura. No estudo realizado por mim e meus colegas (McGuinness, McGuinness e Donohue, 1995), foi ensinado o programa Lindamood para duas turmas, em grupos pequenos de cinco a oito crianças. A turma-controle também foi ensinada em grupos pequenos durante o mesmo período de tempo, mas recebeu uma combinação de instrução do tipo linguagem total, escrita inventada e uma pequena quantidade de fônica. As aulas duravam 40 minutos por dia, ao longo de um ano letivo, cerca de 100 horas por grupo, aproximadamente 15 a 20 horas por criança.

Na pesquisa de Torgesen e colaboradores (1999), as crianças eram ensinadas individualmente durante 80 minutos por semana, começando na metade da pré-escola e continuando até o final da 2ª série (se necessário). Houve três grupos controle, dois dos quais

Tabela 5.2
Magnitudes de efeitos nos programa i.t.a. e programa Lippincott

	Decodificação de palavra	Conhecimento fônico	Decodificação de pseudopalavra	Soletração	Compreensão leitora
Bond e Dykstra, 1967 (todas as comparações com programas de leitura elementar)					
i.t.a.					
N = 2.100					
Série 1	0,49	0,31		0,11	0,03
Lippincott					
N = 1.000					
Série 1	1,12	0,62		0,61	0,57
Lippincott (comparações com linguagem total ou leitura elementar)					
Brown e Felton, 1990					
N = 48					
Série 1	0,02		0,94	0,51	
Série 2	0,52		0,68	0,38	
Fulwiler e Groff, 1980					
N = 147					
Série 1	0,81	1,65			0,76
Silberberg, Iversen e Goins, 1973					
N = 69					
Série 3	0,70				0,36

Testes: Stanford Achievement Test, Woodstock Reading Mastery, Canadian TBS, TWS Spelling, DST Decoding

também receberam ensino individualizado. Em um grupo foi ensinado um programa fônica todo-para-parte, desenvolvido por uma professora local, que incluía memorização de palavra inteira, ensino da relação letra-som e leitura de textos. O segundo grupo recebia ensino extra sobre o que estivesse sendo ensinado em sala de aula, e o terceiro grupo (controle) não teve tutoramento. Os resultados dos dois estudos são mostrados na Tabela 5.3. Os resultados da pesquisa de McGuinness, McGuinness e Donohue (1995) incluem minha própria análise e a do NRP(2000). Computei as magnitudes de efeitos para os testes padronizados apenas da pesquisa de Torgesen e colaboradores. Omiti dados da pré-escola devido a muitas notas zero. Devido ao fato de o ensino Lindamood depender quase exclusivamente de palavras sem sentido, as notas no teste de "decodificação de pseudopalavras" sempre excediam os escores no teste de "decodificação de palavras".

Os dois conjuntos de resultados são difíceis de comparar, dado os diferentes formatos. Em um ano escolar, as crianças sem dificuldades ensinadas em grupo por uma única professora tiveram, no mínimo, os mesmos ganhos que as crianças em risco com dois anos e cinco meses de tutoramento individual, além de seu programa regular em sala de aula. Era de se esperar que as crianças ensinadas individualmente se saíssem bem melhor, e em um menor espaço de tempo. Há muitas possíveis razões pelas quais elas não o fizeram:

1. Houve um choque de métodos no estudo de tutoramento, com crianças tendo um método durante o tutoramento e um método diferente (desconhecido) em sala de aula.
2. O progama Lindamood não é fácil de ensinar. Em nosso estudo (1995), eu e meus colegas usamos professoras altamente experientes que foram treinadas durante toda semana antes da pesquisa, além de oficinas de atualização. No estudo de Torgesen e colaboradores, nove tutores principais receberam 18 horas de treino inicialmente, além de sessões bimestrais extras. Entretanto, os "tutores auxiliares", que parecem ter feito a parte principal do tutoramento, receberam apenas 2,5 horas no princípio, seguidas de 2,5 horas por mês depois disso. A clínica Lindamood recomenda duas semanas de treino antes de ministrar este programa.

O treino é importante neste método, pois o ritmo ao longo do programa é baseado no entendimento da criança, momento a momento. A menos que o tutor/professor saiba como apresentar uma atividade adequadamente, ajudar as crianças a corrigir erros de forma rápida e eficaz e a julgar quando uma atividade se tornou contraproducente, ele pode empacar reensinando o mesmo exercício repetidas vezes. Um exemplo típico é o treino de manipulação fonêmica usando blocos coloridos. A criança é solicitada a alterar uma linha de blocos coloridos para combinar uma seqüência ou cadeia de palavras sem sentido: "Se aquilo é *ip*, mostre-me *pip*." (Se /i/ é "azul" e /p/ é "vermelho", a criança deve adicionar outro bloco vermelho à esquerda.) Esta tarefa tem uma carga cognitiva alta, e está significativamente correlacionada à idade, vocabulário, memória de curto-prazo tanto auditiva quanto visual, e compreensão oral, com todos os valores excedendo a $r = 0,40$ (McGuinness, McGuinness e Donohue, 1995).

3. A terceira explicação está relacionada à segunda. Se as crianças são pequenas, estão atrasadas em seu desenvolvimento, ou têm QIs verbais baixos (tudo isso também ocorreu no estudo com tutoramento). Logo, o programa será mais difícil de ensinar, e os tutores precisam ser ainda mais habilidosos. No nosso (1995) grupo pequeno de estudo, as crianças eram maiores, vinham de famílias de classe média-alta, possuíam alta capacidade verbal, e contavam com a orientação de professoras altamente experientes e bem-treinadas. Essas crianças tiveram poucos problemas em cada uma das lições.

Contudo, sabemos, a partir do próprio estudo de Lindamood no distrito escolar de Santa Maria, que, com ensino apropriado, até mesmo filhos e filhas de fazendeiros migrantes podem ser ensinados de modo eficaz. Neste estudo, alunos da 1ª série foram ensinados pela professora da turma treinada no método e por um tutor experiente da clínica Lindamood que ficava na sala de aula todos os dias. Ao final da 1ª série, os escores médios de leitura estavam três anos acima das normas esperadas para a idade. Nenhuma criança saiu-se pior que um ano acima das normas nacionais. Essas crianças foram monitoradas durante vários anos pelo distrito escolar local e continuaram tendo escores bem acima das normas esperadas. Em fun-

Tabela 5.3
Magnitudes de efeitos no Programa Lindamood

	Decodificação de palavra	Decodificação de pseudopalavras	Soletração	Compreensão leitora
McGuinness, McGuinness e Donohue, 1995				
N = 42				
Série 1	0,30	1,66		
Torgesen e colaboradores, 1999				
N = 180				
Pré-escola a 1ª Série	0,32	0,71		0,25
2ª Série	0,48	0,89	0,43	0,53

Testes: Woodcock Reading Mastery (leitura, compreensão), WRAT (escrita).

ção deste estudo nunca ter sido publicado, não temos conhecimento de como, ou se, as lições foram modificadas para se adequarem a essas crianças. O formato na pesquisa de McGuinness e colaboradores (1995) era semelhante àquele em Santa Maria, menos o auxiliar especialista. Nossos resultados foram bem mais modestos, e a conclusão óbvia é a de que a experiência no ensino é crucial para a eficácia deste programa.

Open Court[16] Há apenas um único estudo na base de dados do NRP (2000) sobre o programa *Open Court*. Isto é uma pena, pois este programa recebeu uma boa dose de atenção nacional, e se encaixa bem no protótipo, pelo menos de acordo com a descrição fornecida por Foorman e colaboradores (1997, p. 67).

Componentes do programa da 1ª série incluem:

1. atividades de consciência fonêmica durante as 30 primeiras lições (10-15 minutos diário).
2. Quarenta e dois sons/soletrações são introduzidos nas primeiras 100 lições, um por dia nas lições 11 a 30, e em passos menores daí em diante; princípios de fônica são reforçados por meio de cartões de som/soletração, histórias com aliteração e prática de histórias cujo vocabulário é firmemente controlado para o som/soletração recém-introduzidos.
3. A aglutinação é considerada a estratégia chave para aplicar o princípio alfabético, e, portanto, 8 a 10 novas palavras são aglutinadas diariamente.
4. Atividades de ditado vão desde cartões de letras a palavras escritas som a som, a palavras inteiras (lição 17) até a sentenças inteiras (lição 27).
5. Leitura compartilhada do *Big books*.[17]
6. Antologias de texto (com vocabulário não-controlado) e livros de exercícios são introduzidos na metade da 1ª série, quando todos os sons/soletrações tiverem sido apresentados.
7. Atividades de oficina de escrita estão disponíveis em formatos individuais e em pequenos grupos.

Há algumas peculiaridades neste programa, tais como o uso extensivo de texto codifi-

---

[16] N. de R. T. É um programa de ensino de leitura, não-disponível em português. Em função disso, manteve-se o nome original.

[17] N. de R. T. *Big books* são livros industrializados, formatados com figuras e textos maiores, para que possam ser lidos pela classe inteira.

cado em cores (tanto o fundo quanto algumas escritas) para marcar consoantes e três tipos de grafias de vogal. Há pouco suporte empírico para o uso de texto codificado em cores, e há o risco de que as crianças comecem a se basear nas cores em vez de observarem as características específicas da escrita. A transferência para texto normal pode causar dificuldades. O programa inclui alguns aspectos da linguagem total, que podem complicar o entendimento.

O programa da 2ª série começa com uma revisão das correspondências som-letra, inclui mais exercícios de aglutinação, e acrescenta duas novas antologias. Não há menção à forma como a soletração é ensinada depois que o código básico foi dominado.

O estudo de Foorman e colaboradores (1997, 1998) era ambicioso, iniciou com 375 crianças (1997), reduzindo para 285 (1998). As crianças receberam o tutoramento ao longo do Título I,[18] além do programa regular em sala de aula. Houve três programas-controle: linguagem total sem treino especial do professor, linguagem total com treino do professor e um programa fônico todo-para-partes com treino do professor. Professores (e tutores) do Open Court foram ensinados por treinadores especializados em tal programa. O programa fônico todo-para-partes foi desenvolvido localmente, e era um método conduzido visualmente, baseado em padrões de letras e apresentando um ensino do tipo "analogia de rima inicial e final".

Essas crianças estavam espalhadas entre 70 classes, tendo, portanto, 70 professores. Os três métodos foram ensinados para a classe toda, mas *somente as crianças com o tutoramento participaram do estudo*, cerca de três a oito crianças por classe. O tempo de aula para atividades de alfabetização era de 90 minutos diários, e o tutoramento durava 30 minutos, também, diariamente. Se esses períodos se sobrepunham não se sabe. Este era um desenho de pesquisa complexo, no qual o método utilizado no tutoramento, às vezes, combinava-se com o programa em sala de aula e às vezes não. Para complicar ainda mais as coisas, os tutores haviam sido treinados, no ano anterior, em Reading Recovery (um programa de intervenção do tipo linguagem total para crianças atrasadas), e tinham de ser novamente treinados em um desses dois novos métodos.

Os resultados do estudo completo, que durou do início da 1ª série até o final da 2ª, estão publicados em Foorman e colaboradores (1998). Computei os valores de ME a partir dos resultados apresentados naquele artigo, que combinam as notas dos testes da 1ª e da 2ª séries. Também forneço os valores da ME do relatório do NRP (ver Tabela 5.4). O NRP (2000) parece ter tido acesso a dados não disponíveis para o público, e fracionou os escores da 1ª e 2ª séries. No entanto, esses valores não fecham com os dados publicados (os valores ME são muito grandes).

Este estudo não proporciona uma avaliação justa do programa Open Court, e uma maior investigação se torna necessária. Até agora não há qualquer estudo publicado sobre o Open Court *em sala de aula*. O desenho da pesquisa era complexo demais, e havia outros problemas metodológicos. Os autores afirmaram que o ensino combinado *versus* não-combinado não tiveram "nenhum efeito" e, por essa razão, "o tutoramento foi ignorado em análises subseqüentes". É difícil entender por que uma ajuda extra individual durante 2,5 horas por semana durante todo um ano escolar não teve efeito algum, especialmente quando as lições correspondiam ao que estava acontecendo em sala de aula.

Fônica Jolly   A fônica Jolly foi desenvolvida por Sue Lloyd (1992), uma professora na Inglaterra que dedicou muitos anos ao aperfeiçoamento desse programa. O nome vem de seu editor, Chris Jolly. A fônica Jolly satisfaz praticamente todos os requisitos do protótipo e vai além em alguns aspectos. É o produto do que pode acontecer quando mitos populares de como ensinar leitura são desafiados.

O primeiro a ser desfeito foi o mito de que a leitura é difícil de ensinar. O segundo foi

---

[18] N. de R. T. Título I é um fundo do governo americano que fornece programas e serviços para estudantes em desvantagem econômica.

Tabela 5.4
Open Court

	Leitura	Soletração	Compreensão leitora
Foorman e colaboradores, 1998			
$N = 285$			
Escores combinados da 1ª e 2ª séries			
OC[19] vs. fônica todo-para-partes	0,58	0,36	0,37
OC vs. linguagem total (professores treinados)	0,48	0,38	0,31

Teste: Wide Range Achievement
Obs: O NRP(2000) teve acesso a dados que não constavam no relatório publicado e fracionou valores ME por série. No entanto, seus valores – leitura ME = 0,32 e soletração ME = 0,19 da 1ª série e leitura ME = 0,32 e soletração ME = -0,19 da 2ª série – não fecham com os dados publicados. Os valores do NRP (2000) são muito grandes.

a noção de que um programa fônico-lingüístico não pode ser ensinado para a classe toda ao mesmo tempo. O terceiro foi a barreira da idade. A fônica Jolly é ensinada para crianças de 4 anos. O quarto foi a crença de que crianças pequenas não conseguem prestar atenção por mais de cerca de 10-15 minutos de cada vez. O quinto foi a crença atestada de que se crianças pequenas são mantidas em uma tarefa por mais de 15 minutos, elas ficam entediadas e frustradas, tornando-se incapazes de aprender. O sexto foi a idéia de que professores precisam de treino extensivo para ensinar o código alfabético apropriadamente.

O objetivo inicial de Lloyd era reduzir as atividades aos elementos essenciais e apresentá-los em uma velocidade adequada, tão rápida e profundamente quanto possível. Sem dúvida, seu maior mérito foi identificar quais são esses elementos. Certamente, nada no treino de professores proporciona quaisquer informações úteis sobre esta questão. As questões seguintes foram como esses elementos deveriam ser ensinados e quão cedo e rapidamente eles poderiam ser ensinados, dada a seqüência e o formato apropriados.

Ela descobriu que as crianças pequenas esquecem o que aprenderam quando as tarefas são muito espaçadas. Isto necessita de constante reensino e revisão, desperdiçando uma extraordinária quantidade de tempo.

Lloyd descobriu que um programa abrangente de leitura pode ser ensinado a crianças pequenas em um formato classe inteira se três condições forem preenchidas. Primeiro, as lições deveriam ser divertidas e estimulantes e envolver todas as crianças. Segundo, precisa de materiais de suporte suficiente para o trabalho individual para embasar o que está nas lições desenvolvidas com a classe inteira. Terceiro, os pais precisam estar suficientemente envolvidos para compreender o programa e saber como ajudar seus filhos em casa. Quando as lições são agradáveis e quando as crianças vêem que elas e suas colegas de classe estão realmente aprendendo a ler, elas não têm problemas em prestar atenção por até uma hora.

Lloyd encontrou maneiras inteligentes e engenhosas de engajar a classe toda e de mantê-los interessados. Ela inventou padrões de ação simples para acompanhar o aprendizado de cada fonema. As crianças dizem cada fonema em voz alta, acompanhadas pela

---

[19] N. de R. T. OC = *Open court*.

ação apropriada. Por exemplo, um movimento ondulatório das mãos acompanha o som /s/, um dedo nos lábios representa o som /sh/, e assim sucessivamente. Além de ser divertido para as crianças, os padrões de ação desempenham inúmeras funções. Eles ajudam a gravar os sons da fala na memória. Por serem visíveis para todos, incluindo a professora, as ações asseguram que todas as crianças estejam engajadas (divagações não são permitidas). Nesse sentido, funcionam como um apoio nobre e gentil para todos acompanharem as tarefas e aprenderem rapidamente. Uma atividade em grupo semelhante é usada quando o ensino da escrita começa. No entanto, é possível que essas ações não sejam essenciais, e são necessárias pesquisas para esclarecer isso.

A fônica Jolly progride rapidamente. As crianças aprendem um fonema por dia, junto com a respectiva ação e o símbolo de letra. Elas têm treino de escrita à mão quase desde o início, e logo são capazes de escrever as soletrações do código básico para os fonemas ensinados até então. O código básico é ensinado em 9 ou 10 semanas, tomando cerca de 50-60 horas de instrução direta. Depois disso, as crianças mudam para livros de fônica simples, fazem ditados de palavras e sentenças, e começam a aprender alternativas de soletrações (22 alternativas de soletrações são ensinadas). Os professores necessitam de pouco treino. Há um manual simples, com instruções breves e claras, e um vídeo excelente.

Um estudo usando o programa FJ (Stuart, 1999) foi incluído na base de dados do NRP(2000), mas há inúmeros outros estudos na literatura provenientes do Reino Unido e do Canadá. Alguns estavam em andamento quando o NRP (2000) completou sua pesquisa. Calculei as magnitudes de efeitos para esses estudos (exceto quando fornecidas pelos autores). A Tabela 5.5 dispõe os escores médios em testes padronizados para ilustrar os ganhos extraordinários. A Tabela 5.6 fornece as magnitudes de efeitos para cada estudo.

Nenhum desses estudos era exatamente parecido. O estudo mais fiel às intenções de Lloyd foi o de Johnston e Watson (1997), que foi realizado na escola de Lloyd. As crianças foram combinadas em uma ampla gama de habilidades (QI, consciência fonêmica, etc.) com um grupo-controle na Escócia, que estava aprendendo o método escocês tradicional, conhecido como *fônica analítica* (semelhante à fônica todo-para-parte). As crianças também aprendem a identificar fonemas em posição inicial, final e medial, mas isso é ensinado separadamente ao longo de um período de tempo mais extenso.

O segundo estudo de Johnston e Watson (2003) usou uma variante do programa FJ, desenvolvido por Watson, chamado: Fast Phonics First (FPF). O estudo incluiu leitores principiantes (337) de Clackmannanshire, o menor condado na Escócia (apelidado de "Wee County").[20] Crianças da cidade que recebiam ajuda do governo[21] estavam nas classes FPF. As crianças mais ricas consistiam os grupos-controle. Houve inúmeras modificações no formato do Lloyd original. Os padrões de ação foram descartados. Fonemas foram introduzidos na mesma ordem do FJ, mas em um ritmo levemente mais lento (apenas um por dia). Os períodos das lições foram encurtados e espaçados ao longo de 16 semanas, totalizando cerca de 26 horas. Letras magnéticas foram usadas para ensinar aglutinação e soletração de palavras simples desde o início. Fora isso, o conteúdo e a seqüência foram os mesmos, exceto pelo fato de que encontros de consonantais ou alternativas de soletrações não foram ensinados.

Houve dois grupos-controle. Ambos receberam a trilha fônica analítica- padrão, mas foram ensinados aos mesmos fonemas na mesma seqüência que as crianças FPF. As crianças usaram a mesma quantidade de tempo nas lições, mas apenas 16 correspondências som-letra puderam ser ensinadas nesta escala de tempo. Um dos grupos-controle dividiu o tempo com um componente de ensino fonológico (sem letras). Isto envolveu rima inicial, segmentação e aglutinação de fonemas. Conforme pode ser visto na Tabela 5.6,

---
[20] N. de T. "Condado Pequenino".
[21] N. de R. T. Uma espécie de bolsa-escola.

Tabela 5.5
Testes padronizados aplicados em alunos alfabetizados pela Fônica Jolly em equivalente-idade ou escores-padrão

	N	Idade Inicial	Ensino	Leitura	Soletração	Compreensão leitora
Johnston e Watson, 1977			10 semanas 50 horas			
FJ	25	4,8	idade no teste	5,9		
FA	29	4,9	5,1	5,0		
FJ			idade no teste	6,7		
FA			5,4	5,3		
FJ			idade no teste			8,3
FA			7,6			7,5
Johnston e Watson, 2003			16 semanas 26 horas			
FJ/FPF	117	5,0	idade no teste	6,0	6,0	
FA apenas	109	5,0	5,4	5,4	5,2	
FA + CF	78	5,0		5,4	5,3	
FJ/FPF			idade no teste	7,7	7,8	7,3
FA + CF + FPF			6,7	7,5	7,5	7,0
Stuart, 1999			12 semanas 60 horas			
FJ	55	5,0	idade no teste	7,1	6,8	
LT	57	5,0	6,6	6,3	5,8	
Slumber, 1999			20 semanas 33 hoas	Decodificação de palavras	Decodificação de pseudo-palavras	Soletração
FJ	145	6,0	idade no teste	107	100	104
Eclético	120	6,0	6,5	101	86	98

FJ = Fônica Jolly, FPF = *Fast Phonics First*, FA = Fônica Analítica, CF = Consciência Fonêmica, LT = Linguagem total.

o treino fonológico acrescentou algo além da fônica analítica sozinha. As magnitudes de efeitos para FPF *versus* FA + CF são menores que para FPF *versus* FA sozinha. Magnitudes de efeitos foram maiores, no geral, em favor do programa FPF, perto de 1,0 para leitura e acima de 1,0 para soletração.

O famoso "estudo da região das docas" de Stuart (Stuart, 1999) foi realizado na empobrecida região das docas, na área leste de Londres. As crianças tinham pouca proficiência em inglês, e 53% não sabia absolutamente nenhuma palavra da língua inglesa. O programa FJ seguiu corretamente o formato de Lloyd, e as crianças tiveram cerca de 60

Tabela 5.6
Magnitudes de efeitos da Fônica Jolly

	Segmentação fonêmica	Leitura BAS	Young Reading	Decodificação de pseudopalavra	Soletração	Compreensão leitora
Johnston e Watson, 1997						
$N = 53$						
FJ vs. FA						
Imediato (5,1)		1,52	0,90			
1º Pós-teste (5,4)		3,27	1,0			
Grupo 2 FJ						1,1
Johnston e Watson, 2003						
$N = 304$						
FPF vs. FA (5,4)	1,46	0,91			1,45	
FPF vs. FA + CF[22]	0,73	0,85			1,17	
Stuart, 1999						
$N = 112$						
FJ vs. LT						
1º Pós-teste	1,80	1,18	0,63	1,49	1,39	
2º Pós-teste	1,13	0,71	0,62	0,74	0,86	0,37
Sumbler, 1999						
$N = 265$			ID de palavra	Ataque de palavra	Ortografia	
FJ vs. eclético (6,5)			0,52	0,68	0,44	
MÉDIAS FINAIS	Segmentação de fonema		Todas leituras	Decodificação pseudopalavra	Soletração	Compreensão leitora
	1,65		0,84	0,89	1,22	0,73

Testes do Reino Unido: segmentação Yopp-Singer; British Ability Scales: leitura, ortografia, Young Reading; Primary Reading Test; Neale Comprehension; Schonell Spelling; Willows Spelling. Testes canadenses: Woodcock Reading Mastery.

horas de ensino. Apesar do fato dessas crianças terem habilidades de língua inglesa tão empobrecidas, os resultados são notoriamente como aqueles de Johnston e Watson em quase todos os aspectos. Além disso, eles se mantiveram com o passar do tempo.

---

[22] N. de R. T. Consciência fonêmica.

No estudo observacional de Sumbler (1999), discutido anteriormente, metade das crianças foi ensinada com a FJ. A duração das lições foi consideravelmente encurtada, e elas se estenderam ao longo de todo o ano letivo. Os resultados proporcionam suporte científico para a afirmação de Lloyd de que o aprendizado deveria ser rápido e intenso para um efeito máximo. O problema não estava no desenho da pesquisa, mas na relutância das professoras da pré-escola a ensinarem nesse passo. Elas não acreditavam que crianças pequenas pudessem aprender um fonema e uma letra por dia, ou agüentar seções de uma hora. Houve um acordo, as lições foram reduzidas para 20 minutos ou até menos, e o total de horas recomendadas foi cortado praticamente pela metade. Conforme observado na discussão do estudo observacional, o programa FJ foi ensinado junto com uma mistura de outras atividades de linguagem, reduzindo o tempo ainda mais. Podemos ver o impacto do oferecimento mais lento do programa, além da falta de foco, nas baixas magnitudes de efeitos (Tabela 5.6). Sumbler (1999) observou que, depois de trabalhar com o programa, algumas professoras perceberam que as crianças poderiam aprender esse material muito mais rapidamente e tinham começado a aumentar o ritmo do treino.

Houve três estudos subseqüentes entre este grupo de autores. Johnston e Watson (1997) acompanharam as crianças por mais um ano, até os 7 anos e 6 meses. As crianças FJ mantiveram seus ganhos e estavam avançadas cerca de um ano em relação ao grupo-controle e às normas nacionais. Além disso, um terço das crianças do grupo-controle obteve escore maior que um desvio-padrão abaixo da média, mas apenas 9% das crianças FJ tiveram escores baixos assim. O acompanhamento de um ano de Stuart produziu praticamente os mesmos resultados.

Johnston e Watson (2003) acompanharam as crianças do "Wee County" por mais um ano. Entretanto, em virtude do sucesso inicial do programa, diretores de escolas insistiram que o condado todo mudasse para o FPF, e as diferenças de grupo foram eliminadas ao final do ano seguinte. Agora todas as crianças do "Wee County" têm escores um ano acima das normas nacionais. Estudos complementares subseqüentes (ver Johnston e Watson, 2003) mostraram que a vantagem para todas as crianças aumentou, com o tempo, para dois anos acima das normas nacionais na faixa dos nove anos e meio em leitura (decodificação) e um ano acima na soletração. A compreensão da leitura estava apenas ligeiramente acima das normas (ver Tabela 5.7).

Nenhum dos programas protótipo inclui algo que não seja a tentativa mais rudimentar de ensinar o código escrito avançado. Ainda assim, os escores de soletração foram surpreendentemente altos, certamente muito mais altos que as normas nacionais. Devido às normas basearem-se no *status quo* atual, isto nos diz em que estado precário o ensino da soletração se encontra. Simplesmente, ensinar o código básico no sentido correto, seguindo a lógica correta, e acrescentando uma dúzia ou mais das 136 alternativas de soletração faz uma enorme diferença.

Muitos dos estudos, neste grupo, mediram a consciência fonêmica associada aos testes de leitura e de soletração. A Tabela 5.6 mostra o enorme impacto dos programas FJ/FPF nos escores de consciência fonêmica. Johnston e Watson usaram o teste de segmentação de Yopp-Singer, um teste confiável que está altamente relacionado a habilidades de decodificação. Isto suscita a questão de se programas de ensino de consciência fonológica especiais (adicionais) são realmente necessários – o tema do próximo capítulo.

O que é mais extraordinário a respeito da pesquisa sobre a fônica Jolly é a constância dos resultados. Isto difere surpreendentemente da maioria dos estudos na base de dados do NRP (2000). As médias finais são fornecidas na última linha da Tabela 5.6, e esses valores funcionam como um indicador daquilo que pode ser obtido no ensino de leitura inicial de classe inteira.

Pot-pourri

Antes de deixarmos a avaliação de métodos de leitura quero falar sobre alguns dos outros programas que aparecem na base de dados

Tabela 5.7
FPF: resultados do acompanhamento em Clackmannanshire. Johnston e Watson (2003)

Idade		Escores equivalentes a idade em anos:meses	Anos:meses Acima das normas nacionais
7,9	Leitura	9,4	1,7
	Soletração	8,6	0,9
	Compreensão leitora	8,0	0,3
8,9	Leitura	10,6	1,9
	Soletração	9,6	0,9
	Compreensão leitora	9,2	0,5
9,7	Leitura	11,9	2,2
	Soletração	10,9	1,2
	Compreensão leitora	10,0	0,3

Os testes do Reino Unido foram: British Ability Scales (leitura); Schonell Spelling Test, Primary Reading Test (Compreensão).
Fonte: Scottish Executive Education Department. Internet publication: *Insight* www.scotland.gov.uk/sight/

do NRP (2000). Uma breve síntese desses estudos proporciona uma noção surpreendente da confusão e da variabilidade abundantes nas pesquisas sobre métodos de leitura, como também no uso do termo *fônica*.

A principal fonte dessa confusão é a falta de especificidade do conteúdo do programa. Como regra geral, pesquisadores de leitura com uma formação em psicologia experimental ignoram o que está sendo ensinado em sala de aula. Eles moldam programas de ensino inteligentes e, cuidadosamente, equiparam todos os grupos no estudo com relação a importantes variáveis, como idade, QI, entre outras. Os grupos experimentais então recebem treino especial (descrito em grandes detalhes), enquanto o grupo-controle participa do "programa de sala de aula usual", seja ele qual for. Presume-se que o conteúdo real do programa tenha tão pouco impacto (positivo ou negativo) no resultado do estudo que o próprio programa não é ao menos identificado. Mas o programa em sala de aula poderia ser complementar ou contraditório a um ou mais dos tratamentos experimentais. Vimos esse problema no estudo de Torgesen e colaboradores (1999), em que crianças eram ensinadas individualmente em um programa fônico-lingüístico altamente estruturado, enquanto participavam por pelo menos 5 horas semanais de algum "programa de sala de aula" não-identificado, provavelmente de linguagem total.

Pesquisadores com formação em educação tomam mais cuidado ao fornecerem informações sobre programas de sala de aula, mas essas descrições são geralmente vagas e enganosas. Conforme observado anteriormente, descrições de "fônica elementar" fazem tão pouco sentido que elas esgotam a imaginação.

Mais fônica Um novo programa fônico, desenvolvido por Blachman e colaboradores (1999), foi incluído na base de dados do NRP (2000) para ensino da leitura. Este programa era uma extensão de um programa de ensino de consciência fonêmica da pré-escola, desenvolvido por Ball e Blachman (1991). O desenho do estudo (acompanhamento das crianças da pré-escola até a 2ª série) não permite uma avaliação independente dos dois programas. Por esta razão, o programa Ball e Blachman (1991) será abordado no próximo capítulo, sobre treino de consciência fonêmica.

Dois programas publicados foram testados em estudos abrangendo cidades ou condados, usando grande número de alunos. O primeiro foi um programa de leitura desenvolvido por Beck, chamado New Primary Grades Reading System (NRS) (Leinhardt e Engel, 1981). Foi testado ao longo de um período de dois anos, com alunos de 1ª e 2ª séries. O programa foi descrito como "uma abordagem eclética de quebra de código em oposição a uma abordagem linguagem total", com instrução explícita em correspondências letra-som, associada à extensiva prática de aglutinação. Depois da aprendizagem inicial (níveis 1 e 2) as crianças liam livros e ouviam fitas de áudio. O conteúdo dessas fitas não foi descrito. Os programas de comparação foram os programas de leitura elementar, Scott-Foresman, Harper e Row, ou Houghton-Mifflin.

Ao final do ano escolar, a leitura das crianças foi testada. No grupo da 1ª série foi aplicado o Stanford Achievement Tests (SAT), e no da 2ª série o California Test of Basic Skills (CTBS). O programa NRS funcionou bem na 1ª série, mas não se manteve na 2ª. Os valores de ME para o SAT para o três grandes estudos da 1ª série foram 0,76, 0,67 e 0,44. Os valores de ME para as crianças da 2ª série foram essencialmente zero, por razões desconhecidas. Infelizmente houve uma confusão importante neste estudo. As professoras do NRS atribuíram cerca de 100 minutos a mais de ensino de leitura por semana que as professoras do programa leitura elementar, o que essencialmente invalida o estudo.

Bond e colaboradores (1995-1996) observaram o impacto de um programa publicado chamado Sing, Spell, Read and Write (SSRW). Este foi um teste parcial do método, pois o distrito concordou em dar apenas 20 lições. Uma característica do programa é cantar, como o nome sugere. Há inúmeras fitas de áudio de canções sobre "generalizações fônicas" (termo não-explicado). A não ser por este termo, isso é fônica visual fortemente orientada pela letra. As lições iniciais envolvem memorização do "som" de cada letra do alfabeto. "Livros de história fonéticos" são introduzidos depois que alguns sons de letras são aprendidos. Atividades de soletração e escrita são incluídas no programa. O programa foi testado em três grupos etários: pré-escola, 1ª e 2ª séries, usando cerca de 900 crianças. As magnitudes de efeitos para o subteste Woodcock de identificação de letra-palavra foram baixos nos três níveis (0,39, 0,24, 0,44, respectivamente), mas muito maiores para decodificação de pseudopalavra (1ª série 0,60, 2ª série 0,56). A maioria dos alunos de pré-escola teve zero neste teste. Não houve vantagem especial do programa SSRW para leitura oral (1ª série 0,02 e 2ª série 0,33).

Linguagem total Houve três estudos especificamente voltados à linguagem total. Klesius, Griffith e Zielonka (1991) compararam a abordagem linguagem total com um programa do tipo "elementar tradicional" que enfatizava a "fônica explícita". A questão experimental foi: se os alunos da 1ª série em um ambiente de aprendizagem pelo método linguagem total (estavam "submersos na escrita" e fazendo uma "variedade de atividades de leitura e escrita"), poderiam aprender o princípio alfabético "implicitamente" sem instrução direta. (Enfatizo, que este é o argumento central dos defensores da linguagem total). No estudo, havia 112 crianças de seis classes. As professoras receberam treino adicional e ajuda contínua dos pesquisadores. As atividades de linguagem total eram típicas e envolviam ouvir a professora ler livros infantis, poemas e rimas, enquanto as crianças liam junto. As crianças praticavam muito a escrita, muito mais que as crianças das classes com programas de leitura elementar. Entretanto, tiveram pouco, se algum, ensino formal de soletração.

O programa tradicional de leitura elementar não estava bem descrito, a não ser por incluir "instruções de habilidade isolada", incluindo "correspondências letra-som", além de leitura dirigida dos livros elementares. Havia testes de soletração semanais. A dosagem da escrita variava amplamente de uma classe para a outra. As crianças também trabalhavam independentemente em livros de exercícios fônicos, fazendo exercícios como circular palavras ou objetos que começassem com o mesmo som.

O programa de leitura elementar produziu geralmente escores mais elevados em uma bateria de testes de leitura, soletração e escrita. As magnitudes de efeitos foram baixas para compreensão (0,10), pequenas para reconhecimento de palavra, para soletração e para escrita (faixa de 0,30 a 0,34), moderadas para consciência fonêmica (0,56), e grandes para decodificação de pseudopalavras (0,71). Isto, certamente, não significa que este "programa tradicional de leitura elementar" seja um bom programa; significa apenas que a linguagem total era pior. (Os valores de ME do NRP foram altamente discrepantes dos valores mostrados acima.)

Em um segundo estudo realizado pela mesma equipe (Griffith, Klesius e Kromrey, 1992), comparando os mesmos dois métodos de leitura, as crianças foram selecionadas com base em escores extremos (altos e baixos) em um teste de consciência fonêmica. O objetivo era verificar se as crianças com alta consciência fonêmica saíam-se melhor de um modo geral, e se o tipo de programa de leitura era influenciado pelas habilidades de consciência fonêmica. Infelizmente, quando as crianças são classificadas em grupos extremos, outros fatores entram em jogo. QI é um fator principal em alguns testes de consciência fonêmica, e isto não foi controlado. Tampouco o ambiente familiar. As crianças com altas habilidades de consciência fonêmica podem ter sido ensinadas a ler em casa. De qualquer forma, as crianças com altos escores em consciência fonêmica saíram-se melhor em ambos os tipos de classes. Para a maioria das crianças, o tipo de ensino de leitura não fez diferença (os resultados não foram significantes). Este estudo teve muitas variáveis incontroláveis para ser válido. Também inúmeros escores de testes de leitura estavam no teto para as crianças de alta consciência fonêmica.[23] (O NRP relatou magnitudes de efeitos muito amplas a favor do grupo tradicional de leitura elementar, o que é evidentemente incorreto e representa mal o que aconteceu neste estudo.)

O estudo final (Eldredge, 1991) foi uma tentativa de melhorar a linguagem total, acrescentando-se um componente fônico durante 15 minutos por dia. Três classes de "linguagem total modificada" foram comparadas a três classes usando programas do tipo leitura elementar. Todas as crianças tinham "baixo rendimento" na 1ª série.

A partir da descrição do suplemento fônico no programa "linguagem total modificada", isto era em parte fônica visual (20 grafemas vocálicos), além de uma variedade de atividades de análise fonêmica: identificar sons em posições inicial, média e final em uma palavra, lições de segmentação e aglutinação, etc. As crianças aprendiam padrões de soletração para certos tipos de sílabas. O programa de leitura elementar (Houghton-Mifflin) também parecia ter uma orientação do programa de linguagem total. A maior parte das atividades era dedicada à leitura, ao treino de vocabulário e à construção de sentenças. Algumas relações letra-som eram ensinadas, mas nada de segmentação ou de aglutinação.

Os resultados mostraram uma superioridade constante da linguagem total mais fônica sobre os programas de leitura elementar. As magnitudes de efeitos foram 0,44 para conhecimento fônico, 0,55 para reconhecimento de palavra, 0,73 para leitura total e 0,83 para compreensão (os últimos três testes da bateria de Gates-MacGinitie). Este é o único estudo a mostrar uma magnitude de efeito substancialmente maior para compreensão do que para testes básicos de reconhecimento de palavra e decodificação de pseudopalavras. Entretanto, este estudo está comparando maçãs com laranjas, e as evidências não são convincentes de que o método linguagem

---

[23] N. de R. T. Eram fáceis demais.

total mais fônico seja o causador da vantagem, ou simplesmente o componente fônico sozinho.

Conclusão

Quão válida e confiável é a metanálise para pesquisas dessa complexidade, em que praticamente cada estudo usa um método diferente, envolve crianças de diferentes tipos e idades, emprega diferentes desenhos de pesquisa e usa diferentes medidas de competência de leitura e de soletração? Devo observar que praticamente todas as medidas de leitura e de soletração nestes estudos foram testes construídos apropriadamente, normatizados e padronizados. Isto pelo menos assegura que as magnitudes de efeitos (quando computadas com precisão) sejam estatisticamente válidas e representem fielmente as diferenças de grupo nessas medidas. Isto é uma vantagem, pois testes padronizados são uma verdadeira exceção nos estudos de treino de consciência fonêmica, revisados no próximo capítulo. Contudo, as magnitudes de efeitos irão variar por outras razões, como o desenho da pesquisa e os fatores externos.

Tomei um cuidado especial ao analisar cada estudo separadamente em detalhe e computar eu mesma as magnitudes de efeitos (muitas vezes). Isto revelou que os cômputos do relatório NRP nem sempre eram precisos. Algumas vezes isto se deveu a uma má compreensão do desenho do estudo. Por exemplo, um estudo presente na base de dados (Martinussen e Kirby, 1998) não comparava métodos de leitura. Em vez disso, focava a questão de se ensinar diferentes *estratégias* para aprender o *mesmo* programa fazia alguma diferença. Os resultados não foram significativos para leitura, e houve muitas notas baixas nos testes Woodcock de leitura, com desvios-padrão três vezes maiores que as médias. Ainda assim, as magnitudes de efeitos foram computadas do mesmo jeito.

Além de observar anomalias como essa, eu estava preocupada com o fato de que meus valores às vezes desviavam significativamente daqueles das tabelas do NRP (2000), principalmente por estar usando fórmulas idênticas. Em parte, isto se deveu ao meu maior interesse por escores individuais, enquanto o NRP (2000) tendia mais a agrupar dados de diversos testes. Entretanto, em outros casos, havia erros computacionais brutos. Por exempo, Griffith, Klesius e Kromrey (1992), na seção anterior, não relataram diferenças significativas entre dois métodos de leitura em comparação com cada teste de leitura e soletração, exceto um. "Nenhuma diferença significativa" traduz-se em magnitudes de efeitos baixas ou zero, que foi o que constatei. O NRP (2000), entretanto, relatou grandes magnitudes de efeitos em cada teste (alguns maiores do que 1,0) a favor do método linguagem total. Erros como este, tendenciam, os resultados gerais da metanálise (neste caso, contra o fônico e a favor da linguagem total).

Em vista da natureza da metanálise como uma ferramenta estatística, e dos problemas delineados acima, o resumo geral do painel foi decepcionante. Eles se basearam exclusivamente nas tabelas-resumo do sumário, discutiram os efeitos globais e assim chegaram as conclusões. Houve generalizações radicais como esta: "O ensino fônico não exerceu um impacto significativo no desempenho em leitura de leitores de baixo desempenho de 2ª a 6ª séries" (NRP, 2000, p. 2-133). Esta é uma afirmação perigosa. Ela implica que *nenhuma* instrução fônica funciona para leitores fracos ou que *nenhum* dos programas da base de dados do NRP foi eficaz para essa população, o que não é verdade. A afirmação também dá a falsa impressão de que todos os programas de reabilitação fônica foram incluídos no conjunto de dados, quando isto estava longe de ser o caso. Na verdade, os programas atuais mais eficazes de reforço de leitura hoje não aparecem (ver McGuinness, 1997c; McGuinness, C., McGuinness, D. e McGuinness, G., 1996).

Com relação ao ensino da leitura inicial, o painel concluiu que o valor metanálise (MS = 0,44), aquele com que começamos no início desta seção, "proporcionava um sólido suporte para a fônica sistemática" (p. 2-132), quando este valor é pequeno e foi o resultado de um composto de cada comparação de programa.

Em uma sessão perguntas-e-respostas (nas páginas 2-132 a 2-136 do NRP, 2000), eles fizeram a pergunta: "Alguns tipos de instrução fônica são mais eficazes que outros?" Eles a responderam agrupando imprecisamente os estudos (66 casos) em três tipos. Não encontraram diferenças estatísticas entre a eficácia desses tipos e concluíram que o tipo de programa fônico não importava. Mais uma vez, esta afirmação é enganosa. Como vimos, o tipo de programa fônico importa, e muito. A verdadeira questão aqui é como classificá-los.

O termo *fônica sintética* é particularmente problemático. Foi definido como "ensinar os alunos a converter letras (grafemas) em sons (fonemas), e depois agrupar os sons para formar palavras reconhecíveis". Essa definição sugere que a fônica sintética é um sinônimo daquilo que chamo de *fônica visual*. O painel não parece reconhecer a distinção entre fônica visual (orientada pela letra) e fônica lingüística (orientada pelo fonema), o que fica claro a partir da forma como as tabelas-resumo estão codificadas. Programas fônico-visuais e programas fônico-lingüísticos estão ambos codificados como "fônica sintética".

O problema criado pela lógica fônica-visual aparece na sessão perguntas-e-respostas. O painel perguntou: "Quantas relações som-letra deveriam ser ensinadas e quantas diferentes maneiras de usar estas relações para ler e escrever palavras deveriam ser praticadas?". Mais tarde, fizeram a mesma pergunta novamente e responderam: "É evidente que as principais correspondências letra-som, incluindo vogais breves e longas, dígrafos, precisam ser ensinadas".

Mas o que é evidente? E o que é "principal"?

Na lógica fônico-lingüística nenhuma das questões acima, nem as respostas, fazem sentido. Precisam ser ensinadas às crianças 40 sons da língua inglesa e sua soletração mais comum (provável). Tudo segue a partir disto. A verdadeira questão é: Quando e em qual ordem deveriam ser ensinadas as 136 alternativas de soletração restantes?

Quando o NRP (2000) abordou as diretrizes para as futuras pesquisas, muitas questões levantadas pelo painel já haviam sido respondidas por estudos presentes em seu conjunto de dados, ou pela literatura de pesquisa revista neste capítulo. Estas foram questões como:

- "Por quantos meses ou anos deve continuar um programa fônico?". Leva um semestre para ensinar o código básico.
- Quais os componentes-chave para um programa fônico sistemático eficaz?". Os componentes-chave incluem a lógica som-para-letra, um código básico marcando todos os 40 sons, a integração da leitura e da escrita, o ensino da segmentação e da aglutinação fonêmica e altas doses de escrita.
- "De que forma o uso de textos decodificáveis como material de ensino de leitura contribui para a eficácia dos programas fônicos?". Certamente, os textos muito difíceis de decodificar não contribuem em nada.

Em relação às minhas próprias conclusões, penso que as notícias são animadoras. Os programas fônico-lingüísticos – aqueles quase iguais ao protótipo – foram os maiores vencedores, praticamente todos produzindo magnitudes de efeitos muito grandes, apesar da variação nas populações-sujeito (incluindo crianças que não tinham fluência no inglês oral). Além disso, essas magnitudes de efeitos se sustentam ou até mesmo aumentam ao longo de vários anos. Realmente sabemos como ensinar leitura eficiente e eficazmente. O que precisamos é mais pesquisa sobre esses bons programas para apurar os detalhes. Isto incluiria uma exploração de materiais, de atividades, de seqüência, e de ritmo, além de uma avaliação do valor das características especiais dos programas, como as "ações" da fônica Jolly, ou a análise de padrões motores articulatórios utilizados no programa Lindamood. Será que realmente ajudam? Precisamos comparar os vários programas fônico-lingüísticos entre si e parar de fazer pesquisa comparando "fônico" a linguagem total e programas de leitura elementar. Sabemos que métodos de palavra inteira não funcionam. Temos evidências em abundância de que a linguagem total é um fracasso desanimador, e de que a maioria dos programas leitura elementar não fica muito atrás.

No Capítulo 11, apresento maiores informações sobre importantes questões de pesquisa para o século XXI. Enquanto isso, vou examinar os programas de treino de consciência fonêmica. Eles são realmente necessários?

6
TREINO DE CONSCIÊNCIA FONÊMICA

A importância do treino de consciência fonêmica ou fonológica para o domínio de um sistema de escrita alfabético tem sido o tema predominante das pesquisas em leitura nos últimos 30 anos. Antes de mais nada, há uma importante distinção a fazer entre a consciência fonológica e a fonêmica. A primeira refere-se a todas as unidades de som, incluindo a consciência da palavra, da sílaba e do fonema. Sendo assim, a consciência fonêmica é uma sub-habilidade, faz parte, da consciência fonológica.

O NRP (2000) localizou aproximadamente 2 mil estudos sobre consciência fonêmica. Não há dúvida de que o desempenho em certas tarefas fonológicas esteja fortemente correlacionado com as habilidades de leitura e de soletração. O que se questiona é: a natureza dessa correlação, o tipo de habilidades fonológicas que são importantes e seu exato papel na leitura e na soletração.

De acordo com a teoria de que "a consciência fonológica se desenvolve" ao longo da infância, crianças gradualmente vão tornando-se conscientes das palavras, sílabas, fragmentos de sílabas e fonemas. O desenvolvimento é longo e demorado, com a "consciência explícita" dos fonemas emergindo por volta dos 6 ou 7 anos (Liberman et al., 1974; Adams, 1990). Esta teoria exerceu um impacto profundo na elaboração de programas de treino fonológico, determinando o momento em que a consciência fonológica é ensinada, o que deve ou não ser incluído nas lições e em qual ordem.

As pesquisas sobre percepção da fala e desenvolvimento da linguagem, assim como os próprios estudos de treino, não dão suporte a essa teoria. A consciência de diferenças fonêmicas (*ba-da*) está presente desde o nascimento, e a análise de fonemas torna-se operacional por volta dos 6 meses, quando os bebês começam a extrair palavras no fluxo da fala e a construir um vocabulário receptivo. No estágio do balbucio, os bebês aprendem como a linguagem falada é produzida mecanicamente, e checam o modo como estão se saindo por meio de *feedback* auditivo (Vihman, 1993; ver também *Language development and learning to read*). A principal prova de que as crianças são realmente conscientes dos sons individuais, é que elas começam a autocorrigir os fonemas mal-pronunciados em sua fala antes dos 3 anos (Chaney, 1992). Estes estudos são revistos em profundidade no livro citado acima.

Crianças de 2 anos, geralmente, não são capazes de demonstrar o que já sabem, mas as de 3 são. Chaney observou que 93% das crianças de aproximadamente 3 anos (com uma idade média de 44 meses) poderiam ouvir uma seqüência de fonemas isolados, agrupá-los em uma palavra e selecionar essa palavra a partir de um conjunto de imagens com precisão acima da média, acertando 88% do teste. Esta foi a segunda tarefa mais fácil em uma bateria de 22 tarefas de linguagem. A primeira foi dizer uma "palavra" ("Você pode dizer uma palavra para mim?"), mostrando que muitas crianças estão bem conscientes do que uma "palavra" é, apesar do mito em contrário. Outra tarefa fácil foi detectar um fonema malpronunciado em uma frase e corrigir o erro pronunciando a palavra na frase corretamente.

Por outro lado, as crianças tiveram enorme dificuldade com as tarefas que, segundo a teoria do desenvolvimento fonológico, são mais fáceis, como os jogo de palavra com rima e com aliteração. Poucas crianças foram capazes de julgar se duas palavras rimavam, e praticamente nenhuma criança foi capaz de produzir outra palavra que rimasse com a palavra dada (palavra-alvo). Elas apresentaram ainda mais dificuldade com a aliteração (combinação de sons iniciais). Esses resultados mostram duas coisas: a sensibilidade natural das crianças para palavras e fonemas, e a dificuldade em fazer julgamentos abstratos como, por exemplo, se fragmentos de palavras "tem sons parecidos".

Isto não significa dizer que a consciência explícita de fonemas esteja instantaneamente disponível quando as crianças têm de aprender um sistema de escrita alfabética. À medida que a percepção e a produção da fala aumentam em eficácia, elas passam a andar no piloto automático, operando abaixo do nível de atenção consciente, *exatamente o oposto da teoria do desenvolvimento*. Os adultos não são conscientes dos fonemas individuais enquanto ouvem ou falam; sua atenção está focada no significado. Porém, a maioria das pessoas pode detectar um erro fonêmico e corrigir o falante sem um instante de hesitação, embora elas possam não estar certas quanto ao lugar em que o erro ocorreu. O cérebro realiza essas funções para nós, e nós não precisamos monitorá-las.

A única razão pela qual alguém precisaria ter consciência fonêmica é se tivesse de aprender um sistema de escrita alfabético. Mas, uma vez que as habilidades necessárias são dominadas, os fonemas "tornam-se, novamente, inconscientes". Pergunte a alguém de sua família ou a um amigo quantos sons há na palavra *straight*, e você vai obter um número entre quatro e oito.[1] (Tente você mesmo.) Devido ao fato de a análise de fonemas ocorrer abaixo do nível de atenção consciente, crianças (ou adultos analfabetos) devem ser ensinadas a *prestar atenção* no nível fonêmico da fala para aprender um sistema de escrita alfabético. Isto não necessariamente requer *consciência explícita* ("ter consciência, saber o que faz"), conforme mostrou a pesquisa de Cossu, Rossini e Marshall (1993) sobre crianças com síndrome de Down. Essas crianças eram capazes de aprender as correspondências som-símbolo do código alfabético italiano simplesmente por meio de combinação e repetição, e podiam ler (decodificar) palavras reais e sem sentido em níveis bem-elevados. Contudo, elas não conseguiam compreender o que liam e fracassaram, de modo frustrante, em testes de consciência fonêmica.

Outro forte componente do mito é que a consciência fonêmica é difícil de ensinar. Acredita-se nisso porque os fonemas são coarticulados e difíceis de separar, e porque as consoantes não podem ser produzidas isoladas de uma vogal. Assim, a melhor expressão de uma palavra segmentada como *cat* é "kuh-aatuh". Nenhuma das afirmações é verdadeira. Apenas 5 dos 40 ou mais fonemas da língua inglesa são difíceis de produzir isoladamente. Estes são as consoantes sonoras: /b/, /d/, /g/, /j/, e /l/. Mas até mesmo elas podem ser controladas ao se manter a vogal extremamente breve. Nenhuma outra consoante precisa ser

---

[1] N. de R. T. Um bom exemplo para o português é palavra *táxi*. As respostas serão de quatro a seis.

produzida com uma vogal, certamente nem /k/ e /t/.[2]

Em virtude de as evidências mostrarem que as crianças têm uma boa sensibilidade fonêmica e do fato de isolar fonemas em palavras não ser tão difícil quanto pesquisadores parecem crer, será que realmente precisamos de programas especiais de treino de consciência fonêmica? Indo mais ao ponto, as crianças *realmente* precisam tomar consciência dos fonemas para usar um sistema de escrita alfabético e para aprender a combinar cada fonema a seus símbolos escritos. Mas isto é o que um programa fônico-lingüístico ensina. Que benefício especial, então, um programa de treino de consciência fonêmica confere?

Programas especiais de treino de consciência fonêmica são realmente necessários?

Responder a esta questão tomará a maior parte deste capítulo. Para ajudar com essa comparação, vamos rever como um programa fônico-lingüístico funciona na prática.

As lições começam dirigindo-se a atenção das crianças para um fonema em particular, ao produzi-lo isoladamente (/sss/), e/ou fazendo as crianças o descobrirem ao ouvir uma pequena história que repita o som seguidas vezes. Por exemplo, aqui temos a sessão de abertura de uma história para introduzir o som /p/ em um programa desenvolvido por mim (McGuinness, no prelo).[3]

Pretty Penny is happy.
She has a pig named Poppy.

Poppy is a pet.
The best pet yet.

Most pigs are sloppy.
Not Poppy.

Poppy is perfectly pink and pale.
From the top of her head to the tip of her tail.[4]

Observe que o som /p/ aparece em todas as posições: inicial, medial e final. Depois que as crianças aprendem a ouvir este som e a pronunciá-lo nas suas posições elas vêem a letra p, e é dito que essa letra representa o som /p/. Elas praticam traçando, copiando e escrevendo cada nova letra até que sua forma esteja gravada na memória. À medida que escrevem, elas pronunciam o som que a letra representa.

Uma vez que alguns sons são introduzidos, eles são combinados para produzir palavras reais (e não palavras sem sentido). Desta forma, as crianças chegam ao "entendimento" da lição tão logo quanto é possível. Além disso, compreendem o valor e o objetivo do exercício. Palavras reais podem ser escritas, som por som, e após podem ser decodificadas (lidas). Os fonemas e suas soletrações do código-básico são introduzidos tão rapidamente quanto as crianças possam aprendê-los, cada lição progredindo a partir da anterior, até que todos os 40 fonemas e suas soletrações estejam dominados. Alternativas de soletrações vêm a seguir.

As crianças aprendem a segmentar e a aglutinar fonemas ao ver e ao escrever letras. Elas aprendem que fonemas ocorrem um depois do outro no tempo, e que as letras são sequenciadas uma após a outra no espaço (da esquerda para a direita). Leitura e escrita (soletração) estão integradas nas lições de modo que as crianças aprendam a natureza de código do sistema de escrita inglês. Estes

---

[2] N. de R. T. No português brasileiro são as consoantes plosivas (ou oclusivas) que são mais difíceis de ser pronunciadas isoladamente. São elas: /p/, /b/, /t/, /d/, /k/, /g/. Mas também podem ser facilmente controladas ao manter a produção da vogal de forma breve. Interessante ressaltar que, no sistema escrito do português brasileiro, com exceção do fonema /k/, todos os outros têm relação direta entre fonema-grafema. Só o /k/ que pode ser soletrado como c ou qu.

[3] N. de R. T. Já adaptado para o português, livro semelhante é Adams et al. *Consciência fonológica em crianças pequenas*. Porto Alegre: Artmed, 2006.

[4] N. de R. T. Uma parlenda que focaliza o /p/ em português poderia ser: O pinto pia, a pia pinga. Pinga a pipa, o pinto pia. Pinto pia, pipa pinga. Quanto mais o pinto pia, mais a pipa pinga. Pinto, C. (Ciça). *O livro do enrola-língua*. Nova fronteira, 2001.

são os blocos fundamentais na construção de um bom programa fônico-lingüístico.

A questão central é se um componente de treino fonológico acrescenta algo ao que acabei de descrever. Será que ele amplia as habilidades de análise fonêmica, leitura e soletração além dos programas que estão adequados ao protótipo, descritos no capítulo anterior? Para comprovar que sim, esse componente teria de produzir magnitudes de efeitos ainda maiores para a leitura, a soletração e a consciência fonêmica que os programas fônicos eficazes já produzem sozinhos, com valores de ME bem acima de 1,0.

Para responder a essa questão, vou reportar-me aos esforços do NRP mais uma vez. Seu foco estava na consciência *fonêmica*. Para atender os critérios de seleção, o estudo tinha de incluir treino de consciência fonêmica. O painel trouxe à tona 1.962 artigos referenciados por este termo, e eles foram examinados por meio dos seguintes critérios:

- Ter um desenho experimental ou quase-experimental, com um grupo-controle.
- Aparecer em uma publicação especializada.
- Testar a hipótese de que o treino de consciência fonêmica melhora mais a leitura que alguma outra alternativa de treino ou nenhum treino.

Tabela 6.1
Magnitudes de efeitos do treino de consciência fonêmica por categoria com base na análise do NRP

Comparação	N casos	Consciência fonêmica	N casos	Leitura	N casos	Soletração
Teste imediato	72	0,86	90	0,53	39	0,59
Teste de verificação posterior (acompanhamento)	14	0,73	35	0,45	17	0,37
Só jardim-de-infância	39	0,95	40	0,48	15	0,97
Só 1ª série	15	0,48	25	0,49	16	0,52
Língua Inglesa	61	0,99	72	0,63	32	0,60
Língua estrangeira	11	0,65	18	0,36	7	0,55
Usando letras	39	0,89	48	0,67	27	0,61
Sem letras	33	0,82	42	0,38	12	0,34
Treino realizado pelo professor/facilitador	64	0,89	82	0,55	33	0,74
Treino realizado pelo computador	8	0,66	8	0,33	6	0,09
Teste informal			56	0,61	24	0,75
Teste padronizado			39	0,33	20	0,41
Composto* eliminando: 3ª série ou superior Língua estrangeira Treino por computadores N = < 20 Horas = < 3	14	1,10	45	0,74	24	1,01

* *Não* corrigido para letras/sem letras ou para testes informais *vs.* padronizados

- Treinar a consciência fonêmica, e não confundi-lo com outro tipo de treino.
- Apresentar dados estatísticos adequados para computar as magnitudes de efeitos.

Apenas 78 estudos passaram nesse exame, e uma leitura mais cuidadosa eliminou outros 26, deixando 52 estudos na base de dados do NRP (2000). Esses 52 estudos incluíam um total de 96 comparações ou "casos". Usando os valores do NRP, preparei uma tabela-resumo simplificada dos resultados importantes (ver Tabela 6.1). Deve-se ter em mente que esses estudos são tão variáveis em si próprios como os estudos sobre instrução fônica. A tabela mostra as comparações mais relevantes. Primeiro, vemos que o ensino de consciência fonêmica melhora o desempenho em testes de consciência fonêmica, comparado ao treino alternativo ou a nenhum treino, comprovando, pelo menos, que a consciência fonêmica é fácil de ensinar.

Entretanto, ser "fonemicamente consciente" tem pouca utilidade funcional, a menos que haja algum impacto causal na aprendizagem da leitura e da soletração. O principal dogma da teoria "consciência fonológica se desenvolve" é o de que as crianças deveriam aprender a ler *após* tornarem-se conscientes dos fonemas, com a condição adicional de que se a consciência fonêmica não está "se desenvolvendo" de uma forma oportuna, as crianças precisam de ajuda adicional. Contudo, a questão principal é se o treino de consciência fonêmica por si só tem um impacto na aprendizagem da leitura.

A resposta simples para esta questão é não. Aqui estão as evidências. Para os dados combinados (72 casos), a metanálise mostrou que o treino de consciência fonêmica tem um impacto moderado na leitura (ME = 0,53) e na soletração (ME = 0,59). Mas quando o treino é puramente oral/auditivo (excluindo-se todos os estudos em que as letras foram usadas), o impacto na leitura e na soletração é substancialmente reduzido (valores de ME caem para 0,38 e 0,34). Além disso, quando a leitura é avaliada por um teste padronizado em vez de um teste informal,[5] o impacto do treino de consciência fonêmica sobre a leitura e a soletração também diminui (ME = 0,33 e 0,41). Testes informais inflam as magnitudes de efeitos, pois avaliam o que é ensinado.

Outra metanálise dos estudos de treino de consciência fonológica foi dada pelo grupo holandês de Bus e Van IJzendoorn (1999), usando uma base de dados menor (36 estudos). Eles focalizaram principalmente a consciência fonêmica, excluindo o treino em rima e a segmentação silábica. Relataram uma magnitude de efeito de 1,04 para o impacto do treino de consciência fonêmica nos testes de fonema, e 0,44 para leitura. Entretanto, estudos subseqüentes mostraram que o impacto do treino de consciência fonêmica sobre a leitura foi nulo (ME = 0,16).

Bus e Van IJzendoorn analisaram a enorme variabilidade entre esses estudos. Em uma tentativa de reduzir a diferença nos dados, eles recomputaram a metanálise usando apenas os estudos dos Estados Unidos, em que as crianças foram aleatoriamente distribuídas em grupos ou combinadas. Surpreendentemente, a magnitude de efeito para o impacto do treino fonêmico sobre a consciência fonêmica recuou (ME = 0,73), enquanto aumentou consideravelmente para leitura (ME = 0,70). Bus e IJzendoorn ficaram demasiadamente otimistas quanto ao resultado: "Os estudos de treino resolveram a questão sobre o papel causal da consciência fonológica no aprendizado da leitura: o treino fonológico seguramente aumenta as habilidades fonológicas e de leitura. Cerca de 500 estudos com resultados nulos nos arquivos de pesquisadores desapontados seriam necessários para tornar os resultados atuais insignificantes" (p. 411).

Veremos brevemente que uma leitura mais cuidadosa desses estudos americanos tornará *esses* resultados "insignificantes".

O conjunto de dados do NRP (2000) refletiu um grupo igualmente diverso de estudos com diferentes tipos de treino, diferentes testes avaliando diferentes fatores e diferentes populações em diferentes países. Onze

---

[5] N. de R. T. Testes elaborados pelo próprio experimentador.

estudos foram conduzidos em países não-falantes de língua inglesa, incluindo Israel, que nem mesmo conta com um sistema de escrita alfabético. Alguns desses países têm alfabetos transparentes (Finlândia, Alemanha, Espanha, Suécia, Noruega) e alguns não (Dinamarca). Em países com um alfabeto transparente, testes padronizados de leitura avaliaram a velocidade de leitura (fluência), não a precisão, enquanto o contrário aconteceu em países com alfabetos opacos. Excluir estudos de língua estrangeira aumenta a conexão entre a consciência fonêmica e a leitura para estudos em países de língua inglesa (inglês: ME = 0,63; estrangeiro: ME = 0,36). Eliminar os estudos de treino por computador, que foram particularmente malsucedidos, teve o mesmo impacto (professores: ME = 0,55; computadores: ME = 0,32).

As tabelas-resumo do NRP (2000) ilustram alterações nas magnitudes de efeitos quando é excluída uma variável de cada vez. Entretanto, tabelas também foram fornecidas para cada estudo, listando magnitudes de efeitos individuais juntamente com informações sobre importantes descritores, como o número de crianças no estudo, o país onde fora conduzido, o número de horas que o treino durou, etc. Isso possibilita excluir estudos que obscureçam o verdadeiro panorama dos resultados. Com esta finalidade, recomputei o valor de ME médio para leitura e soletração (ver a última linha da Tabela 6.1) depois de eliminar estudos com as seguintes características:

- estudos de língua estrangeira;
- estudos de treino com computador;
- estudos com um *N* menor que 20 crianças;
- treino durando menos de 3 horas;
- estudos sobre leitores fracos mais avançados (3ª série ou superior).

Os novos valores de ME são agora bem maiores: ME = 0,74 para leitura e ME = 1,01 para soletração. Estes resultados estão mais alinhados com os resultados dos bons programas fônicos, e em maior conformidade com os estudos americanos de metanálise de Bus e IJzendoorn. Isso parece mostrar que o treino de consciência fonêmica tem um forte impacto sobre a leitura e a soletração. Mas será que tem mesmo?

Duas informações estão faltando nas tabelas do NRP (2000) sobre os estudos individuais. A primeira é se *letras* foram incluídas no treino e, a segunda, que testes de leitura foram empregados. Depois de uma leitura cuidadosa dos demais estudos no conjunto de dados e de recomputar muitas das magnitudes de efeitos, novamente descobri que as magnitudes de efeitos do NRP nem sempre eram precisas, e vou comentar sobre as discrepâncias na medida em que prosseguirmos.

As magnitudes de efeitos do NRP eram, com freqüência, baseadas nos escores combinados dos testes informais e de testes padronizados. Ao revisar os estudos individuais observei faltarem estimativas de confiabilidade aos testes informais, e que estes eram altamente específicos para avaliar aquilo que era ensinado. Isso vai inflar extremamente as magnitudes de efeitos, produzindo um falso retrato daquilo que esses estudos de treino conseguiram. Em compensação, as magnitudes de efeitos para ensino da leitura foram baseadas em testes padronizados (ver capítulo anterior). Quando se deseja saber o verdadeiro impacto de um programa de consciência fonêmica sobre a *leitura*, as mesmas medidas rigorosas de leitura e desoletração devem ser aplicadas. Para examinar esse problema mais de perto, precisamos nos voltar para os próprios estudos.

No restante deste capítulo vou reexaminar aqueles estudos que sobraram na base de dados depois que os estudos nas categorias listadas acima foram eliminados. Vou observar estudos que compararam treino de consciência fonêmica com ou sem letras, e examinar os resultados para testes elaborados pelo experimentador *versus* testes padronizados. Vou também examinar o impacto dos vários tipos de treino, tais como programas usando unidades fonológicas maiores ou menores, e como, precisamente, a consciência fonêmica é ensinada. Para isto, incluí alguns estudos bem desenhados de língua estrangeira que investigaram fatores neutros, tais como o impacto de ensinar consciência fonêmica com ou sem letras.

Um glossário

Antes de passarmos para a análise dos estudos individuais, desejo esclarecer algumas questões terminológicas. Há diversos tipos de habilidades de consciência fonêmica. Basta dizer que não há testes padronizados para todas essas habilidades, e poucos testes têm normas. Os termos descritivos para essas habilidades variam também. Aqui temos um glossário de como pretendo usar esses termos.

DISCRIMINAÇÃO. CAPACIDADE DE DIFERENCIAR FONEMAS. "OS SONS /v/ E /v/ SÃO OS MESMOS OU SÃO DIFERENTES?

IDENTIFICAÇÃO. Ser capaz de identificar (produzir o som) quando perguntado sobre um fonema em uma dada localização em uma palavra (posição inicial, medial, final). "Qual é o primeiro som em *cat/gato*?"

SEQÜÊNCIA. Ser capaz de pronunciar fonemas na ordem em que aparecem em uma palavra. Há três métodos de ensino:

- Estender fonemas. mmmmmmmmaaaaannnn para *man*.[6]
- Segmentar. Isolar cada fonema em seqüência: /m/ /a/ /n/.[7]
- Agrupar. Ser capaz de aglutinar os fonemas isolados para formar uma palavra.[8]

MANIPULAÇÃO. Mentalmente excluir, adicionar ou reverter sons individuais em palavras, descobrir o que sobra e dizer a palavra: "Diga *stand* sem o /t/".[9]

Há uma considerável confusão em torno dos termos *segmentar* e *aglutinar* e da forma como se relacionam à leitura e à soletração. Muitas pessoas acreditam que a leitura envolve aglutinar as letras e a soletração envolve segmentar os sons. De acordo com essa idéia, ao ler, rapidamente traduzimos letras em fonemas e os *aglutinamos* na palavra. Ao escrever, dizemos a palavra, *segmentamos* os sons, traduzimos cada som em uma letra ou letras, e a escrevemos. Isto não é o que acontece.

As crianças vêem uma palavra não-familiar: *sting*.

Para ler a palavra, as crianças pronunciam cada fonema (segmentação): /s/ /t/ /i/ /ng/. Elas então aglutinam os sons na palavra e checam o resultado. É bastante comum para leitores principiantes e leitores fracos segmentarem corretamente e aglutinarem incorretamente: /s/ /t/ /i/ /ng/ – *sing*.[10]

Para *soletrar* a palavra *sting* as crianças dizem a palavra, ouvem cada segmento em seqüência e aglutinam os segmentos na palavra à medida que escrevem. Segmentação e aglutinação estão intimamente relacionados tanto na leitura quanto na soletração. Mesmo quando a criança já é hábil, isto é, a leitura e a soletração são eficazes e o processamento parece instantâneo, ele não o é. O leitor/soletrador hábil segue fazendo a mesma análise som-por-som, apenas em uma velocidade fenomenal. Isto é o que se quer dizer por *automaticidade*. Nossos cérebros operam no domínio dos milissegundos (no caso dos leitores/soletradores hábeis), enquanto a reflexão consciente opera no domínio dos segundos (caso dos leitores/soletradores fracos ou iniciantes).

Tornamo-nos conscientes da interação desses dois processos quando vemos uma palavra que não conseguimos ler ou começamos a escrever uma palavra que não conseguimos soletrar. Minha soletração às vezes falha quando escrevo termos técnicos no quadro, um fenômeno interessante provocado pela rotação de 90 graus do plano normal e pelo ângulo visual mais amplo. Para resolver isso, preciso,

---

[6] N. de R. T. vvvvvvvvvooooooooo para *vô*.
[7] N. de R. T. /v/ /o/.
[8] N. de R. T. /v/ /o/ forma *vô*.
[9] N. de R. T. Se tirarmos o som /s/ da palavra *pasta*, qual palavra fica? Resposta: *pata*.

[10] N. de R. T. Por exemplo, na palavra *prato*, a criança é capaz de analisar cada fonema (/p/ /r/ /a/ /t/ /u/), mas na hora de aglutinar, pronunciam [patu].

conscientemente, ir mais devagar, segmentar cada som e, então, deliberadamente aglutinar os sons conforme escrevo.

Enquanto reexamino os estudos individuais na próxima seção, o teste definitivo para avaliar a relevância de um programa de treino de consciência fonêmica será a evidência da pesquisa da fônica Jolly de que crianças de 4 anos podem aprender os 40 sons da língua inglesa e suas soletrações do código básico em cerca de 11 semanas de ensino para a classe inteira. Ao final do ano escolar, essas crianças estavam um ano adiantadas em testes padronizados de leitura e de soletração em comparação aos grupos-controle, e em comparação aos padrões nacionais. As magnitudes de efeitos médias para os estudos FJ foram 1,60 para segmentação fonêmica, 1,0 para leitura e 1,42 para soletração. Dados de acompanhamento mostraram que uma magnitude de efeito de 1,0 continuou por três anos, o mais longo tempo medido. Para que fosse o caso de um método de treino separado de consciência fonêmica, ele teria de produzir resultados melhores do que este.

Uma Análise dos Estudos no Conjunto de Dados

Programas de consciência fonológica diferem de várias maneiras, incluindo tamanho e tipo de unidades fonológicas ensinadas, quanto do foco reside sobre unidades maiores *versus* unidades menores, quantos fonemas são ensinados e quanto tempo leva para ensiná-los. Muitos programas no conjunto de dados que selecionei ensinam tanto unidades maiores de som quanto fonemas (menor unidade fonológica). Qual deles funciona melhor?

Unidades fonológicas grandes e pequenas

Lundberg, Frost e Petersen (1988) desenvolveram um programa de treino que aderia à teoria do desenvolvimento fonológico.[11] Essa equipe sueca testou seu programa com 400 crianças dinamarquesas do jardim-de-infância. O jardim começa aos 6 anos na Dinamarca. As lições incluíam segmentar sentenças e frases em palavras, segmentar sílabas e praticar jogos de rimas, o que consumiu 14 semanas de um programa de 18 semanas. A combinação de fonemas iniciais começou na 15ª semana e as tarefas de segmentação e de aglutinação fonêmica não apareceram até a 17ª semana. Este programa não teve nenhum impacto na leitura medida mais tarde, comparado ao grupo-controle que não teve treino (brincar é a principal atividade dos jardins-de-infância dinamarqueses). A magnitude de efeito para leitura foi ME = 0,19. Os resultados foram muito melhores para a soletração (ME = 0,60).

Em um estudo correlacional anterior com crianças suecas (Lundberg, Olofsson e Wall, 1980), o desempenho em tarefas de rima e consciência silábica foi considerado como estando fracamente correlacionado com testes de leitura e soletração, enquanto as correlações entre tarefas fonêmicas e leitura e soletração foram de moderadas a altas, com r variando de 0,41 a 0,78 para leitura e de 0,49 a 0,58 para soletração. Esses resultados indicam que as habilidades de análise fonêmica são úteis no aprendizado da leitura, mas rimas e segmentação silábica não são. Em vista desses resultados, é estranho que o programa de treino de Lundberg focasse tão extensivamente em habilidades que se verificou não estarem relacionadas à leitura e à soletração.

Um resultado semelhante foi relatado por Williams (1980) em um estudo sobre leitores fracos mais avançados (2ª série em diante). Ela fez duas tentativas de desenvolver e implementar um programa de reabilitação em leitura com um componente de consciência fonológica. No primeiro estudo uma boa dose de tempo foi dedicada a exercícios de palavras e sílabas, e os resultados não foram encorajadores. O programa foi revisto, o trabalho com palavras e sílabas foi deixado de lado. O treino fonêmico foi ampliado, e as lições de segmentação e a aglutinação de palavras

---

[11] N. de R. T. Este programa foi adaptado e validado para a língua inglesa por Adams et al., 1998, que foi adaptado para o português em Adams et al. *Consciência fonológica em crianças pequenas*. Porto Alegre: Artmed, 2006.

do tipo CVC foram acrescentadas. Desta vez, houve um forte impacto na decodificação de palavras e não-palavras constituídas dos fonemas que foram ensinados. Embora testes padronizados não tenham sido usados, este estudo realmente mostra, pelo menos, que o treino de palavras e sílabas é simplesmente uma perda de tempo.

Um dos mais famosos estudos na literatura, e freqüentemente citado como prova de que a teoria do desenvolvimento fonológico está correta, foi realizado no Reino Unido por Bradley e Bryant. Um relatório preliminar foi publicado na revista *Nature* (1983), e o relatório completo apareceu como um livro (1985). O estudo baseava-se na premissa de que cedo em seu desenvolvimento as crianças são mais sensíveis a rima e a aliteração. E isto, no final, leva à consciência fonêmica e à habilidade de leitura.

O estudo foi dividido em duas partes. A primeira parte, mediu se a habilidade inicial em rima e aliteração estava correlacionada com os subseqüentes escores nos testes de leitura. A segunda foi um estudo de treino. A tarefa de "Categorização de Som" foi planejada para medir a consciência fonológica. Nesta tarefa, a criança deveria identificar o som "estranho" entre um grupo de palavras, e apontar para uma das três ou quatro figuras. O "estranho" podia ser um fonema em posição inicial (primeiro som), como no grupo *bud, bun, rug, bus*, medial (*red, lid, fed, bed*), ou final (*pin, win, fin, sit*). As combinações de sons mediais e finais são parte da rima (*ed* versus *id* e *in* versus *it*). Os grupos de palavras dirigiam, fortemente, a atenção para a rima, e a fase inicial do treino enfatizou consideravelmente as rimas. Bradley e Bryant verificaram que as crianças apresentavam menor dificuldade julgando comparações de sons intermediários e finais (parte da rima) que sons iniciais. Isto foi interpretado como rimas sendo mais "salientes" ou sendo desenvolvidas "anteriormente" que a aliteração. Uma explicação mais simples é a de que é mais fácil discriminar entre pares de vogal-consoante (VC) que entre consoantes iniciais (C).

Havia dois grupos etários no estudo. Um grupo havia acabado de completar 5 anos e o outro grupo era de 5 anos e 6 meses. A tarefa de categorização de som foi simplificada para três palavras por grupo para as crianças mais novas. Em tarefas em que pessoas escolhem entre um pequeno número de opções (itens), uma certa proporção será correta por mero acaso. Para corrigir as adivinhações, um teste binomial deve ser realizado. Isto calcula quantas respostas precisam estar corretas para se obter um escore melhor do que o acaso em $p = 0,05$. Este cálculo é baseado no número de escolhas e no número de itens no teste. Depois de computar esse valor, verifiquei que as crianças mais novas não tiveram escores acima do acerto por acaso.

Entretanto, os escores ficaram bem acima do acerto por acaso para as 264 crianças maiores. Com idade, QI e memória controlados, os escores de rima (sons intermediários e finais) não prediziam o desempenho nos testes padronizados de leitura e soletração. A aliteração (primeiro som) foi um indicador significativo, respondendo por 5 a 8% da variância. Mas houve um problema. A aliteração foi um indicativo ainda melhor nos escores nos testes de *matemática* (10% da variância). Seja o que for que o teste de aliteração esteja medindo, ele não é específico da leitura. Em resumo, nada foi descoberto nesse estudo. A habilidade de detectar um fonema diferente (o "estranho") nas posições inicial, medial e final em palavras de três sons não prediz os escores dos testes de leitura e de soletração.

Problemas com o teste de Categorização de Som foram relatados por Schatschneider e colaboradores (1999), que eram críticos ferrenhos em relação a testes em que a adivinhação desempenha um papel principal. Em seu estudo normativo, envolvendo 945 crianças do jardim-de-infância até a 2ª série, eles investigaram a sobreposição (redundância) de sete tarefas de consciência fonêmica, entre as quais a Categorização de Som. Seis tarefas fonêmicas estavam altamente correlacionadas entre si. A Categorização de Som foi o único discordante nessa análise. Tampouco "carregou" em um fator genérico de consciência fonêmica em níveis elevados, como as outras tarefas. Foi também incrivelmente não-confiável, produzindo uma ampla faixa de escores (altos desvios-padrão). Isso levou os autores a concluir que "uma inspeção dos parâmetros de dificuldade para o subteste Categorização de Som revelou que a dificuldade do item é altamente dependente do lugar em que a palavra-alvo está colocada na seqüência de palavras. Essa dependência, combinada aos baixos parâmetros de discriminação associados a esses itens, sugere que esse subteste é um indicador relativamente fraco da consciência fonológica" (Schatschneider et al., 1999, p. 448). Apesar das críticas aos seus resultados, Bradley e Bryant não abandonaram sua hipótese. Em vez disso, os dados foram interpretados para se adequarem à hipótese, tanto nas conclusões desse estudo como na introdução ao seu estudo de treino, que abre com a seguinte afirmação: "Crianças com déficit de leitura são impressionantemente insensíveis à rima e à aliteração" (Bradley e Bryant, 1983, p. 419).

O estudo de treino é apresentado na seção seguinte por demonstrar, principalmente, os benefícios do uso de letras durante o treino fonológico.

No geral, esses estudos mostram que ensinar unidades fonológicas maiores tem pouco impacto na habilidade de leitura e soletração. Não há qualquer evidência, seja de estudos correlacionais ou de estudos de treino, de que as crianças precisem ser introduzidas a fonemas a partir de unidades de som maiores. Estudos correlacionais em larga escala, como aqueles de Lundberg, Olofsson e Wall (1980) e outros (Share et al., 1984; Yopp, 1988; McGuinness, McGuinness e Donohue, 1995) mostram que habilidades de análise fonêmica estão fortemente correlacionadas com a leitura e com a soletração, ao passo que a segmentação silábica e a rima não estão. Williams (1980) verificou que crianças do grupo-controle eram capazes de segmentar e de manipular sílabas tão facilmente quanto as que haviam passado semanas praticando isso.

Análise fonêmica com e sem letras

Uma das descobertas mais consistentes na literatura, e evidente na metanálise do NRP (2000), é que quando o treino de consciência fonêmica é mesclado com o ensino de correspondências letra-som isto tem um impacto muito mais forte na leitura e na soletração que apenas o treino no modo oral/auditivo. No geral, valores de ME para leitura em treinos de consciência fonêmica aliado a letras foram de 0,67 *versus* 0,38 sem o uso de letras, e para soletração 0,61 *versus* 0,34.

Estudos de treino fonêmico com e sem letras reportam-se a mais de 25 anos atrás. Haddock (1976) relatou que treino de aglutinação usando letras era bem mais eficaz do que só treino oral/auditivo ou só treino de correspondências letra-som. O estudo de Bradley e Bryant encontra-se nesta tradição. Crianças com idade variando entre 5 anos e 6 meses a 7 anos e 6 meses foram selecionadas, com base em seu fraco desempenho na tarefa de Categorização de Som, e divididas em quatro grupos. Cada criança recebeu 40 lições individuais ao longo de um período de dois anos. Não havia informações relativas a quanto tempo as lições duravam ou com que freqüência ocorriam. Bradley relatou mais tarde, em uma conferência, que o tempo total por criança foi menos de 10 horas. Isso seria cerca de 30 minutos por mês em um ano letivo.

No estudo de treino (Bradley e Bryant), o uso dos termos *categorização, rima e aliteração* não estão claros e obscurece o que foi realmente ensinado. Em vez disso, vou classificar as tarefas conforme o glossário anteriormente apresentado.

Os Grupos I e II tiveram treino fonológico usando grupos de figuras como aqueles do teste de Categorização de Som. Os grupos de palavras eram aleatórios, usando 15 consoantes e as cinco vogais simples, além de um pequeno grupo de dígrafos de vogais. As crianças nomeavam às figuras, tinham de descobrir e dizer o som comum: "Qual é o som comum em *mix, dip, swim, sick*?" Esta é uma tarefa de identificação fonêmica. Em seguida, elas aprendiam a encontrar o "estranho" entre os itens do grupo (discriminação e identificação fonêmica). Nos exercícios finais, elas trabalhavam com grupos de palavras rimadas. Não havia atividades de seqüência de fonemas (nem aglutinação, nem segmentação).

O Grupo I trabalhou exclusivamente no modo oral/auditivo. O Grupo II fez as tarefas orais/auditivas e trabalhou, na segunda metade das sessões de treino, com letras plásticas, conforme descrito a seguir:

> Sempre que uma nova categoria de som era introduzida, ela era demonstrada primeiro com a ajuda dos cartões com figuras na forma normal. Após, a criança deveria formar cada palavra do conjunto com as letras plásticas. (Todas as crianças nessa época já haviam ido à escola por pelo menos dois anos, e estavam bem-familiarizadas com o alfabeto.) (Bradley e Bryant, 1985, p. 88.)

O Grupo III (controle) teve um igual número de lições com os mesmos cartões com figuras, mas os classificaram em categorias semânticas, como animais, móveis, etc. Um grupo final de controle (Grupo IV) não teve treino especial.

Se essas crianças inglesas já estavam freqüentando a escola por "pelo menos dois anos" e "estavam bem-familiarizadas com o alfabeto", elas estariam lendo em algum nível. Os grupos deveriam ter sido combinados por habilidade de leitura, e não o foram.

Outro problema, o treino não decorreu conforme fora descrito. As crianças não "categorizaram" sons, elas realizaram tarefas de identificação fonêmica. Tampouco foram treinadas em consciência fonológica antes de aprenderem a ler. Não temos idéia do que foi ensinado às crianças em sala de aula. Este estudo não pode testar a hipótese central dos autores de que o treino de consciência fonológica tem relação causal com o aprendizado da leitura, pois a leitura estava em pleno desenvolvimento, e as habilidades de leitura das crianças não foram controladas.

Além disso, letras plásticas não foram simplesmente adicionadas ao treino como suporte para identificação fonêmica. Elas foram usadas principalmente para o ditado de palavras (soletração). Depois que as crianças haviam identificado cada fonema em um grupo de palavras, pedia-se que escrevessem as palavras com as letras plásticas, que elas selecionavam de uma caixa. Os autores comentaram que muitas crianças aprenderam a "segurar certas letras" (não colocá-las de volta na caixa) quando os grupos de palavras tinham fonemas em comum: *sand, band, land.*[12]

Após dois anos de treino (e quatro anos de ensino de leitura em sala de aula), as crianças foram avaliadas com testes padronizados de leitura e de soletração. O Grupo II (identificação fonêmica e soletração com letras plásticas) foi o *único grupo a obter escores na faixa etária normal* (8 anos). Elas estavam significativamente à frente dos dois grupos-controle em leitura (uma vantagem de um ano), à frente de todos os grupos em soletração, e tiveram uma vantagem de dois anos sobre o grupo-controle sem treino. O Grupo I (consciência fonêmica apenas) foi superior ao grupo-controle sem treino (seis meses à frente em leitura, e um ano à frente em soletração), mas *não em relação ao grupo de categorização semântica* (Grupo III). Os dois grupos-controle não diferiram entre si.

O NRP (2000) usou uma fórmula especial para computar magnitudes de efeitos para esse estudo, pois os desvios-padrão não foram dados. Essas magnitudes de efeitos foram estranhamente elevadas, especialmente para o Grupo II (fonema + letras): ME = 1,17 para leitura, comparado ao grupo de categorização semântica, e ME = 1,53 comparado ao controle sem treino. As magnitudes de efeitos para soletração foram ainda mais elevadas: ME = 1,59 e 2,18. Custa a crer que 10 horas de lições espalhadas ao longo de dois anos gerariam efeitos tão amplos.

Inúmeros fatores desafiam a validade desses resultados e/ou os cálculos do NRP (2000). Primeiro, houve uma falha inicial no controle da habilidade de leitura. Segundo,

---

[12] N. de R. T. Palavras rimadas: mão, pão, sabão.

houve uma dimensão de amostragem pequena (13 crianças por grupo). Terceiro, as magnitudes de efeitos computadas pelo NRP foram muito amplas. Mesmo na comparação entre o Grupo I (sem letras) e o grupo-controle sem treino, os valores de ME foram 0,86 e 1,0. Vale lembrar que o Grupo I foi treinado com figuras, não viu palavras ou letras escritas, identificou fonemas apenas no modo oral/auditivo, não fez qualquer tipo de seqüência fonêmica e *nunca leu nem soletrou nada*. Na metanálise do NRP (ver capítulo anterior), os valores de ME para esse tipo de treino foram 0,38 para leitura e 0,34 para soletração, comparados aos grupos-controle sem treino. Assim, a maioria dos estudos está em desacordo com esse resultado.

Quarto, a interpretação dos resultados é problemática, mesmo se eles fossem precisos. O efeito principal parece ser na soletração, não um efeito consciência-fonêmica-mais-letras. Se o treino de identificação fonêmica fosse realmente eficaz, então o grupo só-fonema teria sido superior ao grupo de categorização semântica, mas não foi. Em lugar nenhum na descrição desses exercícios as crianças jamais *leram* quaisquer palavras. Mesmo para o Grupo II, a única leitura foi indireta, uma conseqüência da soletração com letras plásticas. Se esses dados são válidos, este estudo demonstrou o impacto da prática da soletração na habilidade de leitura, fundamentando os resultados de Ehri e Wilce (1987) e Uhry e Shepherd (1993).

A menos que esse estudo seja replicado e estas questões abordadas, os resultados de Bradley e Bryant (1985) não podem servir de base para nada. Até agora, isso não aconteceu.

O relatório NRP (2000) fornece evidências convincentes de que aprender fonemas em conjunto com letras é melhor do que aprender sem. Mas há duas maneiras de treinar consciência fonêmica sem letras. Uma é fazer isso no modo oral/auditivo apenas, e a outra é usar fichas não-marcadas[13] para representar cada som. Este método realmente parece fazer algum sucesso.

Cunningham (1990) dividiu crianças do jardim-de-infância e da 1ª série em três grupos. Ela forneceu um programa similar ao de Williams (1980), com uma variedade de atividades para ensinar análise, segmentação e aglutinação fonêmica. Símbolos, mas não letras, foram usados. As crianças foram ensinadas em grupo por 10-15 minutos duas vezes por semana, durante 10 semanas (5 horas). Um grupo foi ensinado com uma abordagem primitiva do tipo "habilidade-e-repetição", e um segundo grupo com uma abordagem mais "metacognitiva", na qual explicações e objetivos eram dados. Um terceiro grupo não recebeu treino especial.

Os resultados foram desconcertantes. No jardim-de-infância, os grupos "meta" e "repetição" tiveram escores mais elevados do que os controles em três tarefas de consciência fonêmica (valores de ME todos acima de 1,0), e também saíram-se melhor no Metropolitan Reading Test (ME = 0,57 e 0,43). Os grupos "meta" e "repetição" tiveram resultados semelhantes. Não diferiram em leitura, nem no teste Lindamood Auditory Conceptualization (LAC) de discriminação/manipulação fonêmica, nem no teste de Categorização de Som, embora o grupo "meta" tenha sido superior no difícil teste de exclusão fonêmica (ME = 0,81).

Os resultados da 1ª série foram diferentes. Embora o grupo "repetição" tenha ido muito melhor que os controles em todas as tarefas de consciência fonêmica (faixa ME = 0,76 a 1,46), isto aparentemente não teve impacto na leitura (ME =0,09). O grupo "meta" foi ainda melhor comparado aos controles nas tarefas de fonema (faixa ME = 0,83 a 2,08), e isto sim teve impacto na leitura (0,53).

Algo externo ao estudo pode ser responsável pelo resultado estranho, em que um alto grau de experiência em consciência fonêmica não confere benefício algum para a leitura em um grupo de crianças, mas traz benefício em outro. Talvez os escores nos testes de leitura fossem distribuídos anormalmente para esses dois grupos, ou algo estivesse acontecendo na

---

[13] N. de R. T. Fichas não-marcadas são espécies de contadores, como moedas e tampas de garrafas. Não são fichas com letras impressas.

classe que afetou os resultados. Do contrário, alguém teria de argumentar, apesar das inúmeras evidências em contrário, que consciência fonêmica ensinada na 1ª série não tem efeito na leitura a menos que você receba uma explicação "metacognitiva" do porquê está aprendendo isso. Este parece ter sido o argumento de Cunningham (1990). Ela afirmou que uma explicação metacognitiva "não era um fator importante na transferência da consciência fonêmica de crianças em idade de jardim-de-infância para uma medida do rendimento em leitura" – enquanto na 1ª série foi "um método de instrução mais eficaz que a abordagem habilidade e repetição" (p. 441). É difícil entender por que este deveria ser o caso.

Brady e colaboradores (1994) também relataram o efeito benéfico de um programa de treino fonêmico que usava símbolos em branco. Um grupo de crianças do jardim-de-infância teve atividades semanais de consciência fonológica durante cerca de quatro meses e meio (20 horas), e um grupo-controle teve o ensino usual do método de linguagem total. As primeiras quatro semanas foram dedicadas a atividades de rima e de segmentação silábica, as seis seguintes a tarefas de exclusão fonêmica, e as sete semanas finais à segmentação e à aglutinação fonêmica usando símbolos. Elementos do programa Lindamood (1991) foram usados, incluindo exercícios para percepção das posições da boca em cada fonema. Ao final do programa, quando as crianças estavam com 6 anos, não houve efeitos na leitura ou na soletração avaliados por testes padronizados devido aos escores. Um ano mais tarde, eles conseguiram localizar 42 das 96 crianças originais, que foram testadas com os subtestes Woodcock de decodificação de palavra e decodificação de pseudopalavra. O grupo treinado foi superior aos controles em decodificação de palavra (ME = 0,68) e decodificação de pseudopalavra (ME = 0,71). Essas crianças, também, tiveram escores em torno de cinco a oito meses acima dos padrões para a idade.

Esses resultados trazem a seguinte questão: Se símbolos em branco são eficazes, as letras não seriam ainda mais eficazes?

Em um teste direto da questão letras *versus* símbolos em branco, Hohn e Ehri (1983) verificaram que as letras eram ferramentas mais importantes para segmentação que fichas em branco usadas nos mesmos exercícios. O grupo segmentação+letras foi superior ao grupo fichas em branco e a um grupo-controle não-treinado em testes de segmentação fonêmica, exclusão fonêmica e em testes de decodificação simples. Em comparação com o grupo-controle, os valores de ME foram 0,20 para fichas em branco *versus* 0,68 para letras. O fato de letras (símbolos para sons específicos) serem mais benéficas à segmentação fonêmica sugere que elas proporcionam um recurso de memória para lembrar *quais* fonemas aparecem na seqüência. Hohn e Ehri (1983) observaram que as letras ajudaram o aprendiz a distinguir o tamanho correto do som a ser segmentado.

O mesmo efeito foi demonstrado de outra maneira por Ball e Blachman (1988, 1991), que observaram a aprendizagem de correspondências letra-som com e sem treino de consciência fonêmica. As crianças tinham 5 anos e 6 meses e eram não-leitoras. Foram divididas em três grupos, e foi-lhes dado lições de 20 minutos quatro vezes por semana, durante sete semanas (cerca de 9 horas). O primeiro grupo fez exercícios fonológicos, aprendeu o nome e os sons de nove letras (*a, m, t, i, s, r, f, u,* e *b*), praticou segmentação e aglutinação, e fez "montagem de palavra" com blocos com e sem letras. As crianças nesse grupo nunca usaram mais de dois blocos de letras em quaisquer das sessões, e, assim, nunca viram as palavras escritas por inteiro, pois completavam os outros sons com blocos em branco. O segundo grupo estava focado em atividades gerais de linguagem (vocabulário, categorização), mas também aprendeu o nome e os sons das nove letras. Não houve treino fonológico para este grupo. O terceiro grupo realizou as suas atividades normais em sala de aula.

Um teste de leitura informal foi elaborado com palavras formadas pelas letras ensinadas. Vale lembrar que nenhum desses grupos havia visto essas palavras, embora o Grupo 1 tivesse visto parte delas. O Grupo 1 leu 10,9 palavras corretamente, Grupo 2 leu 3,9 palavras, e o grupo-controle leu 2,2 palavras. As magnitudes de efeitos comparando o Grupo 1 e os outros grupos foram substanciais (ME = 0,71 e 0,98). Entretanto, isto não se transferiu para um teste padronizado de leitura. Isto foi relatado como uma "diferença significativa", ainda que houvessem resultados baixos no teste de leitura, o que deixa a análise estatística de fora.

O estudo definitivo sobre esta questão foi realizado na Alemanha por Schneidere colaboradores (2000). Esse estudo é notável pelas bateriais extensivas e informativas de testes que foram empregados. Estas proporcionam um retrato claro de quais habilidades fonêmicas são fáceis ou difíceis de ensinar (um teste direto da teoria do desenvolvimento). E, ao acrescentar um grupo experimental extra, conseguiram determinar precisamente o valor de ensinar apenas consciência fonêmica, apenas conhecimento de letra-som, ou uma combinação das duas. Este foi um estudo complexo e, antes de entrar em detalhes, preciso alertar o leitor quanto a certos fatores que influenciam o modo como esses resultados podem ser interpretados.

Primeiro, na Alemanha, onde se originou o jardim-de-infância, ele era para ser exatamente isto: um "jardim de crianças", onde as crianças brincam e interagem socialmente. Do ponto de vista da pesquisa, isto é útil, pois as crianças no grupo-controle realmente não tiveram nenhum ensino sobre como ler, e os pais são desencorajados a ensinar leitura em casa. Segundo, pais e professores na Alemanha têm fortes sentimentos em relação ao valor dessa prática. Os autores relataram que muitos pais e professores eram contrários a idéia de introduzir qualquer tipo de treino no jardim-de-infância, e obter a permissão dos pais foi difícil. Terceiro, o código alfabético alemão é transparente. Se o sistema de escrita alemão é ensinado adequadamente, as crianças aprendem a ler e a escrever no primeiro ano de escola (Wimmer, 1993). Tudo o que resta é dominar algumas peculiaridades do código de escrita alemão. Não há peculiaridades do código de leitura (nenhuma sobreposição de código). Se você conhece o código e consegue segmentar e aglutinar fonemas, não há como ler errado uma palavra. Quarto, porque todos lêem de modo preciso, testes padronizados de leitura avaliam velocidade e compreensão, não precisão leitora. Todos esses fatores são importantes na forma como os resultados são interpretados.

No início do estudo, mais de 700 crianças do jardim-de-infância foram avaliadas em um teste normalizado de "prontidão de leitura", que mediu consciência fonêmica, memória fonológica, velocidade de processamento verbal e atenção visual. Foi obtida permissão dos pais para 138 das crianças que tiveram escores baixos no teste. Essas crianças foram consideradas em risco de apresentarem dificuldades de leitura posteriormente e foram divididas em três grupos, com cada grupo recebendo treino diferente. O grupo-controle consistiu em 115 crianças que obtiveram escores normais no teste.

O objetivo do treino foi assegurar que as crianças em risco *alcançassem* as crianças-controle em habilidades de leitura e soletração medidas mais tarde. Se o treino fonêmico e/ou a aprendizagem de correspondências letra-som fossem importantes, então as magnitudes de efeitos nos testes de leitura e soletração deveriam estar *perto de zero*, sem diferença entre as crianças em risco e o grupo-controle normal.

Os três tipos de treino foram apenas consciência fonêmica (CF), treino de letra-som (LS), ou ambos (CF + LS). A hipótese era a de que o grupo que teve os dois tipos de treino seria o mais bem sucedido. As lições foram ensinadas para a classe inteira ao mesmo tempo durante 10-15 minutos por dia. Isto continuou por cerca de cinco meses, para um total de aproximadamente 20 horas.

O treino fonológico foi baseado no programa de Lundberg, mas drasticamente acelerado. Para o grupo de consciência fonológica, unidades fonológicas maiores (palavras, sílabas, rimas) foram ensinadas no primeiro mês, e tarefas de análise fonêmica foram introduzidas no segundo mês. Esse grupo teve

20 semanas de treino. O grupo letra-som aprendeu 12 sons e 12 letras, o que levou 10 semanas. Um fonema era introduzido em uma história e em vários jogos, depois mostrou-se às crianças a letra para aquele som. Jogos e atividades incluíram cartas do alfabeto, identificação de fonemas iniciais em conjuntos de figuras, etc. Não houve escrita nesse componente. O grupo-combinação, que teve ambos os tipos de treino, aprendeu menos letras e passou menos tempo nas tarefas fonológicas. Este grupo teve 20 semanas de treino.

Testes especiais foram elaborados para medir habilidades de consciência fonológica, junto com memória verbal de curto-prazo, velocidade de nomeação para cores e figuras de objetos, e medidas de alfabetização inicial, tais como conhecimento de letras e reconhecimento de palavras. Esses testes foram dados antes do início do treino e depois que o treino foi completado. Os escores pré-treino em tarefas fonológicas foram baixos para todos os grupos, e, quando as crianças tinham de escolher entre alternativas, o desempenho não foi melhor do que o acerto por acaso. Os escores foram confiáveis depois que o treino foi completado em julho.

É interessante observar a ordem de dificuldade em que as tarefas fonológicas foram implementadas. A ordem foi praticamente idêntica para todos os grupos, não importando o tipo de treino. A ordem, do mais fácil ao mais difícil foi: (1) Identificar (dizer) um fonema inicial de uma palavra. (2) Aglutinar fonemas isolados em uma palavra. (3) Segmentar fonemas em uma palavra. (4) Identificar o estranho entre um conjunto de palavras rimadas que variava no fonema final (parte da rima). (5) Excluir fonemas. Dizer a palavra que ficava após a exclusão do fonema inicial. (6) Dizer quais os sons eram iguais no início das palavras (aliteração). As crianças não tiveram escores acima do acerto por acaso neste teste.

Esses resultados confirmam as conclusões de Chaney relatadas anteriormente (Chaney, 1992). Em seu estudo, aglutinar fonemas foi a segunda tarefa fonológica mais fácil para as crianças de 3 anos, e as de aliteração foram as mais difíceis entre as 22 tarefas. Esses resultados também dão suporte à conclusão de Schatscheneider e colaboradores (1999) de que a tarefa de Categorização de Som é uma das mais difíceis entre uma variedade de testes de consciência fonêmica. Conforme visto anteriormente, mesmo o teste de exclusão fonêmica, o mais difícil dos testes de fonema, foi mais fácil do que a tarefa de aliteração.

Schneider e colaboradores (2000) verificaram um grande impacto do treino de habilidade de consciência fonêmica para os grupos, CF e CF + LS. Ambos os grupos saíram-se sensivelmente melhor que o grupo-controle normal, com o grupo CF tendo uma vantagem evidente. Entretanto, nenhum dos grupos teve muito sucesso na leitura de palavras simples.

No outono do mesmo ano, as crianças entraram na 1ª série e foram ensinadas a ler de maneira usual. Os autores não descrevem o método de leitura, mas o sistema de escrita alemão é tipicamente ensinado com uma abordagem fônico-lingüística (Wimmer, 1993). Testes de leitura e soletração foram administrados ao final da 1ª série e novamente no ano seguinte. Testes de inteligência foram também administrados ao final da 1ª série. Devido ao fato do grupo-controle ter QIs significativamente mais elevados, o QI foi controlado (covariado) em todas as análises estatísticas. Esses resultados são descritos a seguir. As magnitudes de efeitos (QI não-controlado) são mostradas na Tabela 6.2.

Com o QI controlado, o grupo-controle foi superior aos grupos CF e LS, mas não ao grupo CF + LS nas 1ª e 2ª séries em testes de velocidade de decodificação e compreensão de leitura. Os resultados foram semelhantes para soletração, exceto que o grupo CF + LS foi também estatisticamente superior ao grupo LS, especialmente no segundo teste. Em outras palavras, *o treino combinado CF + LS eliminou amplamente a diferença entre essas crianças em risco de fracassar no aprendizado da leitura e as crianças normais.* Os treinos isolados (só consciência fonêmica ou só correspondência letra-som) não apagaram essa disparidade.

Calculei os valores de ME para o grupo mais bem sucedido (CF + LS) *versus* todos os outros grupos. Podemos observar que este grupo está à frente do grupo CF, e especialmente do grupo LS, em leitura, soletração e compreensão. Embora os valores de ME sejam constantemente negativos nas comparações com o grupo-controle normal, a maioria dos valores não é estatisticamente significativo. Seria interessante verificar o que acontece no futuro. Diferenças de QI podem ter maior importância ao longo do tempo, especialmente porque o treino não eliminou a diferença entre as crianças normais e as crianças em risco de fracasso (baixo QI) no teste de compreensão.

Este estudo mostrou que apenas exercícios de consciência fonêmica, ou apenas associações som-símbolo, têm pouco impacto na aprendizagem da leitura. Pelo menos este é o caso em países com um alfabeto transparente, onde o ensino é adequado. Mas ainda ficamos imaginando o que teria acontecido se todos os fonemas tivessem sido ensinados (e suas letras) e não apenas 12 deles, e se o grupo letra-som tivesse tido as mesmas 20 semanas de treino que os outros dois grupos receberam.

Essas crianças em risco de fracasso na aprendizagem da leitura, apesar de terem QIs baixos, começaram com uma visível desvantagem, comparadas às crianças normais, em várias das medidas de prontidão. Elas conheciam a metade das correspondências letra-som que as crianças normais conheciam, e tiveram escores mais baixos de identificação fonêmica e de segmentação fonêmica. Essas coisas têm de ser ensinadas. Pode ter acontecido de as crianças "normais" ingressando no jardim-de-infância terem recebido um

Tabela 6.2
Magnitudes de efeitos de Schneider, Roth e Ennemoser (2000): crianças do jardim-de-infância em risco *vs.* controles normais, três tipos de treino

Jardim-de-infância	Síntese Fonêmica	Análise fonêmica	Fonema Inicial
Pré-teste			
CF + LS *vs.* Controles	-0,45	-1,0	-1,12
Pós-teste			
CF + LS *vs.* Controles	0,34	0,61	0,90
Só CF *vs.* Controles	0,55	0,96	1,18
	Velocidade de Leitura	Soletração	Compreensão
Final da 1ª série			
CF + LS *vs.* só CF	0,17	0,27	
CF + LS *vs.* só LS	0,22	0,49	
CF + LS *vs.* controles	-0,38	-0,17	
Final da 2ª série			
CF + LS *vs.* só CF	0,31	0,30	0,19
CF + LS *vs.* só LS	0,48	0,48	0,20
CF + LS *vs.* controles	-0,30	-0,32	-0,50

Obs.: Testes usados: testes padronizados alemães de fluência em leitura, em soletração e em compreensão. CF = treino de consciência fonêmica. LS = treino letra-som.

impulso em casa além daquele que seus pais foram autorizados. (Wimmer relatou que, na Áustria, algumas crianças da 1ª série sabem todas as correspondências letra-som enquanto outras não, apesar de se pedir aos pais que não ensinem nada.)

Embora programas que combinam treino de consciência fonêmica e de letra sempre produzirem um maior impacto em escores de testes de leitura que ambos sozinhos, caso perguntarmos se algum desses programas de combinação funciona melhor que um bom programa fônico-lingüístico, a resposta ainda é não. A única exceção aqui é o estudo acima, que mediu fluência e compreensão para crianças aprendendo um alfabeto transparente.

Comparação entre tipos de treino de consciência fonêmica

Anteriormente, forneci um glossário dos diferentes tipos ou avaliações de consciência fonêmica. Dois estudos de treino focaram, especificamente, em tipos de treino fonêmico.

Treino de identificação fonêmica e de letra-som versus -instrução normal em sala de aula. Byrne e Fielding-Barnsley (1989, 1990) iniciaram um estudo para determinar o que as crianças em idade pré-escolar, com idades de 4 e 5 anos, achavam fácil ou difícil aprender. Eles investigaram a capacidade das crianças para fazer associações entre som e símbolo. O treino foi focado em identificação fonêmica em posições inicial e final e em segmentação fonêmica inicial. Verificaram que o treino de identificação generalizava para palavras formadas pelos mesmos fonemas em novas combinações e concluíram o seguinte (Byrne e Fielding-Barnsley, 1990, p. 810): "Crianças da pré-escola podem ser ensinadas a reconhecer a identidade de segmentos fonêmicos, tanto consoantes como vogais, ao longo das palavras, sejam os fonemas individuais ou membros de um encontro, e a posição dos fonemas-alvo na palavra parece não fazer diferença... A instrução eficaz em identificação fonêmica pode, quando combinada com conhecimento relevante de letra-som, promover a aquisição do princípio alfabético".

Em 1991, eles relataram um estudo sobre um programa pré-escolar, baseado nessa pesquisa inicial, chamado Sound Foundations. As crianças foram divididas de acordo com seus escores em um teste de vocabulário em dois grupos, com idades médias de 4 anos e 6 meses. Um grupo recebeu o programa de treino e o outro, grupo-controle, recebeu as lições regulares do jardim-de-infância. O programa treino focou o aprendizado de nove fonemas consonantais e um fonema de vogal. O treino levava 30 minutos uma vez por semana, durante 12 semanas (totalizando seis horas). As crianças treinadas tiveram ganhos maiores em um teste de identificação fonêmica para sons em ambas as posições, inicial e final. Elas também puderam generalizar esse conhecimento para seqüências de fonemas em palavras faladas que não haviam sido ensinadas diretamente.

As crianças foram acompanhadas até o final do jardim-de-infância, quando estavam com 6 anos (Byrne e Fielding-Barnsley, 1993). Foi-lhes dado tarefas de identificação e de aglutinação fonêmica, um teste de conhecimento letra-som e testes de leitura e soletração. As crianças que tiveram o treino foram superiores na tarefa de identificação fonêmica somente para o som final. Nenhuma diferença significativa foi verificada para aglutinação ou conhecimento de letra-som, ambos os grupos saindo-se bem (24 acertos). Da mesma maneira, ambos os grupos saíram-se bem no subteste Woodstock de Reconhecimento de Palavra, e o treino de identificação fonêmica não foi importante (ME = 0,21), tampouco afetou um teste informal de soletração (ME = 0,09). No entanto, o grupo treinado sobressaiu-se muito aos grupos-controle em decodificação em um teste de não-palavra informal (ME = 1,2). Este resultado sugere que o treino orientou as crianças quanto ao princípio alfabético.

Nesse ponto da análise de dados, os autores escolheram reorganizar as crianças em dois novos grupos (sem considerar a distribuição de grupo anterior) com base em terem ou não passado no teste de identificação fonêmica ao final do jardim-de-infância. (O índice de corte para ser aprovado/reprovado era 66% do teste correto). Os novos grupos foram comparados estatisticamente em vários testes de leitura e de soletração. Quando os grupos não mais refletem quem teve treino ou não, não há como medir o resultado do treino! Além disso, isto coloca em jogo fatores incontroláveis, trazendo à tona a seguinte questão: Por que algumas crianças treinadas em "identificação fonêmica" fracassariam em um teste de identificação fonêmica, e algumas crianças não-treinadas passariam? O QI e o ambiente familiar tornam-se importantes, e nenhuma dessas variáveis foi controlada. Os novos resultados foram altamente significativos, o que não foi o caso anteriormente.

A redistribuição das crianças em grupos com base na sua capacidade explica as magnitudes de efeitos extremamente altas relatadas pelo NRP (2000) para esse grupo de estudos. O NRP (2000) calculou as médias dos resultados junto com aqueles do grupo original, inflando enormemente as magnitudes de efeitos para este estudo como um todo. (ME = 1,61 para leitura e 3,14 para consciência fonêmica, até agora os maiores valores que vimos.) Isso exagera brutalmente o impacto desse programa de treino e os valores da metanálise como um todo. Sabemos que esses valores são falsos a partir de uma tabela de correlações de primeira ordem de uma publicação de 1993 (Byrne e Fielding-Barnsley, 1993), que mostrou que os mais fortes contribuintes para os escores de testes de leitura e soletração eram as habilidades de aglutinação e de conhecimento de letra-som, e não as habilidades de identificação fonêmica.

Em relatórios de acompanhamento subseqüentes sobre essas mesmas crianças, resultados semelhantes foram verificados ao final da 1ª e 2ª séries, e na 5ª série (Byrne e Fielding-Barnsley, 1995, 2000). Testes informais foram usados para medir leitura e soletração nas séries iniciais. Os dois grupos não diferiram nesses testes, com exceção de um efeito pequeno, porém significativo, para decodificação de pseudopalavra. Na 5ª série, a maioria dos testes utilizados foram testes padronizados. O grupo-treino, agora com 11 anos, superou o grupo-controle no teste Woodcock de Leitura de Pseudopalavra ($p < 0,04$), embora a magnitude de efeito fosse pequena (ME = 0,34). Nenhuma outra comparação usando testes normatizados e padronizados foi significativa. (Deve-se notar que grupos aprovados/reprovados foram reconstituídos nesse relatório também, com o mesmo impacto exagerado nas magnitudes de efeitos no relatório NRP.)

Parece que um programa de treino curto (6 horas) de identificação fonêmica, usando nove consoantes e uma vogal, teve um efeito pequeno – porém duradouro – na decodificação de pseudopalavras. Por que isto aconteceu não está claro, pois o mesmo treino não teve impacto em outras habilidades de leitura e soletração em nenhum momento. Finalmente, deve-se observar que as magnitudes de efeitos do NRP (2000) para esta série de estudos são extremamente amplas e precisam ser revistas.

Identificação fonêmica versus *seqüência fonêmica* Um estudo na Noruega (Lie, 1991) aplicou em 208 crianças de 1ª série (7 anos) um programa de treino de consciência fonêmica diferente para cada grupo. As crianças aprendem a ler com 7 anos na Noruega, e o norueguês é escrito em um alfabeto transparente. O treino durou 15 minutos por dia durante nove semanas (11 horas) e foi dado pela professora da classe como parte do ensino de leitura normal. Os dois programas tinham ênfase na articulação, em ouvir um fonema em histórias de som-alvo, e em aprender a reconhecer fonemas individuais nas palavras. As crianças aprenderam 27 fonemas em uma média de três por semana. No geral, o treino foi o mesmo para ambos os grupos, exceto pelo fato de que o grupo de identificação fonêmica aprendeu fonemas em posições isoladas na palavra, e o grupo de seqüência fonêmica aprendeu fonemas na seqüência correta. Um terceiro grupo teve lições de categorização conceitual. Não foram usadas letras nesse treino, mas as crianças estavam aprendendo correspondências letra-som em suas lições regulares.

Ao final do ano escolar, o grupo de seqüência era constantemente superior ao grupo de identidade fonêmica e aos controles em leitura

(ME = 0,42 e 0,62) e em soletração (ME = 0,42 e 0,68). Entretanto, esse efeito não perdurou. Na 2ª série, não houve diferença entre os grupos de seqüência e identificação, embora ambos os grupos estivessem ligeiramente à frente dos controles (valores de ME variando de 0,33 a 0,53). Isto mostra que o treino de consciência fonêmica pode contribuir para as habilidades de leitura e de soletração acima e além de um programa fônico-lingüístico. A abordagem de seqüência é mais eficaz, pelo menos a curto prazo. É interessante que esse programa fez uma diferença mesmo em um país com um alfabeto transparente, onde a leitura é adequadamente ensinada.

No geral, não é convincente a evidência de que a maneira independente de treino de consciência fonêmica tenha algum benefício especial a mais do que um bom programa fônico-lingüístico. Os programas de leitura realmente eficazes revistos no capítulo anterior têm muito mais impacto do que qualquer coisa que vimos aqui. Surpreendentemente, o embasamento mais forte sobre um impacto positivo do treino especial de consciência fonêmica vem de estudos europeus (Schneider et al., 2000; Lie, 1991), em países com alfabetos transparentes e onde o ensino tradicional em sala de aula parece ser semelhante à fônica lingüística. No entanto, nem Schneider e colaboradores (2000), nem Lie (1991) revelam o que *especificamente* estava sendo ensinado em sala de aula.

Estudos comparando treino fonêmico com programas em sala de aula

Diversos estudos combinaram ou compararam treino de consciência fonêmica com programas específicos de leitura em sala de aula. Por várias razões metodológicas, nenhum oferece um teste direto de como, ou se, um programa de consciência fonêmica é necessário.

Blachman e colaboradores (1999) usaram os resultados de sua pesquisa anterior (Ball e Blachman, 1991) para desenvolver um programa de treino fonêmico para o jardim-de-infância e mesclaram isso com um novo programa fônico de 1ª série. Havia 159 crianças em risco de fracassar no aprendizado da leitura (do centro urbano decadente) no estudo. A hipótese era a de que o ensino no começo do jardim-de-infância poderia ajudar as crianças em risco, especialmente quando acompanhado de um bom programa fônico que vincula essas habilidades de análise fonêmica ao ensino da leitura.

Metade das crianças em risco teve treino de consciência fonêmica no jardim-de-infância durante 11 semanas. Isto consistiu em 15-20 minutos de lições em grupo quatro vezes por semana, para um total de cerca de 13 horas. O treino foi limitado a oito letras (*a, m, t, i, s, r, f* e *b*). As crianças foram ensinadas a segmentar palavras oralmente e a mover fichas em branco para representar cada fonema enquanto diziam o som ("diga e mova"). Mais tarde, as letras eram coladas nas fichas. Foram ensinadas para as crianças o nome e os sons das oito letras. Houve treino de identificação fonêmica: combinar figuras com primeiros sons em comum. As demais crianças em risco (controles) participaram do seu programa usual de jardim-de-infância (não-especificado).

Ao final do jardim, as crianças foram testadas em segmentação fonêmica, conhecimento de letra-som, e dois testes de leitura. Um foi o teste de leitura informal que consistia em palavras formadas pelos oito sons/letras que haviam sido ensinados. Isso, não surpreendentemente, mostrou uma expressiva vantagem para o programa especial de jardim-de-infância (ME = 1,08). Entretanto, esse conhecimento não se transferiu para uma medida de leitura padronizada. (O valor de ME para o teste Woodcock de decodificação de palavra foi de -0,17.) Desnecessário dizer que os escores de segmentação fonêmica e conhecimento de letra-som foram maiores para as crianças às quais haviam sido ensinadas essas habilidades do que para aquelas às quais não haviam sido.

O grupo experimental foi acompanhado na 1ª série e foi dado a eles um programa fônico que substituiu completamente o programa usual. As atividades do jardim-de-infância foram continuadas, e o conhecimento de letra-som foi gradualmente expandido para "todos os sons de letras". Se isso significa os "sons" de todas as letras do alfabeto, ou todos os sons da língua inglesa, não está claro. Foram ensinados às crianças alguns dígrafos de vogal, mas o modo como isso foi feito também não foi especificado. As crianças faziam exercícios no livro de tarefas relacionando letras e sons, aprendiam algumas palavras inteiras comuns e praticavam seqüência usando a técnica DISTAR de extensão de fonema ("mmmmaaaaannnn"), em vez de segmentação. (Blachman concorda com a idéia de que segmentar consoantes isoladamente é difícil.) A técnica do cartão de bolso de Slingerland foi usada para seqüenciar cartas de letras para fazer palavras. As crianças praticavam com cartões para melhorar a velocidade de decodificação. Elas liam livros de fônica simples com soletrações "regulares", como as séries Primary Phonics, e escreviam palavras e sentenças em ditado. Este parece um programa fônico prático, mas não houve detalhamento suficiente para se fazer um julgamento válido.

Perto do final do treino, as crianças foram introduzidas a seis tipos de sílabas: "fechadas", "abertas", "*e* final", "dígrafos de vogal", "vogal + *r*", e "consoante + *le*". Esse esquema de classificação é uma característica dos programas de reabilitação Orton-Gillingham. Padrões de soletração inglesa não são específicos de tipos de sílabas. Além disso, esses tipos não são mutuamente excludentes e, portanto, não constituem categorias independentes.[14] Ensinar isso só acrescenta uma complexidade desnecessária, além de gerar confusão.

O grupo-controle guiou-se pelo Scott-Foresman. Trata-se de um método de leitura de palavra inteira, mais leitura elementar, mais fônica-desconectada. Professoras também usavam partes do programa DISTAR. As crianças liam livros aleatórios das bibliotecas da sala de aula. Essa é uma típica mistura eclética.

Ambos os grupos de crianças foram ensinados em um formato de classe inteira. E ambos os grupos receberam instrução de soletração para classe inteira usando o programa Scott-Foresman, que é vagamente orientado à fônica (palavras CVC "regulares" primeiro, seguidas pelas palavras de "vogal-longa", agrupamentos e dígrafos, gradualmente aumentando em tamanho e complexidade).

As professoras no programa experimental receberam 13 horas de treino. Nenhum treino especial foi dado as professoras do grupo-controle.

A comparação entre os dois programas mostrou que o grupo experimental teve escores muito mais elevados de segmentação fonêmica e conhecimento de letra-som (valores ME = 1,0), como era de se esperar. Entretanto, eles foram apenas ligeiramente melhores em testes padronizados de leitura e soletração (ME = 0,35 para decodificação de palavra e 0,38 para soletração). As crianças foram acompanhadas ao final da 2ª série, e os testes padronizados de leitura e de soletração foram dados novamente. As magnitudes de efeitos para leitura tiveram uma ligeira melhora, a favor do grupo experimental: ME = 0,44 para testes de decodificação de palavra e 0,46 para testes de decodificação de pseudopalavra. Contudo, o valor de ME para soletração foi zero. Estes valores não são particularmente excepcionais para dois anos de ensino especial.

Esse estudo teve uma importante falha de desenho se um dos objetivos era avaliar o impacto do treino de consciência fonêmica no jardim-de-infância. Está faltando um grupo de controle fundamental, possivelmente dois. Este seria um grupo de crianças que não recebeu o programa de consciência fonêmica do jardim-de-infância, mas recebeu o programa fônico da 1ª série. Para se ter total certeza de que o programa do jardim-de-infância era

---

[14] N de O. A mesma soletração para o mesmo som pode ocorrer em mais de um desses tipos de sílaba. A soletração *o* para o som /oe/ ocorre em ambas as sílabas, abertas e fechadas: *go*, *most*. Idem para *ee* como em *fee* e *feed*; *ie* como em *die* e *died*; *ue* como em *cue* e *fuel*; *oo* como em *too* and *food*. A mesma palavra se encaixa em mais de um tipo de sílaba: *goat* ("segmentos vocálicos" e "fechada"), *care* ("*e* final", "vogal + *r*"), *soar* ("segmentos vocálicos", "vogal + *r*"). Além disso, esse esquema de classificação não serve para palavras polissilábicas, o que corresponde a cerca de 80% das palavras em inglês.

relevante, um quarto grupo-controle também faz-se necessário. Esse grupo receberia o programa do jardim-de-infância mas mudaria para o Scott-Foresman na 1ª série. Em vez disso, o grupo-controle não teve nem o programa do jardim-de-infância, nem o novo programa de leitura. Em vista disso, era de se esperar encontrar uma vantagem mais substancial para o grupo experimental, especialmente se ambos os programas, do jardim e da 1ª série, fossem eficazes. Ao contrário, as magnitudes de efeitos foram modestas, sugerindo que nenhum dos programas é tão eficaz quanto poderia ser, e/ou que as professoras não estavam comprometidas com eles.

Hatcher, Hulme e Ellis (1994), na Inglaterra, compararam um programa de consciência fonêmica a um programa de reabilitação de leitura, conhecido como *Reading Recovery*, com base no trabalho de Marie Clay (1985). Hatcher e colaboradores analisaram 125 crianças da 2ª série (7 anos e 6 meses) que haviam sido identificadas como leitores fracos. O treino consistiu em tutoramentos individuais, ministrados pelas professoras da classe durante um período de 25 semanas (duas sessões de 30 minutos por semana) para um total de 20 horas. Depois disso, as crianças foram retestadas, foram acompanhadas um ano mais tarde e testadas novamente. Os grupos foram combinados por idade, QI e escores nos testes iniciais de leitura.

As crianças foram divididas em três grupos experimentais e um grupo-controle. Um grupo de treino fonológico recebeu um programa semelhante ao desenvolvido por Lundberg e colaboradores. O programa envolvia identificar e produzir palavras, sílabas, rimas e uma variedade de tarefas de análise fonêmica. Estas incluíam lições de segmentação, aglutinação, omissão, substituição e transposição de fonemas em palavras.

Um segundo grupo de treino de leitura recebeu lições baseadas no *Reading Recovery* (ver Clay, 1985). O ensino foi visualmente orientado (ler e reler os mesmos livros), incluiu algumas estratégias para decodificação (não-especificadas), testes freqüentes de diagnóstico e atividades de escrita (soletração inventada) envolvendo letras, palavras e histórias. As crianças aprenderam o nome das letras, mas nenhuma correspondência letra-som.

O terceiro grupo foi denominado de fonológico+leitura, pois recebeu ambos os tipos de instrução. Houve uma modificação devido a restrições de tempo, e apenas metade das tarefas fonológicas foram completadas. Este grupo também recebeu novas atividades que uniam leitura e consciência fonológica. Estas incluíam aprender correspondências letra-som, usando letras plásticas para escrever palavras, e escrever palavras enquanto prestavam atenção a correspondências som-para-letra. Essas atividades "de união" tomavam 10 minutos de cada sessão.

O ensino em sala de aula normal (recebido por todos) foi descrito como "fônico", menos treino de consciência fonológica. Não houve descrição do que "fônico" realmente significava ou qual programa fora usado. O grupo-controle recebeu apenas essa instrução "fônica", e algumas crianças desse grupo tiveram ajuda externa de reabilitação também (programa e tempo não-especificados).

A partir dessa descrição, parece que as crianças no grupo combinado (consciência fonológica + leitura + atividades de união) tiveram uma mistura de métodos de leitura: uma variação de linguagem total nas lições do Reading Recovery, algum tipo de fônica em sala de aula, tarefas fonológicas de unidades multissom, uma variedade de tarefas de análise fonêmica, mais exercícios para "unir" o conhecimento fonológico e o código alfabético.

Talvez esta mistura tenha sido muito confusa, pois nem o grupo combinado (esperado para ser superior a todos os grupos), nem qualquer um dos outros grupos saiu-se particularmente bem. Nenhuma diferença foi verificada entre os grupos no teste informal de reconhecimento de palavra ou no British Ability Scales, um teste padronizado de reconhecimento de palavra. Houve uma pequena, porém constante, vantagem para o grupo combinado CF + leitura nos demais testes padronizados, conforme mostrado na Tabela 6.3. Os outros grupos não diferiram entre si.

As comparações entre o grupo combinado e os outros três grupos produziram magnitudes de efeitos semelhantes (ver Tabela 6.3), com valores de ME em uma modesta faixa 0,30-0,45. Isto não é muito a ser mostrado por 20 horas de ajuda um-a-um. Em outras palavras, nem o Reading Recovery, nem o treino de consciência fonológica *por si só* proporcionaram para aqueles leitores fracos um benefício maior do que o ensinado na classe de fônica, o que não foi muito.

Mais reveladores foram os escores do grupo combinado consciência fonológica + leitura quando emparelhados a idade equivalente dos escores (base da Tabela 6.3). As crianças começaram o estudo com escores 1,5 anos abaixo dos padrões de idade em todos os testes. A tabela lista os anos e meses em que essas crianças estavam atrás dos padrões de idade para leitura e para soletração em duas épocas de teste (idades 8,1 e 8,8 anos). As discrepâncias entre esses escores e os padrões de idade nacionais realmente aumentaram com o tempo.

Por razões desconhecidas – a mistura de métodos, os próprios programas de treino, treino ou monitoria de professores fracos – esses programas não foram eficazes em fazer as crianças atrasadas alcançarem as demais. Outros programas de intervenção funcionam muito melhor, e em um espaço de tempo bem mais curto (ver McGuinness, 1997c, 1998b; McGuinness, C., McGuinness, D. e McGuinness, G., 1996). A regra da prática para uma reabilitação bem-sucedida é permanecer fiel ao protótipo e evitar o ensino de habilidades

Tabela 6.3
Magnitudes de efeitos Neale

	Precisão Neale	Compreensão Schonell	Soletração
Idade no teste 8:1			
Leitura + CF[15] *vs.* só leitura	0,45	0,41	0,31
Leitura + CF *vs.* só fonemas	0,40	0,52	0,14
Leitura + CF *vs.* controles	0,52	0,61	0,33
Idade no teste 8:10			
Leitura + CF *vs.* só leitura	0,46	0,47	0,35
Leitura + CF *vs.* só fonemas	0,35	0,44	0,22
Leitura + CF *vs.* controles	0,38	0,57	0,30

Leitura + grupo fonológico só	Teste: idade 8,1		Teste: idade 8,10	
	Escore Equivalente à idade	Anos Abaixo da idade	Escore Equivalente à Idade	Anos Abaixo da idade
Neale – precisão	6,1	2,0	6,8	2,2
Neale – compreensão	6,4	1,9	7,0	1,10
Schonell – soletração	6,8	1,5	7,2	1,8

Fonte dos dados: Hatcher, Hulme e Ellis, 1994

---

[15] N. de R. T. CF, nesta tabela, refere-se à consciência fonológica.

que nada têm a ver com um sistema de escrita alfabético.

Finalmente, Brennan e Ireson (1997) conduziram um estudo que, apesar dos problemas metodológicos, é o teste mais direto para dizer se o treino de consciência fonológica oferece alguma vantagem em particular sobre um bom programa fônico. Eles adaptaram um programa do tipo Lundberg para crianças do jardim-de-infância (faixa etária 4,10 a 6,1) que freqüentavam uma escola americana na Inglaterra. As crianças despenderam três meses em unidades fonológicas maiores do que o nível do fonema. Estas incluíam ouvir sons não-verbais, praticar jogos de rima, bater palmas marcando as sílabas, e usar marcadores para representar sílabas em palavras polissilábicas. Na metade do terceiro mês, as crianças começaram a aprender fonemas na posição inicial e, subseqüentemente, em todas as posições ao longo do curso do ano escolar. As lições foram dadas principalmente apenas no modo oral/auditivo (sem letras). Entretanto, houve uma confusão maior nesse estudo. O programa fonológico tomava 15-20 minutos de um período de duas horas de linguagem-artes, durante o qual as crianças aprendiam os nomes e os sons das letras, copiavam letras e escreviam "histórias" usando soletrações inventadas.

O grupo de treino fonológico foi comparado a dois outros grupos. Um grupo estava usando um programa (Success in Kindergarten) desenvolvido para integrar a aprendizagem de sons e letras. Copiar e escrever palavras foi uma ênfase particular. Ao terceiro grupo foi ensinado caracteres do "Letterland" (letras desenhadas para parecerem como animais) para ensinar os sons de letras. Esta é uma abordagem visualmente orientada que foca nas formas das letras e nos "sons que as letras fazem". As lições incluem atividades práticas que têm a ver com a memorização dos formatos das letras, como desenhar letras na bandeja de areia e formar letras com massa de modelar. As crianças recitam rimas relacionadas com a letra-alvo.

Ao final do ano, tanto o grupo de treino fonológico quanto o grupo Success in Kindergarten estavam consideravelmente adiantados nos testes padronizados de leitura e de soletração, comparados ao grupo Letterland. Entretanto, o grupo de consciência fonológica não foi superior ao grupo Success in Kindergarten. Quando comparei os dois programas, as magnitudes de efeitos estavam a favor do Success in Kindergarten: ME = 0,38 para leitura no teste Schonell, 0,56 para "palavras de alta freqüência" e 0,23 para soletração no teste Schonell. (Estes valores são diferentes das magnitudes de efeitos do NRP.)

Brennan e Ireson (1997) não relataram quais fonemas foram ensinados para quais grupos, ou como foram ensinados, e há o fato de que cerca de 90 minutos de outras atividades de leitura estavam em andamento nas classes. Diferentemente da situação na maioria dos outros países europeus, as crianças no Reino Unido *são* ensinadas a ler no jardim-de-infância. O único resultado claro foi a aparição extremamente fraca do programa Letterland. Não há como dizer se as diferenças entre os outros dois programas tiveram algo a ver com as características específicas desses programas.

Conclusões

Como uma observação geral, um dos resultados mais consistentes a emergir desses estudos é que o treino de identificação fonêmica e de seqüência fonêmica (segmentação/aglutinação) são as únicas habilidades de análise fonêmica que impactam de modo constante os escores nos testes de leitura. Isto confirma a evidência da pesquisa correlacional. Helfgott (1976) estava entre os primeiros a descobrir que a habilidade de segmentação para palavras CVC era a mais alta correlação com a leitura um ano mais tarde ($r = 0,72$) entre uma variedade de habilidades de consciência fonêmica.

O estudo definitivo foi o de Yopp (1988), que avaliou o desempenho de crianças do jardim-de-infância em 11 testes de consciência fonológica. Ela investigou a sobreposição estatística entre esses testes e correlacionou cada escore de teste com o tempo para aprender a ler novas palavras. Os resultados de Yopp (1988) refletem os estudos de treino. As maiores correlações de taxa de aprendizagem foram "isolar de som" (identificação de fonema) ($r = 0,72$) e tarefas de seqüência fonêmica (aglutinação e segmentação) (média $r = 0,67$). Discriminação auditiva ($r = 0,27$) e habilidades de rima ($r = 0,47$) não predisseram os escores de aprendizagem. Testes de exclusão fonêmica foram muito difíceis para esse grupo etário.

Para aqueles que conhecem análise de fator, tarefas de identificação fonêmica e seqüência fonêmica carregaram no mesmo fator (fator I) em valores variando de 0,76 a 0,89. Discriminação auditiva e habilidade de rima não carregaram em nenhum, e testes de exclusão fonêmica carregaram em um fator separado (o teste Rosner carregou no fator II em 0,94).

Deve-se observar que identificação fonêmica e seqüência fonêmica são precisamente as habilidades treinadas em um programa fônico-lingüístico naturalmente.

Apesar da correspondência global entre esses estudos, a maioria dos estudos revistos neste capítulo tem inúmeras falhas de desenho que dificultam saber exatamente como, ou se, um programa de treino fonológico causa algum impacto sobre a leitura e a soletração. Há poucas tentativas para discernir quais das muitas tarefas fonológicas são realmente necessárias. Freqüentemente, não há descrição de quais fonemas e letras (se usadas) são ensinados. E, quando essa informação é dada, muito poucas correspondências são incluídas no programa, e muito tempo é dispendido ao ensiná-las. No geral, a maioria dos programas subestima extremamente o que crianças de 5 anos (ou mesmo crianças mais jovens) podem aprender. Fica-se impressionado pelo fato de que o equilíbrio é exatamente inverso entre o número de fonemas ensinados (e suas soletrações) e o tempo gasto em unidades fonológicas maiores. A suposição entrelinhas parece ser que ensinar fonemas e letras é difícil para crianças jovens, mas ensinar grandes quantidades de tarefas fonológicas conflitantes e "não-naturais" não o é. Isso parece ser um dos muitos legados do mito do desenvolvimento fonológico.

A evidência não é convincente de que programas especiais para ensino de consciência fonêmica e correspondências letra-som, em vez de usar um bom programa fônico-lingüístico desde o início, ofereça algum benefício adicional.

Esta não foi a conclusão do NRP (2000), que pareceu ter por certo que habilidades de consciência fonêmica são tão difíceis de aprender que o treino separado de consciência fonêmica é uma necessidade. O painel comentou na introdução do relatório que o Estado do Texas e o da Califórnia prescreveram a inclusão do treino de consciência fonêmica como parte do ensino da leitura inicial no contexto de elogiar esses dois estados por suas políticas avançadas. (Já vimos o que aconteceu na última vez em que a Califórnia elegeu um currículo.)

Se o treino especial de consciência fonêmica é essencial, precisamente qual dos muitos programas de treino revistos aqui deveria ser adotado pelos professores? E qual é a evidência de que algum desses programas confere algum benefício além daquilo que um bom programa fônico-lingüístico confere? Até agora não há nenhuma.

O resumo do relatório do NRP (2000) sobre consciência fonêmica ("Implicações para o ensino da leitura") mostra que os autores não consideram a sobreposição entre o treino de consciência fonêmica e um programa fônico-lingüístico. Por exemplo, em uma sessão de perguntas e respostas, o NRP (2000) abordou a questão de se o treino de consciência fonêmica ajuda as crianças a aprender a ler e a escrever. O painel declarou que ensinar as crianças a manipular fonemas "transfere e ajuda as crianças a aprender a ler e a escrever. Treino de consciência fonêmica ajuda não apenas a leitura de palavras mas também a compreensão da leitura. Treino de consciência fonêmica contribui para a capacidade das crianças de ler e escrever por meses, se não por anos, após o término do treino" (p. 2-40).

Sobre qual método de consciência fonêmica tem o maior impacto na aprendizagem da leitura, eles escreveram: "Ensinar os alunos a segmentar e aglutinar fonemas beneficia a leitura mais que uma abordagem do tipo multi-habilidades. Ensinar os alunos a manipular fonemas com letras proporciona efeitos mais amplos que ensinar sem letras... Ensinar as crianças a aglutinar os fonemas representados pelas letras é o equivalente da instrução de decodificação" (p. 2-41). Não, é *idêntico* à instrução de decodificação (leitura).

Sobre a soletração: "Ensinar as crianças a segmentar fonemas em palavras e representá-los com letras é o equivalente ao ensino da soletração inventada" (p. 2-41). Não, é *idêntico* ao próprio ensino da soletração. A soletração nunca deveria ser "inventada".

Os autores do relatório NRP (2000) pareceram estar satisfeitos com a qualidade dos estudos e a validade das amplas magnitudes de efeitos relatadas em suas análises – magnitudes de efeitos que, como vimos, estão extremamente infladas devido a testes informais inválidos e outras anomalias metodológicas. Em nenhum outro lugar isto é mais evidente do que em uma afirmação que representa mal o fato de que as magnitudes de efeitos baseadas em testes padronizados são secundárias (ME = 0,33 para leitura e ME = 0,41 para soletração).

De acordo com o relatório, "A análise do NRP mostra que a evidência reside solidamente em estudos bem-desenhados. As magnitudes de efeitos significativas ficaram aparentes nos testes padronizados, assim como nos testes desenhados pelo experimentador" (p. 2-42). Conforme observado no capítulo anterior, as magnitudes de efeitos no relatório NRP para *os próprios estudos individuais* nem sempre são precisas. O problema é agravado quando esses valores imprecisos têm as médias calculadas junto em uma metanálise. Como vimos nesta revisão, muitos estudos não foram "bem-desenhados", e muitos instrumentos de teste e muitas manipulações de dados foram inválidas. Não consigo lembrar-me de mais de um estudo em que estimativas de confiabilidade foram computadas para um teste informal.

Certamente, é difícil avaliar o impacto de um programa de treino de consciência fonêmica em leitura e soletração antes de as crianças serem ensinadas a ler e a escrever, o que é o caso na maioria dos estudos de jardim-de-infância. Pesquisadores têm razões ao tentar averiguar se o treino causou impacto na decodificação e na soletração sem ter de desenvolver seus próprios testes de leitura e de soletração desde o início, completos com normas e escores-padrão. Entretanto, há outros critérios para um teste válido. A confiabilidade do teste é crucial, como é a análise de item. Os itens podem ser muito difíceis ou muito fáceis. Alguns itens podem não avaliar o constructo (validade do constructo). Schatschneider e colaboradores (1999), por exemplo, descobriram em sua análise de testes de consciência fonêmica que itens no mesmo teste freqüentemente variavam muito em dificuldade em um estilo idiossincrático.

Como um comentário final, vamos voltar ao terceiro critério usado na verificação inicial desses estudos: "Testar a hipótese de que o treino de consciência fonêmica melhora mais a leitura que alguma forma alternativa de treino ou nenhum treino" (p. 2-15). Por "forma alternativa de treino" o painel queria dizer algo semelhante ou paralelo a treino de consciência fonêmica. Mas e se a "forma alternativa de treino" fosse um programa fônico-lingüístico como o Lippincott ou fônica Jolly? Em apenas um caso nesse grupo de estudos essa hipótese foi ligeiramente testada, e até que isso seja feito, a conclusão deve ser que programas separados de treino de consciência fonêmica como aqueles relatados aqui não chegam perto de "melhorar a leitura" comparados a um bom programa fônico-lingüístico. Programas de consciência fonêmica nem mesmo produzem resultados comparáveis em testes de consciência fonêmica.

7

Fluência em Leitura

O objetivo do ensino da leitura é garantir que as crianças aprendam a ler com precisão e rapidez (fluência). Porém, enquanto pesquisadores em países falantes de língua inglesa medem cuidadosamente a precisão em todas as suas formas, a fluência é raramente medida. Nos oito campos para análise das magnitudes de efeitos das medidas dos resultados do relatório NRP (2000) sobre o ensino da leitura, não havia espaço para a fluência ou para a velocidade de leitura. Pouquíssimas baterias de testes padronizados incluem tais medidas.

Geralmente, pesquisadores e educadores, acreditam que a fluência é um subproduto de uma decodificação precisa. Certamente é fato que decodificadores imprecisos são leitores vacilantes e não-fluentes. Mas o reverso não é verdadeiro. Um leitor lento não é necessariamente impreciso. O leitor lento, mas preciso, é um fenômeno em países com um sistema de escrita transparente. Como vimos no último capítulo, os testes de leitura medem a velocidade de leitura e sua compreensão, e não precisão. Quando Wimmer (1993) testou os leitores mais fracos de Salzburgo, nenhum deles teve dificuldades de decodificação ou de de soletração, mas praticamente todos liam muito devagar.

Isso significa haver dois tipos de leitores lentos, crianças que lêem devagar por não conseguirem decodificar (imprecisas), e crianças que lêem devagar apesar de boas habilidades de decodificação. O primeiro tipo de leitor precisa de mais ajuda nas habilidades de decodificação (talvez seguida de ensino de fluência), e o segundo tipo precisa apenas de ensino na fluência. O modo como a fluência pode ser mais bem ensinada é o tema deste capítulo.

Antes de observarmos os estudos de ensino, precisamos compreender por que um leitor leria de modo preciso, mas vagarosamente, e abordar a seguinte questão: importa se uma criança lê devagar, porém com precisão? A resposta-padrão tem sido que uma velocidade de decodificação muito lenta impede as crianças de compreender o que lêem. Entretanto, as evidências para embasar essa teoria não são confiáveis. Em geral, os estudos correlacionais, têm sido conduzidos com crianças de língua inglesa que lêem devagar *e de modo impreciso*; assim, quando a velocidade de leitura e a compreensão são correlacionadas, não podemos saber o porquê. E outros fatores, como idade, sexo e QI, têm um impacto importante na velocidade de processamento, mas raramente são controlados em estudos correlacionais. Wimmer (1993) verificou que de 80 a 85% dos leitores lentos na 1ª e na 2ª séries eram meninos, e que os escores de QI verbal para esses leitores estavam significativamente abaixo, com uma ampla margem, daqueles escores dos leitores normais ($p < 0,001$).

A única maneira de responder a questão levantada acima é controlar tanto a fluência quanto a compreensão ao mesmo tempo. Se a leitura lenta não tem nenhum efeito na compreensão, não há motivo para se preocupar. Também precisamos de um melhor entendimento conceitual sobre as causas em potencial. As crianças podem estar com atraso de desenvolvimento, ou podem não ter recebido ensino de letras e de sons antes de irem para escola. Podem ter sido vítimas de um ensino fraco, fazendo-as ter uma velocidade de decodificação ineficiente (lenta).

Velocidade de fala e velocidade cerebral

Qual é a velocidade de leitura ideal? Poder-se-ia imaginar que a velocidade de leitura deva estar próxima da velocidade de fala. A velocidade de fala é extremamente rápida devido ao fato de os fonemas serem co-articulados (fisicamente sobrepostos). Cada fonema em uma palavra modifica o que o precede. Este é um tipo de "propagação retroativa", na qual o último fonema em uma palavra controla os padrões de fala do que o precede, e assim sucessivamente, para trás ao longo de toda a palavra. Quando começamos a falar (para frente no tempo), o cérebro já fez esse cálculo antes de pronunciarmos o primeiro fonema. O /g/ na palavra *dog* modifica a vogal /o/, que, por sua vez, modifica o modo como o /d/ é fisicamente produzido. Como resultado, o /d/ em *dog* e o /d/ em *dip* são acusticamente diferentes, bem fáceis de distinguir em um espectograma, mesmo a olho nu. A co-articulação acelera enormemente a velocidade, tornando a transferência da informação de um cérebro para o outro mais eficiente.

A velocidade de articulação (velocidade do fluxo da fala) precisa ser adequada para o cérebro humano extrair significado das expressões da fala. Fale muito rapidamente, e soa como asneira; fale muito devagar, e a sentença se decompõe. Ouvir uma fala lenta é uma tarefa tão difícil para o ouvinte que o interesse diminui a cada palavra. (O mesmo se aplica a uma música tocada muito depressa ou muito devagar.) A velocidade no fluxo da fala é surpreendentemente uniforme em diferentes línguas, considerando as variações em sua estrutura fonética. Essa velocidade é medida pelo número de palavras proferidas por uma unidade de tempo em conversações normais. A velocidade da fala natural para a língua inglesa é de aproximadamente de 250 a 300 palavras por minuto (ppm).

Em virtude dessa rápida velocidade de fala ser o que torna a conversação possível, poderia imaginar-se que, para os leitores processarem o significado na velocidade preferida do cérebro (compreender o que lêem), eles deveriam ser capazes de decodificar na mesma velocidade em que as pessoas falam. Qual poderia ser essa velocidade de leitura ideal?

Em sua revisão da pesquisa sobre o movimento dos olhos, Rayner (1998) descreveu um estudo com esse objetivo. Estudantes universitários foram identificados por seu excelente desempenho em um teste de compreensão de leitura. Foi-lhes solicitado para ler passagens em sua velocidade normal de leitura. O leitor mais rápido foi cronometrado em 380ppm e o mais lento em 230ppm. A média para esse grupo de leitores experientes foi de 308ppm. Isto é quase o mesmo que a velocidade no fluxo "normal" de fala, e até isso leva anos para ser alcançado. Um leitor normal de 2ª série lê cerca de 90ppm. Esse valor salta para 150ppm na 4ª série. Na 6ª série, um leitor médio está aproximando-se da velocidade de um leitor universitário mais lento (200ppm).

A variabilidade por idade e as diferenças individuais na velocidade de leitura significam que definir um "leitor lento" não é uma tarefa fácil. O problema é agravado quando crianças inglesas são comparadas a crianças que aprendem um alfabeto transparente. Conforme observado anteriormente, Wimmer, em colaboração com colegas ingleses (Wimmer e Goswami, 1994; Landerl, Wimmer e Frith, 1997), comparou crianças normais de Salzburgo e Londres. Crianças austríacas de 7 anos e com um ano de escola liam tão rapidamente quanto crianças inglesas de 9 anos e com quatro anos de escola, cometendo a metade do número de erros, um aumento de oito vezes em eficácia. Quando os piores leitores (muito lentos) de Salzburgo foram confrontados com os piores leitores (muito imprecisos) de Londres, as crianças de Salzburgo leram o mesmo material *duas vezes mais rápido* e lendo mal apenas 7% das palavras. As crianças inglesas não só leram mais lentamente, mas também leram mal 40% das palavras. "Lentidão", ao que parece, está relacionado ao sistema de escrita, e não a uma propriedade da criança.

Se a "leitura lenta" é relativa, vinculada a um sistema de escrita em particular e a um método de instrução, em vez de idade ou de capacidade nata, não há diretrizes para se determinar uma velocidade de leitura ideal, além de relatórios inconfiáveis de professores ou reclamações de crianças específicas. Para complicar as coisas, o conteúdo do material de leitura também determina a velocidade de leitura. Textos difíceis são lidos mais devagar, com muito mais fixações regressivas,[1] do que textos simples.

Aqui vou adotar a velocidade de leitura média da 2ª série de 90ppm como uma velocidade de base, abaixo da qual a compreensão pode tornar-se difícil. Esta velocidade se aplica a textos com vocabulário simples, usado para descrever conteúdo que é familiar ou convencional. Qualquer número abaixo de 90ppm não será adequado para processar significados.

Para crianças cuja velocidade de leitura está abaixo desse valor, que tipo de ensino pode ajudar? Uma pista vem da pesquisa sobre o movimento dos olhos. Rayner (1986) verificou que adultos e crianças usam diferentes quantidades de informações em seu campo visual periférico enquanto lêem. Isto é conhecido como *alcance perceptivo*. O alcance é maior na direita do que na esquerda devido à direção esquerda-direita do nosso sistema de escrita. Leva cerca de um ano de prática de leitura para essa assimetria ser estabelecida.

O alcance perceptivo médio para os adultos está em torno de 14 a 15 caracteres à direita da fixação, e os adultos usam toda essa informação. O alcance é semelhante nas crianças, mas Rayner (1986) verificou que os alcances *funcionais* de crianças mais novas são menores, cerca de 11 caracteres ou menos. Crianças dependem mais da visão central (região fóvea) e não tiram tanto proveito da informação à direita da fixação até que estejam perto dos 12 anos. Talvez leitores lentos façam menos uso dessa informação do que leitores normais. Seu estilo arrastado de decodificação palavra-por-palavra sugere que eles focalizam uma palavra de cada vez.[2]

Apesar do fato de os humanos não conseguirem ver detalhes em seu campo visual periférico, eles conseguem ver algo. Todos com uma visão normal, incluindo leitores lentos, podem perceber muito bem as primeiras duas letras da palavra seguinte. Além disso, as demais letras fornecem uma impressão global, desfocada do tamanho e da forma da palavra, seu padrão de ascendentes (b, d, f, h, l, t) e descendentes (g, j, p, q, y). Para essa informação estar acessível, ela deve ser coordenada "*on-line*" (em tempo real, ao mesmo tempo) com o significado e a estrutura da sentença. Leitores precisam conhecer a sintaxe e antecipar qual classe de palavra vem depois: "O garotinho _____ [um verbo vai aqui]." Leitores também precisam ter noção do *contexto* – o que está acontecendo na história (o garoto acabou de tropeçar em um tronco).

Essas quatro pistas (letra inicial, tamanho e forma da palavra, sintaxe e contexto) estreitam a escolha das palavras que vão no próximo espaço na sentença. O cérebro, se tem uma oportunidade, vai automaticamente lançar algumas palavras adequadas que começam com aquelas letras em particular, que têm aquela forma, que preenchem aquele espaço e que se relacionam ao significado da história. Cérebros humanos são particularmente bons na combinação de padrões asso-

---

[1] N. de R. T. Movimentos oculares regressivos.

[2] N. de R. T. Para quem tiver interesse, há um livro traduzido para o português que discute os movimentos oculares durante a leitura. Ellis, A. *Leitura, escrita e dislexia*. 2.ed. Porto Alegre: Artmed, 1995.

ciativos e soberbos na antecipação de significados, um fenômeno primeiramente relatado por William James. Hoje, isso é conhecido como *análise por síntese* ou *processamento top-down (descendente)*. Ouvintes continuamente antecipam palavras que estão vindo a seguir em uma sentença de um falante. Esta é a razão pela qual duplos significados, outras formas de jogos de palavras e mudanças bruscas ou estranhas de contexto são surpreendentes e divertidas, pois certas palavras não se encaixam em nossas expectativas.

Com certeza, as pessoas geralmente não fazem isso conscientemente. Ao ler, ninguém tem consciência de que vê impresso algo para o qual não está olhando. Tampouco podemos monitorar o fato de que nosso cérebro está analisando esse "não visto". Como, então, podemos conseguir que leitores lentos façam uso dessa informação periférica para acelerar a leitura? Uma maneira seria ensinar essa faculdade diretamente, estabelecendo uma série de exercícios para leitores lentos praticarem olhares periféricos ou fixarem exatamente à frente ao tentar identificar formas desfocadas à direita. Entretanto, acontece que há uma solução bem mais simples, que produz os mesmos resultados sem a necessidade de tornar consciente um processo inconsciente.

A Análise do NRP (2000) sobre os Estudos de Treino em Fluência

Na introdução à análise desse tópico no NRP (2000), os autores apontaram que a velha noção de "automaticidade", como um resultado natural de uma precisa decodificação, tem de ser modificada. Eles discutiram, particularmente, a importância da sintaxe – "a habilidade de agrupar palavras em unidades gramaticais significativas" – e da compreensão. Não é simplesmente que a fluência libere "recursos cognitivos" para a interpretação, mas que a fluência está implicada no processo de compreensão porque permite "passos interpretativos preliminares". Essa análise antecipatória é semelhante à noção de processamento *top-down* discutida antes. Eles relacionam isto ao "processamento paralelo", a capacidade de desempenhar múltiplas tarefas perceptivas e cognitivas ao mesmo tempo.

Eles também trazem outro ponto importante, o de que a "automaticidade" não está simplesmente presente ou ausente, mas se desenvolve gradualmente com a prática ao longo de um período de tempo. A velocidade de leitura é um *continuum*, e, como vimos a partir dos padrões de desenvolvimento, não há uma medida definitiva de fluência em leitura. Se tiver interesse, o leitor pode recorrer à excelente análise do painel sobre o problema da definição de *automaticidade* e *fluência* (NRP, 2000, p. 3-11). A introdução à seção sobre fluência é um dos destaques do relatório do NRP.

Existem várias abordagens para ensinar fluência. O NRP (2000) encontrou estudos sobre apenas duas dessas abordagens: o processo de "estimular os alunos a ler mais" e a técnica da "releitura". Podemos dispensar o primeiro de início, depois de discutir alguns fatos extraordinários. Talvez não haja uma crença mais arraigada que a de que "ler muito" desempenha um papel causal em tornar as crianças leitoras precisas e fluentes, que compreendem o que lêem. Supõe-se que "ler muito" também aumente o vocabulário. Alguém poderia imaginar que essa crença de longa data tenha sido submetida a testes rigorosos inúmeras vezes e tenha sido comprovada, mas isto está longe de ser o caso.

Nada no campo da leitura produziu uma safra mais abundante de artigos e trabalhos do que a crença de que "ler muito" faz diferença com respeito à habilidade de leitura, às atitudes em relação à leitura e a uma porção de outras habilidades lingüísticas e cognitivas. A pesquisa do NRP (2000) revelou 30 abordagens diferentes de como aumentar o volume de leitura das crianças. Usando esses 30 termos como palavras de busca em uma base de dados (PsychINFO), eles recuperaram mais de 19 mil trabalhos. Combinando esses termos com áreas primárias de interesse – velocidade de leitura, compreensão de leitura, habilidades de leitura, etc. –, esse número caiu para pouco mais de mil (900 depois que artigos de língua estrangeira foram eliminados). Isso se repetiu com a base de dados ERIC e os artigos em duplicidade foram eliminados.[3]

Limitando os estudos àqueles que apareceram depois de 1991, houve um conjunto final de 603 artigos. Os investigadores do NRP (2000) procuraram por estudos que preenchessem os seguintes critérios: estudos de pesquisa apenas, ensino de leitura em inglês até o ensino médio, e publicação de uma revista especializada. Isto deixou apenas 92 estudos, dos quais só 79 puderam ser localizados. Após uma leitura cuidadosa desses artigos, apenas 9 puderam ser mantidos, pois a maior parte dessas pesquisas era correlacional. Eles ampliaram a busca para as bibliografias dos 79 estudos, o que produziu mais 10 possíveis candidatos, dos quais apenas a metade pôde ser mantido. Eles agora têm 14 investigações experimentais confiáveis envolvendo o estudo *científico* do impacto de "ler muito". Infelizmente, a maioria desses estudos tinha um desenho de pesquisa tão fraco, ou outros problemas metodológicos, que nenhuma metanálise pode ser aplicada.

Os 14 estudos foram brevemente revisados. A maioria desses estudos avaliou o impacto da "leitura silenciosa sustentada" ou uma abordagem semelhante. Não houve evidências de que fazer as crianças lerem por um período de tempo determinado, dentro ou fora da sala de aula, fazia qualquer diferença no vocabulário, na compreensão de leitura, na atitude frente a leitura, no reconhecimento de palavra ou no desempenho em testes gerais de rendimento da leitura e testes padronizados. Os autores do NRP (2000) concluíram o seguinte: "Nenhum desses estudos tentou avaliar o efeito da leitura intensificada na fluência. Em vez disso, a maioria desses estudos considerou o impacto de incentivar mais leitura no rendimento geral da leitura, conforme avaliado por testes padronizados e informais. Seria difícil interpretar essa coleção de estudos enquanto representantes de uma evidência clara de que incentivar alunos a ler mais realmente melhora o rendimento da leitura" (p. 3-26).

Eles prosseguiram enfatizando que a baixa qualidade dessas pesquisas não oferece uma prova definitiva, de uma maneira ou de outra, de que um ensino de leitura silenciosa agendada ou controlada auxilia o rendimento na leitura. Dado o fato de que as medidas dos resultados incluíram o espectro total da competência em leitura (exceto fluência), esta é uma crítica mordaz.

Esse padrão foi observado em cada área temática até agora. Fica claro que precisamos urgentemente de uma base de dados apropriada para pesquisa científica em leitura. A ERIC certamente nunca cumpriu essa função e, agora, ao que parece, a PsychINFO tampouco. A descoberta do NRP (2000) de que apenas três dos estudos em sua revisão estavam metodologicamente adequados é também uma dura crítica das próprias revistas de pesquisa e de seus comitês editoriais. Professores precisam da nossa ajuda. Professores deveriam ser capazes de descobrir como ou se o tempo despendido lendo faz diferença para as habilidades de leitura.

Releitura

Professores sabem há um século ou mais que reler um texto aumentará a velocidade de leitura. Leitores lentos lêem mais rápido após terem lido a mesma história ou passagem muitas vezes. Esta técnica tem uma história tão antiga que E. B. Huey a descreveu em seu famoso livro sobre leitura em 1908. Entretanto, o problema central com essa técnica é se a velocidade melhorada em uma história vai se transferir para a outra. Se a fluência é específica de uma única passagem ou história, a técnica da releitura não tem sentido.

A busca de dados do NRP (2000) sobre *releitura* foi bem parecida com a anterior, cobrindo uma ampla gama de programas com nomes extravagantes como "leitura eco" e "impressão neurológica". A mesma incansável busca foi realizada, resultando que 98 artigos preenchiam os pré-requisitos da verificação preliminar, e foram cuidadosamente codificados. A partir dessa análise, verificou-

---

[3] N. de R. T. Dados de pesquisa publicados em mais de uma revista especializada.

se haver uma variedade de diferentes abordagens experimentais, que foram classificadas em quatro categorias. Apenas uma categoria preencheu os requisitos para inclusão em uma metanálise. Esta categoria foi um grupo de 16 estudos (1970-1996) que foram adequadamente desenhados, com medidas de leitura pré-testes e pós-testes e com um grupo-controle. As outras categorias que não foram são as seguintes: 14 estudos sobre o impacto imediato da leitura repetida (nenhum teste de transferência); 8 estudos comparando diferentes métodos e abordagens de releitura, mas sem um grupo-controle; e desenhos de sujeitos-únicos.[4]

Devido a diferenças nas populações (crianças menores *versus* maiores; leitores bons *versus* leitores fracos), apenas as magnitudes de efeitos mais básicas puderam ser computadas. A primeira medida de resultado foi um escore de leitura global com base em todo tipo de medida usada. A magnitude de efeito geral para o treino de releitura foi moderadamente positiva (ME = 0,48). Observando medidas separadas de leitura, o maior impacto pareceu ser para o reconhecimento de palavra (ME = 0,55), seguido da fluência (ME = 0,44) e depois da compreensão (ME = 0,35).

Quando leitores normais *versus* fracos foram separados, e os dados controlados por tamanho de amostra, a magnitude de efeito foi maior para leitores normais (ME = 0,50) do que para leitores fracos (ME = 0,33). Mas, conforme os autores observaram, isto foi confundido com a quantidade de tempo que o programa de releitura durou. Estudos com leitores normais tenderam a ser mais longos.

Quero analisar em detalhes os programas de maior sucesso e tomar uma perspectiva mais histórica. Poucas pesquisas apareceram sobre os efeitos da releitura até a década de 1970, quando S. J. Samuels (membro sênior do painel de fluência do NRP, 2000) começou a explorar as aptidões e as estratégias de leitores fluentes e eficientes comparadas a de leitores fracos. Ele e colaboradores observaram como ou se o uso do contexto aumentava a velocidade da leitura. Eles investigaram o impacto de treinar velocidade de reconhecimento de palavra inteira comparada à releitura. Samuels (1979) relatou que releitura com um objetivo-alvo de 100ppm levou a um aumento de velocidade e precisão, com reservas (transferência) de uma passagem de história para a próxima, um efeito que aumentou em eficácia com cada uma das cinco passagens de história. Em compensação, o treino de palavra inteira (memória visual) não foi eficaz.

Dahl (1979), colega de Samuel, comparou três métodos (contexto, palavra inteira, releitura) em um desenho de pesquisa completamente cruzado, no qual crianças de 2ª série foram treinadas em um método, ou nenhum, ou em qualquer combinação possível desses três métodos. Dahl (1979) verificou que o treino baseado em contexto e o método de releitura tinham iguais probabilidades de aumentar a precisão da leitura, mas era mais provável que a releitura aumentasse a velocidade de leitura. A prática da palavra inteira nas 800 palavras isoladas que constituíam o texto *não teve efeito algum* nem na precisão, nem na velocidade.

Enquanto esses estudos estavam em andamento, Chomsky (1976) desenvolveu uma técnica de leitura na qual crianças liam junto com uma fita de áudio. Ela relatou que as crianças melhoraram a velocidade e a precisão da leitura, mas não houve qualquer evidência mais forte para confirmar essa alegação.

Desde esses trabalhos iniciais, um grande número de questões importantes veio à tona, e tem havido um crescente e minucioso exame das suposições sobre o que a releitura realmente alcança. Em função de muitos fatores serem críticos na otimização dos efeitos da releitura, vou enumerá-los antes de discutir as pesquisas mais recentes.

Aqui estão as questões que precisam ser abordadas ao se fazer pesquisa sobre releitura ou ao se desenhar um programa eficaz de releitura:

1. A leitura fica mais rápida com ou sem um objetivo-alvo (critério de palavras por minuto)?

---
[4] N. de R. T. Estudos de casos.

2. As crianças lêem melhor sozinhas ou com uma fita de áudio?
3. A releitura é mais eficaz que ler o mesmo número de vezes histórias *diferentes*?
4. Qual é o tempo de prática necessário para produzir mudanças duradouras?
5. Como esse tempo deveria ser distribuído: concentrado em poucos dias ou espalhado ao longo de semanas ou meses?
6. Quantas histórias diferentes deveriam ser relidas para garantir um efeito duradouro?
7. O nível de dificuldade do texto faz alguma diferença?
8. O conhecimento das palavras de uma história para a próxima faz alguma diferença?
9. O conhecimento do conteúdo ou do contexto faz alguma diferença?
10. A prosódia (expressão da leitura) melhora com a velocidade?
11. Que tipos de efeitos de transferência existem e como devem ser avaliados?

Cinco objetivos ou resultados principais precisam ser avaliados para que a releitura seja considerada um sucesso. Primeiro e segundo, a velocidade de leitura deve aumentar sem nenhuma perda de precisão (ou até mesmo um aumento na precisão) à medida que leitores lêem mais rápido. Terceiro, releitura oral deveria produzir limites de frase e modulação (prosódia) cada vez mais apropriados. Quarto, a compreensão deveria melhorar. Finalmente, deveria haver efeitos de transferência. A velocidade de leitura deveria aumentar de uma história para a outra. Se uma velocidade de leitura-padrão é estabelecida, esta deveria ser atingida mais rapidamente com cada nova história. Precisão e compreensão deveriam melhorar, também, com cada nova história. Fazer as crianças lerem "rápido" de nada adianta, se elas são imprecisas, falham ao compreender o que lêem, e não generalizam esta rapidez de uma história para a outra.

Resolver essas questões acabou sendo mais difícil do que as pessoas imaginavam. É fácil fazer leitores lentos, precisos ou imprecisos, lerem muito mais rápido em um curto espaço de tempo (em uma hora). Não é fácil melhorar a compreensão daquela mesma passagem para mostrar efeitos de transferência. É possível que não tenhamos todas as respostas para as questões levantadas acima, pois pesquisas individuais estudam diferentes problemas, e as crianças nos estudos variam em idade e em habilidade de leitura, mas estamos chegando perto.

Estabelecer um padrão-alvo parece, à primeira vista, uma abordagem melhor que usar um número arbitrário de repetições – em outras palavras, deixar as crianças relerem sem um objetivo. As crianças relatam que gostam da releitura e de ter um objetivo. Devido ao fato dos estudos variarem, não há uma prova direta dessa afirmação. É importante que, se um objetivo é estabelecido, as crianças sejam capazes de atingi-lo. Isto levanta a questão de onde fixar esse objetivo, pois a releitura pára quando o objetivo é alcançado.

Estudos de treino sobre a melhoria da velocidade de leitura das crianças

Herman (1985) realizou um estudo de treino com leitores lentos de 4ª a 6ª séries, cuja velocidade de leitura variava de 35 a 40ppm. Isto é, leitores excessivamente lentos. Esses leitores foram selecionados entre crianças que freqüentavam um laboratório de leitura da escola. Essas crianças não eram apenas lentas, mas também imprecisas, obtendo escores abaixo dos 17% em um teste de leitura.

As crianças leram cinco diferentes histórias adequadas a seu nível de leitura, cerca de dois anos abaixo de sua série. Uma velocidade-alvo de 85ppm foi estabelecida. A velocidade inicial na história 1 foi 47ppm, e a velocidade final 93ppm, ligeiramente acima da meta. Nesse ponto, as crianças escolheram outra história e repetiram o processo. Os alunos trabalharam nessa tarefa durante 10 minutos por sessão, duas vezes por semana, para um total de cerca de 21 dias (210 minutos) espaçados ao longo de três meses. A velocidade inicial na quinta história e na história final foi 70ppm, uma sensível melhora em relação à história 1 (efeito de transferência). A velocidade final na história 5 foi a mesma da velocidade final da história 1 (92ppm), pois a releitura parou quando as crianças alcançaram o objetivo-alvo. (Será que elas teriam melhorado mais se o objetivo-alvo tivesse aumentado para cada história?) A precisão mostrou uma transferência excelente. O escore de erro médio foi 11 na primeira leitura da história 1, e isso caiu para 7,6 na primeira leitura da história 5, um efeito altamente significativo ($p < 0,01$).

Rashotte e Torgesen (1985) estavam interessados no impacto da repetição de palavras na transferência. As crianças tinham entre 8 anos e 6 meses e 12 anos. Nenhum objetivo-alvo foi estabelecido. Em vez disso, a melhoria foi avaliada pelo quão mais rápido a criança lia depois de um número fixo de releituras. A velocidade de leitura inicial das crianças variava de 31 a 62ppm, com uma média de 50ppm. Devido a todas as histórias estarem em um nível de dificuldade de 2ª série, a precisão de leitura já estava boa e quase não havia margem para melhoria.

As crianças liam aproximadamente 15 minutos por dia, para um total de sete dias (105 minutos). Elas foram divididas em três grupos, e cada grupo leu materiais ligeiramente diferentes. Dois Grupos leram várias passagens da mesma história, relendo o mesmo conjunto de passagens quatro vezes em cada sessão. Para o Grupo 1, 60 palavras comuns repetidas muitas vezes ao longo de todas as passagens. Para o Grupo 2, a mesma história e as mesmas passagens foram lidas, mas as palavras comuns foram substituídas por sinônimos, e houve pouca coincidência de palavras. Ambos os grupos leram passagens da mesma história em 28 ocasiões. O Grupo 3 leu 28 histórias *diferentes*, um importante controle para o impacto de "ler muito".

Os dois grupos de releitura aumentaram sua velocidade de 34ppm para 84ppm da primeira para a última sessão. A velocidade de leitura para as crianças que leram 28 histórias diferentes melhorou em apenas 5ppm, prova de que a releitura aumenta a velocidade, porém "ler muito" não aumenta. Quando observaram a transferência em termos de velocidade, precisão e compreensão, verificaram que apenas a *velocidade* transferiu de uma história para a outra, e esse efeito foi mais forte para o Grupo 1, em que as passagens continham as palavras repetidas.

Houve diferenças entre os dois estudos que os tornaram difíceis de comparar. Superficialmente, parece que os ganhos na velocidade foram semelhantes (93 e 84ppm). Mas a dificuldade dos textos variou. O treino de Herman (1985) foi diluído ao longo de três meses; o de Rashotte e Torgesen (1985) estava concentrado em sete dias. Em ambos os estudos, documentar as melhorias na compreensão foi um problema. Rashotte e Torgesennão reportou ganhos, mas isso pode ter ocorrido porque as histórias eram muito fáceis e a compreensão era quase perfeita desde o início. Herman (realmente encontrou ganhos e transferência, mas sua medida da compreensão foi indireta e vaga: "erros em substituições de palavras sensíveis ao contexto". Essa medida não esclarece se o conteúdo da história foi *compreendido* ou relembrado.

Contudo, há um consenso sobre determinados fatos. A releitura é eficaz quase imediatamente, e as crianças podem alcançar uma velocidade-alvo quando assim solicitadas. A velocidade de leitura mostra um efeito de transferência, principalmente quando há alguma coincidência nas palavras. A releitura é consideravelmente mais eficaz do que ler o mesmo número de histórias diferentes. Ler pela velocidade não trás prejuízos para a precisão, mas, na verdade, a aumenta. A melhoria na precisão é muito mais fácil de demonstrar quando o conteúdo da história está próximo do nível de leitura, mas não é tão fácil quando o conteúdo da história está próximo do nível de série. Como a velocidade, melhorias na precisão transferirão de uma história para a próxima. Medidas de compreensão foram confundidas em ambos os estudos, e melhores métodos serão necessários.

Em 1987, Dowhower publicou o mais abrangente estudo até então. Ela investigou efeitos de transferência para velocidade, para precisão e para compreensão, juntamente com medidas de prosódia. Ela também investigou dois tipos de experiência de releitura. Um grupo de crianças leu histórias em voz alta sem auxílio, e o outro grupo leu com a ajuda de uma versão em fita de áudio da mesma história. O objetivo-alvo em ambos os casos era chegar a 100ppm.

Seu interesse era por leitores principiantes que estavam acabando de fazer a transição da decodificação palavra-por-palavra para a leitura mais fluente. Ela analisou 89 alunos iniciantes da segunda série e selecionou 17, que se encaixavam no perfil de leitores "precisos, porém lentos". As crianças liam as histórias em voz alta, quer estivessem trabalhando sozinhas (prática de leitura não assistida) ou com a fita de áudio (prática de leitura assistida). O grupo trabalhando com a fita de áudio ouvia a história primeiro, depois repetia em voz alta com o objetivo de conseguir ler em sincronia com a fita.

O desenho do estudo era complexo. Havia cinco histórias (numeradas de 1 a 5), todas em nível de 2ª série e contendo 400 palavras. Havia duas histórias adicionais (200 palavras cada) no mesmo nível de dificuldade: a história A foi lida apenas uma vez na primeira sessão (base), e a história B foi ouvida apenas uma vez na última sessão (teste de transferência final). A etapa de releitura do teste começou na sessão 2. As crianças leram as primeiras 200 palavras da história 1 repetidas vezes até atingirem a meta de 100ppm. Inicialmente isto levou muitas sessões. Dowhower (1987) cronometrou cada releitura para checar o quão próximas as crianças estavam de atingir a velocidade-meta. Checagens de confiabilidade foram feitas seguidamente usando um segundo observador. Quando as crianças alcançaram a velocidade-meta, foi-lhes solicitado para ler a *segunda metade* da história – as últimas 200 palavras (o *primeiro teste de transferência*). Esse teste de transferência preservou o contexto da história. A coincidência de palavras entre as duas metades da história não foi controlada.

Quando as crianças acabaram de ler a passagem de transferência (uma vez), foi-lhes solicitado que escolhessem outra história, e o processo recomeçou. Isto continuou até que todas as cinco histórias fossem lidas na velocidade alvo de 100ppm. Na última sessão, as crianças leram a história não relacionada (história B – *transferência final*) uma vez, e o experimento acabou. Cada criança se encontrou com Dowhower por 15 minutos na maioria dos dias da semana, e isto continuou durante o tempo necessário para atingir o objetivo-alvo em cada história. O estudo durou no total cerca de sete semanas, aproximadamente sete horas e meia por criança. Isto equivale a duas vezes mais tempo que o estudo mais longo acima (Herman, 1985).

Ganhos e efeitos de transferência foram avaliados para velocidade, para precisão e para compreensão. A compreensão foi avaliada perguntando-se diferentes questões acerca de cada história no primeiro e no último testes. Comparações estatísticas foram feitas entre a leitura inicial e final da mesma história, a leitura inicial e a porção de transferência da mesma história, todas as cinco leituras iniciais, todas as cinco leituras finais e as leituras das histórias A e B. Além disso, medidas de prosódia foram codificadas das fitas das crianças e incluíram fatores como pausas inapropriadas, dificuldades na leitura da extensão da frase e entonação. Os resultados do estudo são mostrados na Tabela 7.1.

Todas as comparações na tabela são significativas para ambos os grupos de crianças, e não há diferenças entre ler sozinho ou com a fita de áudio em todas as medidas de velocidade, de precisão ou de compreensão. A velocidade melhorou na *passagem de transferência* (as últimas 200 palavras) da história 1 para a história 5 em cerca de 10ppm. A precisão já era boa no início (as crianças foram escolhidas por serem precisas) e apenas ficou melhor. Os resultados para compreensão foram particularmente impressionantes, melhorando de 57 (história 1) a 72% (história 5).

Os efeitos de transferência também foram altos quando as crianças mudaram para uma *nova história*, como mostrado na comparação da *primeira* leitura da história 1 para a *primeira* leitura da história 5. Ambos os grupos começaram a 41ppm e melhoraram para 58-65ppm, o que está perto do normal para alunos principiantes da 2ª série. Novamente a precisão era boa no início e não havia muito o que melhorar. A compreensão melhorou consideravelmente, mesmo tendo os contex-

Tabela 7.1
O impacto da releitura na transferência de velocidade, precisão e compreensão. (Dados de Dowhower, 1987)

	História 1	História 2
Primeira leitura da passagem de transferência		
Prática de Leitura Assistida		
Velocidade	53ppm	64ppm
Precisão	188 palavras	189 palavras
Compreensão	58%	66%
Prática de Leitura Não-Assistida		
Velocidade	57ppm	66ppm
Precisão	181 palavras	185 palavras
Compreensão	58%	66%
Primeira leitura da história 1 e história 2		
Prática de Leitura Assistida		
Velocidade	41ppm	58ppm
Precisão	184 palavras	189 palavras
Compreensão	56%	79%
Prática de Leitura Não-Assistida		
Velocidade	41ppm	65ppm
Precisão	180 palavras	186 palavras
Compreensão	58%	66%
	História A	**História B**
Prática de Leitura Assistida		
Velocidade	35ppm	62ppm
Precisão	178 palavras	191 palavras
Compreensão	64%	80%
Prática de Leitura Não-Assistida		
Velocidade	38ppm	67ppm
Precisão	179 palavras	188 palavras
Compreensão	68%	82%

Obs.: Todas as passagens tinham 200 palavras.
Fonte dos dados: Dowhower, 1987

tos das histórias diferido, com índices de 57% correto (história 1) para 66-79% correto (história 5).

O resultado mais impressionante foi as economias nas tentativas necessários para alcançar o critério de 100ppm nas cinco histórias. Ambos os grupos tiveram grande dificuldade para atingir esse objetivo-alvo na primeira história, levando uma média de 15 tentativas. Na história 5, o número de tentativas baixou para 4,5. O que era antes difícil, agora se tornou fácil.

Houve uma grande melhoria entre a história A e a história B, as histórias lidas apenas uma vez no início e no final das sessões. A velocidade aumentou de cerca de 36ppm para 65ppm para ambos os grupos. A precisão aumentou de 178 palavras corretas para 190 em um total de 200 palavras. A compreensão na história B estava 81% correta.

O efeito sistemático da transferência em todas as sessões é ilustrado na Figura 7.1, que mostra a progressão da primeira história (história A), através de cada leitura inicial das histórias 1 a 5, até a história final (história B).

Praticamente todas as medidas de prosódia mostraram uma melhoria significativa também para todos os grupos. Entretanto, as crianças que leram com fita de áudio melhoraram mais expressivamente (e significativamente) em diversas medidas, mostrando que "ler com expressão" melhora mais facilmente com um modelo. É interessante que ter um modelo não teve um efeito diferencial nas medidas de velocidade, de precisão ou de compreensão. Alguém poderia imaginar que ouvir uma história lida com expressão ajudaria a compreensão, ampliando o seu significado.

Dowhower (1987) recomendou que os professores usassem a técnica da releitura (ambos os métodos), pois ela obviamente funciona e as crianças gostam. Sugeriu usar o método assistido primeiro (fita de áudio), especialmente para crianças que lêem extremamente devagar, e mudar para a leitura não-assistida quando as crianças atingem 60ppm e parecem sair-se melhor sozinhas. Ela observou que leitores muito lentos ficavam menos frustrados trabalhando com a fita do que trabalhando sozinhos. Foi verificado também que essa não é uma solução rápida. As crianças não tiveram ganhos significativos na transição da história 1 para a história 2, exceto ligeiramente na velocidade. No final de seu artigo, são apresentadas inúmeras sugestões para pesquisas futuras, como: observar a relação entre prosódia e compreensão, examinar as diferentes populações de crianças que se beneficiaram dessa técnica e considerar se a releitura deveria ser usada como um "curso intensivo" para fazer as crianças acelerarem a velocidade da leitura, ou como parte do ensino normal em sala de aula entremeado com outras lições.

Quero acrescentar uma outra sugestão. Todos esses leitores extremamente lentos, atingiram 100ppm, e isto se tornou cada vez mais fácil em cada nova história. Quando objetivos-alvo são fixados, as crianças nunca podem ir além deles. Acredito que, um objetivo-alvo móvel poderia produzir resultados mais duradouros. Por exemplo, na terceira história, as crianças precisaram de apenas sete tentativas para irem de uma velocidade inicial de 55ppm para 100ppm. Alcançar 100ppm, no entanto, não teve muito impacto nas velocidades iniciais das duas próximas histórias (60ppm e 61ppm), apesar do fato de que as crianças *pudessem* ler a 100ppm com boa compreensão e sem nenhuma perda de precisão. Se a meta fosse elevada um pouco a cada vez, as crianças poderiam começar chegando mais perto das 100ppm nas primeiras leituras.

Lendo mais rápido enquanto observa mais

Há um equilíbrio entre velocidade e precisão para toda tarefa cronometrada, e as pessoas podem conscientemente trocar precisão por velocidade e também vice-versa. Como regra, o favorecimento de uma é a perda de outra. Levy, DiPersio e Hollingshead (1992) desafiaram essa noção ao perguntar se as pessoas poderiam ler mais rápido enquanto iam monitorando a compreensão do texto ao mesmo tempo. Isto testa a crença intuitiva de que quando as pessoas lêem rapidamente, elas inevitavelmente perdem os detalhes.

Em uma série de estudos sobre estudantes universitários, Levy e colaboradores desenvolveram uma tarefa para medir a quantidade de detalhes captada por leitores experientes conforme melhoravam em velocidade a cada releitura. Esse estudo foi desenhado para comprovar, de uma maneira ou de outra, uma teoria originalmente lançada por Levy e Kirsner (1989) que leitores experientes processam simultaneamente tanto informações perceptivas quanto lingüísticas à medida que lêem. O teste mais forte dessa teoria seria encontrar uma tarefa secundária

| **Figura 7.1** |

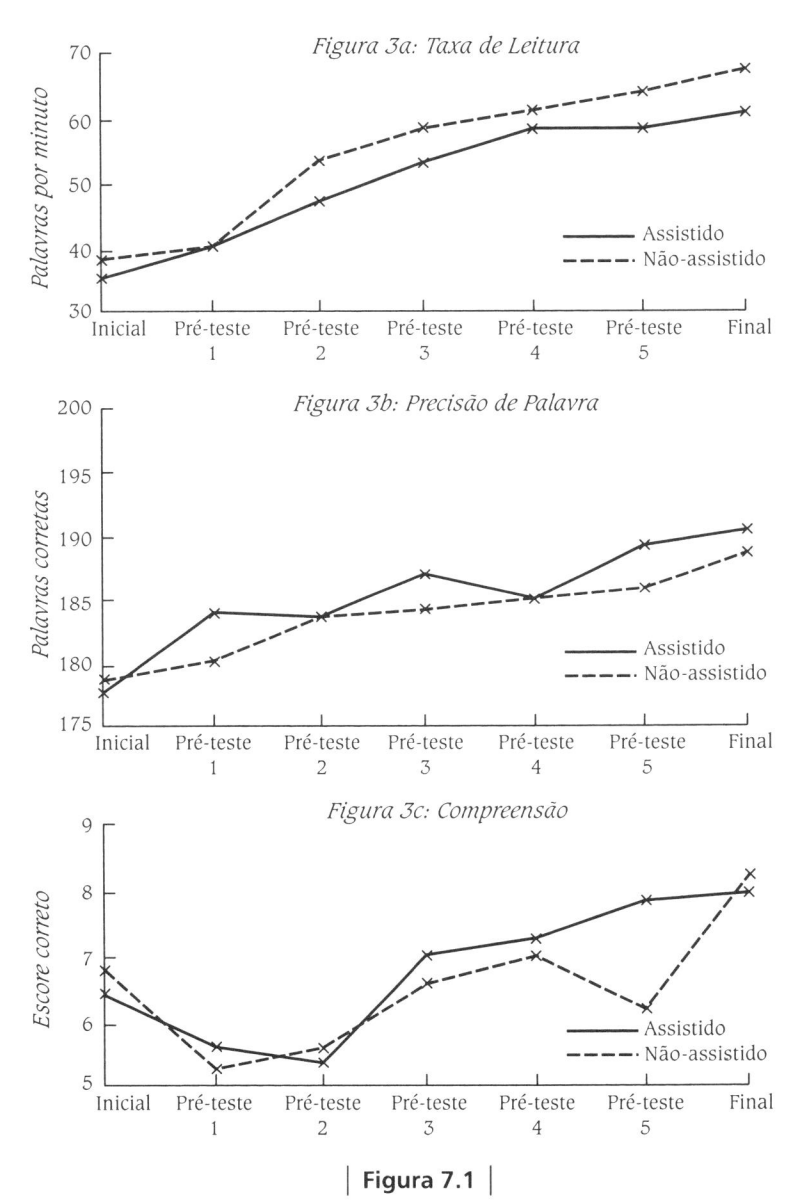

Escores médios para velocidade (ppm), precisão e compreensão na *primeira leitura* (teste 1) no pré-teste inicial (História B).[5] Extraído de Dowhower, 1987, p. 400

que requeresse dos alunos focalizar a atenção nos detalhes do texto enquanto tentavam aumentar sua velocidade de leitura. Os autores elaboraram duas tarefas. A primeira, a tarefa de revisão, os estudantes deveriam marcar os erros ortográficos, e os erros sintáticos ou os semânticos que tornavam a sentença sem sentido. Para medir o nível de atenção perceptiva, uma segunda tarefa foi desenvolvida, os investigadores verificaram se mudanças no-

---

[5] N. de R. T. No original, a autora refere *initial pretest* (Story B), mas na verdade a história B foi um teste final de transferência.

vas (inesperadas) na cópia impressa ou no espaçamento de palavras iriam transtornar a leitura e dificultar a velocidade de leitura.

Levy e colaboradores (1992) obtiveram os benefícios de releitura usuais em velocidade de leitura e também verificaram que estudantes podiam fazer a tarefa secundária igualmente bem enquanto liam cada vez mais rápido. Palavras com erros ortográficos foram mais fáceis de detectar (cerca de 85% de precisão) que palavras que feriam regras de sintaxe ou de semântica (cerca de 70%). Um erro em espaçamento de palavra ou uma mudança abrupta de fonte produziram alguns efeitos interessantes. Eles verificaram que a velocidade de leitura diminuía mesmo que os sujeitos não percebessem a mudança conscientemente. Aparentemente, quando um detalhe não é essencial (não afeta a revisão ou a compreensão), ele afeta em um nível inconsciente, mas não emerge à consciência.

Levy e colaboradores (1992) demonstraram que leitores processam informações perceptivas e lingüísticas/cognitivas em parelelo, e eles o fazem de uma forma tão eficiente que muitos dos processamentos de níveis mais inferiores ocorre abaixo da atenção consciente. Bons leitores são conscientes principalmente do conteúdo e do significado, mas podem facilmente tornar-se conscientes de detalhes perceptivos sem qualquer perda de compreensão se sua atenção está dirigida a isto.

Levy quis saber se esse efeito poderia ser demonstrado com crianças, incluindo aquelas com habilidades de leitura fracas. Um estudo semelhante foi realizado com 144 crianças da 3ª à 5ª séries (Levy, Nicholls e Kohen, 1993). Leitores bons e fracos liam uma história quatro vezes e tinham de localizar erros ortográficos e de palavras. As instruções para as crianças aumentar a velocidade, e elas sabiam que estavam sendo cronometradas. Após a quarta releitura, elas transferiram para uma nova história, e os efeitos de transferência foram medidos. As histórias variaram em grau de dificuldade (fácil, médio e difícil).

Leitores fracos leram muito mais devagar, mas ambos os grupos de leitores aumentaram sua velocidade de leitura em torno da mesma taxa, cerca de 50 segundos mais rápido da primeira para a quarta leitura. Os efeitos de transferência para velocidade de leitura foram proporcionalmente os mesmos e foram bem grandes. A taxa de sucesso das crianças em detectar erros foi semelhante a dos estudantes universitários, e padrões de detecção também foram os mesmos. Foi mais fácil detectar erros ortográficos que perceber erros que violavam o sentido. Taxas de detecção de erro aumentaram modestamente nas releituras para ambos os leitores, bons e fracos, mas a melhora foi irregular. A transferência de compreensão não ocorreu até a 4ª e a 5ª séries, e isto variou em função da dificuldade da história.

Os autores concluíram que "a releitura mais fluente observada em cada nível de série e para ambos os leitores, bons e fracos, foi alcançada sem 'adivinhar' ou 'experimentar' as páginas impressas. O reconhecimento de palavras tornou-se mais eficiente, não atenuado, à medida que a fluência foi adquirida" (Levy, Nicholls e Kohen, 1993, p. 321).

Os estudos de Levy e colaboradores (1993) acrescentaram uma nova dimensão à literatura da releitura ao mostrar que não apenas adultos e crianças realmente melhoram em precisão conforme lêem mais rápido, mas que eles podem também realizar uma tarefa secundária (revisão) sem nenhuma perda de precisão. Além disso, até mesmo leitores fracos podem fazer isso, e, embora no geral apresentassem um desempenho inferior, eles tiveram ganhos levemente melhores do que os leitores normais, tanto em velocidade como em precisão.

Levy e colaboradores (1993) tentaram manipular a dificuldade do texto nesse estudo e não tiveram sucesso, talvez porque se basearam nos critérios do editor para dificuldade ("nível de série") em vez de critérios objetivos, como freqüência de palavras, tamanho de palavras, etc. Em dois estudos subseqüentes com Faulkner (Faulkner e Levy, 1994, 1999), esse problema foi resolvido. O estudo de 1994 é o mais importante estudo em releitura desde a investigação de Dowhower, pois estabelece os elementos finais que determinam o que torna a releitura bem-sucedida.

O estudo de 1994 continha quatro diferentes experimentos que manipularam o tipo de tarefa de transferência e a dificuldade do texto. Os sujeitos eram alunos de 3ª, 4ª e 5ª séries e universitários, divididos em leitores bons e fracos. Leitores fracos foram selecionados com base em precisão (reconhecimento de palavra), e não em velocidade de leitura. Os dois primeiros estudos envolveram uma análise profunda do impacto da transferência do contexto da história e da coincidência de palavras (repetição das mesmas palavras). Cada tarefa consistiu em duas leituras: a história inicial e a história de transferência. Houve quatro tipos de histórias de transferências: a mesma história (*releitura*), uma história com uma alta coincidência no conteúdo/contexto (*coincidência de palavra*), uma história com uma alta coincidência em conteúdo/contexto, mas pouca coincidência em palavras (*paráfrase*) e uma história não-relacionada em conteúdo ou palavras (*não-relacionada*).

A análise foi focada na velocidade de leitura e na precisão para a história de transferência apenas. Os resultados foram os mesmos apesar do nível de série. *Reler* a mesma história aconteceu em tempo mais rápido e com menores erros para todos, comparado aos outros tipos de histórias de transferência. Quando as demais histórias de transferência foram comparadas umas às outras, bons leitores melhoraram mais na versão *parafraseada* e não tiveram incremento na versão *coincidência de palavra*. Leitores fracos beneficiaram-se de ambos, porém mais da versão palavras coincidentes.

Os resultados mostraram que, quando o texto é difícil, a repetição de palavras ajuda e a coincidência no conteúdo ajuda menos. Quando o texto é fácil, o conteúdo semelhante aumenta a velocidade de leitura e a precisão e palavras específicas não são tão importantes. Em outras palavras, é mais provável que as pessoas leiam textos difíceis no nível da palavra (mais foco na decodificação) e processem com menos eficiência o significado. Quando as pessoas lêem em um nível adequado de dificuldade, elas lêem apenas pelo significado, e palavras em particular não importam tanto.

Se isto é verdade, então a dificuldade das histórias "gera" a velocidade da leitura e determina a quantidade de significado extraída do texto. Isto corresponde à pesquisa sobre o controle de movimento dos olhos. Rayner (1986) verificou que a dificuldade do texto era a causa mais provável de padrões erráticos de movimento oculares. Mas isto sempre se sustenta? As crianças nesses estudos estavam lendo histórias em seu nível de série. Como resultado, as histórias eram fáceis para os leitores bons, mas bem difíceis para os leitores fracos. Por esta razão, Faulkner e Levy, na segunda parte do estudo, variaram a dificuldade do texto ao associá-la à habilidade de leitura, comparando leitores bons e fracos ao longo da faixa etária. Eles usaram os mesmos quatro tipos de histórias de transferência que antes: *releitura*, *coincidência de palavras*, *paráfrase* e *não-relacionado*.

Eles verificaram que o nível de dificuldade por si só poderia fazer bons leitores parecerem exatamente como leitores fracos, lendo no mesmo ritmo lento e com o mesmo nível de precisão. Entretanto, apesar dos leitores fracos realmente lerem muito mais rápido quando as histórias eram fáceis para eles, eles nunca leram em velocidades remotamente parecidas com aquelas de bons leitores. Por exemplo, foi dado a *bons* leitores de 2ª série e leitores *fracos* da 6ª série uma história típica da 4ª série para ler. Os dois grupos de crianças leram na mesma velocidade (120 e 117ppm). Mas quando os leitores bons da 4ª série leram uma história muito fácil, da 2ª série, a velocidade de leitura subiu para 151ppm. Em outro estudo de Faulkner e Levy (1999), leitores bons da 4ª série leram material em seu nível ou acima do seu nível em uma velocidade de 159ppm na primeira leitura e de 182ppm na segunda. Porém, leitores fracos de nível universitário leram material considerado fácil na mesma velocidade de apenas 142ppm.

Estes não eram estudos de treino. As crianças lêem histórias em bem menos vezes (apenas duas vezes no último conjunto de experimentos), e os resultados não serão comparáveis aos estudos reais de releitura. É claro que um par de releituras não será suficiente para fazer leitores fracos alcançarem a velocidade desejada, mesmo com histórias simples. E, enquanto a dificuldade do texto é muito importante na determinação da velocidade da leitura, ela dá conta apenas parcialmente de responder pela velocidade de leitura extremamente lenta dos leitores fracos.

Leitores fracos podem cair na armadilha da dificuldade do texto, na qual a leitura lentamente se torna um modo de vida. Isto aconteceria se eles já partissem de um mal começo e ficassem para trás de seus pares. As razões incluiriam fatores como desenvolvimento oculomotor lento, atrasos de linguagem, falta de experiência anterior com formas de letras e sons, falta às aulas por doença, ensino fraco, etc. Uma vez atrasadas, crianças que permanecem no nível da série vão sempre ler material em um nível de dificuldade além de sua zona de conforto. Sua velocidade de leitura será lenta e permanecerá lenta mesmo se a precisão de decodificação melhorar para a média ou mais. Este padrão explicaria os "leitores lentos" de Wimmer, ou pelo menos uma parte deles.

Resumo

A boa notícia é que as crianças não têm de continuar lentas, e hoje temos a fórmula para o sucesso. A fórmula é a mesma para leitores fracos (precisos ou imprecisos) e para leitores principiantes.

Estabelecer velocidades-alvo de leitura bem acima do nível da criança. Até agora ninguém relatou falha ao alcançar níveis-alvo de 50 a 60ppm além da velocidade básica da criança. Creio que os alvos deveriam ser reprogramados sempre que a velocidade de leitura da criança melhorar em uma certa magnitude. O objetivo final é ter a *primeira leitura da história* em uma velocidade normal ou superior para a idade da criança. Neste estágio, os exercícios de releitura podem parar. As crianças precisam ter experiências de releitura múltiplas (muitas histórias), não apenas umas poucas. A estrutura de tempo de Dowhower (1987) de cerca de sete horas de trabalho durante sete semanas foi eficaz e parece ótima. A pressão de tempo não foi excessiva, e as sessões não foram muito espaçadas a ponto de não ocorrer a transferência. O objetivo último é a velocidade-alvo desejada na primeira leitura, e este objetivo determina a duração das sessões de releitura.

O nível de dificuldade do texto é extremamente importante, pois a velocidade está ligada ao nível de dificuldade. Leitores muito lentos deveriam começar lendo passagens em seu *nível de leitura* ou logo acima, não em seu nível de série. Uma vez que a velocidade de leitura melhora, as histórias deveriam aumentar em dificuldade. Passagens com palavras coincidentes são melhores para leitores esforçados e leitores muito jovens, e são os que mais parecem produzir efeitos de transferência de uma história para a próxima. Contexto coincidente também ajuda. Isto cria uma situação na qual a transferência é bem-sucedida e incrementa a confiança e a motivação para continuar.

Isto está longe de ser a última palavra sobre o assunto, pois mais pesquisas são necessárias para identificar a melhor maneira de aplicar essas novas descobertas em sala de aula e em contextos de reabilitação. Mas a técnica da releitura finalmente amadureceu. Contudo, questões fundamentais de pesquisa permanecem. O que ocorre com as crianças com boa instrução, mas lentas, como verificado nos estudos de Salzburgo? Até agora a evidência aponta para um QI verbal baixo e para uma memória verbal fraca. Mas outras variáveis importantes não foram estudadas, tais como a taxa de desenvolvimento oculomotor e a natureza das habilidades que as crianças adquiriram antes de ir para a escola.

8

Ensino do Vocabulário e da Compreensão

Palavras impressas são a linguagem oral escrita. A escrita é um filtro por intermédio do qual as pessoas podem trocar mensagens orais através do tempo e do espaço. Para tornar essas conversações distantes possíveis, duas coisas são necessárias: você deve entender a linguagem falada e deve conhecer como o código funciona (precisão na decodificação e fluência).

Decodificação e fluência são o caminho de entrada para a compreensão da leitura, mas não atuam isoladas do vocabulário e das habilidades de compreensão oral da criança. Isto pode ser observado de inúmeras maneiras. Uma palavra pode ser decodificada precisamente (*vampire/vampiro*), mas "não levar a lugar algum", pois a criança não sabe o que significa. Uma palavra que não consta no vocabulário de uma criança (*sympathy*) pode levar a uma decodificação distorcida, porém "permitida" (*sim-pa-thigh*).[1] Uma palavra conhecida pode não ser decodificada corretamente devido a anomalias no código escrito, *glacier* lido como "glassier".

Compreensão significa mais do que um bom vocabulário. Envolve inúmeras habilidades centrais de linguagem, como a capacidade de usar a sintaxe para antecipar palavras em uma sentença e de atribuir a palavras desconhecidas à classe de palavra apropriada. Inclui uma aptidão para monitorar o contexto, fazer inferências com base no conhecimento prévio, como também a familiaridade com os gêneros literários. As crianças com boa compreensão oral, que lêem a sentença "*os coelhos amontoaram-se no denso capim verde*", podem não conhecer o significado das palavras *amontoaram-se* e *denso*, mas vão saber que *amontoaram-se* é algo que os coelhos estão fazendo ("verbo"), e *denso* é uma propriedade do capim ("adjetivo"). Elas sabem disso implicitamente devido ao lugar em que essas palavras ocorrem na sentença.

Outros problemas de compreensão podem surgir a partir da natureza da comunicação ou do próprio texto. Crianças pequenas têm problemas em especial com a "gramática da história" – a estrutura seqüencial especial de uma história e sua natureza ficcional. Isto é surpreendente em vista do fato de que as crianças ouvem tantas histórias. Ainda assim, quando se pede a elas para "contar uma

---

[1] N. de R. T. Ao ler a palavra careta a criança pronuncia [kaReta], carreta, levando a uma decodificação distorcida, porém permitida.

história", a maioria não consegue iniciar ou ordenar os elementos estruturais até por volta dos 8 anos (Hudson e Shapiro, 1991). Elas costumam omitir as "pistas" que sinalizam o início e o final da história ("era uma vez"; "e viveram felizes para sempre"). Elas não conseguem compor um cenário ou quaisquer personagens fictícios. Histórias de crianças pequenas são invariavelmente autobiográficas, com as próprias crianças no papel principal. Elas não conseguem inventar um problema ou um obstáculo para conduzir a história adiante (progressão temática), o que significa que não há desfecho (ápice da história). E, apesar do que pensam os pais, as crianças pequenas não conseguem recontar uma história que ouviram inúmeras vezes. Invariavelmente, elas trocam a seqüência da história (Nelson, 1998).

A compreensão da leitura é o ponto final da aprendizagem de leitura e, necessariamente, envolve tudo o que vem antes dela: um bom vocabulário e boas habilidades de compreensão oral, associados a habilidades de decodificação precisas e fluentes. Se as crianças vão mal em um teste de compreensão leitora, qualquer um desses quatro fatores, isolados ou em combinações, podem ser os culpados. Crianças com escores baixos em um teste de compreensão leitora apenas porque não conseguem decodificar são bem diferentes daquelas com escores baixos devido a habilidades fracas de compreensão oral.

Em países de língua inglesa, pesquisadores em leitura concentraram muito mais atenção na decodificação do que na compreensão da leitura. Geralmente, isto é uma conseqüência do imenso número de crianças que fracassam na decodificação. Contudo, o objetivo último da leitura é *entender* uma mensagem expressada por meio da escrita. Este é, certamente, o principal objetivo de muitos professores, mesmo nas séries mais iniciais, como foi visto muitas vezes neste livro. Até agora aprendemos que o tempo gasto em habilidades de linguagem verbal é tempo subtraído do aprender a decodificar e a soletrar. Mas também sabemos que habilidades de decodificação e de soletração básicas podem ser aprendidas rapidamente se as crianças forem ensinadas de maneira adequada. E há técnicas excelentes para melhorar a fluência em leitura.

Os testes usados na *National Assessment of Educational Progress* (NAEP)[2] para estimar a competência em leitura nos Estados Unidos mediram a compreensão de leitura, não a precisão de decodificação (Mullis, Campbell e Farstrup, 1993; Campbel et al., 1996). Quando a NAEP relatou, em 1993 e em 1996, que 43% dos alunos de 4ª série na América eram "funcionalmente analfabetos", isto não significou que essas crianças não conseguiam decodificar (embora aquilo também pudesse ter sido verdade). Significou que elas não conseguiam localizar a informação ou usar a informação expressada pelo texto adequadamente.

A questão aqui, é claro, é se o fracasso dessas crianças deveu-se a problemas com decodificação, à compreensão ou a uma combinação dos dois. Este ponto precisa ser ressaltado, pois, freqüentemente, não é considerado em profundidade em pesquisas sobre compreensão leitora, apesar do fato de a contribuição relativa da compreensão oral e da decodificação para os escores de um teste de compressão leitora ter sido destacada em inúmeros estudos.

Para leitores principiantes, a precisão na decodificação está mais fortemente correlacionada com a compreensão da leitura do que a compreensão oral (Juel, Griffith e Gough, 1986), mas isso rapidamente se inverte. Hoover e Gough (1990) estudaram 254 crianças que foram acompanhadas da 1ª à 4ª séries. A decodificação foi o melhor indicador da compreensão da leitura na primeira série ($r = 0,84$), e a compreensão oral não foi um fator relevante. Na 2ª série um padrão diferente surgiu. Agora a decodificação e a compreensão oral eram igualmente importantes, com a compreensão oral ganhou terreno da 2ª à 4ª séries (0,71 a 0,87). Entretanto, o produto dos dois escores (decodificação *versus*

---

[2] N. de T. Avaliação Nacional de Progresso Educacional. A sigla foi mantida em inglês.

compreensão oral) foi mais forte do que ambos isolados ($r = 0,85$ a $0,91$), representado de 72 a 83% da variância.

Aaron (1991) testou 180 crianças de 3ª a 8ª séries utilizando os testes Woodcock Reading Mastery de reconhecimento de palavra e compreensão de parágrafo (o Formulário G foi usado para leitura e o Formulário H para compreensão oral). A correlação entre a compreensão oral e de leitura aumentou com o tempo, de $r = 0,65$, na 3ª, a $r = 0,75$, na 8ª série. O impacto da habilidade de decodificação não se aproximou nem um pouco desse valor; descresceu com o tempo, variando de $r = 0,36$ a $r = 0,21$. Como no estudo anterior, o escore combinado (compreensão oral e decodificação) foi um indicador bem mais forte do que ambos isolados, com valores fracamente constantes em cada faixa etária (média = 0,85).

Aaron constatou ainda um grande aumento na velocidade de leitura com o aumento da faixa etária. Quando as palavras eram lidas em contexto, as crianças chegavam a uma média de 7,5 letras por segundo na 3ª e 12,5 letras na 8ª série. A velocidade de leitura para palavras isoladas foi mais lenta e menos variável (6,0 a 7,6 letras por segundo). Isto mostra que crianças mais velhas aprenderam a fazer um bom uso do contexto na antecipação de palavras.

Joshi, Williams e Wood (1998) confirmaram a relação compreensão oral-leitura em 273 crianças bilíngües de 3ª a 6ª séries. Eles usaram os mesmos testes Woodcock, mas modificaram a versão de compreensão oral do teste para um formato "preencher-espaços-em-branco" (complete a palavra que falta). A correlação r entre compreensão oral e de leitura variou de 0,68 (3ª série) a 0,75 (6ª série), com uma média de 0,67. Valores quase idênticos aos de Aaron. Também constataram que as correlações flutuavam, dependendo dos testes. Eles aplicaram três diferentes testes padronizados de compreensão oral em alunos de 3ª e 5ª séries, e correlacionaram esses escores com uma avaliação composta de compreensão leitora. As corrrelações para o Wechsler foram modestas (cerca de $r = 0,45$), mas foram mais fortes para o Woodcock ($r = 0,60$ para a 3ª série e 0,65 para a 5ª), e mais fortes ainda para o teste Peabody de compreensão[3] ($r = 0,69$ e 0,90).[4]

Nation e Snowling (1997) confirmaram esses resultados em uma análise de fator. Deu-se às crianças uma variedade de testes de decodificação e de compreensão oral. Uma análise de fator é uma ferramenta matemática para determinar quais escores de teste se reúnem ou se agrupam (conhecido como "carregar"), e é essencialmente uma medida de redundância dos testes. Os quatro testes de decodificação carregaram em um segundo (diferente) fator em 0,95. Mais uma vez, vemos que a habilidade de compreensão da leitura deve-se a uma combinação de compreensão oral e decodificação.

Essa é uma evidência segura de que boas habilidades de compreensão oral e de decodificação são não apenas fundamentais para se ser capaz de entender o que se lê, mas também são as únicas duas habilidades que importam, respondendo por praticamente toda a variância nos testes de compreensão leitora. Não há fundamentação aqui para a noção de que a compreensão da leitura seja uma habilidade especial ou isolada. Vamos retornar a esta questão mais adiante neste capítulo.

Estes são resultados fundamentais, com importantes ramificações para as pesquisas. Estudos de métodos de ensino para melhorar a compreensão da leitura devem controlar a habilidade de decodificação. Em vista da enorme coincidência entre compreensão oral

---

[3] N. de R. T. Há em português uma versão adaptada para o subteste Vocabulário por Imagens publicado por Capovilla, F. C.; Capovilla, A. G. S. Desenvolvimento lingüístico da criança dos dois aos seis anos: tradução e estandardização do Peabody Picture Vocabulary Test de Dunn & Dunn e da Language Development Survey de Rescorla. *Ciência Cognitiva: Teoria, Pesquisa e Aplicação*, v. 1, n. 1, p. 53-380, 1997.

[4] N. de O. Como regra geral, *se as correlações são reais*, quanto melhor o teste, mais altos serão os valores. Isto é uma função dos itens no teste, de seu nível de dificuldade e do número de itens em cada nível. Um bom teste aumenta a probabilidade de uma distribuição normal, que irá aumentar os valores correlacionais. O *Peabody* é considerado um dos melhores testes disponíveis para compreensão oral e de leitura.

e de leitura, métodos para ampliar a "compreensão leitora" precisam especificar o que é exclusivo da compreensão *leitora* – se é que existe algo exclusivo.

No restante do capítulo, serão analisadas as pesquisas em dois tipos de ensino: treino de vocabulário e métodos para melhorar a compreensão leitora. Estarei divergindo um pouco do formato dos capítulos anteriores, pois a análise do NRP (2000) dos estudos sobre o vocabulário e a compreensão não foi conduzida da mesma forma que os tópicos anteriores. Nenhuma metanálise foi realizada nos dois casos, e poucas magnitudes de efeitos foram relatadas. Por tais razões, dediquei uma atenção especial a certos estudos, e computei as magnitudes de efeitos em todos os casos em que isto era apropriado.

Ensino de Vocabulário

Existe uma teoria popular de que ouvir histórias e "ler muito" faz as habilidades de vocabulário e de compreensão melhorarem. Assume-se que isto seja verdade porque o texto escrito contém mais palavras complexas e raras do que as que aparecem em conversas diárias. Haynes e Ahrens (1988) constataram que a literatura infantil contém 50% mais palavras raras do que os programas de TV no horário nobre ou que as conversas de estudantes universitários. Quando leitores adultos encontram palavras desconhecidas, eles tentam chegar ao significado pela sintaxe, pelo contexto e por derivação de palavra. Este é um processo que dura toda a vida e que nunca se completa.

Assim, há duas proposições que se poderia defender sobre a relação entre vocabulário e leitura.

1. É o "vocabulário que causa a leitura", pois quanto mais palavras armazenadas na memória, mais fácil é decodificá-las.
2. É a "leitura que causa vocabulário", pois se uma pessoa "lê muito", aprende mais palavras novas.

Ambas as linhas de raciocínio poderiam estar corretas (e provavelmente estão), e isso tem importantes conseqüências para o ensino da leitura em sala de aula. (Já vimos que "ler muito" não causa fluência ou precisão na decodificação). Mas há questões mais fundamentais.

Desenvolvimento do vocabulário

As pesquisas sobre ensino de vocabulário precisam fundamentar-se no conhecimento básico de como as habilidades de vocabulário se desenvolvem. Até agora tem havido um desencontro entre o conhecimento científico sobre o desenvolvimento da linguagem e os métodos promovidos por educadores e pesquisadores. Um exemplo primário desse problema é a descrição de Chall das lições presentes nos livros de leitura elementar dos anos de 1960, mostrando que professores despendiam a maior parte da lição de leitura explicando o significado de palavras que as crianças já entendiam. Vemos isto hoje em classes de linguagem total, onde se espera que as crianças adquiram novo vocabulário (entre outras coisas) ouvindo histórias, e adivinhem o significado das palavras a partir de pistas contextuais à medida que lêem. Vimos isso no estudo observacional de Sumbler com 20 turmas do jardim-de-infância, nas quais professores passavam a maior parte do período de linguagem-artes lendo histórias e fazendo exercícios de vocabulário, tempo que estava *negativamente* correlacionado com cada escore de teste de leitura, *incluindo compreensão leitora*. Os dados de Evans e Carr mostraram que essa correlação negativa para compreensão de leitura aumenta da 1ª à 3ª séries ($r = -0,70$ a $-0,80$), logo é o oposto daquilo em que os professores acreditam. Esta é uma forte evidência de que não apenas as atividades de linguagem desperdiçam tempo do aprendizado do código, mas também nem mesmo contribuem para as habilidades de compreensão.

Dado o fato de os educadores defenderem posições tão firmes quanto aos méritos do treino de vocabulário, precisamos estabelecer uma base, ou ponto de partida, para o que as crianças trazem para a sala de aula. A criança média de 5 anos tem um vocabulário de aproximadamente 10 mil palavras, e a de 6 anos aproximadamente 13 mil. Durante a infância, a criança média aprende cerca de 3 mil palavras por ano, embora esse número varie enormemente de uma criança para outra (Nagy e Herman, 1987; White, Graves e Slater, 1990). Isso representa cerca de 10 novas palavras por dia. As crianças teriam de aprender nessa velocidade a fim de adquirir até mesmo um vocabulário adulto trivial de 55 mil palavras, o número que John and Mary Smith precisam para participar de conversas diárias. Esse padrão de aquisição rápida e não-monitorada de vocabulário começa na infância, por volta dos 18 meses, e foi batizado de *associação rápida* por psicólogos do desenvolvimento. Os livros das crianças e outros textos (do inglês escolar impresso) vão bem além do nível de 55 mil palavras. Eles contêm aproximadamente 88.500 palavras, conforme estimativa de Nagy e Herman.

Não se ensina essas palavras às crianças. Elas as adquirem dos pais, dos amigos e de outras fontes, como a televisão. Se as crianças permanecem fiéis aos padrões observados na primeira infância, elas lembram de palavras que *as* interessam, palavras que as possibilitam discutir importantes acontecimentos a partir do *seu* ponto de vista (Nelson, 1998). A rápida expansão do vocabulário é um problema central para o ensino de vocabulário e para a pesquisa empírica. O tempo necessário para ensinar diretamente um vocabulário novo, comparado ao que a criança é capaz de aprender indiretamente, deve ser levado em conta. Leva-se seis meses com repetições diárias para se ensinar 40 palavras do vocabulário a fim de que todas as crianças as conheçam, mas será que essa é uma forma produtiva de empregar o tempo de aula? Essa questão foi também levantada por Nagy e Herman.

A importância do input[5] dos pais

Mas há muito mais coisas acontecendo do que a "velocidade de desenvolvimento". Um estudo notável foi realizado por Hart e Risley (1995), que monitoraram as enormes diferenças individuais no crescimento do vocabulário e nas possíveis causas para essas diferenças. Tendo estudado crianças nos programas Head Start,[6] eles ficaram frustados pelo fato de ter sido difícil provocar uma diferença expressiva nas habilidades de linguagem das crianças. Eles acreditavam que o problema começava muito antes, e decidiram estudar as interações de pais-e-filhos em casa. Essas interações foram filmadas durante uma hora todos os meses, desde o momento em que as crianças estavam com 09 meses até os 03 anos. Por fim, 42 crianças e suas famílias chegaram até o final do estudo. Dentre as famílias analisadas 13 eram de um grupo socioeconômico alto, designado "profissional", 23 eram de classe média e 6 famílias dependiam de assistência social do governo.

O foco estava centrado no vocabulário falado da criança e na forma como os pais (geralmente a mãe) falavam com ela. As comunicações da mãe receberam escores pelo número de palavras por hora, e pelas simples contagens numéricas de substantivos, adjetivos, verbos no passado, e questões-*wh*[7] usadas em cada sessão, como também seu estilo de interação verbal com a criança. Os investigadores registraram o número de imperativos, manifestações de aprovação e de desaprovação, exemplos de *feedback*[8] positivo e negativo, etc. Na análise final, essas medidas foram agrupadas em cinco categorias: *diversidade da linguagem* (número de diferentes substantivos e modificadores), *tom de feedback positivo* (repetições, extensões, expansões, confirmações, elogio, aprovação), *tom de feedback negativo* (imperativos, proibições, negações, críticas, depreciações), *ênfase simbólica* (o grau em que os pais faziam conexões entre coisas e acontecimentos, conforme indicado

---

[5] N. de R. T. Termo técnico que se refere a fala percebida pela criança.

[6] N. de R. T. É um programa federal cujo objetivo primordial é preparar as crianças provenientes de famílias de baixa renda para a escola, através de uma combinação de serviços: educação, alimentação, assistência médica e odontológica, serviços de saúde mental e de assistência social e educação de pais.

[7] N. de R. T. Who? What?

[8] N. de R. T. Optei por manter o termo em inglês, tradução é resposta, retorno.

pela riqueza dos substantivos, modificadores e o número de verbos no passado), *estilo de conduta* (o número de convites – "Vamos?" – dividido pelo número de imperativos – "Pare!") e *grau de resposta* (o número de respostas para a criança – "Ah, você quer que a mamãe pegue a bola?" – dividido pelo número de convites à criança – "Vamos brincar com os blocos!").

Houve diferenças enormes entre os grupos de alto, médio e baixo nível socioeconômico em uma medida simples do *output*[9] verbal da mãe para seus filhos. O número médio de palavras por hora dirigidas para a criança entre 13 e 36 meses foi superior a 2 mil para as mães profissionais, 1.250 para o grupo de classe média e 616 para as mães socialmente assistidas. Isso ocorreu apesar do fato das mães assistidas passarem, no geral, mais tempo no mesmo espaço com a criança que os outros grupos.

Houve diferenças também em função da idade da criança. Mães profissionais não apenas falavam muito mais com seus bebês (1.500 palavras por hora aos 9-12 meses) que as outras mães, mas essa barreira verbal aumentou sistematicamente com a idade da criança, nivelando-se, aos 30 meses, em aproximadamente 2.500 palavras por hora. Os pais de classe média falavam menos no total, e sua taxa inicial foi mais baixa e aumentou mais modestamente (1.000 para 1.500 palavras). A faixa para as mães assistidas praticamente não existiu (600-750 palavras). Com base nesses números, estimou-se que, aos 3 anos, uma criança de família profissional teria ouvido 33 milhões de palavras, uma criança da classe média, 20 milhões, e uma criança de uma mãe assistida, 9 milhões.

Mas isso não contou a história toda. Os três grupos eram notadamente diferentes na forma como as mães interagiam com seus filhos. As mães profissionais usavam um vocabulário muito mais rico. As interações com seus filhos eram constantemente positivas, duas vezes a taxa das mães de classe média e cinco vezes mais a taxa das mães assistidas. As mulheres profissionais raramente usavam *feedback* negativo de qualquer tipo. Elas eram altamente atenciosas e bem menos inclinadas a ser autoritárias. Os pais de classe média eram "parecidos, mas não muito" em termos de medidas positivas. Mães assistidas tinham um estilo bem diferente de interação verbal com seus filhos. Quase 80% do *feedback* para a criança era negativo e proibitivo. ("Pare com isso." "O que foi que te disse?" "Bote aquilo de volta senão..." "Eu disse não!"). Elas freqüentemente desencorajavam ou depreciavam suas crianças, chamando-as de "burras" ou "tapadas". O incentivo era raro e, às vezes, totalmente ausente. Isto não significava que as mães assistidas fossem cruéis e não amassem suas crianças. Elas eram afetuosas e atendiam às necessidades de suas crianças.

O desenvolvimento do vocabulário das crianças estava fortemente relacionado à pura *quantidade* de palavras que ouviam. Aos 3 anos, as crianças nas famílias profissionais tinham uma média de vocabulário expressivo de 1.115 palavras (contagem real), as crianças de classe média, 750 palavras, e crianças de mães assistidas, 525. Diferenças de QI entre os grupos foram grandes também (117, 107 e 79, respectivamente), o que levanta a questão do quanto esse efeito é genético. A inteligência verbal é altamente hereditária, com os genes respondendo por mais de 50% da variância, e o ambiente compartilhado respondendo pelo restante (Plomin et al., 1999). Pais profissionais com QIs verbais altos seriam mais verbais (falam muito), usariam um vocabulário mais complexo e conduziriam a interação com suas crianças de modo mais compreensivo (de modo mais "inteligente"). Certamente, há evidência para esta interpretação. Os escores de vocabulário das mães estavam fortemente correlacionados com o vocabulário real (gravado) das suas crianças como também com seus QIs – possível embasamento para o efeito da hereditariedade.

Mas hereditariedade não é destino. Quando observaram a qualidade e o caráter das interações das mães com suas crianças, essas interações acabaram tornando-se mais im-

---

[9] N. de R. T. A produção de fala.

portantes que o vocabulário dos pais. Todas as cinco categorias de estilo de cuidados dos pais foram altamente indicadoras do vocabulário da criança, escore de QI e desempenho em testes de linguagem geral aos 3 anos. Não apenas isso, mas o estilo comunicativo dos pais foi quase um indicador das habilidades de linguagem de seus filhos também quando as crianças foram acompanhadas aos 9 anos.

Embora o estilo comunicativo das mães não possa ser totalmente desvinculado de seu QI verbal, *podemos* notar o impacto do estilo sobre o desenvolvimento da linguagem da criança. E, certamente, não há uma razão pela qual qualquer pai *ou qualquer professor* não possa copiar o que funciona melhor. Aqui estão as implicações-chave:

A simples *quantidade* de *input* verbal dos pais (número total de palavras por hora) é um indicador do vocabulário falado de uma criança mais tarde. (Outras pesquisas mostraram que a fala deve ser dirigida à criança, e não ao adulto.)

A *qualidade* do estilo comunicativo (sua riqueza, como também o tipo de *feedback* que a criança recebe) foi um indicador mais forte do desenvolvimento verbal da criança que a situação socioeconômica. Isso foi observado nos dados de crianças específicas, em que a situação socioeconômica importou bem menos que a forma como a mãe interagia com sua criança.

Cinco estilos comunicativos-chave foram identificados. Eles são, em ordem de importância:

Estilo de conduta. Oferece convites gentis para brincar e envolver-se em interações positivas. Evita proibições.

Ênfase simbólica. Faz conexões entre palavras e coisas.

Tom do feedback. Feedback positivo é bom. *Feedback* negativo é ruim.

Diversidade da linguagem. Usa diferentes substantivos e adjetivos tanto quanto possível.

Grau de atenção. Presta atenção. Segue o comando da criança. Evita dizer à criança o que fazer.

Essas diretrizes são tão importantes em sala de aula quanto em casa se o objetivo é ensinar vocabulário e compreensão oral. Treino de vocabulário requer muita repetição. Deveria incluir tentativas de vincular novas palavras ao vocabulário e ao conhecimento da criança por meio da ênfase simbólica e do uso da analogia. O novo vocabulário precisa estar imerso em uma mistura contextual rica de substantivos e adjetivos. Outros itens na lista são simplesmente de boa pedagogia: a importância de oferecer *feedback* positivo, e não negativo, como também de encontrar maneiras de engajar o interesse sem exigir ou ordenar.

Outra questão básica é a da progressão ordenada do aprendizado da leitura enquanto relacionado a lições de vocabulário. Essa questão foi obscurecida pelos métodos de ensino de palavra inteira, especialmente, os da linguagem total. No início do século XX, os livros de leitura das crianças eram compostos de palavras com soletrações "regulares" (decodificáveis) que elas entendiam. Progressão temática, tópico, conteúdo e sintaxe eram também direcionados à idade da criança. Na medida em que as crianças adquiriam habilidades de decodificação, os livros gradualmente aumentavam em complexidade e dificuldade até que elas estivessem encontrando palavras que não entendiam. A linguagem total ficou confundida ao substituir a literatura das crianças por livros simples e ao tornar isso o único recurso para ensinar leitura. Não apenas faltam habilidades de decodificação às crianças em classes do tipo linguagem total (porque não se ensina nenhuma habilidade), como também elas se deparam com dificuldades de compreensão.

Se a leitura é ensinada adequadamente, há uma inversão meio-objetivo na relação entre habilidade de leitura e aquisição de vocabulário. Conforme visto anteriormente, o vocabulário oral das crianças está além daquilo que elas são capazes de ler. Depois disso, o vocabulário escrito começa a deixar para trás o vocabulário oral. Quando isso acontece, os livros se tornam um recurso adicional para o desenvolvimento do vocabulário das crianças. As crianças adquirem novo vocabulário quando lêem livros da mesma forma que adquirem novas palavras quando ouvem as pessoas? A resposta imediata é que não sabemos, pois isso é difícil de demonstrar empiricamente. Entretanto, há pistas oriundas de estudos que investigaram se as crianças aprendem novo vocabulário a partir da leitura feita por um adulto.

Neste ponto, deparamo-nos com o "calcanhar de Aquiles" da pesquisa sobre vocabulário: como medir a aquisição de vocabulário. O estudo típico envolve expor as crianças a um conjunto de novas palavras, com ou sem treino especial, e medir se elas as aprenderam. Testes padronizados não são boas medidas da aquisição de vocabulário, pois o treino é específico de determinadas palavras. Por esta razão, pesquisadores elaboram testes informais usando um formato de múltipla escolha. Pede-se às crianças para apontar para uma entre quatro figuras, ou para fazer um círculo sobre a palavra correta entre quatro palavras depois de ouvir uma palavra ou uma definição falada pela professora.

Testes de múltipla escolha são testes de *escolha-forçada* e sucetíveis à adivinhação. Para controlar essa possibilidade, o teste binomial deve ser realizado, conforme observado no Capítulo 6. Vale lembrar que esse teste computa o escore mínimo, que é significativamente maior que o acaso em uma probabilidade específica (i.e., $p = 0,05$). A fórmula considera o número de *escolhas* para cada item e o número de *itens* no teste. Como princípio básico, testes com poucos itens e poucas escolhas são testes muito ruins. Para se obter escores significativamente acima do acaso com $p < 0,05$ em um teste de duas opções (verdadeiro-falso) contendo 10 itens, uma pessoa deve conseguir oito ou mais respostas corretas (não cinco, como muitos acreditam).

Apesar do fato dos testes de múltipla escolha serem a medida mais comum usada na pesquisa em vocabulário, não conheço quaisquer estudos em que os pesquisadores sabiam como abordar este problema, e a maioria não tinha consciência de que isto era um problema. Podemos ver as conseqüências desse descuido no grupo de estudos seguinte.

As crianças aprendem novo vocabulário ouvindo histórias?

As crianças, realmente, fazem o que professores e pais acreditam, e aprendem novas palavras ao ouvir histórias?

Robbins e Ehri (1994) verificaram (inadvertidamente) que muito mais é preciso para registrar novas palavras na memória do que apenas ouvir histórias. Eles leram uma história para 38 alunos do jardim-de-infância (individualmente), na qual 11 palavras-alvo (novas palavras) apareciam uma ou duas vezes. Um dia ou mais depois, a mesma história foi lida novamente. A história foi lida sem nenhuma ampliação ou explicação sobre as palavras-alvo.

Depois da segunda leitura, as crianças foram solicitadas a ouvir uma série de sentenças contendo a palavra-alvo ou uma nova palavra que não estava na história ("complementos"). Elas tinham de indicar uma entre quatro figuras que melhor representavam o significado da sentença (25% acertos por acaso). O escore de sucesso para as palavras complemento (palavras que não estavam na história) estava pouco acima de três palavras. A taxa de sucesso para as palavras-alvo foi 4,4 palavras, não muito melhor. Nenhum escore estava significativamente acima do acaso (5,6 acertos é significativo com $p = 0,05$). Apenas o grupo de vocabulário elevado obteve bons escores, mas apenas ligeiramente bons.

Não há evidência, a partir desse estudo, de que a maioria das crianças aprendera *algumas* palavras, apesar das conclusões dos autores de que as crianças se beneficiaram deste ensino. Até mesmo o grupo de vocabulário elevado aprendeu apenas duas ou três palavras.

Senechal e Cornell (1993) ponderaram que, se os pais ou os professores usassem um estilo mais interativo, isso ampliaria a memória para novas palavras. Havia 80 crianças de

4 anos e 80 de 5 anos no estudo. Todas eram de classe média ou classe média alta. O desenho do estudo era semelhante ao anterior, com palavras-alvo inseridas na história. A sessão de leitura de história (apenas uma) levou cerca de 30 minutos. As palavras-alvo eram estranhas e não-familiares (como no estudo de Robbins e Ehri): *angling (pesca), corridor (corredor), elderly (ancião), gazing (encarar), infant (bebê), lineman (eletricista), reposing (repouso), sash (vidraça), satchel (pasta), snapshot (instantâneo)*. Todas tinham um sinônimo familiar: *fishing (pesca), hall (corredor), old (velho), looking (olhar), baby (bebê), repairman (pessoa que conserta aparelhos em geral), resting (descanso), window (janela), purse/bag (mochila escolar/ bolsa), picture (foto)*.

As crianças foram testadas inicialmente em seu conhecimento das palavras-alvo e seus sinônimos. Todas as crianças conheciam os sinônimos familiares, mas nenhuma conhecia as palavras-alvo. No dia seguinte, elas se encontraram com um experimentador (individualmente) e ouviram a história. A história foi lida de quatro maneiras diferentes, que variaram no número de repetições ou questões envolvidas. Imediatamente depois disso, a criança fazia o teste de evocação e de reconhecimento e, uma semana mais tarde, o teste de reconhecimento foi aplicado novamente.

Podemos deixar de lado os quatro tratamentos, pois absolutamente não fizeram diferença para nenhum dos grupos etários. As crianças lembraram bem (ou mal) quando ouviram a história lida sem nenhuma ajuda ou com explicações sobre as palavras-alvo. Também, podemos deixar de lado os dados para o teste de memória de evocação, pois as crianças não fizeram o que se esperava que fizessem. Quando foi-lhes mostrado uma figura representando uma das palavras-alvo, em vez de dizer a palavra da história, elas disseram, quase que exclusivamente, a palavra mais usual (o sinônimo). Apenas 18 das 160 crianças deram algumas palavras-alvo em todo o teste.

O teste de memória de reconhecimento padeceu do mesmo problema verificado no estudo de Robbins e Ehri (1994): o fato de que as crianças conseguiriam acertar 25% por acaso. A seu favor, Senechal e Cornell (1993) têm o fato de que realmente abordaram esse problema, mas sua solução (excluir escores de pré-teste) não levou em consideração o número de itens no teste. Uma criança precisou ter um escore de 5,0 acertos ou mais para sair-se estatisticamente melhor do que o acaso neste estudo. Como visto na tabela abaixo, nenhum dos escores preencheu esse critério. (Foi calculada a média dos escores nos tratamentos.)

	Pré-teste	Primeiro pós-teste	Segundo pós-teste
4 anos	1,6	2,9	3,5
5 anos	1,8	3,5	4,3

Esses resultados mostram que algumas crianças aprenderam uma ou duas palavras entre o teste inicial e o final, mas a maioria delas estava apenas tentando adivinhar. Mesmo se observado da maneira mais generosa, levou 30 minutos para cada criança adicionar uma palavra ao seu vocabulário e, mesmo assim, as crianças não vão usar as palavras espontaneamente, ficando difícil valer a pena o esforço.

As palavras-alvo neste estudo e no anterior eram decididamente estranhas. As crianças adicionam palavras ao seu vocabulário para poder dizer algo que não conseguiriam dizer de outra forma. Não há razão para que preferissem as palavras-alvo arcaicas/técnicas/literárias nessas histórias no lugar dos sinônimos comuns que já conheciam. Essa pode ser uma das razões pela qual esses experimentos não funcionaram.

Se experimentadores lendo para uma criança não tiveram impacto na aquisição de vocabulário, será que professores de pré-escola fariam melhor? E, em caso afirmativo, que tipo de interação professor-aluno funciona melhor? Estas foram as questões abordadas por Dickinson e Smith (1994). Esse estudo serve apenas para ilustrar como foi difícil essa tarefa. Foi um estudo naturalista no qual o estilo de interação do professor durante o tempo de história não foi controlado. Foi codificado depois do evento a partir de fitas de vídeo em 25 diferentes classes Head Start. No final do ano, 25 crianças (com 5 anos) foram escolhidas aleatoriamente nessas classes e testadas em vocabulário e em compreensão de história.

Os vídeos foram codificados pela quantidade de fala durante o tempo da história para os professores e as crianças em cada classe, além dos estilos e dos tipos de interação. Os investigadores codificaram 21 medidas diferentes, que foram combinadas para representar três tipos de interações em sala de aula. A primeira foi chamada de *co-construtiva* (cinco classes), na qual um grande número de conversas analíticas teve lugar entre o professor e as crianças, antes, durante e depois da leitura da história. O segundo tipo foi chamado *didático-interacional* (10 classes). Geralmente a fala era limitada, e a fala que realmente ocorrera consistiu na repetição (dizer uma sentença de novo) ou na resposta a uma questão. O último tipo era *orientado ao desempenho* (10 classes). Aqui, a fala ocorria amplamente antes e depois da leitura da história, e a história era lida com pouca interrupção. O preâmbulo à leitura da história era geralmente estendido, analítico e avaliatório. Quando a história terminava, eram feitas questões sobre o que recordavam e o que haviam compreendido. Algumas vezes isso envolvia reconstruir toda a história parte por parte.

Das 21 medidas, apenas cinco delas discriminaram entre as classes em um conservador $p < 0,01$, dados apresentados em uma tabela de valores. A maioria das medidas estava relacionada com a quantidade de fala que acontecia na sala de aula entre professores e alunos antes, durante e depois da leitura da história. A outra única medida discriminatória foi a proporção de esclarecimentos da professora e da criança sobre a história. Usando essas medidas mais conservadoras, o "estilo" da classe foi reduzido a dois tipos: a quantidade total de fala por professores e crianças e como essa fala foi distribuída entre as fases pré-história e pós-história e durante a história.

As medidas de vocabulário e de compreensão de leitura foram comparadas para os três tipos de interações. As crianças nas classes orientadas ao desempenho tiveram escores de vocabulário significativamente maiores do que as crianças nas classes didático-interacionais ($p < 0,01$). (Assume-se que nenhuma outra comparação foi significativa porque nenhum outro valor foi fornecido.) Nenhuma diferença foi verificada para os escores de compreensão da história.

Houve um erro fatal de desenho neste estudo. *O vocabulário não foi medido antes de as crianças entrarem no estudo.* Sem esses dados, não há como saber se os níveis de vocabulário das crianças "causaram" (animaram e prolongaram) o tipo de interação ocorrido em sala de aula, o que parece altamente provável, ou se o que ocorreu em sala de aula "causou" o vocabulário. Os autores optaram pela segunda interpretação e não consideraram a primeira.[10]

Esses são exemplos de alguns dos estudos realizados com crianças pequenas, que tinham o objetivo de observar o impacto que contar e ouvir história produz sobre a aquisição do vocabulário. Basicamente nada foi descoberto. As crianças acabam chutando

---

[10] N. de O. Uma série de análise de regressão foi realizada, na qual os escores de linguagem das crianças foram "correlacionados" com as várias medidas de comportamentos dentro de uma sala de aulae. Não conheço quaisquer testes estatísticos nos quais escores *individuais* de um conjunto de testes podem ser correlacionados com escores de *grupo* em um diferente conjunto de testes. Os investigadores alegam que "a proporção conjunta de análise induzida ou responsiva, previsão e expressões de vocabulário por professores e crianças", ser responsável por 50% da variância no vocabulário da criança é insustentável.

nos testes de vocabulário da história, e, enquanto a classificação do "estilo" da classe pode ter alguma validade, seu impacto sobre a aquisição do vocabulário não pode ser determinado sem o conhecimento das medidas básicas de vocabulário.

Alguns conhecimentos sobre o porquê de as crianças não aprenderem mais ao ouvir histórias infantis foram obtidos a partir de um estudo realizado por Brett, Rothlein e Hurley (1996). Antes disso, Elley (1989) relatara que, quando palavras difíceis eram definidas e explicadas, o vocabulário receptivo melhorava consideravelmente. Brett e colaboradores (1996) começaram a explorar isso sistematicamente. Forneceram aos professores dois livros de histórias, juntamente com definições preestabelecidas para 10 palavras-alvo de cada história, além de sinônimos para ajudar a esclarecer o significado. A professora leria: *As the boy went back to the village, he felt despondent*, seguido de: *As the boy went back to the village, he felt helpless*. As palavras-alvo eram abstratas e incluíam palavras como *indulgent, reverie, imminent, disdain, sauntered, obscure, emanated, immerse, exemplary*. No estudo, havia 175 alunos de 4ª série, divididos em três grupos. O primeiro grupo ouviu os dois livros, lidos ao longo de um período de 10 dias (cinco dias cada), e as 10 palavras-alvo foram definidas conforme descrito anteriormente. O segundo grupo ouviu os mesmos livros, mas não teve explicações acerca do significado dessas palavras. O terceiro grupo não ouviu nenhum dos livros.

Um teste de vocabulário de múltipla escolha foi elaborado para cada conjunto de palavras-alvo. As crianças fizeram esse teste antes de ouvir as histórias, imediatamente após o período de cinco dias de leitura do livro e também seis semanas mais tarde. Apenas tiveram escores significativamente acima do acaso as crianças que tiveram os significados das palavras-alvo ensinados. Elas se saíram bem em ambos os livros, imediatamente depois do treino e também seis semanas depois, obtendo escores perto de 50% de acerto. O grupo-controle que ouviu os livros lidos durante o mesmo período de tempo sem nenhuma explicação não foi melhor do que o grupo-controle que nunca havia ouvido as histórias dos livros, ambos os grupos tendo escores de acertos por acaso.

Esses resultados mostraram que simplesmente ouvir uma história não aumenta o vocabulário. Se novas palavras são explicadas e sinônimos fornecidos no contexto, há algum sucesso. Contudo, até mesmo um período de treino de cinco dias não foi longo o suficiente para que as crianças se lembrassem de mais da metade das novas 10 palavras. Enquanto isso, elas teriam adquirido 50 palavras por conta própria sem qualquer treino.

Ensino direto de vocabulário em sala de aula

O volume de estudos sobre o ensino de vocabulário atinge o máximo perto da 4ª série, de acordo com um registro fornecido pelo NRP (2000). Este é o período em que o ensino direto de vocabulário se torna um objeto de discussão, sem dúvida como resultado do formato dos programas de leitura elementar. Muito pouco se conhece sobre quais métodos funcionam melhor e por quê.

Stahl e Fairbanks A primeira tentativa de uma metanálise dos estudos em sala de aula sobre o ensino de vocabulário foi realizada por Stahl e Fairbanks (1986), que merecem um bom crédito por seus esforços. Entretanto, deve-se observar que nem Stahl, nem Fairbanks, tampouco o grupo de vocabulário do NRP (2000) discutem o problema onipresente do controle da adivinhação nos testes de múltipla escolha. Isso significa que as magnitudes de efeitos serão baseadas em valores falsos e não serão confiáveis. Este é um problema muito maior que as variações nos métodos de treino, que foi a crítica principal no relatório do NRP (2000).

A revisão de Stahl e Fairbanks (1986) teve como alvo a extrema variabilidade nos métodos de ensino. Eles estabeleceram cinco categorias para classificar os estudos. A primeira categoria levou em conta o grau em que o ensino era amplamente interpretativo, baseado em um contexto, ou uma mistura dos dois. A segunda categoria, estava relacionada com a riqueza ou a profundidade na qual novas palavras do vocabulário eram processadas. Foram isoladas três características dos métodos: puramente associativo, orientado à compreensão (usar palavras em sentenças, encontrar sinônimos) e orientado à generalização (usar palavras em novas sentenças). A terceira categoria foi o número de exposições das palavras: um, dois, ou muitas. A quarta categoria lidou com o "cenário", que incluiu fatores como se o público-alvo era um grupo (classe) ou um indivíduo e, finalmente, a quinta categoria dizia respeito ao tempo gasto com o ensino das palavras. O tempo total oscilou imensamente de um estudo para o outro, variando de menos de uma hora a várias semanas.

O estudo tinha de satisfazer a dois critérios para ser incluído na base de dados: devia ter um grupo-controle e devia ter dados estatísticos suficientes para computar as magnitudes de efeitos. Os pesquisadores localizaram 52 estudos que preenchiam esses critérios, incluindo um total de 94 comparações ou "estudos de casos". Os estudos foram posteriormente divididos em estudos em grupo *versus* estudos individuais, pelo número de minutos distribuídos para cada nova palavra e pelo método de ensino. Posteriormente, os estudos foram divididos quase igualmente entre dois tipos de grupos-controle, um em que as crianças não tinham exposição às palavras, e um em que os alunos tinham (viam as palavras escritas ou em listas de exercícios), mas sem qualquer treino especial. Os escores nos testes de vocabulário e de compreensão de um parágrafo foram relatados.

Os resultados da metanálise foram descritos como "tendências" em vez de algo definitivo, devido à alta variabilidade e ao critério de verificação pouco rigoroso. A magnitude de efeito total para o treino de vocabulário comparado ao grupo-controle sem exposição foi de ME = 0,97, um efeito substancial. Em todas as condições, os métodos de ensino mistos funcionaram melhor do que meramente fornecer definições ou fazer os alunos deduzirem o significado a partir do contexto. Entretanto, conforme esperado, as magnitudes de efeito foram substancialmente reduzidas quando testes padronizados foram usados para medir o vocabulário e a compreensão de um parágrafo (ME = 0,30 e 0,29). Os métodos que utilizavam repetições múltiplas de palavras tiveram o dobro das magnitudes de efeitos, e isto valeu para todas as medidas, incluindo compreensão de um parágrafo. As magnitudes de efeitos não variaram como uma função do ensino individual *versus* ensino em grupo.

Stahl e Fairbanks discutiram a variedade de limitações desses estudos, em especial a falta de precisão com a qual o programa de treino foi descrito. No entanto, isso não é tão grave quanto computar as magnitudes de efeitos a partir de escores de testes não-confiáveis, e não temos conhecimento de quais escores de testes eram realmente confiáveis.

O Relatório do NRP (2000) A análise do subgrupo do NRP sobre os estudos de treino de vocabulário, 14 anos depois, foi decepcionante. Teria sido de grande ajuda dispor de uma atualização, talvez adotando o esquema de classificação de Stahl e Fairbanks (1986) e comparando isso com as pesquisas mais recentes. Em vez disso, o NRP declarou todas as pesquisas nulas e inválidas para fins de uma metanálise. Os critérios iniciais de verificação foram a publicação em uma revista científica, a inclusão de um grupo-controle que fosse combinado ou aleatoriamente distribuído e uma análise estatística apropriada. A busca inicial resultou em 197 artigos sobre "vocabulário" e "ensino", e, depois da verificação, 50 estudos permaneceram no conjunto. Em uma análise posterior desses 50 estudos, o painel decidiu que nenhuma pesquisa preenchera o critério do NRP que abordava explicitamente questões de avaliação. No sumário do relatório do NRP(2000), a razão pela exclusão da metanálise foi um "conjunto heterogêneo de metodologias, de implementações e de concepções de ensino de vocabulário" (p. 4-3).

Em vez de uma análise comparativa, o painel forneceu breves descrições dos 40 estudos, organizados em várias categorias. Dez estudos coincidiram em categorias e apareceram em mais de uma análise. Incluídos entre eles estavam os estudos que apresentei anteriormente sobre a leitura de livros de história, em que os dados eram inválidos devido à falha em controlar adivinhações. O painel ignorou esse problema, e seu relatório sobre tais estudos é impreciso (ver p. 4-21).

O NRP afirmou que Senechal e Cornell (1993) mostraram que "uma única leitura de livro melhorou significativamente o vocabulário expressivo das crianças". Entretanto, não houve efeito significativo para o vocabulário *receptivo* nesse estudo, eles até mesmo relataram não ter havido impacto sobre o vocabulário *expressivo*, pois verificaram que as crianças usavam poucas palavras-alvo para denominar as ilustrações... e não havia variabilidade suficiente nos dados para conduzir testes estatísticos.

O NRP afirmou também que o método de Robbins e Ehri (1994) "ajudou a ensinar as crianças significados de palavras desconhecidas". Porém, os dados eram igualmente inválidos nesse estudo. Eles alegaram que Dickinson e Smith (1994) mostraram que "a quantidade de fala analítica iniciada pela criança era importante para ganhos de vocabulário", quando não houve nada parecido. Ganhos nunca foram avaliados neste estudo (nenhum dado). O sumário/resultado/resumo final do painel sobre esses 40 estudos foi ainda mais problemático, pois essas e outras conclusões imprecisas foram generalizadas ainda mais.

Ensino direto de vocabulário realmente funciona

Neste momento, quero fornecer informações mais detalhadas sobre alguns dos melhores estudos no relatório do NRP (2000), estudos que *realmente* demonstram que o treino de vocabulário funciona. Irei focar os estudos voltados para uma análise dos métodos de ensino e na quantidade de exposição às palavras (repetição e duração).

A série de estudos mais profunda foi conduzida por Beck e colaboradores. Beck, Perfetti e McKeown (1982) estudaram 56 alunos da 4ª série, principalmente estudantes afro-americanos (70%) provenientes de famílias de baixa renda. Foram ensinados 104 novas palavras, extraídas da série Ginn 720 para 4ª série. Essas palavras eram bem difíceis e cobriam 12 categorias semânticas. Estavam incluídas palavras como *philanthropist, filch, famished, scrutinize, diligent, meander, banter, gregarious, audible, introvert, compromise*, e *exotic*.

Um grupo recebeu o treino e o outro não recebeu. Ao grupo-treino foi ensinado 104 palavras em uma taxa de 8 a 10 palavras em cinco sessões semanais de 30 minutos, por um período de 12 semanas (30 horas no total). Isto dá uma média de 17 minutos por palavra. Depois disso, eles continuaram aprendendo 43 dessas palavras por um período adicional de 18 dias, distribuídos ao longo de seis semanas (45 horas no total). Isto dá uma média de 27 minutos por palavra. No teste, o conhecimento das palavras-alvo foi comparado a palavras parecidas que não foram ensinadas (palavras-controle) e também comparado ao grupo-controle, que participou de seu programa normal de linguagem-artes. O treino envolveu uma mistura de abordagens, incluindo aprender definições, associações de palavras (sinônimos) e criar sentenças e contextos para as palavras-alvo.

Escores pós-teste em um teste de vocabulário receptivo de múltipla escolha mostraram que as 43 palavras (exposições mais longas) foram lembradas com 86% de precisão, e as 61 palavras inteiras com menor freqüência, com 78% de precisão (valores significativamente acima do acerto por acaso). Houve um efeito de transferência modesto para as palavras nas histórias não especificamente ensinadas, pois o grupo-treino teve escore 10% mais elevado do que o grupo-controle (41% *versus* 30%) e 10% mais elevado que seu próprio escore pré-teste. O treino também transferiu para um teste padronizado (Iowa Test of

Basic Skills). O grupo experimental ganhou 10 pontos percentuais nos subtestes de vocabulário e leitura, do pré-teste ao pós-teste, um ganho não mostrado pelo grupo-controle. Esses efeitos de transferência foram significativos.

Esses são resultados interessantes por inúmeras razões. Primeiro, levou 30 horas (mais de 18 semanas) para elevar a classe até um escore de precisão de 85% em uma avaliação de vocabulário receptivo para as 43 palavras superaprendidas (27 minutos por palavra). As crianças também saíram-se bem nas palavras menos treinadas (perto de 80% de acerto), mas até isso levou 17 minutos por palavra. Enquanto isso, sem nenhum ensino, essas crianças teriam adquirido mais de mil palavras durante esse período. Com relação a se as 104 palavras entrariam no vocabulário expressivo das crianças (seriam usadas), não temos a menor idéia, pois isto não foi controlado.

Segundo, o efeito transferência foi importante, pois sugere que os métodos e as estratégias empregadas no treino para ajudar as crianças a compreender novas palavras transferiram para palavras não-alvo nas histórias e para palavras em um teste padronizado, o que as crianças não haviam visto antes. Essa informação é valiosa.

As crianças também participaram de uma tarefa de decisão semântica ("Qual palavra é uma pessoa?") e de uma tarefa de verificação de sentença (verdadeiro-falso) na qual poderiam ter escores 50% corretos por acaso. Infelizmente a falha em corrigir as adivinhações invalida esses dados, e nenhuma das comparações estatísticas (grupos experimental *versus* controle) será válida.

O impacto do treino sobre a lembrança da história também foi avaliado. Três histórias foram criadas. Uma usou as palavras-alvo diversas vezes no texto, outra usou as palavras-alvo menos vezes, e outra usou palavras-controle (não-ensinadas). Ninguém foi bem. O grupo-treino teve um desempenho exatamente igual ao grupo-controle nas histórias com as palavras menos expostas ou não ensinadas, e foi apenas levemente melhor na história com as palavras mais praticadas (33% *versus* 21% de acerto). Apresentar histórias com 61 ou 43 palavras superaprendidas não as tornou mais memorizáveis do que as histórias com palavras novas e desconhecidas. Isso sugere que o novo vocabulário não havia sido integrado ao vocabulário expressivo (uso do vocabulário), e/ou que as próprias histórias eram difíceis de lembrar pelas razões discutidas anteriormente neste capítulo.

O grupo de Beck (McKeown et al., 1985) continuou a aperfeiçoar sua abordagem de ensino ao examinar o tempo e as formas de ensino, novamente estudando alunos da 4ª série. Eles compararam dois tipos de treino. Um tipo foi descrito como "rico", envolvendo técnicas elaborativas e variadas. O segundo foi descrito como "prolongado", pois envolveu atividades e lição de casa fora da sala de aula. Uma classe foi designada "só rico", a segunda classe "rico + prolongado", uma terceira usou uma abordagem tradicional consistindo em definições de dicionários e geração de sinônimos, e uma quarta classe não teve treino.

Houve 24 palavras-alvo extraídas de uma lista prévia. Eles usaram dois níveis de repetição: 12 repetições para um conjunto de palavras e 4 para outro. Um grupo aprendeu as 24 palavras em 12 lições de 30 minutos (6 horas), cerca de 15 minutos por palavra. O outro grupo aprendeu as 24 palavras em quatro lições de 30 minutos (2 horas), cerca de 5 minutos por palavra. O treino levou três semanas, em comparação com o estudo anterior, que durou de outubro a março.

As medidas foram aquelas usadas anteriormente. Escores nos testes para palavras de alta exposição para todos os grupos de treino (incluindo a classe tradicional) ficaram perto do máximo (95% de acerto) no teste de conhecimento de vocabulário. A falta de algum efeito dos diferentes tipos de treino foi também verificada para as palavras menos expostas, embora os escores fossem mais baixos (84% de acerto). Obviamente os escores estão acima do acaso aqui, e também ficaram acima do acaso em um teste de semântica.

As diferenças de grupo foram verificadas principalmente nos testes de vocabulário expressivo, em que as crianças tinham de interpretar e descrever contextos relacionados às palavras-alvo. Os dois grupos "ricos" não diferiram, ambos tendo escores 75% de acerto nas palavras menos expostas. O grupo "tradicional" teve escores significativamente mais baixos (60% para palavras de alta exposição e 40% para palavras de baixa exposição).

Finalmente, pediu-se às crianças que recordassem histórias escritas com as palavras-alvo. Novamente o desempenho foi fraco. Os dois grupos "ricos" tiveram escores mais altos nas histórias com as palavras de alta exposição, mas não muito mais elevados – em média apenas 26% de acerto. Novamente este resultado é curioso. Parece que a memória de história coloca um problema distinto em si, e isso pode ser relativamente independente do vocabulário. Deve-se notar também que não houve vantagem para a experiência de aprendizagem "prolongada" em nenhum teste.

Há algumas comparações interessantes entre os dois estudos. No segundo estudo, as crianças tiveram escores mais elevados no teste de vocabulário após *menos* sessões de aprendizagem (menos minutos por palavra). Há duas explicações possíveis para este efeito. Uma foi um método de ensino melhor. A outra razão relaciona-se à descoberta de Lloyd (1992) de que o treino rápido e intenso é mais eficaz para as crianças pequenas. Pelo fato de McKeown e colaboradores (1985) terem alterado três variáveis relacionadas ao tempo – o número de palavras ensinadas (24 *versus* 104), o tempo de exposição para cada palavra (mais curto), e a duração do treino (mais curta) – há mais de uma explicação para o porquê de todos os três métodos (mesmo o método tradicional) terem produzidos escores de vocabulário receptivo quase perfeitos (95% de acerto) para palavras de alta exposição e quase tão elevado (85% de acerto) para palavras de baixa exposição. Isso se deveu ao fato de aprenderem menos palavras, ao tempo de aprendizagem condensado, ou a ambos? O impacto da abordagem de ensino "rica" *versus* abordagem tradicional apareceu apenas em duas medidas de vocabulário expressivo, o que sugere que o método de ensino importa mais na ampliação da memória de evocação.

Esses estudos sugerem que qualquer método que chame atenção para o significado e envolva o aluno cognitivamente produz ganhos no vocabulário receptivo. A duração da exposição e a intensidade da aprendizagem impactam o modo e a quantidade do que é lembrado. Esta hipótese geral pode ou não ser precisa, mas certamente merece estudos adicionais.

Jenkins, Matlock e Slocum (1989) também verificaram um efeito de "freqüência" e de "método" em um estudo de curto prazo sobre ensino de vocabulário. Havia 135 crianças de 5ª série no estudo, principalmente de classe média, com escores excepcionalmente elevados de vocabulário e compreensão de leitura em testes padronizados. O objetivo foi ensinar 45 palavras-alvo. As crianças foram ensinadas com dois métodos diferentes. Em um método, os significados das palavras eram ensinados diretamente, e, no outro método, o significado era derivado do contexto. Além disso, as palavras foram vistas uma, três ou seis vezes. O treino foi realizado durante 9, 11 e 20 dias, dependendo da quantidade de exposição. As crianças gastavam 15 minutos por dia aprendendo essas palavras, cerca de 5 horas para o grupo de longa exposição (6,5 minutos por palavra).

O "treino de significado direto" incluiu memorizar definições, usando as palavras-alvo em uma sentença e substituindo sinônimos para as palavras-alvo. "Treino de derivação do contexto" envolveu aplicar uma seqüência de estratégias: (1) substituir uma palavra ou expressão por uma palavra desconhecida, (2) checar outras pistas de contexto para fundamentar essa escolha, (3) determinar se a substituição se encaixa em todas as pistas contextuais e, se não, (4) revisar a palavra e começar de novo.

O conhecimento das palavras-alvo foi testado para vocabulário expressivo e receptivo. O grupo do treino de derivação do contexto não foi bem em nenhum dos testes, em nenhuma condição de exposição (baixa, média ou alta). Os escores foram cerca de uma palavra certa para encontrar sinônimos de palavras isoladas e apenas ligeiramente melhor para encontrar sinônimos de palavras em contexto (3,25 palavras em todas as condições). Este grupo não teve escores significativamente acima do acaso em testes de vocabulário receptivo, assim a análise estatística dos autores para esses dados será inválida.

O grupo do treino de significado direto foi bem melhor, e seu desempenho foi fortemente afetado pelo número de exposições à palavra. No teste de sinônimo, os escores foram três vezes mais elevados depois de seis exposições do que depois de uma, quer as palavras aparecessem isoladas ou contextualizadas. E os escores foram duas vezes mais elevados depois de seis exposições em testes de vocabulário receptivo, do tipo fácil e difícil (86% e 75% de acerto). O grupo de exposição alta teve escores acima do acaso nos testes.

Resumindo

Os resultados a partir desses estudos bem-executados são muito consistentes. Freqüência de exposição a novas palavras faz uma enorme diferença *apenas* se os alunos têm alguma orientação (ensino) e adquirem uma compreensão mais profunda do que as palavras significam. Derivar significado a partir da análise do contexto não é eficiente. Parece ser muito abstrato, mesmo para alunos brilhantes da 4ª série. Esse resultado contradiz o principal pressuposto da linguagem total, o de que as crianças podem facilmente derivar o significado das imagens e pistas do contexto, e de que fazem isso enquanto ensinam a si mesmas a ler.

O vocabulário pode ser ensinado, e há sólida evidência sobre quais métodos têm valor. Também vemos que a repetição é importante e que o ensino de curto prazo (intenso) funciona melhor do que as lições espalhadas durante um longo período de tempo. Com respeito a se ensinar um novo vocabulário "vale a pena", o fato de que essas palavras abstratas dificilmente seriam adquiridas espontaneamente sugere que esta é uma boa idéia.

Usando o método e a abordagem corretos, o custo é de apenas cerca de cinco minutos por palavra. Stahl a Fairbanks (1986) observaram que aprender somente 300 palavras por ano irá aumentar o tamanho do vocabulário em cerca de 10%. Isso representa aproximadamente duas novas palavras por dia em 175 dias *letivos*. Entretanto, há um considerável impasse em relação à eficácia do ensino de palavras isoladas em vez de aprender um novo vocabulário no contexto do treino de compreensão geral. Como veremos na próxima seção, um bom programa de compreensão aumenta drasticamente o vocabulário, mesmo quando esta não é uma característica específica das lições.

Ensino da Compreensão da Leitura

Existe uma suposição implícita por trás de muitas das pesquisas sobre compreensão da leitura de que ela é diferente na sua essência da compreensão oral. Isso pode ser visto na ausência de qualquer consideração acerca da conexão entre elas em praticamente todo estudo sobre este assunto. Isso é evidente nas observações iniciais do painel do NRP (2000) sobre compreensão. O painel cita Markman (1978) como o primeiro catalisador do interesse em fazer pesquisa sobre compreensão leitora. O teor das observações de Markman (1978) é de que certas habilidades de compreensão são específicas da leitura, observando, por exemplo, que leitores freqüentemente falham ao detectar inconsistências lógicas ou semânticas no texto. O painel do NRP (2000) parafraseou algumas de suas idéias:

> A compreensão da leitura foi vista não como um processo receptivo passivo, mas como um processo ativo que envolvia o leitor. A leitura passou a ser vista como pensamento intencional durante o qual o significado é construído por meio de interações entre o texto e o leitor...
>
> A compreensão da leitura foi vista como a construção do significado de um texto escrito por meio de um intercâmbio recíproco

de idéias entre o leitor e a mensagem de um texto em particular (p. 4-39).

Não fica claro se isso pretende significar que, antes de Markman ter esses *insights*, as pessoas acreditavam que a compreensão leitora era "passiva" e que os leitores "falhavam na construção do significado", ou que Markman acredita que a compreensão leitora é única. Mas é, obviamente, o mesmo caso que ocorre na linguagem oral. Os *ouvintes* são igualmente capazes de falhar na "detecção de inconsistências lógicas ou semânticas" durante uma conversa, como também o fato de que os *ouvintes* sempre se envolvem na interpretação ativa e no intercâmbio recíproco de idéias durante uma conversa.

O que, então, é especial sobre a compreensão da leitura? *Por que ela precisa ser ensinada?* Nunca conseguimos uma resposta para esta pergunta.

As inúmeras tentativas de descobrir maneiras de ensinar compreensão leitora produziram uma variedade de métodos, mas há pouco trabalho substancial nessa área. O NRP (2000) classificou 16 abordagens diferentes, e mesmo isto foi difícil. Várias estratégias foram propostas que envolvem uma ampla gama de diferentes técnicas para endereçar certos modos de pensamento, como, prever o que vai acontecer, perceber contradições, fazer inferências, fazer tipos específicos de perguntas, etc.

Em virtude desses métodos terem o objetivo de impactar a compreensão da *leitura*, entra em jogo outra variável-chave que tem pouca consideração nessa pesquisa. Alunos com compreensão fraca são os sujeitos estudados em muitas dessas pesquisas. Conforme observado anteriormente, crianças compreendem mal por diversas razões. Habilidades fracas de decodificação influenciam a compreensão da leitura. Leitores lentos, mas precisos, também têm problemas de compreensão da leitura. Há uma notável relação entre fluência de leitura e medidas de sintaxe oral (Willows e Ryan, 1986). Rayner (1998) cita 40 estudos sobre a conexão entre padrões de movimento oculares, velocidade de leitura e sintaxe.

As crianças com habilidades verbais baixas também compreendem mal. Sem o controle apropriado dessas variáveis, um estudo de pesquisa não tem qualquer validade. Após revisar grande parte da literatura, verifiquei ser este geralmente o caso.

Além disso, quando se ensina habilidade de "compreensão leitora" para crianças com compreensão *auditiva* boa ou excelente, mas que vão muito mal em testes de compreensão *leitora*, o que exatamente se está ensinando? Como o professor ou professora podem saber onde a criança se encontra no processo de leitura se a compreensão auditiva, a precisão de decodificação e a velocidade de leitura nunca são medidas?

Uma metanálise

Além dessas preocupações, há problemas com a forma como a compreensão leitora é medida nesses estudos. Ao contrário da pesquisa sobre o ensino de vocabulário, em que palavras específicas são ensinadas e testadas, o treino de compreensão leitora *deve generalizar* para outro texto a fim de comprovar a validade do método. Os resultados de uma ampla revisão mostram que não podem ser generalizados. Rosenshine, Meister e Chapman (1996) realizaram uma metanálise em 26 estudos lidando com tipos de ensino "questionadores". Conforme os autores, "ensinar os alunos a fazer perguntas pode ajudá-los a tornarem-se sensíveis a pontos importantes em um texto e, assim, monitorar o estado de sua compreensão da leitura" (p. 183).

O método devia incluir uma grande proporção de tempo gasto gerando questões para ajudar os alunos a compreenderem um parágrafo a fim de ser incluído em sua análise. Também foram incluídos estudos utilizando o "ensino compartilhado", em que professor e alunos, colaboram para interpretar um parágrafo. Rosenshine e colaboradores (1996) excluíram todos os estudos em que as crianças eram testadas no mesmo parágrafo em que haviam sido treinadas. O resultado geral foi uma magnitude de efeito de 0,86 para testes gerados pelo experimentador – testar parágrafos que tinham uma *estrutura similar* ao parágrafo no qual a criança havia sido treinada. Entretanto, esse treino não provocou generalização, e houve pouca transferência para medidas padronizadas de compreensão (ME = 0,36).

Os estudos foram segmentados mais adiante em cinco tipos diferentes. O primeiro foi "palavras-sinal", no qual o aluno é confrontado com palavras como *quem, o que, onde, quando, por que* e *como*. O segundo tipo envolvia "questões genéricas". Aqui o aluno é treinado a formular uma variedade de questões, como duas coisas são parecidas ou diferentes, qual é a idéia principal, ou como os acontecimentos ou ações relacionam-se entre si. O terceiro tipo foi "somente idéia principal", no qual as crianças encontram a idéia principal e depois fazem perguntas a respeito. A quarta categoria foi o "tipo de questão". Aqui os alunos são primeiramente direcionados a buscar informações específicas, depois relatar duas ou mais informações e, finalmente, responder questões em que as informações devem ser inferidas ou deduzidas pela lógica ou pelo seu conhecimento prévio. (Os testes NAEP baseiam-se nessa abordagem). O quinto tipo abrangia questões sobre a gramática da história, como as já vistas anteriormente: "Quem é o personagem principal nessa história?".

Nos testes elaborados pelo experimentador (informais), a abordagem "questões genéricas" produziu as maiores magnitudes de efeitos, seguida pela técnica "palavras-sinal". Encontrar a "idéia principal" não funcionou bem. Os outros tipos incluíram bem poucos estudos para tornar significativas as magnitudes de efeito. Quanto ao desempenho nos testes padronizados, o grupo "palavras-sinal" produziu uma magnitude de efeito de 0,36, e o grupo "tipo de questão" uma magnitude de zero. Ainda mais interessante, Rosenshine, Meister e Chapman (1996) não encontraram evidência para o impacto da duração do treino. Paradoxalmente, estudos com resultados positivos tiveram menos sessões ao todo (4 para 25) do que aqueles com resultados insignificantes (8 para 50). Esse fato, por si só, põe em dúvida a maior parte dessa pesquisa. Com um bom método, o tempo de aprendizagem deve traduzir-se em melhor aprendizado, não pior.

Os autores analisaram a diferença entre os testes elaborados pelo experimentador e os testes padronizados. Os primeiros estavam mais altamente estruturados, com uma clara "idéia principal" e detalhe de embasamento óbvio. Os parágrafos dos testes padronizados foram mais típicos de texto normal, sem uma estrutura típica e óbvia. Deve-se notar também que os testes padronizados são normalizados e controlados por idade, enquanto que os testes elaborados pelo experimentador não são. Estes geralmente empregam questões de múltipla escolha e estão sujeitos à adivinhação. Como vimos, pesquisadores nessa área geralmente não corrigem adivinhações. Em vista desses fatos, muito dessa pesquisa parece tornar-se sem sentido.

O Relatório do NRP (2000)

O grupo do NRP localizou 203 estudos que sobreviveram a seu protocolo de verificação final. Entretanto, em virtude desses estudos incluírem mais de 16 métodos diferentes, com poucos, se algum, estudos conduzidos da mesma maneira (mesmo treino, mesma duração, mesmos testes), o painel sentiu que uma metanálise estaria fora de questão. Em vez disso, categorizaram os métodos e fizeram algumas observações. Essa não foi uma tarefa produtiva, e sua análise foi contraditória e acrítica a ponto de ser tendenciosa.

Dos 16 métodos diferentes, o painel relatou que apenas sete tinham uma "base científica firme/sólida para concluir que eles melhoram a compreensão em leitores normais" (NRP, 2000 p.4-42). (O relatório não revelou qual era essa base.) Seis dos métodos incluíam *monitoração da compreensão, aprendizagem cooperativa, organizadores gráficos, resposta a perguntas, formulação de perguntas* e *estrutura da história*. Muitas dessas abordagens podem também combinar-se para compor uma sétima, uma abordagem de *estratégia múltipla*.

Deve-se notar que o protocolo de verificação do NRP (2000) não incluiu importantes considerações metodológicas que influenciariam o resultado de um estudo, como situações em que (1) o conjunto de sujeitos consistiu em leitores fracos cujas habilidades de decodificação foram ignoradas enquanto eram ensinados a "compreender" o que não eram capazes de ler, (2) os testes avaliando ganhos usaram os mesmos parágrafos nos quais as crianças foram treinadas, (3) testes de múltipla escolha elaborados pelo experimentador foram utilizados, e os dados não foram corrigidos para adivinhação e (4) nenhuma avaliação existiu para assegurar que o método fora implementado conforme descrito. Programas de treino de compreensão são muito complexos, geralmente levam páginas para ser descritos. A documentação é necessária (na forma de observações em sala de aula ou de vídeo) para mostrar que a professora realmente ensinou o método conforme pretendido.

Afora essas preocupações, os autores do NRP (2000) não forneceram evidências sobre a generalidade dos estudos que acreditavam fossem válidos. Houve 96 estudos nas sete categorias, porém apenas 20% deles foi citado como usando testes padronizados. O NRP não forneceu os dados desses testes. O ensino de compreensão deve impactar a compreensão leitora em uma variedade de textos, não apenas em um único texto.

Em vez disso, o painel aceitou a evidência de testes elaborados pelo experimentador como válida. Em seu resumo dos métodos sob revisão, acabaram ficando fortemente a favor da abordagem da *estratégia múltipla*, particularmente uma que incluísse um método de *ensino compartilhado*. A principal base para essa conclusão derivou de uma metanálise realizada por Rosenshine e Meister (1994) sobre 16 estudos de ensino compartilhado. Eles relataram uma magnitude de efeito de 0,88 nos testes elaborados pelo experimentador, mas apenas 0,32 para quando testes padronizados foram usados (9 dos 16 estudos). Em outras palavras, este método não pode ser generalizado para outros textos.

É desconcertante para os autores do NRP (2000) reivindicar que os 203 estudos restantes em seu conjunto de dados não poderiam ser submetidos a uma metanálise, e, depois, citarem uma metanálise realizada por outra pessoa sobre uma fração desses estudos como o único suporte para suas medidas dos métodos. Isso é particularmente problemático em vista do fato de que uma metanálise subseqüente, realizada pelo mesmo grupo (Rosenshine, Meister e Chapman, 1996), – que o NRP não cita – comparou o ensino compartilhado a outros métodos de ensino e verificou que ele *não levava vantagem*, nem em testes padronizados (ME = 0,23 versus ME = 0,27), nem em testes elaborados pelo experimentador (ME = 0,88 *versus* ME = 0,70). As magnitudes de efeitos não foram significativamente diferentes em nenhum caso.[11]

É interessante fornecer evidências sobre um dos melhores estudos (metodologicamente desenhado) usando técnicas de ensino compartilhado. Johnson-Glenberg (2000) comparou dois tipos de treino de compreensão leitora entre si e com um grupo-controle não-ensinado. Crianças de 3ª a 5ª séries foram treinadas em grupos pequenos durante 10 semanas, com uma abordagem de ensino compartilhada (EC), ou com um programa de visualização/verbalização (V/V), desenvolvido por Bell (1986). Elas receberam uma média de 28 sessões de 30 minutos (14 horas no total). As crianças tinham habilidades de decodificação de boas a altas, mas fracas habilidades de compreensão.

A abordagem de ensino compartilhado foi adaptada de Palincsar e Brown (1984) e consistiu de quatro estratégias: resumo, clarificação, predição e formulação de perguntas. As lições começaram com exercícios de resumo de parágrafos bem curtos, e depois

---

[11] N. de O. Não incluí casos em que havia um estudo apenas por método nessas magnitudes de efeito.

gradualmente expandiram de forma que todas as estratégias estivessem engajadas usando passagens de texto mais longas. No ensino compartilhado, a professora e as crianças têm participação igual no processo de aprendizagem. O método de visualização treina imagens ao fazer os alunos descreverem verbalmente em grandes detalhes como eles "vêem" certos personagens, cenários, objetos e acontecimentos.

As crianças foram testadas em 12 medidas diferentes, antes e depois do treino, incluindo quatro testes padronizados. A confiabilidade entre avaliadores foi computada para todos os testes informais e foi consistentemente alta. Os investigadores também computaram as magnitudes de efeitos para escores pré-treino e pós-treino. As crianças melhoraram com o tempo na maioria dos testes, com exceção do grupo-controle no teste WRAT de reconhecimento de palavra (escores-padrão), uma medida de velocidade de leitura, questões explícitas sobre lembrança da história e lembrança espontânea da história.

Escores de vocabulário do WISC foram controlados (covariados) nas comparações entre os grupos, e isto reduziu significativamente as diferenças entre eles. Contudo, o grupo EC foi superior ao controle em seis medidas: WRAT, formulação de perguntas, lembrança de história com questões explícitas, lembrança de história com questões implícitas, lembrança de história ouvida e questões visuais. Computei as magnitudes de efeitos para essas comparações específicas, e elas foram, respectivamente, ME = 0,34, 1,0, 0,78, 0,65, 0,35 e 1,55. Os grupos V/V superaram os controles em três medidas: formulação de perguntas, lembrança da história com questões implícitas e questões visuais (ME = 0,54, 0,76 e 0,37). Curiosamente, os grupos V/V não tiveram escores mais elevados do que os outros dois grupos nas demais medidas *visuais*: o *paper-folding test*[12] e um teste de imagens visuais. Os grupos EC também superaram os grupos V/V em formulação de perguntas, lembrança de história explícita e lembrança de história ouvida (ME = 0,51, 0,66, 0,53). Entretanto, apesar dos fortes efeitos do treino nos principais testes informais relatados acima, nenhuma diferença de grupo foi verificada na única medida padronizada de compreensão de leitura (Gates-MacGinitie) ou no Detroit Test of Learning Aptitude[13].

Este foi um teste absolutamente rigoroso do método EC e, enquanto ele teve uma vantagem sobre o treino V/V, as diferenças não foram assim tão grandes. É importante observar que Johnson-Glenberg (2000) relataram escores de ganho altamente significativos para os grupos treinados em todas as 12 medidas antes que o vocabulário fosse controlado estatisticamente. Essas diferenças foram drasticamente reduzidas depois que esses controles foram introduzidos. Aqui está outro trunfo que certamente influencia os resultados nesses estudos. O vocabulário raramente é controlado na maioria dos estudos sobre compreensão leitora.

Há alguma evidência aqui para embasar a recomendação do painel do NRP (2000) sobre compreensão favorecendo o método EC (ensino compartilhado), mas tal evidência não fundamenta suas conclusões gerais, que foram dadas em um resumo desta seção. Eles endossaram entusiasticamente o ensino de estratégias de compreensão de modo geral: "As duas últimas décadas de pesquisa parecem fundamentar a defesa vigorosa do ensino de estratégias de leitura" (p. 4-46).

Esse resultado positivo foi atribuído a métodos nos quais os professores

> demonstram, explicam, modelam e implementam interações com alunos ao ensiná-los como compreender um texto. Nos estudos envolvendo até mesmo algumas poucas horas de preparação, instrutores ensinavam alunos, que eram leitores fracos, porém bons decodificadores, a aplicar várias estratégias a textos explanatórios

---

[12] N. de R. T. Um teste projetado para avaliação visuoespacial.

[13] N. de R. T. Teste não-disponível em português.

em grupos de leitura, com um professor demonstrando, orientando, ou modelando as estratégias, e com a ajuda[14] do professor. (p. 4-47)

A eficácia dessa interação compartilhada entre professor e alunos foi considerada coerente com a "teoria da aprendizagem mediada socialmente". Nenhum estudo específico ou evidência foi referenciado em suporte a estas conclusões. A única fonte citada foi Rosenshine, Meister e Chapman (1996), que não verificaram nada do gênero.

Seguindo essa constatação, a próxima e última seção do relatório do painel foi altamente crítica da pesquisa sobre compreensão leitora e altamente contraditória a tudo o que veio antes. Lysynchuk e colaboradores(1989) foi a fonte principal dessa crítica. Essa publicação verificou 37 estudos sobre ensino de compreensão e codificou 24 variáveis de relevância metodológica. Havia uma taxa de falha substancial em nove deles. Essas foram em ordem decrescente de falha começando da muito pior para a menos pior: usou a unidade correta de análise para estatística (83% dos estudos falharam); monitorou as estratégias que os alunos realmente usaram, em oposição àquelas que deveriam usar (73% falharam); forneceu informação sobre a duração do treino (70% falharam); e checou se os alunos estavam fazendo o que deveriam fazer (63% falharam). Houve diversas variáveis com uma taxa de falha de 35%: distribuição aleatória das crianças nos grupos, exposição dos controles aos mesmos materiais que os sujeitos do experimento, efeitos-teto e piso nos testes, e falta de checagens de confiabilidade entre avaliadores nos testes informais.

No geral, essa é uma análise bem sombria de todos os pontos de vista. Não tomo esta pesquisa, considerada como um todo, como fornecedora de qualquer prova da validade do ensino de compreensão. Em vez disso, quero examinar os únicos dois estudos que pude localizar que são metodologicamente rigorosos e que ilustram o verdadeiro poder de um bom treino de compreensão. Ambos os métodos envolveram extensos esforços durante longos períodos de tempo e produziram sólidos ganhos nos testes padronizados.

Programas de compreensão de leitura que funcionam

Brown e colaboradores. (1996) empregaram um método conhecido como *ensino de estratégias transacionais* (EET), uma forma de ensino compartilhado na qual cada um coopera ao fazer e responder perguntas. Este processo é dirigido ao professor. Conforme os autores, "o objetivo a curto prazo do EET é a construção conjunta de interpretações razoáveis pelos membros do grupo conforme aplicam estratégias aos textos" (p. 19).

Os alunos são treinados a "prever acontecimentos futuros, alterar expectativas conforme o texto se revela, formular questões e interpretações enquanto lêem, visualizar idéias, resumir periodicamente e se concentrar seletivamente nas informações mais importantes" (p. 20). Os alunos pensam em voz alta enquanto aprendem a fazer tudo isso.

Os autores relataram que leva vários anos de treino e de experiência antes que os professores possam implementar esse método de forma eficaz.

Cinco grupos de leitura usando o EET foram comparados a cinco grupos ensinados com uma abordagem eclética (a critério do professor) ao longo de um ano escolar. Os alunos eram de 2ª série e liam abaixo do nível da série. Foram combinados nos escores do Stanford Achievement Test e aleatoriamente distribuídos em 10 grupos de 6 crianças cada ($N = 60$). Não consegui localizar informações quanto ao número e duração das lições por semana.

Diversos testes informais foram elaborados para medir os resultados. Entretanto,

---

[14] N. de R. T. No original é *scaffolding* (tradução literal andaimes), que é entendido como ajudas gradativas que o professor vai passando para aos alunos. Acredita-se que, com o passar do tempo, o professor dará cada vez menos "ajudas". Optei por traduzir por ajuda, pois é o mesmo termo utilizado por Sánchez Miguel, E. *Compreensão e redação de textos:* dificuldades e ajudas. Porto Alegre: Artmed, 2002.

vou deter-me apenas nos testes padronizados. Após o treino as crianças EET estavam significativamente adiantadas no subteste de compreensão SAT e no teste de "habilidades de palavras" (reconhecimento de palavras). Computei as magnitudes de efeitos e encontrei um valor de ME igual a 0,67 para reconhecimento de palavra e 0,89 para compreensão, comparados aos controles. Esses são efeitos substanciais e mostram que esse programa generaliza para textos não usados no treino. Entretanto, não se pode saber quanto se deve ao método e quanto à exposição, pois Brown e colaboradores (1996) não relataram quanto tempo foi dedicado ao ensino desse programa. Além disso, no caso de crianças com fracas habilidades de leitura, há uma grande possibilidade de que uma proporção considerável dessas crianças tivesse escores de QI verbal abaixo da média e o QI verbal não foi controlado.

O último estudo (Block 1993) foi o único que consegui localizar no qual o método de ensino teve grande generalidade no avanço das habilidades de pensamento crítico, além da tarefa imediata. Foi também o único estudo que resolveu praticamente todos os problemas metodológicos e o único estudo em que houve um perfeito entendimento de que a compreensão leitora é uma conseqüência da compreensão oral. O principal objetivo da transferência e da generalização foi estabelecido na introdução. Parafraseio aqui:

Se o ensino ajuda as crianças a usar processos estratégicos de modo constante e reflexivo conforme lêem, elas deveriam compreender e usar mais informações em suas vidas diárias.

Alunos que têm problemas de compreensão podem precisar de um novo tipo de ensino, envolvendo novas estratégias e competências de pensamento/leitura.

Alunos que ficam confusos sobre conceitos importantes, inferências e relações em um texto podem nunca ter encontrado os padrões de raciocínio indutivo e dedutivo que o autor usou para criar o texto. Se essas estragérias de pensamento são explicadas antes da leitura, os repertórios de pensamento deveriam expandir-se.

Os alunos podem tornar-se mais capazes de generalizar esse novo conhecimento para resolver sozinhos problemas de decodificação e de compreensão.

Block (1993) revelou oito estratégias que são importantes e precisam ser ensinadas. Elas refletem fatores como as operações cognitivas básicas, o pensamento analítico, as estratégias de decisão, a resolução de problemas, a análise metacognitiva (consciência do estado de conhecimento atual), o pensamento criativo, a capacidade de trabalhar em grupo e a capacidade de trabalhar individualmente de modo eficaz. Foram elaboradas 16 lições para ensinar essas habilidades estratégicas, e essas lições foram cuidadosamente testadas em campo em todos os níveis de série, em um grande número de crianças antes desse estudo.

As lições foram estruturadas de tal forma que uma técnica de pensamento crítico fosse introduzida por lição, além de estratégias para melhorar a compreensão. Isso constituiu a primeira parte da lição. Na segunda parte, as crianças escolheram material de leitura para aplicar esse novo conhecimento. Elas podiam escolher de uma ampla seleção de livros entre uma variedade de gêneros: ficção, não-ficção, poesia, autobiografias, literatura popular, periódicos e ficção científica. As crianças receberam fichários simples e úteis para como abordar uma palavra desconhecida e ampliar sua compreensão daquilo que liam. Foram estimuladas a fazer perguntas e a aprender a reconhecer o que é uma questão produtiva. Não há espaço aqui para revisar esse programa em profundidade. A descrição do método foi detalhada e precisa.

Havia 16 /turmas no estudo variando da 2ª à 6ª séries (totalizando 352 crianças). Metade dos grupos recebeu as lições especiais e a outra metade funcionou como controles. Um assistente de pesquisa treinado estava presente em todas as aulas durante o período de linguagem-artes e trabalhou juntamente com a professora. Nos grupos experimentais, esses assistentes ajudavam com as lições prescritas e nos grupos-controle ajudavam a professora na apresentação das lições que não incluíam as instruções de estratégia. As lições continuaram ao longo do ano escolar, 3 horas por semana, durante 32 semanas, para um total de 96 horas.

A fidelidade de tratamento foi medida por meio da filmagem da última sessão em cada aula. As fitas foram codificadas "às cegas" por avaliadores que não sabiam qual grupo teve treinamento. Houve 10 diferenças significativas e importantes no comportamento verbal e físico das crianças entre os dois tipos de classes. As crianças treinadas tinham interações mais habilidosas (trocas verbais) e menos comportamento não-produtivo (quase ausência de interrupções, obsevações não-relevantes, barulho, uso de jargão ou gíria e comportamentos inadequados/ apatia), o que é notável em e de si mesmo.

No subteste de compreensão de leitura do Iowa Test of Basic Skills, o grupo-treino teve escores significativamente mais elevados do que o grupo-controle ($p = 0,001$) e também melhorou em vocabulário ($p = 0,001$), embora esse não fosse o foco do treino. Houve pouco impacto na gramática, o que já era esperado, pois a gramática não foi ensinada. As magnitudes de efeitos foram de 2,24 para a compreensão, 2,62 para o vocabulário, 0,32 para a gramática e de 1,34 para aleitura em geral. Estes números são altamente impressionantes, poderia-se dizer até mesmo extraordinários, em vista dos resultados típicos nesse campo.

Block usou inúmeros testes adicionais para medir os efeitos de generalização. Crianças do grupo-treino tinham bem mais probalidade do que as crianças do grupo-controle de representar o pensamento analítico em sua escrita ($p = 0,0001$) e relatar que seu aprendizado na escola era útil fora dela (92% relatando "útil" *versus* zero/0 para o grupo-controle). As crianças treinadas tinham auto-estima significativamente mais elevada, embora os grupos não diferissem no início do estudo. Nos testes de resolução de problemas, o grupo-treino empregou um maior número de estratégias de pensamento crítico e ofereceu um maior número de soluções alternativas para os vários problemas. Os resultados nessas comparações foram altamente significativos ($p < 0,0001$ em todos os casos).

O trabalho excepcional de Block foi publicado em 1993 e, até agora, parece ter tido pouco impacto na comunidade científica. Nenhum outro método chegou perto de atingir os objetivos do que se espera que seja um bom programa de compreensão. Ele não generaliza apenas para testes padronizados (com enormes magnitudes de efeitos), mas para todas as formas de pensamento analítico, de desempenho acadêmico e de comportamento em sala de aula, e ele funciona em uma ampla faixa etária, demandando pouco treinamento do professor. Além disso, o método produz um enorme impacto no vocabulário, mesmo quando avaliado por testes padronizados. Isso está bem além de tudo o que foi alcançado nos estudos de treino de vocabulário citados na seção anterior.

No geral, a pesquisa nesta área é extremamente problemática. Certamente há bons métodos de ensino, mas, geralmente, eles têm sido ignorados pela comunidade científica. Em vez disso, educadores e pesquisadores parecem estar mais interessados em desenvolver suas próprias abordagens em vez de construir a partir do trabalho um do outro. Como resultado, métodos de ensino são altamente idiossincráticos e difíceis de classificar.

Conclusão

Os capítulos anteriores mostraram que existem alguns métodos de ensino notáveis para quase todo tipo de habilidade de leitura, métodos que produzem índices perto de 100% de sucesso para cada criança. Esta é a boa nova. Não seria incrível se todos soubessem desses métodos, especialmente os professores? Infelizmente, devido ao imenso volume de pesquisas publicadas e não-publicadas, esses métodos excelentes são muito difíceis de localizar.

É difícil ser neutro sobre o fato de que existe uma vasta quantidade de pesquisa fraca ("ciência descartável") bloqueando as bases de dados sobre pesquisa em leitura. No mundo real da ciência, os estudos mais rigorosos e mais importantes tendem a encontrar o seu caminho nas principais publicações especializadas. Aqui o oposto é quase verdadeiro. As publicações especializadas tendem a publicar tanto pesquisas que são metodologicamente adequadas quanto as que não são. (Entre uma pilha muito grande de artigos sobre compreensão que tive de descartar, devido a problemas básicos de metodologia, 80% estavam publicados nos dois principais periódicos.) Isso cria a impressão de que ou os editores e revisores conhecem quase nada sobre metodologia de pesquisa, ou estão totalmente influenciados por quem é "importante" na área e quem não é. Conseqüentemente, desconhecidos e talentosos pesquisadores publicam em periódicos sem evidência. Isto torna o problema duplamente difícil, pois é provável que leitores encontrem trabalho de alta qualidade escondido entre o lixo em quase todos os lugares que olharem. Os leitores não deveriam precisar de um Ph.D. em estatística e em metodologia de pesquisa porque são forçados a analisar o desenho da pesquisa, refazer as estatísticas e avaliar criticamente as conclusões dos autores a partir dos dados. Isso é trabalho para os revisores e responsabilidade dos editores dos periódicos.

A combinação de quantidade (muitos artigos sem nenhuma revisão confiável nas bases de dados e muitas publicações especializadas) associada à falta de um mecanismo para determinar a qualidade (nenhuma forma de confiar nos periódicos; nenhuma forma de confiar nas bases de dados) significa que o estudo científico da leitura está basicamente indo para lugar nenhum, e tem ido para lugar nenhum há mais de 30 anos. Pode-se até mesmo argumentar que está andando para trás, em vista do fato de que a maioria dos pesquisadores na área ainda parece acreditar que as crianças precisam de um programa amplo de treino de consciência fonêmica, somado a um programa fônico eficaz. Esta crença é tão forte que o NRP (2000) ignorou as evidências em sua *própria* base de dados e em sua análise daquilo que as crianças precisam ser ensinadas.

Quando nos voltamos para soletração, um tópico nem ao menos considerado pelo NRP, a situação é ainda pior, como veremos no próximo capítulo.

9
Como se Aprende a Soletrar?[1]

Em um sistema de escrita completamente opaco, como o código alfabético da língua inglesa, a maioria dos fonemas tem soletrações múltiplas. Apenas oito fonemas têm soletrações estáveis e outros seis são relativamente estáveis. Mas, até mesmo aqui, a metade dos fonemas "previsíveis" é soletrado com uma letra ou duas: /b/, /d/, /l/, /p/, /t/, /g/, /m/ e /n/, como em *cab/ebb, lad/ladder, curl/hill, tap/tapped, bat/batter, fog/egg, ham/hammer, win/winning*. Alguns fonemas podem ser soletrados de nove ou dez maneiras diferentes. Em razão de a escrita requerer memória de evocação e da leitura requerer apenas memória de reconhecimento, a soletração é muito mais difícil que a leitura. É fácil ler uma palavra como *hill*, mas é uma história bem diferente lembrar quando o *l* deve ser dobrado ao soletrá-lo (*boil, ball, deal, will, pal, pull, bail, doll*).

Como vimos no Capítulo 3, historicamente houve quatro tentativas de sistematizar o código alfabético da língua inglesa e consegui localizar apenas três estudos em que tais sistemas foram testados empiricamente. Tipicamente, o ensino da escrita consiste em listas de palavras aleatórias que vão para o quadro-negro na segunda-feira e para a prova na sexta. O padrão de medida da dificuldade de soletração é o tamanho da sílaba, como também as soletrações "regulares" *versus* "raras", mas dificilmente enfatiza os elementos *estruturais* do código – como padrões de soletração relacionados à posição do fonema nas palavras.

Pesquisas sobre programas de escrita em sala de aula são tão raras que não houve uma sessão dedicada a esse tópico no relatório do NRP (2000). Graham (2000) conseguiu localizar apenas 60 estudos sobre escrita ao explorar publicações especializadas desde os anos de 1920. Esses estudos compararam as duas abordagens predominantes: aprendizagem "natural" (escrita auto-ensinada) *versus* ensino "tradicional", consistindo principalmente em listas de palavras aleatórias. A maioria desses estudos tinha falhas metodológicas, mas a mensagem geral era a de que as crianças não podem ensinar soletração a si mesmas simplesmente por intermédio da leitura ou da escrita espontânea e que programas "tradicionais" eram melhores. Muito

---

[1] N. de R. T. No original *to spell*. Conforme já explicado anteriormente, optei pelo termo soletrar, pois refere-se a habilidade de transcrever os sons de uma palavra em sua forma escrita.

pouco foi dito com relação ao que esses programas continham. Graham (2000) observou que, além da memorização por repetição, as lições ficavam mais agradáveis ao "incluírem a escolha do aluno na seleção das palavras a serem soletradas e dos métodos de estudo, a exploração guiada na aprendizagem de padrões subjacentes à soletração das palavras, a oportunidade de trabalhar com os colegas e o uso de jogos" (p. 245).

De que forma se esperava que a "escolha do aluno" e a "exploração guiada" funcionassem na ausência de qualquer conhecimento sobre o assunto não foi explicado.

O fato de que muitas crianças realmente aprendem a soletrar corretamente é, assim, um grande mistério, e como elas conseguem se sair bem nesta tarefa tem sido a questão central da pesquisa sobre o aprendizado da linguagem escrita. Essa questão vai nos ocupar nos próximos dois capítulos, e há algumas respostas surpreendentes.

A questão "como" é abordada de modo diferente dependendo da formação do pesquisador. Geralmente, pesquisadores que estudam escrita têm pouco ou nenhum conhecimento sobre o modo como os sistemas de escrita funcionam e nenhum conhecimento acerca da estrutura do código escrito da língua inglesa. Por esta razão, a pesquisa em escrita baseia-se em um conjunto de suposições implícitas. Assume-se que seja "natural" para as crianças ensinar a si próprias a soletrar corretamente e que a habilidade de escrita avança em estágios. Assume-se que as crianças aprendam a soletrar reinventando o código escrito (escrita inventada). Usando essa lógica, um soletrador fraco é alguém com um atraso ou com um déficit de desenvolvimento. Porém, se algo tão complexo quanto o código escrito da língua inglesa não é ensinado de um modo estruturado e significativo, como pode alguém aprendê-lo? Para alguém que tenha conhecimento do código inglês, *o bom soletrador parece não-natural e o mal soletrador parece normal.*

Há uma questão mais profunda aqui, que chamo de *problema das muitas-palavras.* Mesmo que o melhor programa de soletração do mundo pudesse ser concebido, jamais seria possível ensinar a soletração de todas as palavras. Pelo fato de o sistema escrito da língua inglesa ser tão opaco e apenas algumas correspondências fonema-grafema serem constantemente estáveis, a única maneira pela qual ele pode ser dominado é por meio da sua estrutura de probabilidade, as regularidades recorrentes em padrões de soletração conforme visto no Capítulo 3. A fim de estabelecer essa estrutura, o cérebro precisa de exposição a milhares de exemplos de palavras escritas corretamente. Um bom programa de soletração pode fazer uma ligação direta desse processo agrupando palavras com esses padrões redundantes, mas jamais será bem-sucedido em ensinar todas as palavras. Sempre haverá palavras que um leitor fluente de inglês não conseguirá escrever corretamente, palavras que devem ser procuradas no dicionário.

Contudo, algumas pessoas são capazes de dominar a maior parte dessa estrutura sem auxílio, enquanto outras não o são. Bons soletradores têm habilidades lingüísticas ou visuais especiais que tornam isso possível? Esses tipos de questão deram origem a três principais linhas de pesquisa: o estudo dos "estágios da escrita"; a exploração do modo como o conhecimento lingüístico pode afetar a escrita e o estudo das redundâncias estruturais no código escrito, que está intimamente relacionado a modelos computacionais de leitura. Mas, antes de nos voltarmos para essas questões, precisamos observar as habilidades mais fundamentais que poderiam embasar uma aptidão para soletração.

Indicadores de uma boa soletração

Há três fatores importantes que vão impactar os escores de soletração sem se considerar o método.

QI QI é um contribuinte constante da habilidade de soletração. O QI tem um impacto na capacidade de soletração desde o início e essa conexão aumenta com a idade. A aptidão de crianças do jardim-de-infância para produzir "soletrações fonéticas" modestamente precisas está correlacionada com o QI avaliado pelo WISC[2] em $r = 0,51$ (Mann 1993). Bond e Dykstra (1967) encontraram um valor idêntico em seu monumental estudo com mais de 9 mil alunos de 1ª série, já com o QI correlacionando com a soletração em $r = 0,51$. Muter e Snowling (1997) verificaram ser esta uma relação duradoura. O QI medido aos 4 e aos 5 anos foi indicador dos escores em um teste padronizado de soletração aos 9 anos ($r = 0,42$). Em um estudo em larga escala, desenvolvido por Shanahan (1984), os escores do subteste Stanford IQ Vocabulary (vocabulário receptivo) correlacionaram com a soletração na 2ª (0,45) e na 5ª séries (0,62). Estas são descobertas notadamente consistentes e mostram que o QI é um indicador da habilidade de soletração ao longo da faixa etária, respondendo por cerca de 25% da variância.

Gênero   As meninas estão em maior número no grupo de bons leitores e em relativamente menor número no grupo leitores fracos (ver meu livro *Language development and learning to read*. Elas têm uma vantagem ainda maior na soletração. Meninas da 1ª série eram melhores soletradoras no estudo de Bond e Dykstra (1967) em cada comparação de método. Allred (1990) avaliou mais de 3 mil crianças da 1ª à 6ª séries, de várias regiões dos Estados Unidos. As meninas foram melhores em ambos os testes, de ditado de palavras (soletração) e de reconhecimento ortográfico, e isto foi altamente significativo ($p < 0,001$) *em todas as séries*. E, enquanto a habilidade de soletração variou consideravelmente por região, a diferença de gênero não variou. (Nenhuma interação região x gênero foi verificada.)

A relação entre soletração e leitura   Mesmo com um sistema de escrita transparente, a correlação entre leitura e soletração não será perfeita, pois as habilidades de leitura e escrita dependem de diferentes tipos de memória. Essa relação será mais fraca com um sistema de escrita opaco, uma vez que escrever corretamente é bem mais difícil que ler. Bond e Dykstra (1967) relataram uma forte correlação entre soletração e reconhecimento de palavra ($r = 0,63$) e compreensão de leitura ($r = 0,66$). Shanahan (1984) testou mais de 250 alunos da 2ª série e 250 de 5ª com os testes Stanford Diagnostic Reading Tests e o Gates-MacGinitie de compreensão de leitura. A soletração foi medida por um teste de soletração informal bem desenhado (confiabilidade em torno de 0,90). A soletração estava correlacionada com as habilidades de decodificação básica em $r = 0.66$ (na 2ª série) e $r = 0.56$ (na 5ª série). Novamente, os valores correlacionais, nesses estudos, encontram-se em notável concordância. No entanto, se o QI e o gênero tivessem sido controlados, esses valores seriam mais baixos.

Levando esses fatores não-controlados em consideração, é pouco provável que a leitura e a soletração compartilhem mais do que 25% de variância. Isto é muito baixo para sustentar a noção de que as habilidades de leitura e de soletração estão intimamente relacionadas, mas é alto o suficiente para mostrar uma relação constante. Contudo, isto deixa 75% da variância nos testes de soletração sem serem levados em conta. Existem inúmeras opções para o como e o porquê a leitura e a soletração se separam. As pessoas podem ter diferentes aptidões de memória de reconhecimento e de evocação. Ou podem exibir diferentes facilidades para leitura e para soletração como uma conseqüência do ensino (ou do não-ensino), fazendo com que focalizem em unidades de percepção erradas do sistema de escrita. Isso levaria a duas estratégias dissociadas, uma para leitura e outra para escrita.

Tendo esses importantes fatos em mente, vamos nos voltar a seguir para a pesquisa em escrita.

---

[2] N. de R. T. Escala de Inteligência para Crianças de Wechsler. Teste disponível em português, mas de uso exclusivo de psicólogos. Wechsler, D. *Escala de Inteligência Wechsler para Crianças*. Padronização Vera Figueredo. Casa do Psicólogo, 2002.

Modelos de estágio sob avaliação microscópica

O modelo predominante na pesquisa em escrita é o "modelo de estágio" – a teoria de que as habilidades de escrita progridem em estágios de desenvolvimento. O fato de que a maioria das crianças aprende a escrever corretamente é tido como evidência de que as pessoas têm uma aptidão especial para a soletração. (Há modelos de estágio para leitura também, mas eles não predominam no campo da pesquisa em leitura no mesmo grau.) Infelizmente, a maior parte desse trabalho é muito fraco tanto metodológica quanto logicamente. Pesquisadores constantemente fracassam em controlar fatores que se sabe afetam a habilidade de soletração, tais como idade, QI e gênero. E tendem a ignorar, completamente, o *ensino* da leitura e da soletração, um ponto também enfatizado por Ehri (1992, p. 330): "Uma importante questão que tem sido negligenciada nos estudos sobre estágios de escrita é a relação entre os estágios e o ensino. O conceito de estágios de desenvolvimento implica que os padrões de crescimento são relativamente imunes à experiência educacional específica. Entretanto, no caso do desenvolvimento da escrita, a natureza e a extensão do ensino, muito provavelmente, fazem uma grande diferença no desenvolvimento". Esse descuido é desconcertante, pois o ensino inapropriado ou ausente em sala de aula provoca os erros de soletração que pesquisadores *usam como dados* para construir seus estágios. As falhas educacionais básicas são as seguintes:

- Ensino do nome das letras em vez da correspondências entre letras e sons.
- Ensino do código alfabético ao contrário: letra para som apenas (orientação visual) em vez de som para letra.
- Dependência excessiva da memória de palavras inteiras (listas de palavras aleatórias).
- Prática de ensino que incessantemente divorcia o ensino de leitura e da soletração (ensinadas em dias diferentes, com diferentes palavras e diferentes modos de aprendizagem).
- Ensino de uma mistura de "regras" de soletração que se rompem na maioria das vezes.
- Falha ao permitir que a estrutura do código escrito dite a seqüência do ensino, pois ninguém sabe o que é a estrutura do código escrito.

Para contextualizar isso, vamos começar no mundo real. A mãe de Molly começou a ensiná-la o alfabeto aos 3 anos. Molly aprendeu a dizer o nome das letras em ordem alfabética. Ela aprendeu a relacionar o nome das letras a forma das letras. Passou por uma etapa de ensino denominado: "letra-da-semana", no qual uma nova letra magnética aparecia na porta do refrigerador toda segunda-feira. Quando Molly entrou na escola, aos 5 anos, ela e a maioria das crianças em sua vizinhança de classe média tinham um conhecimento de razoável a bom das formas das letras e do nome das letras. As crianças eram capazes de nomear as letras que lhes eram mostradas, apontar para letras que eram nomeadas e algumas delas (principalmente meninas) conseguiam escrever de cor seus nomes e um considerável número de letras.

Molly acreditava que os nomes das letras eram extremamente importantes para aprender a ler, do contrário por que teria passado tanto tempo aprendendo esses nomes? Quando chegou ao jardim-de-infância, essa crença foi reforçada. Sua professora passava mais tempo revendo o nome das letras e a forma das letras e ensinava algumas palavras inteiras. Na 1ª série, Molly estava "imersa na escrita", pedia-se que usasse todos os seus "sistemas de sinais", ensinavam-lhe algumas "palavras inteiras" e a encorajavam a adivinhar palavras por pistas contextuais, como também a "pronunciar" palavras usando "pistas fônicas". Para Molly, assim como para a maioria das outras crianças, a única pista de pronúncia disponível era o nome das letras. No período destinado à "escrever do seu jeito", ela era incentivada a escrever histórias usando seu próprio sistema de "soletração inventado". Molly tinha duas estratégias disponíveis para escrever as palavras em suas histórias: memória visual (palavras inteiras) e o nome das letras. Por uma incrível coincidência, ela usava essas duas estratégias para escrever as palavras.

Em 1971, essas estratégias foram documentadas pela primeira vez quando Read publicou uma análise de erros de soletrações inventadas cometidos por crianças da pré-escola. Ele descobriu mais tarde que os erros de soletração mais comuns consistiam em usar o nome das letras em vez da correspondência fonema-grafema (Read, 1986). Esse tipo de erro era mais passível de ser observado com vogais (*KAM* para *came*).[3] Read considerou isso como um "processo psicolingüístico" no qual as crianças trazem sua consciência da língua para atuar na tarefa. O artigo de Read é o trabalho mais freqüentemente citado na literatura de pesquisa sobre estágios de escrita, em que suas conclusões são tomadas como sinônimo de que as crianças escrevem com nome das letras *porque elas se encontram no estágio da soletração letra-nome*.

Observe que, por um período de quatro anos, Molly recebeu treino em atividades supostamente relacionadas ao aprendizado do sistema de escrita da língua inglesa. Ainda assim, em todo aquele tempo, nunca lhe fora ensinado nada importante, nem fora exposta a quaisquer exercícios úteis que pudessem induzir o conhecimento de que: (1) Um sistema de escrita é um código. *Ler* significa decodificar letras em sons da fala (sons na *sua* fala). *Soletrar corretamente* significa codificar sons da fala em letras. (2) Ler e escrever são processos reversíveis. (3) Há uma correspondência um-para-um entre muitos sons e suas soletrações e uma correspondência um-para-muitos para outros. (4) Há padrões (regularidades recorrentes) no código escrito para nos ajudar a lembrar como as palavras são soletradas.

Molly nunca fora ensinada essas coisas porque nem sua mãe nem sua professora sabiam disso.

Este é o pano de fundo diante do qual pesquisadores enquadram suas teorias e conduzem seus estudos. Eles parecem acreditar que a situação de Molly é *plausível*, pois, se não fosse plausível, haveria pouco sentido em estudá-la. Sou capaz de demonstrar que essa situação não é nada plausível ao redirecionar um pouco o foco. A mãe de Molly também a ensinou os 10 primeiros símbolos numéricos e seus respectivos nomes. Ensinou Molly que, números "representam" quantidades. Comprou cadernos de exercícios com figuras de tortas, pedaços de cordões e fileiras de hipopótamos para Molly contar com o objetivo de relacionar quantidade a um código numérico. Molly aprendeu que havia uma correspondência direta entre a *quantidade 5* (cinco balões, cinco hipopótamos, cinco pedaços de torta) e o *número 5*. Isso tudo é muito bom, pois um sistema numérico separado de uma compreensão da quantidade não tem sentido.

Então Molly foi para a escola. Foi durante a era da "aritmética inventada". As crianças deveriam descobrir os princípios da adição, da subtração, da multiplicação e da divisão, ficando imersas em números. Elas eram incentivadas a inventar fórmulas ou sistemas para resolver os problemas de palavras numéricas. Pesquisadores desceram às salas de aula para anotar e classificar os erros cometidos pelas crianças enquanto inventavam a aritmética, ou melhor, tentavam redescobrir a invenção da aritmética sem auxílio. "Estágios aritméticos" foram cuidadosamente documentados. Pesquisadores estavam intrigados pela descoberta de um estágio inicial universal da "protoaritmética", no qual números eram ordenados em linhas ou colunas na mesma ordem crescente das quantidades que representavam. Uma pessoa denominou isso de estágio "protoaritmético"; outra, de estágio de "ordem-serial"; e outra, de estágio de "igualdade combinatória inicial".

Posso estar brincando sobre estágios de leitura e de escrita (e não pretendo gastar muito tempo com eles), mas há questões genuínas aqui que têm sido confundidas com a questão dos estágios. Vou abordar estas questões enquanto reviso esse trabalho.

---

[3] N. de R. T. CD para *sede*.

Modelos de Estágio de Aquisição da Escrita

Uma pequena história dos estágios

Modelos de estágio na psicologia ganharam notoriedade no início do século XX, principalmente com o trabalho de Freud e Piaget. Freud era neurologista e Piaget era biólogo. Durante sua formação, eles aprenderam sobre estágios biológicos do desenvolvimento, como o estágio de larva de um inseto. Mais tarde, na busca por uma estrutura para suas descobertas, eles tomaram emprestado o conceito de estágios da biologia, exatamente como Hans Selye tomou emprestado o conceito de estresse psicológico e fisiológico da física. Em seu modelo psicanalítico, Freud documentou os estágios do desenvolvimento psicossexual que, se não negociados[4] adequadamente, poderiam levar a neuroses posteriores.

Piaget estudou o desenvolvimento do raciocínio lógico. Ele descobriu que quando as crianças adquiriam um certo nível de capacidade intelectual elas eram capazes de pensar sobre mais de uma dimensão espacial de cada vez (comprimento, largura, altura), ou de perceber que a quantidade é "conservada" por meio de transformações na forma, e que esse processo é *reversível*. O experimento clássico é sobre a conservação do volume – água sendo passada de um recipiente curto, chato para um alto e fino, e novamente. Piaget concebia essas novas capacidades como estágios de desenvolvimento cognitivo e como sendo específicos do raciocínio lógico sobre objetos e propriedades de objetos. Ele acreditava que o desenvolvimento da linguagem era mais contínuo do que similar a um estágio (Piaget [1964], 1993).

Modelos de estágio têm propriedades especiais (Flavell, 1963). Estágios seguem em uma seqüência fixa. Eles tendem a começar a existir quase abruptamente, então estabilizam, parecendo uma escadaria quando traçados em uma linha de tempo. Habilidades adquiridas em estágios mais iniciais são integradas às mais recentes, mas crianças em um estágio superior abandonam soluções ingênuas usadas em estágios anteriores (estágios não regridem). De acordo com Piaget, se uma criança resolve o problema da conservação de quantidade e de reversibilidade, isto irá generalizar para problemas semelhantes (um bloco de argila amassado em um longo tubo fino), se não imediatamente, certamente com instrução rápida. Tampouco a criança volta a ser incapaz de resolver esses problemas meramente pela falta de oportunidade.

Tanto Freud[5] quanto Piaget concebiam os estágios em um sentido biológico como intrínseco ao organismo e produzido por intermédio de interações com o mundo. Esses modelos têm a ver com a resolução de problema, psicossocial no primeiro caso e lógico-matemático no segundo. Isso é muito diferente da capacidade de dominar invenções humanas, especialmente porque uma das principais características de um verdadeiro estágio de desenvolvimento é que ele não pode ser ensinado.

Modelos de estágio diferenciam-se de dois outros modelos na psicologia do desenvolvimento. Um é o modelo de desenvolvimento contínuo no qual um programa biológico se desenvolve em conjunto com a exposição a um ambiente minimamente apropriado. Uma seqüência cumulativa de sub-habilidades emerge, que combinam e continuam operando juntas. O desenvolvimento da linguagem infantil é um exemplo excelente, em que crianças adquirem mais e mais aptidões e sensibilidades conforme o tempo passa (ver *Language development and learning to read*). A diferença entre este modelo de desenvolvimento contínuo e o modelo de estágio é que as habilidades melhoram, gradualmente, ao longo do tempo conforme cada uma é acrescentada à anterior. Sub-habilidades múltiplas funcionam simultaneamente de uma forma

---

[4] N. de R. T. O sentido de negociar aqui, deve ser entendido como a negociação da realidade com as fantasias inconscientes.

[5] N. de R. T. A autora não cita o ano da obra em que se baseia para citar Freud, provavelmente por ser um constructo teórico que Freud foi desenvolvendo ao longo de sua trajetória.

recíproca para aumentar a precisão e a fluência da percepção e da produção da fala.

O segundo modelo é o da aprendizagem, que não é específico da infância (leitura e escrita podem ser ensinados em qualquer idade). Novas habilidades e conhecimentos são adquiridos por meio da descoberta, da demonstração, do treino e da repetição. Aprender é cumulativo da mesma maneira que o desenvolvimento contínuo; uma coisa se constrói sobre a outra. Mas o aprender não é um programa biológico. Está propenso a contratempos e a falhas que surgem por diversas razões, como estar exposto a um ensino confuso, adotar estratégias inapropriadas, e, em alguns casos, a falta de um nível crítico de determinadas habilidades. Crianças ou adultos *aprendem* a ler e a escrever corretamente. Eles não passam por estágios de escrita ou níveis de desenvolvimento da escrita.

Para chegarmos a uma compreensão mais ampla do modo como o modelo de estágio tem sido usado inapropriadamente por pesquisadores que estudam o "desenvolvimento da escrita", vamos examinar, a seguir, alguns desses estudos.

Pesquisas sobre estágios de escrita

Modelos de estágio para escrita (e para leitura) começaram a se tornar populares no início dos anos de 1980, estimulados pelo relatório de Read sobre a soletração inventada pelas crianças. Esses modelos baseavam-se em uma análise dos erros de soletração das crianças em suas escritas espontâneas, ou em erros produzidos por testes de soletração especialmente desenhados (ditado de palavras). Os modelos mais influentes foram aqueles desenvolvidos por Henderson e colaboradores (Henderson e Beers, 1980; Henderson, 1982, 1992), por Frith (1980, 1985), no Reino Unido, e por Ehri (1986, 1989b, 1995).

Embora o pressuposto básico subjacente a esses modelos seja semelhante (as crianças ensinam a si mesmas a escrever corretamente), a forma como os estágios se originam é bem diferente. O modelo de Henderson baseia-se na estrutura superficial dos padrões de erro, o que Ehri (1992) descrevera como *características ortográficas*. No modelo de Henderson há cinco estágios: Pré-fonético, Nome da Letra, Padrões Dentro da Palavra, Momento silábico e Constância Derivacional. Eles refletem a consciência crescente da criança quanto aos detalhes da soletração, assim como as características da língua inglesa. Palavras comuns são curtas, palavras menos comuns têm mais de uma sílaba, e as palavras bem menos comuns têm várias sílabas. Palavras polissilábicas tendem a ser "morfológicas" em estrutura (combinam unidades de sentido: *un-happi-ness*[6]), e essa estrutura se reflete no código escrito.

Os estágios de Frith são mais parecidos com estratégias globais do que com estágios e são menos específicos. A criança começa como um leitor e soletrador "logográfico" (palavra inteira), vai para um estágio "alfabético" (fonético) e, então, para um estágio "ortográfico", quando "regras" de soletração e convenções são dominadas. Neste modelo, os estágios de leitura e escrita não necessariamente se desenvolvem em paralelo. Dissociações aparecem, levando a três tipos de crianças: bons leitores/bons soletradores, bons leitores/soletradores fracos e leitores fracos/soletradores fracos. A existência de um grupo intermediário levou Frith a propor que algumas crianças lêem pelo olho (visualmente) e escrevem pelo ouvido (foneticamente).

Ehri (1992, p. 326) compara seu modelo aos outros como sendo mais orientado para "a natureza da correspondência entre unidades escritas (ortográficas) e unidades faladas (fonológicas e morfêmicas), que soletradores exibem em suas soletrações inventadas". Em outras palavras, ela concebe o "desenvolvimento da escrita" como uma busca por mapeamentos previsíveis entre uma consciência crescente dos sons nas palavras e os símbolos que mapeiam esses sons. Como tal, o modelo de Ehri vincula-se diretamente à pesquisa de consciência fonêmica. O modelo também relaciona soletração à leitura, pois se acredita que a experiência da leitura exer-

---

[6] N. de R. T. Em português: des – anima – dor

ce um impacto direto na soletração. Existem quatro estágios em seu modelo: Pré-fonético (pré-alfabetizado[7]), Semi-fonético (apenas partes dos sons são representadas e o nome das letras são usadas), Fonético (representa todos os sons, algumas soletrações precisas, alguns nomes de letras) e Morfêmico (usa padrões multi-fonemas funcionais).

Uma abordagem de modelo de estágio tem diversas armadilhas. Conceber um problema de pesquisa em termos de um modelo de estágio conduz a um modo perigoso (não-científico) de investigação, no qual os dados ficam restritos logo de início a um sistema de classificação. Isto é particularmente problemático quando há tanta liberdade no processo de classificação. Não apenas isto, mas em virtude de os erros de soletração terem de se encaixar em categorias e as categorias terem de ser estágios, a descrição e a interpretação desses padrões de erros são adaptadas para ficar de acordo com o modelo de estágio, em vez de simplesmente refletirem o que os dados mostram. Para ilustrar isso, apresento evidências da pesquisa realizada por C. S. Beers e J. W. Beers (Beers e Beers, 1992), antigos colaboradores de Henderson.

A primeira coisa que se observa em seu relatório é que seus estágios são diferentes dos de Henderson e se baseiam mais em conhecimento fonológico e lingüístico: Pré-fonético, Fonético Inicial, Fonético, Estrutural e Correto. Porém, ao resumirem a pesquisa anterior na área (a de Henderson), Beers e Beers escreveram: "Existem, de fato, estágios identificáveis de consciência ortográfica pelos quais as crianças passam conforme se tornam mais proficientes em sua escrita, [e] as crianças progridem ao longo desses estágios em velocidades variáveis" (p. 231). Aparentemente, tais estágios não são suficientemente "identificáveis" para serem constantes de uma década para a próxima, ou de um grupo de pesquisadores colaboradores para outro.

Beers e Beers (1992) avaliaram alunos da 1ª à 6ª séries em um teste de soletração de palavras sem sentido no qual as palavras tinham de ser alteradas para representar o plural, o pretéritoperfeito. Os itens do teste tomaram a seguinte forma: "*John saw a blinch in the woods. Then he saw two* _____". Os erros foram registrados e atribuídos a "estágios de escrita" para cada grupo etário.

Para ilustrar isso, centraremos o foco no último estágio (Correto), que refletiria um alto grau de precisão para a maioria das crianças que estava no estágio estrutural (Beers e Beers) ou no estágio de constância derivacional (Henderson) – o estágio de "regras" de soletração baseadas morfologicamente. Idades específicas nunca são reivindicadas para qualquer modelo de estágio (incluindo o de Piaget). Contudo, algumas restrições de idade devem ser aplicadas, caso contrário os estágios não poderiam ser "de desenvolvimento". Face à diferença de idade de seis anos, os escores de "domínio" (porcentagem correta) deveriam aparecer para a maioria das crianças em uma determinada idade e para as demais pouco tempo depois. Além disso, em função de refletirem conhecimento de "regras ortográficas" para adicionar sufixos comuns, *todos os itens do teste pertencem ao mesmo estágio.*

Nada disso aconteceu. Houve enormes diferenças de idade para "estágios" dependendo da transformação em particular requerida. O domínio apareceu na 1ª série para a adição de *–s* para o plural, na 2ª série para a adição e *–es*, mas a transformação *sky à skies* não se materializou até a 6ª série. Qual é a medida correta do "estágio de escrita" para os plurais? Ou precisamos de um estágio para cada tipo de plural?

Anomalias semelhantes apareceram para soletrações do pretérito. Alunos de 1ª série tiveram desempenho muito fraco. Houve um grande salto na 2ª série, sem absolutamente nenhuma alteração por três anos, depois o domínio repentino na 6ª série. Este é um estágio com um platô de quatro anos, ou a professora *ensina* as soletrações do pretérito na 6ª série? Parece haver dois estágios para dominar as "regras adicionar *–ing*" (tirar o *e*, dobrar a consoante). Por alguma razão é mais fácil dominar a "regra tirar *e*, adicionar *–ing*",

---

[7] N. de R. T. Pouco ou nenhum conhecimento das relações fonema-grafema.

embora certamente não para todos. Apenas 70% dos alunos sairam-se bem na 2ª série. Seguindo-se a isso *não houve qualquer mudança durante os quatro anos seguintes*. O truque dobrar-a-letra parece estar bem mais atrasado "em termos de desenvolvimento".

Esses resultados peculiares parecem refletir exatamente o que estava acontecendo em sala de aula. Por não ter sido fornecida qualquer informação sobre isso, tais resultados são ininterpretáveis. De qualquer modo, eles não sustentam um modelo que acomoda erros de soletração "estruturais" ou "derivacionais" em um único estágio. Na verdade, nenhum modelo consegue explicar esses dados, nem mesmo um que proponha um estágio diferente para cada tipo de plural e para cada tipo de transformação de um verbo.

Um processo de classificação deve obedecer a princípios científicos padronizados; do contrário, esse trabalho não conta como ciência. Evidência para um modelo de estágio requer que pelo menos os seguintes critérios sejam preenchidos:

- Um esquema de classificação objetivo (não subjetivo) deve existir.
- Correspondência intraclasses[8] (confiabilidades) deveria ser fornecida.
- Todos os erros devem ser classificados, não apenas alguns deles.
- Um registro numérico (contagem de freqüência) de cada tipo de erro de soletração deveria ser fornecido em um relatório publicado.
- Mudanças nos padrões dos erros de soletração por idade devem ser documentadas tanto nos estudos transversais quanto nos longitudinais.

E para um esquema de classificação ser considerado como "ciência",

- Ele deve ser suficientemente robusto para que possa ser replicado por outras pessoas da área.

- Ele deveria ser adotado unanimemente por todos da área (isso não significa que não possa ser modificado).

Imagine como seria a área da química se cada investigador desenvolvesse sua própria tabela de elementos químicos.

Ao revisar inúmeros estudos sobre estágios de escrita, surgiram-me outras preocupações acerca da validade dos estágios enquanto uma interpretação apropriada dos dados. Aqui estão alguns dos problemas:

- Escores de erro são a base para o esquema de codificação, mas os erros não fornecem informações acerca do modo como as crianças soletram as palavras corretamente.
- Em virtude dos escores serem definidos pelo próprio processo de classificação dos erros, a lógica é circular: maiores a menores erros de soletração = menores a maiores "estágios de escrita".
- Os dados são freqüentemente representados de modo inapropriado, conforme os registros das crianças "em cada estágio" (contagens das crianças presentes). Estágios podem ser indicados somente por mudanças em crianças específicas para provar que os estágios de escrita não estão misturados. Ou seja, as crianças não poderiam estar em um estágio "visual" uma vez que estavam em um estágio "fonético".

Apresento exemplos de quatro estudos conhecidos para ilustrar esses problemas. Dois alegam embasamento para os estágios, e dois não encontraram embasamento algum.

Morris e Perney (1984) estavam interessados na relação entre habilidades de soletração (estágios de desenvolvimento) no início da 1ª série e em escores de leitura no final do ano. Eles elaboraram um teste de soletração contendo palavras com dígrafos e vogal, encontros consonantais e uma variedade de soletrações -*e* e vogal + *r*. Todas as soletrações eram "regulares". Os alunos da 1ª série fizeram esse teste (o mesmo teste) em setembro, janeiro e maio (no início, no meio e no

---

[8] N. de R. T. Diferentes classes devem ter o mesmo resultado.

final do ano letivo). Testes de leitura também foram aplicados em maio (no meio do ano letivo).

Um sistema de escore foi concebido para erros de soletração que se ajustavam ao seu modelo de quatro estágios (seis níveis): o Estágio Pré-Fonético era um registro de letra simples, com três níveis correspondendo a zero, uma, ou duas letras na seqüência correta. O Estágio Fonético consistia em ter uma letra vogal simples no lugar correto e qualquer erro menor (BAC para *back*)[9].

O Estágio de Transição consistia de padrões ortográficos "permitidos", mas com um erro mínimo. O Estágio de Transição foi combinado com o Estágio Correto em todas as análises, razões não dadas, provavelmente devido a bem poucas soletrações corretas. Cada palavra tinha um escore como estando em um desses estágios e ganhava pontos. A lógica circular é óbvia. Erros de soletração são codificados de acordo com o número de fonemas corretamente escritos na seqüência correta. O esquema de codificação de erro de soletração = os "estágios".[10]

Fez-se um registro de quantas crianças estavam em um determinado estágio em janeiro como uma função de onde estavam em setembro. Esses números revelam que as crianças podem paralisar em um estágio ou pular um ou dois estágios completamente. Devido ao fato de que essas crianças tiveram a mesma exposição e de que todas elas entraram na escola sabendo todas as letras para soletrar essas palavras, isto enfraquece o argumento para estágios. Estágios significam uma *seqüência de desenvolvimento* semelhante em um mesmo ambiente. Nada nos dados de Morris e Perney (1984) sugerem isso.

Nunes, Bryant e Bindman (1997), no Reino Unido, estudaram "estágios de desenvolvimento" ao focalizar uma questão de soletração: adicionar –*ed* para indicar o pretérito. Eles estabeleceram diretrizes para o que um modelo de estágio significava para eles:

Qualquer modelo de estágio deveria passar em pelo menos três testes. O primeiro é que todas as crianças, ou praticamente quase todas, deveriam claramente pertencer a um dos estágios em cada sessão... Segundo, os estágios de desenvolvimento deveriam estar relacionados a critérios externos: as crianças em estágios mais avançados deveriam ser as mais velhas ou as educacionalmente mais bem sucedidas na amostra. O terceiro teste é o mais rigoroso e, infelizmente, o menos geralmente aplicado... As crianças deveriam mover-se em uma direção, mas não na outra (p. 642).

Apesar dessa afirmação clara, a linguagem descritiva no relatório está em total desacordo com a noção de estágios. A escrita das crianças reflete lentamente a consciência emergente das convenções de soletração. Os pesquisadores escreveram que, inicialmente, as crianças "ignoram" as convenções de soletração; depois "elas começam a perceber" que há uma convenção para o uso do –*ed*, mas não conseguem aplicá-la; mais tarde elas "entendem a (sua) importância gramatical", mas a aplicam errado a verbos irregulares; e, finalmente, elas "aprendem as exceções".

Esse processo gradativo de tornar-se consciente de padrões de soletração não é a descrição de nada "parecido com um estágio". É uma descrição da *aprendizagem*.

Este foi um estudo longitudinal com 363 crianças acompanhadas da 2ª à 6ª séries. Foi aplicado um teste de soletração de palavras no qual 10 palavras eram verbos regulares no passado, terminando em /d/ ou /t/, que levam a grafia –*ed* (*load, loaded; wilt, wilted*), 10 eram verbos irregulares no passado terminando em /d/ ou /t/ (*found, felt*) e 10 eram substantivos comuns terminando em /d/ ou /t/ (*bird, belt*).

O teste de soletração foi aplicado três vezes: no início do estudo, 7 meses mais tarde e 13 meses depois disso. Os erros de soletração foram classificados como *assistemáticos* (nenhuma relação com a raiz da palavra), *fonéticos*, nos quais a letra *d* ou *t* foram simplesmente adicionada à palavra raiz, e *ge-*

---
[9] N. de R. T. RED para rede.
[10] N. de O. O esquema de Morris e Perney () é diferente do esquema de Henderson e do de Beers e Beers, ainda que Morris anteriormente trabalhasse com Henderson.

neralizações da soletração *–ed* às palavras contrastes (verbos irregulares no passado e substantivos).

Os resultados foram surpreendentes. Erros de generalização da soletração *–ed* para verbos irregulares no passado foram comuns (*felted*), e o número de crianças que cometiam esses erros realmente aumentou com o tempo, de 34% no primeiro teste para 38% no segundo e 42% no terceiro. De modo mais surpreendente ainda, esse efeito também apareceu para substantivos (*birded*). Praticamente 30% das crianças cometeram erros de generalização de substantivo em todos os três testes. No geral, 71% das crianças cometeram pelo menos um erro de generalização para verbos irregulares, e 56% para substantivos. Uma taxa de erro estável ou crescente ao longo de um período de 20 meses é uma forte evidência contra estágios. (É também uma forte evidência contra a aprendizagem!) Parece que a natureza da tarefa e a experiência de fazer o mesmo teste três vezes levaram as crianças a acreditar que a resposta correta era adicionar *–ed* sempre que possível.

Frente a esses resultados inesperados, os autores ignoraram essa explicação simples e criaram novos "estágios" com base nos erros de hipergeneralização. Um modelo de cinco estágios foi sobreposto ao padrão dos escores de erro, muito ao estilo de Morris e Perney (1984). As crianças foram classificadas conforme seu tipo predominante de erro de soletração ("estágios") e atribuídas a estágios ("erros de soletração"). Essas categorias foram ainda menos convincentes que as usadas por Morris e Perney. Como um exemplo, a classificação do estágio 2 era "Soletrar *metade ou mais* das terminações dos verbos irregulares e não-verbos corretamente... Fazer *pelo menos cinco* transcrições fonéticas de verbos regulares no passado, mas deveria produzir bem poucas (*menos de três*) soletrações *ed* para quaisquer das palavras" (p. 641-642; minha ênfase). Alguns "estágios" até mesmo permitiam um intervalo 50-50 entre um estágio e outro.

Nunes, Bryant e Bindman (1997) acompanharam as crianças do primeiro ao segundo teste, sete meses depois, o que nos dá alguma idéia da progressão de crianças específicas ao longo dos estágios. Das crianças que começaram no estágio 1, 28 ainda continuavam lá sete meses mais tarde, 11 progrediram um estágio, 8 progrediram dois estágios e 2 estavam nos estágios 4 e 5 respectivamente. Crianças que se encontravam inicialmente no estágio 2 comportaram-se de modo ainda menos parecido a estágios; 43 permaneceram lá, 5 regrediram para o estágio 1, nenhuma progrediu um estágio, 5 progrediram dois e 6 progrediram três estágios. A evolução das crianças de um estágio para o seguinte é raramente progressiva ou ordenada. O teste de acompanhamento produziu resultados semelhantes. Das 58 crianças inicialmente classificadas no estágio 1, 15 (25%) ainda estavam lá 20 meses mais tarde.

Uma segunda hipótese nesse estudo foi a de que o conhecimento da gramática (pretérito) impactaria diretamente a capacidade das crianças de soletrar corretamente verbos no passado. Entretanto, seu teste de gramática informal era bem mais avançado para crianças de 7 a 9 anos. Os escores do teste estavam perto de zero e mudaram pouco ao longo de 20 meses. Isso não impossibilitou os autores de aplicar estatística aos dados. Eles interpretaram seus resultados como segue:

> Essas generalizações estão no centro do nosso novo modelo de desenvolvimento da escrita. Isto propõe que o primeiro passo de uma criança na escrita é adotar uma estratégia de soletração fonética; o passo seguinte é perceber e tentar incorporar exceções a essas regras, mas sem um total entendimento de suas bases gramaticais; o próximo passo é entender completamente essa base gramatical para alguns dos padrões de soletração que não se encaixam bem com as regras letra-som; e o passo final é aprender sobre as exceções às regras gramaticalmente baseadas (p. 647).

Não há evidência de que as crianças estão avançando em "etapas". Não há evidência de que essas crianças "entendem completamente a base gramatical" da regra *–ed* do passado, pois a "consciência" desse conhecimento jamais foi medida. Os dados, na verdade, vão contra esse argumento, visto que os escores de erro aumentaram ao longo do tempo. É igualmente provável que as crianças aprendam a soletrar essas palavras por meio da exposição e da prática, não porque elas se encontram em um "estágio de escrita ortográfico".

O trabalho de Morris e Perney (1984), assim como o de Nunes e colaboradores (1997), é típico da pesquisa nessa área. A lógica é circular, e "estágios" são freqüentemente rearranjados para se ajustarem à hipótese experimental. Há uma forte tendência em direção a modelos de estágio e poucos estudos na literatura em que esse modelo é desafiado. Vamos nos voltar a seguir para dois desses estudos.

Psicólogos canadenses (Varnhagen, McCallum e Burstown, 1997) decidiram verificar demorada e profundamente a validade dos "estágios de escrita". Eles adotaram o sistema de classificação de Gentry (1981) e usaram o método de escore de erro de Morris e Perney (1984). Este foi um estudo transversal realizado com 272 crianças da 1ª à 6ª séries. Solicitou-se às crianças que escrevessem uma produção textual sobre "Um dia especial". Elas foram orientadas a não se preocuparem com erros de soletração e a não corrigi-los.

A análise dos erros de escrita foi limitada a palavras com grafias de vogal *e*-controlada (l*a*ke) e com as três formas fonéticas dos verbos no pretérito: *helped* (help't), *grabbed* (grab'd), *listed* (listed). Os estágios foram os seguintes: Pré-comunicativo (aleatório), Semi-fonético (minimamente fonético), Fonético (consoantes corretas, mas nome de letra para vogal, ou todos os fonemas corretos, mas terminações com *–ed* para passado), de Transição (correto foneticamente, mas incorreto ortograficamente) e Ortografia Correta. Três avaliadores independentemente atribuíram escores a uma parte dos erros, e a confiabilidade intraclasses foi alta, acima de 0,90 em todos os casos. (Este importante passo está faltando na maioria das pesquisas sobre estágios.)

O primeiro resultado foi o de que o sistema de classificação não se sustentou. Não houve erros Pré-fonéticos. Erros Semi-fonéticos estavam em evidência na 1ª série, mas não depois disso. O Estágio 4 (erros de Transição) foi praticamente inexistente, e quase todas as crianças pularam do estágio 3 para o 5. As únicas duas categorias que classificaram de modo confiável os erros de escrita e que *variaram sistematicamente como uma função da idade* foram as categorias Fonética e Correta.

Quando os escores de soletração foram plotados por idade, houve evidência zero para estágios. Em vez disso, houve uma troca simples entre as soletrações Fonética e Correta. Erros fonéticos diminuíram gradativamente (foram suavemente para baixo), e soletrações corretas aumentaram gradativamente (foram suavemente para cima) como reflexo um do outro. O mesmo padrão foi observado para cada tipo de erro de soletração, soletrações de vogal *e*-controlada e sufixos do passado igualmente. Esses padrões são típicos de *curvas de aprendizagem*, e não são nem remotamente parecidos com estágios. Além disso, estas são as únicas funções relacionadas à idade que vi na pesquisa sobre estágios de escrita.

Quando os investigadores observaram os dados individuais para erros de soletração da vogal + *e*, eles classificaram 27 crianças como estando em três estágios ao mesmo tempo. Chegaram a resultados semelhantes com erros de soletração do pretérito.

Eles concluíram não haver evidência para estágios, apenas evidência para uma transição de uma abordagem fonética puramente "superficial" para um conhecimento crescente de padrões de soletração. As crianças estão *aprendendo* a soletrar corretamente, e isso é influenciado pelo ensino em sala de aula. Conforme observaram: "diferentes velocidades nessa progressão pareciam estar relacionadas ao currículo de soletração" (p.160).

No segundo estudo desse grupo (Steffler et al., 1998), a noção de estágios foi abandonada e substituída por "estratégias", que eram solicitadas das crianças. As crianças fizeram um teste de ditado de palavras (soletração) e responderam à questão "como você escreveria aquela palavra?" depois de cada palavra. Este foi um estudo transversal com crianças da 2ª à 5ª séries.

Quatro estratégias apareceram com freqüência suficiente para tabulá-las. A resposta mais comum foi "eu simplesmente sabia" (*Recuperação*) e "eu a pronunciei" (*Fonética*). Algumas crianças relataram usar analogias para palavras escritas de modo semelhante – "*Clip* é *lip* com um *C* em sua frente" (*Analogia*) – como também regras ortográficas: "*e* faz o *A* dizer seu nome" (*Regra*). Respostas idiossincráticas tiveram escores como *Outro*. Estratégias de Analogia, Regra e Outra foram raras em todas as idades e diminuíram com o tempo. Na 5ª série, a proporção de estratégias de analogia havia caído para 2% (o oposto da indicação dos modelos de estágio).

Estratégias baseadas em regras foram relatadas apenas para palavras CVCe (18% na 2ª série, 13% na 3ª série, zero na 5ª série) e foram muito úteis na verdade. Novamente, isto é o contrário da indicação dos muitos modelos de estágio, que se supõe acabam no estágio "baseado em regra". Alunos de 2ª série que relataram saber que o *e* funcionava com a vogal precedente tiveram escores 95% corretos nas palavras CVCe (*home, late*), em oposição a crianças que usaram Analogia (37% correto), uma abordagem Fonética (48% correto) ou Recuperação (73% correto). As duas estratégias mais comuns, Fonética e Recuperação, mudaram com a idade. Uma estratégia Fonética predominou na 2ª, e uma estratégia de Recuperação predominou na 5ª série.

O termo *recuperação* é difícil de interpretar. O processo é muito instantâneo para ser uma "estratégia". O tratamento dos autores para isso foi um tanto vago e contraditório. Eles usaram termos definicionais tais como *automático*, *escolher* e *abordagem adaptada*, sugerindo que uma estratégia de recuperação está sob controle voluntário. Isto os levou a inferir que "recuperação" substitui uma estratégia fonética, marcando o fim da "soletração fonética" para um determinado grupo de palavras. Porém, isto é exatamente como se aquela *análise fonética rápida* continuasse e combinasse com memória visual para igualar-se à "recuperação", um sentido de consciência instantânea. Conforme observado com freqüência neste livro, o que parece instantâneo no tempo subjetivo não é instantâneo no tempo neural. As pessoas não são conscientes de seus movimentos dos olhos quando lêem, ainda que seus olhos se movam mesmo assim.

Considerados como um todo, esses estudos não oferecem embasamento para um modelo de estágio, mesmo assumindo-se não haver problemas metodológicos. Vou deixar a palavra final de Ehri (1992), extraída de sua análise sobre os modelos de estágios orientados a "características". Acredito que esses comentários se aplicam a todos os modelos de estágio:

> Podemos também considerar se um foco sobre características da soletração necessita de uma concepção de estágios para organizar as características, ou se pode ser suficiente descrever a emergência das próprias características e deixar as coisas assim. Isto resolveria a controvérsia em torno de quais características são marcas distintivas de determinados estágios. Eliminaria, também, expectativas de que certas características emergem ao mesmo tempo, que os dados mostram serem falsas (p. 328).

Ehri sugeriu estudos longitudinais para observar as soletrações de crianças em particular, o quão constante seu surgimento é no início e mais tarde, que efeito uma característica tem sobre outras características quando aparece (erros de hipergeneralização) e como a emergência de características corresponde a ou é influenciada por experiências de ensino explícitas:... No momento, nossa base para crer que há estágios de desenvolvimento da escrita é primeiramente conceitual e muito limitada empiricamente (p. 328-329).

Existem mais estudos longitudinais na literatura atualmente que havia em 1992, mas os dados continuam a mostrar que modelos de estágio são falsos. Modelos de estágio de escrita irão continuar a ser limitados empiricamente, pois são circulares e logicamente insustentáveis.

O que bons soletradores sabem que soletradores fracos não sabem?

Outra abordagem popular no estudo da soletração baseia-se na teoria de que bons soletradores têm certos conhecimentos que faltam a soletradores fracos, tais como o conhecimento da estrutura lingüística das palavras da língua inglesa e de como essa estrutura se relaciona com o código escrito. Um exemplo é o conhecimento explícito de que o pretérito, geralmente, é representado por –*ed*.

Esse tipo de estudo tenta identificar habilidades específicas peculiares a bons soletradores que faltam a soletradores fracos, usando listas de palavras que caracterizam determinados tipos de soletração. Soletradores fracos irão, por definição, ser piores em todos os tipos de teste (eles são selecionados por serem piores). O objetivo é mostrar um desempenho *diferencial* nos testes, um desempenho pior em alguns testes do que em outros. Por exemplo, pode-se prever que as diferenças seriam pequenas ou inexistentes em palavras de uma sílaba escritas "regularmente", porém, maiores em palavras nas quais as soletrações obedecem uma convenção ou "regra" (terminações do pretérito) ou são determinadas de algum modo pela morfologia (estrutura da língua).[11]

A validade dessa pesquisa é inteiramente dependente da possibilidade das listas de palavras realmente avaliarem o que se espera que avaliem. O conhecimento da estrutura do código escrito é imperativo para testes de soletração informais serem válidos. Do contrário, não há como saber se o desempenho se deve a uma estratégia visual ou fonética, à ignorância de "regras" de escrita morfológicas ou ortográficas, ou à insuficiente exposição à escrita. Infelizmente, poucos pesquisadores têm algum conhecimento dessa estrutura.

Como exemplo desse problema, assume-se que pistas morfológicas, como as que nos foram passadas por Samuel Johnson em 1755, são de grande ajuda, tanto para leitores quanto para soletradores (Johnson [1755] 1773). Lingüistas, seguidos por pesquisadores da leitura, geralmente apontam para relações "lingüísticas" entre formas de palavras e o código escrito. Mas elas são altamente seletivas. Fala-se que a palavra *sign* contém a grafia *gn* porque está morfologicamente relacionada a *signal* e *signature*. Isto pode ser verdade, mas de nada adianta a menos que essa pista morfológica seja constante e indique estas transformações: *deign, deignal, deignature; reign, reignal, reignature; design, designed, designal, designature; impugn, impugnal, impugnature; benign, benignal, benignature*. Como se pode ver, ela não o faz. A fim de usar essa "pista morfológica", uma pessoa teria de lembrar que o *gn* em *sign* ocorre em função de *signal* e *signature*, "MAS NÃO" (uma regra de bloqueio – ou exceção a uma regra que deve ser lembrada) para outras palavras com a soletração *gn*. É bem mais simples de lembrar que *gn* é uma alternativa de soletração para o som /n/ (exceto para *signal* e *signature*), e pronto. Há 15 palavras comuns com esta soletração.

Pesquisas com estudantes universitários

Fischer, Shankweiler e Liberman (1985) foram os primeiros a tentar essa abordagem usando soletradores bons e fracos de nível universitário. Eles elaboraram um teste de soletração consistindo em vários tipos de palavras como aquelas mencionadas acima. Previram que soletradores fracos seriam diferencialmente piores em palavras em que as soletrações eram mais influenciadas por características lingüísticas e diferiam menos em palavras

---

[11] N. de R. T. Respectivamente: bola (soletração regular); carro (soletração que obedece a uma convenção) e francês (adjetivos que indicam o lugar de origem se escrevem com ÊS no final).

com as soletrações mais transparentes ("regulares") *e* mais opacas (palavras inteiras raras). O teste foi elaborado com três níveis de "transparência de representação da soletração". Eles consultaram Hanna e colaboradores (1966) (ver Capítulo 3), em um livro sobre regras de soletração, escrito por Withespoon (1973), e dois dicionários. Essas fontes proporcionaram "regras" de escrita dessa dúbia variedade: "Palavras de mais de uma sílaba, terminando em uma única consoante precedida por uma única vogal, se forte na última sílaba, geralmente dobra a consoante final antes de um sufixo começando com uma vogal" (Fischer, Shankweiler e Liberman, 1985, p. 439). Clymer (1983), que mostrou que "regras" ou "generalizações" de soletração não têm sentido, ficaria encantado com a palavra *geralmente*.

Fischer e colaboradores (1985) estabeleceram os testes de soletração corretamente usando alternativas *de soletração* (soletrações possíveis para os 40 ou mais sons da língua inglesa) e não alternativas de *decodificação* (possíveis leituras de uma letra).[12]

Os vários níveis foram descritos conforme segue:

Nível 1. Palavras em que a realização fonética está próxima à representação ortográfica e têm uma alta freqüência no inglês escrito.

Nível 2A. Palavras que contêm um segmento ambíguo partindo do mapeamento estritamente fonética e que requerem uma aplicação de convenções ortográficas ou uma sensibilidade a regularidades no nível fonético superficial. (Isto se refere a fatores tais como saber quando dobrar consoantes finais ao adicionar um sufixo.)

Nível 2B. Também tem um segmento ambíguo, refletindo "conhecimento morfológico abstrato". Geralmente assumia-se que essas transformações despertassem uma consciência de como a raiz da palavra e os afixos se combinam. Ou seja, esperava-se que um bom soletrador *soubesse* que o *r* final dobra em *confer/conferring*, mas não em *confer/conference*, como uma conseqüência da tonicidade silábica.

Nível 3. Palavras eram consideradas como palavras de soletração difícil (*demon*[13]) quando continham segmentos geralmente não encontrados na soletração da língua inglesa e freqüentemente de derivação estrangeira.

As palavras nas listas eram principalmente palavras polissilábicas e estavam equilibradas nos níveis de tamanho de sílaba e freqüência na escrita.

A diferença entre os níveis 1 e 3 é clara. Não há dúvida de que palavras como *blunder, alternate e unemployment* são mais transparentes e fáceis de soletrar corretamente do que palavras como *diphtheria, sergeant, annihilate e pygmy*. E essas palavras eram consideravelmente diferentes das palavras do nível 2. O problema surgiu na comparação entre as palavras do nível 2A e 2B. Por exemplo, a duplicação de letra era para funcionar como uma "regra ortográfica" no nível 2A em palavras como *sobbing, clannish* e *thinned*. Ainda assim essas palavras não eram qualitativamente diferentes de palavras de origem "morfofonêmica", como *omitted, regrettable* e *equipped* (nível 2B). Assim, a distinção entre os níveis 2A e 2B baseou-se em regras "falsas" do tipo fônico.

Os resultados mostraram que o nível 1 foi o mais fácil, o nível 2 foi médio e o nível 3 o mais difícil, tanto para bons soletradores quanto para fracos. Ambos os grupos cometeram os mesmos padrões de erros e nas mesmas proporções, sendo as substituições fonéticas os erros mais comuns (cerca de 88%), confirmando os resultados de Varnhagen e colaboradores (1997). Os dois grupos distanciaram-se nos níveis 2A e 2B. Soletradores fracos foram igualmente mal em ambas as listas de palavras. Os bons soletradores escreveram corretamente as palavras

---

[12] N. de R. T. Os pesquisadores partiram do som e suas possíveis soletrações e não o inverso, da grafia para suas possíveis decodificações.

[13] N. de R. T. A autora chama este nível de soletração com palavras *demon*. Tradução literal: demônio. Optei em denominá-las de soletrações difíceis.

morfofonêmicas (2B) mais precisamente do que as palavras ortográficas (2A) (contrário do esperado).

Fischer e colaboradores (1985) também avaliaram bons e fracos soletradores em um teste de reconhecimento ortográfico de palavras sem sentido. Os alunos tinham de escolher qual das duas palavras tinha maior probabilidade de ser escrita corretamente. Soletradores fracos tiveram maior dificuldade quando um prefixo ou sufixo acrescentado requeria uma modificação na raiz da palavra.

Quando se voltaram para outros possíveis contribuintes para esses resultados, verificaram que os soletradores fracos tiveram escores bem abaixo dos bons soletradores no teste de leitura WRAT e no teste de compreensão de leitura Stanford. Os grupos não diferiram quanto a vocabulário (vocabulário WAIS), mostrando que esses problemas de soletração dos alunos não estavam relacionados ao QI verbal. E, igualmente importante, soletradores fracos não foram piores em um teste de memória visual para padrões visuais abstratos, evidência de que a memória visual não é a fonte das dificuldades dos soletradores fracos.

Fischer e colaboradores (1985) presumiram que, em função de a maior discrepância entre soletradores bons e fracos ter aparecido no teste de soletração "morfológica" (nível 2B), a "sensibilidade lingüística" estava na raiz de suas dificuldades de leitura e de soletração. Entretanto, é igualmente provável que esses alunos sejam soletradores fracos porque são leitores fracos e não lêem (ou escrevem) com freqüência suficiente para observar os padrões de soletração mais difíceis muito freqüentes.

Os psicólogos australianos Holmes e Ng (1993) não conseguiram replicar os resultados de Fischer, Shankweiler e Liberman (1985) para as palavras do tipo nível 2A e nível 2B e atribuíram isto a um artefato nas listas de palavras usadas por Fischer e colaboradores. Holmes e Ng (1993) encontraram a menor diferença nas palavras regulares e a maior diferença entre os grupos de soletração nas palavras idiossincráticas (contrariando a previsão de Fischer, Shankweiler e Liberman, 1985). Listas de palavras ortográficas e morfofonêmicas foram intermediárias em dificuldade. No geral, os resultados de Holmes e Ng mostraram que soletradores bons e fracos eram mais parecidos quando as palavras são fáceis de soletrar e menos parecidos quando são difíceis, sugerindo que os problemas dos soletradores fracos se devem à exposição insuficiente a palavras com soletração incomuns.

Eles ponderaram que o desempenho relativamente inferior dos soletradores fracos nas palavras idiossincráticas poderia ser devido ao fato de haver mais maneiras de soletrá-las incorretamente. Eles realizaram um segundo experimento para controlar essa possibilidade. Grupos de soletradores fracos e bons receberam uma tarefa de leitura na qual os alunos tinham de decidir (sim/não) se uma palavra era uma palavra real ou uma sem sentido, usando soletrações "regulares" e "idiossincráticas". O tempo para iniciar a resposta (latência inicial de fala) e os erros foram registrados. Soletradores fracos precisaram de mais tempo que soletradores bons para decodificar palavras mais longas e mais complexas, e outro experimento foi realizado para identificar o problema.

Palavras sem sentido foram criadas a partir de palavras reais alterando-se sistematicamente uma letra na posição inicial, medial ou final. Soletradores bons e fracos diferiram apenas quando a alteração aparecia no *meio* da palavra. Os soletradores fracos demoraram apenas 100ms a mais para ler essas palavras. Parece que eles focalizam principalmente os segmentos externos das palavras enquanto lêem, em vez de decodificá-las foneticamente da esquerda para a direita. Se for este o caso, significa que a exposição é confundida com a estratégia de decodificação – a falha em prestar mais atenção a padrões de soletrações internos em palavras polissilábicas.

A habilidade de processamento visual também foi medida. Os alunos tiveram de decidir se pares de palavras, não-palavras, seqüências de consoantes aleatórias e seqüências de símbolos aleatórias eram os "mesmos" ou "diferentes". Soletradores fracos foram significativamente mais lentos em decisões envolvendo palavras e não-palavras, embora ambos os grupos fossem bem precisos nesta parte do experimento. Nas tarefas de combinar pares de letras ou seqüências de símbolos aleatórios os soletradores foram incrivelmente lentos, duas vezes mais lentos (4 mil ms *versus* 2.200 ms) em alguns casos. Mas não houve diferenças entre soletradores bons e fracos nas tarefas visuais, tanto em velocidade quanto em erros. Mais uma vez, a evidência mostra que soletradores fracos não têm problemas de processamento visual.

Estes são resultados importantes. Primeiro, eles mostram que leva apenas a metade do tempo para decidir se um par de palavras é o mesmo quando comparado a decidir se uma seqüência aleatória das mesmas letras é a mesma. Isso significa que a velocidade de processamento melhora como uma função da exposição, e os padrões silábicos redundantes e o modo como são representados pelo código de escrita tornam isso possível.

Holmes e Ng (1993) também verificaram que soletradores fracos tinham bem mais probabilidade de obter escores de vocabulário baixos, mas não diferiam em QI não-verbal. Os alunos fizeram o Author Recognition Test[14] (Stanovich e West, 1989) para estimar a exposição à escrita. A tarefa consistia em verificar nomes de autores famosos, que estão misturados com nomes de pessoas desconhecidas. As diferenças foram enormes. Bons soletradores identificaram corretamente uma média de 18 autores entre 40, enquanto soletradores fracos apenas 7,5 (pura adivinhação), prova de que soletradores fracos não lêem tanto quanto bons soletradores.

Esses estudos proporcionam um excelente perfil de soletradores fracos de nível universitário. Eles têm escores bem abaixo de bons soletradores em testes de leitura padronizados; também lêem bem menos e têm um vocabulário mais pobre. Não têm problemas de percepção visual, mas têm, sim, um padrão incomum de escaneamento visual para leitura de palavras polissilábicas, focando mais a atenção nos segmentos externos da palavra. Nada disso, é claro, lança muita luz sobre as causas. Por exemplo, um vocabulário pobre ou habilidades fracas de decodificação podem diminuir o interesse em "ler muito", de tal forma que a exposição à escrita é um resultado da habilidade de leitura, e qualquer relação "causal" com a soletração é indireta.

Pesquisas com crianças

Waters, Bruck e Malus-Abramovitz (1988) adaptaram esse desenho de pesquisa para estudar as crianças. Eles estabeleceram sete tipos de listas de palavras com soletrações adequadas para crianças de 8 a 12 anos. Descrições precisas de cada tipo foram fornecidas. Aqui elas são apresentadas de um modo ligeiramente abreviado:

Palavras regulares. "*Devem* conter soletrações que reflitam diretamente a fonologia superficial da palavra, e que possam ser derivadas por meio da aplicação de correspondências de som-grafia. Sons que têm poucas alternativas de soletração" (ênfase original). Mais adiante no artigo eles fazem referência a palavras regulares como palavras em que "as soletrações podem ser derivadas com base em correspondências som-grafia não-variáveis".

Palavras regulares. Estas são semelhantes a palavras regulares, mas contêm um fonema representado por diversas alternativas permitidas de soletração. (Exemplo: *street, streat, strete.*)

Palavras ortográficas. Contêm um fonema ou segmento que é soletrado de acordo com convenções ortográficas. (Exemplo: quando usar *ch* ou *tch* para /ch/ final.)

Palavras morfológicas. Conhecimento da estrutura da palavra e de convenções para acrescentar afixos a palavras e de soletrações baseadas em relações com outras palavras. (Exemplos: *sign, grammar.*)

Palavras estranhas. Contêm pelo menos um segmento ortográfico que raramente apa-

---

[14] N. de R. T. Teste não-disponível para o português.

rece na soletração da língua inglesa. (Exemplo: *yatch, ocean*.)

Este é um esquema bem-elaborado; assim, é surpreendente a pequena quantidade de palavras nas listas de soletração que refletiram essas descrições. Palavras regulares não eram "regulares". "Fonologia superficial" significa que relações entre fonemas *individuais* e suas soletrações *individuais* não são afetadas por fonemas vizinhos (independente de contexto). Cinco palavras (*program, unit, finding, push, album*) não são escritas com a soletração mais provável (regular) e elas podem ser soletradas foneticamente de diversas maneiras (*proagram, ewnit, fineding,* etc.). Tampouco são independentes do contexto, como mostram esses exemplos hifenizados: *prog-ram, un-it, fin-ding*.

Palavras regulares foram definidas como "regular" (soletrações mais prováveis), mas contendo um fonema com mais de uma soletração. Mas seis dessas palavras não tinham soletração de alta probabilidade: *money* (*munny*), *true* (*trew*), *duty* (*dooty*), *absolute* (*absoloot*), *event* (*eavent*) e *fever* (*feever*). A duas palavras faltaram quaisquer alternativas de soletração viáveis: *foolish* (? *Fulish/foulish*) e *woodpile* (? *wouldpile/wudpile*). Desafio o leitor a soletrá-las de outro modo.

Anomalias semelhantes apareceram nas listas de palavras ortográficas e morfológicas. Palavras morfológicas eram mais como "soletrações difíceis" (*"spelling demons"*). Essas palavras continham padrões de soletração incomuns (*bomb, sign, obey*), vogais schwa (*German, destructible*) e palavras soletradas com letras duplas (*really, hopefully, dissolve*). É altamente improvável que as crianças (ou os adultos) soletrem essas palavras refletindo sobre "regras" morfológicas relacionadas a analogias com *bombardier* ou *signature*, ou porque conheçam a regra de dobrar o –*l* final para advérbios.

Waters e colaboradores (1988) observaram ter havido falhas nas listas de palavras de Fischer, Shankweiler e Liberman (1985), mas houve falhas também nas suas próprias listas, dificultando a interpretação dos dados.

A descrição mais precisa das listas de palavras é a de que elas aumentam de dificuldade em cada nível, quanto partem de uma relação fonema-grafema superficial.

Esse estudo envolveu 158 crianças de quatro diferentes séries (da 3ª à 6ª). Essas crianças foram selecionadas em função do seu desempenho em testes de soletração, consistindo nos terços superiores e inferiores do desempenho em soletração. Soletradores fracos eram também leitores muito fracos. Resultados de todos os grupos combinados (efeitos principais) mostraram que as palavras de alta freqüência na escrita foram mais fáceis de soletrar do que palavras de baixa freqüência, as palavras regulares foram soletradas com maior precisão. Os níveis regulares e ortográficos não diferiram entre si, e os demais níveis diferiram significativamente um do outro na direção esperada. O nível de escolaridade também foi significativo.

Entretanto, quando soletradores fracos tiveram desempenho pior no geral, não houve impacto diferencial como uma função dos tipos de palavras soletradas. Esse resultado é particularmente interessante, não apenas para propósitos deste estudo, mas também porque um modelo de estágio preveria que esses "níveis" de soletração seriam adquiridos por soletradores bons e fracos em diferentes momentos ou graus. Esse era um dos três pré-requisitos de um modelo de estágio conforme especificado por Nunes, Bryant e Bindman (1997).

Os padrões por idade foram bastante reveladores. Primeiro, bons soletradores tiveram ganhos sistemáticos em todos os níveis de soletração entre a 3ª e a 4ª séries, enquanto os ganhos para soletradores fracos durante esse período foram praticamente nulos. Segundo, a magnitude dos ganhos foi comparável para todas as categorias de palavras soletradas, com exceção das "palavras estranhas". Terceiro, soletradores fracos não apenas tiveram escores bem abaixo dos bons soletradores em todos os testes, como também tiveram proporcionalmente menos ganhos em todos os níveis de escolaridade. Eles saem atrasados na largada e vão mais devagar conforme a corrida progride.

Isto é mais uma evidência contra os estágios de desenvolvimento, observe que Waters e colaboradores (1988) estavam interessados em estágios. Um modelo de estágio iria prever variações na aceleração como uma função da idade e da categoria de palavras que se pedia para as crianças soletrarem, assumindo-se que essas categorias fossem significativas. Em vez disso, houve velocidades semelhantes de melhoria em todos os níveis.

Waters e colaboradores (1988) também compararam o desempenho das mesmas crianças em uma tarefa de reconhecimento ortográfico. As crianças tinham de escolher a soletração correta a partir de três itens (*trane, train, trayn*). Soletradores fracos tiveram uma melhoria desproporcional em precisão, em relação aos testes anteriores, comparados com bons soletradores. Eles melhoraram em cinco vezes os escores de bons soletradores em palavras regulares, dobraram os escores nas palavras morfológicas e melhoraram cerca de 25-50% em palavras estranhas. Com certeza, soletradores fracos, tinham mais em que melhorar, mas os resultados foram os mesmos depois que os melhores soletradores foram tirados da análise dos dados. Soletradores fracos têm, claramente, soletrações mais precisas em mente (disponíveis na memória de reconhecimento) que são capazes de recuperar (memória de evocação). Há também uma indicação nesses resultados de que soletradores fracos podem estar aprendendo o código em uma única direção, da escrita para o som, pois são muito mais precisos em estimar soletrações (memória de reconhecimento visual) que em produzi-los (memória de evocação).

Via de regra, as crianças tendem a ter escores semelhantes nos testes de leitura e de soletração. Não é comum para uma criança ser muito boa em um e muito fraca no outro. Bruck e Waters (1990) conseguiram localizar 13 crianças entre 175 alunos de 6ª série que tiveram escores normais em um teste de compreensão de leitura e extremamente fracos em um teste de soletração. Elas foram equiparadas a dois grupos-controle que foram ou bem ou mal nos dois testes. Vamos chamá-los de grupos *bom, fraco* e *misto*. O grupo misto foi caracterizado por escores muito fracos em leitura e em soletração, mas escores normais em compreensão de leitura. Eles também tinham escores de capacidade verbal de vocabulário acima da média: bom, 107; misto, 105; fraco, 86.

Em uma série de testes cuidadosamente elaborados, Bruck e Waters (1990) mostraram que ambos os grupos, misto e fraco, leram palavras difíceis ou "incongruentes" de modo igualmente lento e impreciso. Ambos os grupos dependeram excessivamente do contexto para ler as palavras, mas o grupo misto foi muito mais bem sucedido, sem dúvida por ter habilidades de vocabulário superiores. Entretanto, não se pode deixar levar pela teorização acerca dessa população incomum de crianças. O grupo misto nesse estudo representou apenas 3% das 175 crianças originalmente testadas, e as crianças nesse grupo não eram decodificadores/soletradores bons, mas *fracos* (sua única vantagem foi na compreensão).

Resumo

Soletradores fracos parecem mais propensos a ter um vocabulário limitado e habilidades de decodificação fracas e não lêem tanto quanto bons soletradores. Entretanto, como grupo, eles não são diferencialmente piores do que os bons soletradores em testes elaborados para usar conhecimento de "regras" ortográficas específicas ou padrões morfológicos. Sua capacidade de soletração falha de modo generalizado, não importa como esses testes são construídos. Há evidência indireta de que as habilidades de leitura e de soletração estão relacionadas (embasando a pesquisa correlacional), pois parece difícil encontrar crianças com desempenho normal em um teste de leitura e de desempenho anormal em um teste de soletração. Entretanto, essa pesquisa sofre do problema de não saber como essas crianças e jovens adultos acabam tornando-se leitores e soletradores fracos em primeiro lugar. Em outras palavras, não temos nenhuma idéia de como elas foram *ensinadas*.

Algumas Dicas de Ensino

Finalmente sabemos de fato alguma coisa sobre certos aspectos do ensino de soletração que funcionam ou não funcionam. Algumas dessas pesquisas foram brevemente descritas no Capítulo 4.

Escrever palavras ajuda você a aprender a soletrá-las

Cunningham e Stanovich (1990b) ensinaram alunos da 1ª série a soletrar uma lista de palavras, aprendendo um terço no computador, um terço com letras móveis e um terço escrevendo-as. Em metade das tentativas as crianças diziam o nome da letra enquanto digitavam, arrumavam as letras ou as escreviam, e na outra metade não diziam nada. As crianças praticaram essas três tarefas durante quatro dias, 30 minutos por dia. Escrever as palavras foi superior às outras duas condições, embora a grafia dificilmente fosse exemplar. De 10 palavras em cada condição, o escore médio foi 1,5 (letras móveis), 1,6 (computador) e 3,1 (escrita). Dizer os nomes das letras não teve efeito. Esses resultados servem de embasamento a Hulme e Bradley (1984), que também verificaram que crianças aprendem a soletrar mais rápido e de modo mais preciso soletrando palavras do que arrumando cartões de letras.

As pesquisas mostraram que é mais fácil lembrar-se de algo no mesmo ambiente no qual você o aprendeu (um fenômeno conhecido como *aprendizagem dependente do contexto*). Para testar esse efeito, Cunningham e Stanovich ensinaram às crianças um conjunto de palavras de três maneiras: letras móveis, computador e escrita. As crianças foram testadas com letras móveis ou por computador, dificultando-se as condições para o grupo que usou a escrita. Apesar dessa manipulação, o grupo da escrita ainda foi superior. É a fase da *aprendizagem* que mais importa, não como a aprendizagem é testada. Movimentos visualmente guiados, como o ato de copiar, incrementam a memória de uma maneira que a aprendizagem puramente visual não o faz.

Os autores elogiaram Maria Montessori por sua sabedoria ao insistir que as crianças escrevessem, pois este é o principal método para aprender a soletrar corretamente. Montessori também acreditava que a soletração deveria preceder a leitura por essa e outras razões.[15]

Cunningham e Stanovich (não mencionaram outro *insight* de Montessori (e o de Dale 1898) – de que as crianças deveriam dizer o *som* que cada letra representa enquanto estão começando a escrever (não o nome da letra). Até agora, há poucos estudos empíricos sobre as importantes idéias de Montessori.

Aprender o nome das letras pode ser perigoso para sua soletração (escrita)

A maioria das pesquisas sobre soletração baseia-se em erros de soletração, erros que são, com freqüência, uma conseqüência do ensino ineficaz. Depois que Read documentou os inúmeros erros de soletração, usando o nome da letra nas produções escritas das crianças, um "estágio nome de letra" apareceu nos modelos de estágio, como se esses erros fossem parte do inevitável esquema de como isso funciona (Gentry, 1981; Henderson, 1982).

As pesquisas de modelo de estágio mostraram que substituições no nome da letra produziram numerosos erros de soletração. Uma documentação abrangente sobre erros de substituição de nomes de letras foi realizada em uma ampla amostra de escritos de crianças por Treiman (1994). Ela replicou os resultados de Read integralmente: o uso onipresente do nome das vogais em palavras CVCe (CAK para cake), o uso do nome da letra *ar* (R) como uma vogal: *car* = CR e o uso do nome da consoante para as sílabas finais abertas em palavras como *baby* = BAB.

Em seu estudo sobre "estágios" da escrita Varnhagem, McCallum e Burstown (1997) comentaram que sua categoria "fonética" es-

---

[15] Conforme observado anteriormente, Montessori acreditava que se a soletração (escrita) fosse ensinada primeiro, as crianças poderiam automaticamente decodificar (ler) o que acabaram de escrever, e iriam "descobrir" como ler. Esta é uma excelente maneira de garantir que o código é reversível.

tava repleta de erros do tipo: nome da letra, especialmente em palavras CVCe: *lake* soletrado LAK, *hide* soletrado HID e *home* soletrado HOM. A proporção de alunos de 1ª série cometendo erros nessas palavras em particular foi de 79%, de 44% e de 50%, respectivamente, e isto persistiu na 2ª série: 22%, 15% e 0%. Vale lembrar que apenas duas categorias de soletração se sustentaram: erros fonéticos e soletração correta. Em função de a categoria fonética conter um grande número de erros de soletração do tipo nome de letra, se esses erros pudessem ser eliminados, não ensinando o nome das letras em primeiro lugar, a categoria fonética deveria desaparecer. E, se desaparecesse, a única categoria que sobraria seria a *soletração correta*!

Treiman (1994) descobriu que o conhecimento do nome da letra pode ter um impacto negativo na precisão de soletração das crianças. Foi elaborado um estudo para verificar se as crianças conheciam o nome das letras de seu próprio nome e se isto generalizaria para o conhecimento de correspondências letra-som (Treiman e Broderick, 1998). Pediu-se a crianças da pré-escola e da 1ª série que identificassem letras do alfabeto pelo nome e pelo som. As crianças sabiam muito mais os nomes das letras que os sons. Apenas o nome da letra para a letra inicial no primeiro nome da criança parecia ser constantemente (e significativamente) conhecido, e isto se aplicou para ambos os grupos etários. Entretanto, conhecer esse nome de letra não garantia que essas crianças soubessem o primeiro *som* de seus nomes.

O segundo experimento foi uma reprodução do primeiro com o acréscimo de um componente escrito. Crianças da pré-escola (4 anos e 3 meses a 5 anos e 9 meses) foram testadas em precisão de escrita da letra e em reconhecimento do nome da letra. Os escores foram significativamente mais elevados para a letra inicial do primeiro nome da criança, mas, novamente, isto não levou ao conhecimento do som que a letra representava. Apesar do fato de crianças pequenas estarem bem-familiarizadas com a forma e o "nome" da primeira letra de seu nome, saber disso não oferece nenhuma pista para o som que ela representa, mesmo na 1ª série. O suposto efeito de "generalização" foi o *único argumento* para a importância de se ensinar o nome das letras.

Treiman e Tincoff (1997) elaboraram um teste especial de soletração para identificar erros de soletração do nome da letra em palavras polissilábicas. Pediu-se que crianças da pré-escola e da 1ª série soletrassem palavras sem sentido como *tuzzy, tuggy* e *tuzzigh*. A primeira palavra termina com o nome de letra – *zee* – e as demais não (*ghee* e *zigh*). Eles verificaram que as crianças geralmente escreviam sílabas abertas (CV-CV) com consoantes simples (*b, z, d, g*). Esses erros do tipo "nome da letra" tinham três vezes mais probabilidade de ocorrer nas soletrações das crianças da pré-escola que nas soletrações das de 1ª série. Isto demonstra que nomes de letras são algo que uma criança tem de *desaprender* para ser capaz de soletrar corretamente. Treiman e Tincoff (1997) observaram que os padrões de erro mostraram que as crianças estavam processando palavras no nível da sílaba, não do fonema, e elas também estavam combinando letras e sons no nível da sílaba. Eles enfatizaram a importância desse fato: "Essas soletrações do nome da letra revelam que o princípio alfabético é frágil para soletradores principiantes. As crianças têm dificuldade para representar a fala como uma seqüência de fonemas individuais. Algumas vezes elas tomam um caminho mais fácil – o caminho de simbolizar grupos de fonemas como unidades" (p. 447). Em outras palavras, o nome das letras confundem as crianças de duas maneiras, ao dirigir a atenção para a unidade fonológica errada do sistema de escrita e ao fazê-las representar inadequadamente as correspondências som-para-escrita.

Porém, apesar do evidente efeito negativo do conhecimento do nome da letra na soletração, Treiman e Tincoff (1997) não acreditavam que isto fosse uma causa para alarme ou uma razão para mudar o que estava sendo feito: "conhecimento do nome das letras conseqüentemente tem efeitos positivos tanto quanto negativos na soletração inicial. Pode auxiliar as crianças a escrever alfabeticamente, ajudando-as a aprender as relações entre fonemas e letras e criando expectativas acerca do modo como as palavras são escritas. Entretanto, o conhecimento do nome das letras às vezes leva as crianças a se desviarem do princípio alfabético" (p. 449). Esta é uma afirmação surpreendente em vista da conclusão de Treiman e Broderick (1998) de que o conhecimento do nome da letra não generaliza espontaneamente para o conhecimento do som da letra!

Existe uma vasta literatura sobre conhecimento do nome da letra e da velocidade de nomeação de letra que comprova conclusivamente que o conhecimento do nome da letra por si só não tem nada a ver com habilidade de leitura ou soletração (ver *Language development and learning to read*). Velocidade de nomeação de dígito e precisão estão tão altamente correlacionadas com habilidade de leitura (precisão e velocidade de decodificação) quanto velocidade de nomeação de letra. Em virtude da nomeação de dígitos não ter nada a ver com a leitura, isto significa que a aparente relação entre conhecimento do nome da letra e leitura é ilusória. Algum outro fator está causando a relação. O que poderia ser esse fator, ainda não se sabe. Poderia ser uma aptidão para aprendizagem por associação de pares, ou poderia ser o fato de que quando mães e professoras ensinam o nome das letras, elas também ensinam o nome dos dígitos.

Temos, também, mais evidências diretas e práticas. Wimmer (1993) observou que professores austríacos rapidamente desencorajam o uso do nome das letras ao ensinarem as crianças a ler e a soletrar e, em vez disso, focalizam exclusivamente a relação fonema-grafema. Toda criança aprende a ler e a soletrar com um alto grau de precisão. Obviamente que o fato do código escrito alemão ser transparente importa muito. Mas sabemos, a partir desses estudos, que o nome das letras não importa.

Jeffrey e Samuels (1967) e Samuels (1972) mostraram tempos atrás que aprender relações leltra-som encurta o tempo da aprendizagem de decodificação de palavras soletradas com tais letras em aproximadamente 50% se comparado com aprender o nome das letras. Além disso, o conhecimento do nome da letra nunca generalizou para os sons. Aprender o nome das letras não foi mais benéfico que memorizar o nome das formas geométricas ou de personagens de desenho animado! Na verdade, não foi mais benéfico que ser ensinado nada.

Essa mensagem é clara: *Desestimule e elimine o uso do nome das letras e estimule o ensino de correspondências fonema-grafema.*

10
O PROBLEMA DAS MUITAS PALAVRAS: A SOLETRAÇÃO É MAIS DIFÍCIL DO QUE PARECE

Os estudos revisados no capítulo anterior não conseguiram mostrar nem o modo como as crianças aprendem a soletrar nem a razão pela qual algumas fracassam e outras não. O conceito de estágios de desenvolvimento da escrita é insustentável tanto por bases lógicas quanto por científicas. A idéia de que soletradores fracos carecem de algum conhecimento lingüístico que os permitiria o acesso a "regras ortográficas" ou a "níveis morfológicos" dos códigos escritos não foi comprovada. Soletradores fracos apresentam um pior desempenho de modo geral e têm maior dificuldade com palavras raras, soletradas irregularmente, que não aparecem com freqüência na escrita – palavras cujos padrões de soletração não refletem "regras ortográficas" ou "estrutura morfológica". A justificativa mais parca para o problema dos soletradores fracos é a falta de exposição à escrita. Vou abordar mais tarde as razões pelas quais pode ser este o caso.

Um dos maiores problemas com essas pesquisas é que eles refletem duas fontes de confusão principais. A primeira está relacionada com as seguintes questões fundamentais: Quais habilidades de processamento estão envolvidas no domínio do sistema de escrita da língua inglesa? É a consciência fonêmica, o conhecimento das correspondências fonema-grafema, a memória visual pura, a memória de padrões redundantes ou todas elas? A segunda fonte de confusão é a falta de conhecimento da estrutura do código escrito da língua inglesa. A menos que consigamos ir além dessas lacunas básicas de conhecimento, dificilmente faremos muitos avanços em direção ao objetivo último, que deve ser compreender como ensinar as crianças a soletrar. A pergunta "O que há de errado com as pessoas que não conseguem soletrar?" é, afinal, uma pergunta muito simplista quando os pesquisadores não conhecem a estrutura do código escrito ou não sabem como ensiná-lo.

Uma análise do código de escrita da língua inglesa foi apresentada no Capítulo 3. Essa análise mostrou que o código escrito contém múltiplos componentes ou aspectos. É um sistema baseado em fonemas, porém, uma relação um-para-um se mantém em uma porção muito limitada de fonemas. Está fortemente relacionado à estrutura fonética da sílaba e escores de padrões de soletrações comuns refletem essa estrutura. Existem transformações para adicionar sufixos que se aproximam muito de "regras", e, quando isso ocorre, vale a pena ensiná-las, não como regras, mas por intermédio de exemplos adequados e repetitivos. No entanto, a maior parte do código é constituída de centenas e centenas de *padrões*, seqüências de grafema sistemáticas (redundantes) que são altamente dependentes de contexto, de *contexto* significando a ordem dos sons e letras e a posição relativa dessas letras: *batch* e *botch*, mas *watch*, não *wotch*; *teach*, não *teech*; *church*, não *churtch* ou *cherch*; *fault* e *fall*, não *falt* e *faul*.

Além dos elementos estruturais mais óbvios no código de escrita inglês, conforme esboçado no Capítulo 3, a preocupação central dos pesquisadores é o *problema das muitas palavras*. Como as pessoas aprendem esses padrões, e que tipo de processamento acontece no cérebro que as permite fazer isso? O problema das muitas palavras envolve o fato de que seria impossível ensinar as crianças a soletrar cada palavra da língua inglesa que desviasse de um conjunto comum de correspondências fonema-grafema. Esse é um problema que não existe em países com um alfabeto transparente. Se o cérebro, espontaneamente, não registrou nem atualizou os milhares de padrões redundantes no código escrito inglês, ninguém poderia aprender a ler nem a soletrar a menos que tivesse uma memória fotográfica. Para resolver o problema das muitas palavras, um cérebro precisa ver uma grande quantidade de escrita. O problema certamente não pode ser resolvido tomando-se escores de testes de soletração constituídos de listas aleatórias de palavras, ou escrevendo produções textuais repletas de palavras escritas errado.

Medindo a exposição à escrita

Se uma grande parte da habilidade de soletração depende da capacidade do cérebro de codificar as redundâncias estruturais do complexo código de escrita inglês, então como podemos saber se isso é verdadeiro? Uma maneira de saber é medir a exposição à escrita e estudar seu impacto na soletração. Stanovich e West (1989) exploraram os efeitos interativos ou "dominó" de ler muito sobre a habilidade de soletração. Preocupava-lhes, especialmente, que a visão parcial de que a consciência fonêmica explica tudo deixa escapar um aspecto crítico da habilidade de leitura e soletração – o fato de que, se a análise fonêmica não estiver relacionada aos padrões de soletração do código escrito, ela é de pouca utilidade.

A pesquisa inicial (Stanovich e West, 1989) foi desenhada para observar a contribuição de ambos, decodificação fonológica e conhecimento ortográfico, para a habilidade de soletração. A idéia geral era a de que a análise fonológica fosse responsável principalmente pela integração de seqüências fonêmicas e padrões de soletração. Entretanto, Stanovich e West (1989) pensavam que, se isso pudesse ser verdade, a capacidade de armazenar padrões de soletração na memória poderia ser uma habilidade independente. Se este é o caso, então uma avaliação da *exposição* a padrões de soletração muito provavelmente separaria os dois.

Eles chegaram a uma solução inovadora para medir a exposição à escrita ao elaborarem um teste para estimar o quanto as pessoas lêem. Questionários sobre comportamento de leitura estão fatalmente fadados a "generalizações", pessoas dizendo que lêem muito mais do que realmente o fazem. Para evitar esse problema, Stanovich e West (1989) elaboraram o Author Recognition Test (ART) e o Magazine Recognition Test (MRT). Vimos o ART no capítulo anterior.

Os testes são diretos, simples de administrar e fáceis de responder. O teste Author consiste em uma lista de 50 autores (amplamente conhecidos pela venda de seus livros e pelas críticas), mesclados com 50 complementos de nomes de pessoas desconhecidas. O teste Magazine lista 50 nomes de revistas reais e 50 de revistas inventadas. A tarefa envolve uma escolha simples sim/não.

Em um estudo, universitários responderam os dois testes descritos anteriormente e um questionário sobre hábitos de leitura, que pedia uma lista de autores favoritos e assinaturas de revistas. Os alunos responderam dois testes de soletração, um teste padronizado (WRAT) e o teste de Fischer.

Das medidas de auto-relato o ART foi, decididamente, o melhor indicador da habilidade de soletração, com as seguintes correlações:

soletração $r = 0,46$; erros de segmentação no WRAT, $r = 0,38$ e no teste de Fischer, $r = 0,43$. As correlações entre as medidas de soletração e os hábitos de leitura auto-relatados e escores do MRT foram basicamente zero.

Em um segundo estudo, envolvendo um número de alunos bem maior, Stanovich e West (1989) usaram uma bateria de testes para isolar a decodificação fonológica da análise "ortográfica". A leitura foi medida pelo teste Word ID (reconhecimento de palavra) e pelo subtestes Compreensão de um parágrafo do teste Woodcock. Outros testes foram o Phonological Choice[1] (escolha uma palavra de um par de palavras escritas errado que "soam como" uma palavra de verdade: *trane*, *clane*), o teste de decodificação de pseudopalavras, o Orthographic Choice[2] (escolha a palavra soletrada corretamente: *trane*, *train*), e o Homophone Choice[3] (qual dessas duas palavras é uma fruta? *pair*, *pear*).

Os alunos foram divididos em leitores proficientes e leitores menos proficientes, com base em seus escores nos teste de leitura, e comparados estatisticamente em 25 testes. Três testes falharam ao distinguir os dois grupos de leitura: MRT, Escolha Ortográfica e Escolha de palavras homófonas. Obviamente, o MRT não é um teste criterioso, tampouco os testes foram elaborados para medir a memória visual "ortográfica". Pelo fato de que os leitores proficientes lêem muito e leitores fracos lêem muito pouco, a ausência de qualquer diferença nesses testes é evidência contra a teoria dos autores de que a exposição à escrita amplia a memória para padrões ortográficos.

A medida de soletração mais criteriosa foi uma contagem de erros de segmentação de palavra no teste de soletração (WRAT), seguida pelas "palavras-excessões". Leitores fracos obtiveram resultados significativamente inferiores dos leitores proficientes nas palavras com soletrações incomuns que não aparecem freqüentemente na escrita, corroborando os resultados de Holmes e Ng(1993), como também os de Waters, Bruck e Malus-Abramovitz (1988, ver capítulo anterior). Escores no teste de soletração correlacionaram fortemente com a decodificação de palavras ($r = 0,26$ a $0,44$). Esses valores são semelhantes àqueles relatados sobre crianças (Bond e Dykstra, 1967; Shanahan, 1984). Considerados em conjunto, esses resultados confirmam a relação constante entre habilidades de leitura e soletração, com cerca de 25-30% de variância compartilhada.

O objetivo principal do estudo foi observar a contribuição isolada da exposição à escrita para a soletração, com a habilidade de decodificação controlada. A escolha fonológica e a decodificação de pseudopalavras foram inseridas primeiro em uma análise de regressão, seguida do ART (a medida de exposição à escrita). As duas medidas de decodificação responderam por 25% da variância na soletração do WRAT, e, além disso, o ART contribuiu com mais uma pequena (3%), porém significativa, porção da variância. Isso não pode constituir *causa*. QI verbal está constantemente correlacionado com soletração e não foi controlado. Os escores do ART poderiam ser parcialmente atribuídos a "ler muito", pois você tem boas habilidades verbais. Se a capacidade verbal e a habilidade de decodificação "causam" exposição à escrita, a relação entre exposição à escrita e à soletração será hipotética. Os autores estavam cientes desse problema e do fato de que pesquisas correlacionais não conseguem resolver isso.

A falta de controle do QI verbal e o problema de determinar a direção da causalidade em um estudo correlacional não se resolveram em pesquisas subseqüentes desse grupo. Em estudos posteriores sobre exposição à escrita, o foco se voltou para as crianças. Cunningham e Stanovich (1990a) desenvolveram um novo teste denominado Title Recognition Tests (TRT). As crianças deviam, a partir de uma lista, identificar títulos verdadeiros de livros infantis. Mas isso só tornou a questão da causalidade mais obscura pois, como os autores reconheceram, o conhecimento das crianças de títulos de livros poderia refletir um ambiente literário ou uma exposição à escrita, ou ambos – algo ouvido como também

---

[1] N. de R. T. Escolha fonológica: aza (asa) e azo.
[2] N. de R. T. Escolha ortográfica: trem e trein.
[3] N. de R. T. Escolha de palavras homófonas: Qual destas duas palavras é um dia da semana? Sexta ou Cesta.

algo visto (por exemplo, histórias contadas na hora de dormir).

Em virtude do TRT não constituir uma clara medida da exposição à escrita e dos problemas metodológicos nesses estudos (tamanho de amostra pequeno, resultados instáveis de um estudo para o outro), as pesquisas com crianças (Cunningham e Stanovich, 1990a; Cunningham, Stanovich e West, 1994) não lançaram nenhuma luz sobre a hipótese de que "ler muito" melhora o conhecimento do código escrito.

A idéia de que a exposição à escrita desempenha um importante papel no aprendizado de padrões redundantes parece tão intuitivamente plausível que a maioria das pessoas quer acreditar nela. Porém, até agora, a evidência é muito pequena para mostrar que a exposição à escrita desempenha um papel causal na ampliação dessa habilidade.

Soletração sem fonologia: um estudo com crianças surdas

O objetivo de Stanovich e West (1989) foi isolar a decodificação fonológica do conhecimento da estrutura ortográfica para estudar o impacto da exposição à escrita sobre o conhecimento ortográfico apenas. Eles não conseguiram. Mas há uma outra maneira.

Aaron e colaboradores (1998) conceberam uma maneira engenhosa de lidar com esse problema ao comparar, em uma variedade de testes, a soletração de crianças com surdez profunda com a de crianças com audição normal. Crianças com surdez profunda têm pouca ou nenhuma consciência fonológica, não ficando claro, assim, como elas aprendem a soletrar, algo que muitas o fazem com algum sucesso. Por serem obrigadas a depender exclusivamente da memória visual, que tipo de memória visual é essa?

Aaron e colaboradores apontaram inúmeras distorções na literatura que pesquisa esse tópico. As falhas são amplamente devidas à falta de controle sobre o grau e o tipo de deficiência auditiva (algumas crianças eram oralizadas[4]). Houve desacordos na literatura sobre como considerar o fato de algumas crianças e adultos surdos soletrarem muito bem. Uma teoria era a de que dependiam puramente da memória visual, tornando-os soletradores logográficos. Outros acreditavam que eles adquiriam "sensibilidade fonológica" por meio do treino da fala ou da leitura labial, enquanto outros ainda sugeriam que eles aprendiam ao dominar pistas de soletração morfológica ou "regras". Aaron e colaboradores propuseram uma quarta teoria – a de que os leitores surdos dependiamm das probabilidades estatísticas de seqüências de soletrações nas palavras. Referiram-se a isto como um modelo de "freqüência", significando *freqüência na escrita*.

Eles localizaram 35 crianças com surdez profunda e congênita da 5ª série do ensino fundamental até o 3º ano do ensino médio, que passaram por um rigoroso exame. As crianças não falavam ou falavam de modo completamente ininteligível, e não podiam comunicar-se oralmente. Elas foram combinadas em idade de leitura nos testes de leitura SAT e Woodcock com crianças ouvintes. As crianças ouvintes foram distribuídas igualmente por idade de leitura entre a 2ª e 5ª séries. Isso estabeleceu uma linha de base. Se a soletração variasse sistematicamente entre as crianças surdas e as ouvintes em diferentes testes de soletração, isto seria independente da leitura e específico da soletração.

Uma variedade de testes de soletração foi usada para testar as várias teorias descritas acima. O primeiro foi o decisivo teste de codificação fonológica. Aaron e colaboradores usaram uma tarefa de produção de palavras homófonas na qual se pediu às crianças que escrevessem a palavra que faltava em uma sentença (soletração correta) e depois acrescentassem uma palavra "homófona" (mesmos sons, soletrações diferente): "*Clouds are white, but the sky is b _ _ _* ".[5] (Resposta: *blue, blew*). Em outro teste de palavras homófonas, as crianças tinham de escrever todos os pares de palavras em que pudessem pensar que "soassem" parecidos (ou fossem "fa-

---

[4] N. de R. T. Crianças surdas, mas que se comunicam através da linguagem oral.

[5] N. de R. T. As nuvens são brancas, mas o céu é A _ _ _ (Resposta: escolher entre blue e blew – palavras homófonas – aquela que codifica o azul).

lados" de forma parecida), mas fossem soletradas de modo diferente. As crianças surdas tiveram grande dificuldade na compreensão desse conceito e precisaram de instrução extra. (A instrução foi dada em sinais por um professor altamente qualificado).

As crianças surdas tiveram escores de 90% de acerto na soletração de palavras em contexto (primeiro teste), equivalente às crianças da 5ª série. Entretanto, sua taxa de sucesso caiu para 10% quando solicitadas a fornecer uma palavra homófona, bem abaixo dos leitores ouvintes da 2ª série, cujos escores foram de 47% de acerto. Na terceira tarefa de produção de palavras homófonas as crianças surdas tiveram escores de 20% de acertos, e leitores ouvintes da 2ª série 60%. A verificação dos dados individuais indicou que duas crianças surdas foram muito bem na última tarefa. Seus dados foram excluídos das demais análises, restando um grupo de 33 crianças cuja sensibilidade fonológica foi basicamente zero.

Em seguida, as teorias visuais foram colocadas no teste. As crianças leram sentenças com uma palavra faltando e que era soletrada com um dígrafo, com uma letra não-pronunciada. Assim *sno* ainda soa "snow" sem o *w*. As crianças surdas soletraram essas palavras quase tão bem quanto leitores da 5ª série (média de 12/13 acertos). Ao verificarem a proporção de erros de soletração em decorrência das letras que faltavam, as crianças capazes de ouvir cometeram 80% de seus erros nessa categoria, e as crianças surdas apenas 38%. Isso mostra que as crianças capazes de ouvir dependem mais de padrões de fonema-grafema, e crianças surdas dependem da memória visual, que não é sustentada pelo processamento fonológico.

Mas que tipo de memória visual é essa? A memória visual foi testada mostrando-se uma série de grupos de palavras exibidas em uma tela por 30 segundos. Depois de cada grupo, as crianças escreviam tantas palavras quanto fossem capazes de se lembrar e tentavam soletrá-las corretamente. As crianças surdas conseguiram escrever 90% das palavras, e as que ouviam escreveram cerca de 80%. As crianças surdas eram bem mais velhas, desta forma isso era esperado. Entretanto, apesar de sua superioridade na memória para as palavras, as crianças surdas cometeram muito mais erros de soletração, 48% de acerto comparado as crianças ouvintes da 3ª (70% de acerto), da 4ª (76% de acerto) e da 5ª séries (89% de acertos) As crianças surdas cometeram mais erros de transposição, erros visuais e erros não-classificados, mas praticamente nenhum erro fonético (2%). Isso demonstra que, apenas a memória visual é inadequada para soletrar palavras comuns da língua inglesa, muito embora as crianças surdas se lembrassem de mais palavras.

A última e crucial tarefa manejou com as propriedades estatísticas dos padrões de soletração nas palavras. Os investigadores usaram pseudopalavras curtas com soletrações permitidas e não-permitidas, com base no número de vezes em que seqüências de duas e três letras aparecem nas palavras. A questão era se alunos surdos aprendiam a soletrar lembrando-se de padrões de soletrações redundantes (prováveis) e não por meio de pura memória visual (seqüências de letras aleatórias). Se assim fosse, eles não se sairiam melhor que crianças com capacidade auditiva ao soletrar palavras fonotaticamente não-permitidas (impronunciáveis), tais como *prta*, *hrda* e *tneb*. A tarefa teve a mesma forma (grupos de palavras) que o experimento anterior. As crianças tinham de lembrar as palavras em cada grupo, escrevê-las e tentar soletrá-las corretamente.

Novamente, alunos surdos saíram-se bem ao registrar (lembrar) mais palavras que até mesmo crianças da 5ª série. Os totais entre todos os grupos de palavras combinados foram 391 (surdas) *versus* 259 (ouvintes) para palavras pronunciáveis e 309 *versus* 162 para palavras impronunciáveis. Afora isso, as crianças surdas e ouvintes foram notadamente parecidas. Ambas lembraram significativamente mais pseudopalavras com soletrações permitidas e as soletraram mais precisamente. As crianças surdas tiveram um desempenho bem parecido com o grupo de leitura da 3ª e 4ª séries, tendo escores de 67% de acerto em pseudopalavras *permitidas*. Entretanto, ambas, surdas e ouvintes, saíram-se bem pior (48% de acerto) ao soletrarem pseudopalavras *não-permitidas*.

Crianças surdas e ouvintes consideram padrões de soletração permitida bem mais fáceis de lembrar e de soletrar. Não apenas isso, mas crianças surdas não têm habilidades de memória visual superiores às ouvintes. Parece que crianças surdas e ouvintes dependem igualmente de ambos os tipos de memória visual – memória visual pura e memória para padrões ortográficos redundantes – e o fazem no mesmo grau.

Uma análise qualitativa dos erros de soletração nessa tarefa revelou que as crianças ouvintes cometeram principalmente erros fonológicos, enquanto as surdas cometeram praticamente nenhum. Seus erros foram visuais, incluindo inversões de letras e esquecimento ou substituições de vogais ou consoantes. As crianças surdas cometeram, na mesma proporção, tanto erros nas consoantes quanto nas vogais, enquanto os erros das crianças ouvintes envolveram principalmente soletrações de vogais.

Isto é forte evidência de que crianças com surdez profunda aprendem a soletrar pela dependência de propriedades estatísticas dos padrões de soletração *visuais*. Essas crianças não têm habilidades fonológicas e nenhuma vantagem especial na memória visual pura. Ainda assim, em algumas tarefas, foram capazes de soletrar quase tão bem quanto leitores de 5ª série. O outro importante resultado foi que as crianças ouvintes estavam usando uma combinação de três diferentes habilidades: processamento fonológico para relações fonema-grafema, memória visual pura e memória para as probabilidades estatísticas de padrões "ortográficos" nas palavras. É essa combinação de habilidades que nos permite lembrar palavras e soletrá-las com precisão, e que responde pelo fato da soletração melhorar com a idade. Como Aaron observou, crianças surdas encontram-se em nítida desvantagem: "Uma falta de habilidades fonológicas acústicas estabelece um limite máximo próximo do nível da 4ª série, além do qual as habilidades de soletração podem não progredir. Isso pode ocorrer pois, acima de um determinado nível, as crianças encontram muitos verbos cognatos, advérbios e palavras polissilábicas cuja soletração é influenciada por convenções morfofonêmicas" (p. 18).

Um resultado parecido com uma população de crianças bem diferente foi relatado por Siegel, Share e Geva (1995), no Canadá. Eles testaram 257 leitores fracos, que tiveram escores abaixo de 25% no teste de leitura WRAT e 342 leitores normais com escores acima dos 35%.

A tarefa era um exercício de reconhecimento ortográfico: olhar pares de pseudopalavras e selecionar aquela que se parecesse "mais como uma palavra". As crianças foram testadas também no subteste Decodificação de pseudopalavra do Woodcock. Os leitores normais e fracos diferiram nesse teste na direção esperada. Mas os leitores fracos foram superiores (estatisticamente) em uma tarefa de reconhecimento ortográfico, dando suporte aos resultados de Waters, Bruck e Malus-Abramovitz (1988). Os leitores fracos comportaram-se mais como as crianças surdas, geralmente dependendo da memória visual para os padrões comuns de seqüências de letras, e eram menos conscientes de fonemas e de correspondências fonema-grafema.

Como o cérebro resolve o problema das muitas palavras?

Agora chegamos ao cerne da questão. Aaron e colaboradores mostraram que crianças surdas e ouvintes aprendem igualmente as probabilidades estatísticas dos padrões ortográficos. Mas o que são exatamente esses padrões ortográficos? Seu estudo comparou seqüências de letras não-permitidas com seqüências de letras pronunciáveis com base no número de vezes em que seqüências de duas e três letras aparecem nas palavras. Porém, o código escrito inglês não pode ser mapeado com precisão por duas e três letras. Leitores devem estar à espreita de letras simples (*t*), dígrafos (*th*) e fonogramas multiletras (*ough* em *though*) e constantemente alternar entre eles conforme examinam cada palavra. Se as pessoas dependem de probabilidades estatísticas de seqüências ortográficas, além de correspondências fonema-grafema, o que são tais seqüências e como isso funciona? Se tivéssemos respostas precisas para estas questões, se soubéssemos o que o cérebro realiza automaticamente, talvez pudéssemos otimizar o ensino a fim de que trabalhe com o cérebro e não contra ele, como fazemos no momento.

Vinte anos atrás, psicólogos cognitivistas começaram uma busca a fim de descobrir como a habilidade de leitura (velocidade e precisão) é impactada por padrões ortográficos redundantes. Esse foi o início da descoberta da "terceira maneira" de decodificar e soletrar, conforme revelado pelo elegante estudo de Aaron (1991) sobre crianças surdas e ouvintes. Nessa pesquisa, contudo, a expressão "padrões ortográficos" refere-se ao *código da leitura*, e não ao código da soletração (tendo em mente que sistemas de escrita são códigos de soletração, e não códigos de leitura). As pesquisas pretendiam descobrir como padrões de soletração mapeiam-se a pronúncias, e não como sons na língua mapeiam-se a padrões de soletração.[6] Esta é uma distinção importante, pois o código escrito tem uma estrutura de probabilidade lógica e verdadeira, enquanto o código de leitura, não. Isso ficará mais claro na análise dos padrões de ortografia que os pesquisadores assumem impactar a velocidade de decodificação e a precisão.

Muitas dessas pesquisas estavam intimamente relacionadas ao desenvolvimento de modelos computacionais de leitura. Um modelo anterior e influente foi o modelo de *dupla-rota*. Segundo essa teoria, há dois caminhos independentes no cérebro que processam uma palavra escrita até seu destino final (Coltheart, 1978; Coltheart et al., 1993). Um caminho (*rota lexical*) é "logográfico" (puramente visual) e mapeia diretamente à memória semântica e à representação fonológica armazenada da palavra. O outro caminho envolve a tradução das letras para fonemas individuais e reuni-los em uma palavra. A tradução é dita como acontecendo via *regras de correspondência fonema-grafema* (regras CFG).[7] Essa rota contorna a memória semântica e se liga à fase de saída um pouco antes de "dizer" a palavra (evocar).[8] Regras CFG são a contrapartida da *decodificação* de regras de soletração do tipo fônico.

O conceito de regras CFG tinha suas raízes no trabalho de Chomsky e Halle (1968), que sugeriram que a fonologia e a morfologia estavam relacionadas por um conjunto de regras de correspondência. Se uma regra falhasse em uma determinada instância, essa violação seria marcada (presumivelmente pelo cérebro) com uma "regra de bloqueio". A tentativa de Venezky (1970, 1999) de descobrir "regras" do código grafia-para-som (Capítulo 3) se encaixa nessa linha de pensamento. O modelo de dupla-rota também sustenta que as regras CFG podem ser reveladas por uma análise completa de palavras escritas do tipo que Venezky iniciou. Presume-se que tais regras sejam deduzidas pelo aprendiz (ou ensinadas) e irão orientar explicitamente o processo de aprendizagem. O modelo de dupla-rota também acredita que, uma vez que, uma análise CFG de uma palavra é suficientemente rápida, a palavra é transferida para a rota lexical e se torna uma palavra reconhecida imediatamente, como uma palavra inteira (o que, conforme mostrado no Capítulo 2, é impossível).

Uma idéia semelhante foi desenvolvida para explicar os dados de comportamento de leitores adultos e crianças aprendendo a ler. Acreditava-se que as pessoas têm dois estilos de leitura (igualmente eficientes), ler palavras inteiras por visualização (logograficamente) ou ler foneticamente. Baron e Strawson (1976) os batizaram de leitores "chineses" e "fenícios". Isso reflete a crença equivocada de que o chinês (ou qualquer outra pessoa) tem um sistema de escrita logográfico e que as pessoas podem aprender a ler memorizando palavras inteiras como se fossem números de telefone.

---

[6] N. de R. T. A direção é da letra para o som (como padrões de soletração relacionam-se a pronúncias) e não do som para a letra (como sons na língua relacionam-se a padrões de soletração).

[7] N. de R. T. Rota fonológica.
[8] N. de R. T. Posso decodificar a palavra, sem compreendê-la (memória semântica).

Os modelos dupla-rota e chinêses/fenícios tiveram seus difamadores, mas ninguém tão importante quanto Robert Glushko. Seu trabalho pioneiro está diretamente relacionado aos modelos computacionais de leitura mais recentes, baseados em "processamento paralelo distribuído" (Seidenberg e McClelland, 1989; Plaut et al., 1996). Esses modelos imitam o que se pensa ocorrer no cérebro quando alguém aprende a ler. São modelos estatísticos. Eles "aprendem" em virtude do processamento de redundâncias estruturais na saída, aliado ao *feedback* do ambiente sobre as taxas de sucesso.

Na trilha das redundâncias estruturais do código escrito

Glushko (1979) desencantou-se com o modelo da dupla-rota enquanto era um estudante de pós-graduação e lançou-se em uma direção diferente. O resultado foi uma nova maneira de pensar sobre como a leitura (decodificação) ocorre (Glushko, 1979). Foi o trabalho de Glushko que levou ao reconhecimento de que havia um terceiro processo em operação durante a decodificação, distinto da memória visual e das correspondências fonema-grafema.

Uma nova lógica Os conhecimentos de Glushko derivaram de uma análise lógica do problema. Um modelo dupla-rota é ilógico se as rotas são consideradas separadamente ou combinadas. Glushko propôs que toda a informação sobre uma palavra – visual, fonológica, ortográfica, semântica – é processada ao mesmo tempo, *em paralelo*. Isto significa que não importa quantos elementos contribuem para uma decodificação eficaz, o processamento não é realizado por *rotas separadas (desconectadas)*.

Além disso, a proposta de que "regras ortográficas" poderiam ser distinguidas separadamente de uma análise da palavra inteira era evidentemente falsa. Por uma simples razão, como alguém identifica o tamanho da unidade, em particular, que a qualifica como uma "regra ortográfica"? Glushko (1979) não deu um exemplo, mas há muitos a escolher.

Considere a "regra ortográfica" de que uma consoante deveria ser dobrada ao se adicionar *–ing*. Onde está a linha divisória entre esta regra e as demais letras na palavra? Esta regra deveria conter uma cláusula tirar *–e*, ou uma cláusula antidobra, ou estas devem ser regras separadas? E, por dever também especificar onde um leitor tem de olhar para descobrir onde dobrar, essa regra precisa de duas subcláusulas adicionais e de uma regra de bloqueio para que funcione: (1) se a palavra termina em *e*, tire o *e* antes de adicionar *–ing* (*dine, dining*; *bridge, bridging*); (2) dobre a consoante quando a vogal precedente é uma vogal acentuada "simples" (*bat, batting*) MAS NÃO quando não é (*beat, beating*).

E esses não foram os únicos problemas. Teóricos da dupla-rota usam o termo *regras ortográficas* para significar três coisas diferentes. Um significado tem a ver com as descrições lingüísticas, o segundo, o conhecimento da estrutura da língua, e o terceiro, aos procedimentos ou mecanismos de pronúncia. Uma *descrição lingüística* do código escrito deveria ser um reflexo do conhecimento implícito ou explícito de um leitor sobre isso. Mas, como Glushko observou, "não há uma relação necessária entre descrições lingüísticas da regularidade ortográfica e fonológica na língua e o conhecimento de um leitor de tal estrutura da língua" (p. 675).

Isso é como meu argumento contra a noção de que pessoas são conscientes das "regras morfológicas" que governam os padrões de soletração. Não há razão para esperar que os padrões de soletração sejam percebidos pelo soletrador (ou leitor) em uma estrutura lingüística a não ser simplesmente enquanto soletrações prováveis daquelas palavras. Isso não significa dizer que algumas regras ou padrões morfológicos não possam ser ensinados ou que possam ser úteis conhecê-los, mas, ao contrário, que eles não são automaticamente deduzidos da língua falada ou do texto. Fischer, Shankweiler e Liberman (1985) verificaram que, quando entrevistaram estudantes universitários sobre suas estratégias no teste de soletração, eles não tinham a menor consciência de quaisquer regras ortográficas ou morfológicas.

Glushko também apontou para as dificuldades com a análise de Venezky e com sua noção de que leitores geram regras de CFG: "dado que cada palavra na língua tem exatamente o mesmo peso ao se decidir se uma correspondência é regular ou não, regras descritivas como essas seriam extremamente difíceis para leitores induzirem" (Glushko, 1979, p. 675).

Há duas questões aqui. Primeiro, a análise de Venezky não era probabilística. Ele não especificou quais "decodificações" escrita-para-som são mais ou menos prováveis e em que grau. Segundo, o fato de que apenas lingüistas com treinamento intensivo são capazes de gerar essas "regras ortográficas" torna altamente improvável que o leitor médio faria isso espontaneamente, algo que até mesmo Venezky (1967; 1999) reconheceu.

Glushko (1979) concebeu muitas novas propostas relativas ao modo como a decodificação poderia ocorrer. Primeiro, o processo de decodificação deve levar em conta as dependências contextuais da palavra inteira. Nenhuma decodificação puramente superficial via CFG[9] funcionará, da mesma maneira que nenhuma tentativa de decodificação de palavra inteira[10] funcionará independentemente de redundâncias seqüenciais na ortografia.

Segundo, a decodificação prossegue de várias maneiras, operando em paralelo e integrando informações ortográficas e fonológicas. "Informações ortográficas" consistem em todos os componentes característicos relevantes e seus padrões seqüenciais. Glushko (1979) usou a analogia da fala natural, na qual o falante e o ouvinte usam todos os elementos lingüísticos ao mesmo tempo (semântico, sintático, fonológico, prosódico) como também o contexto no qual a conversa está se realizando.

Terceiro, ele adotou o termo *ativação* para se referir a um "estado" hipotético no qual o cérebro automaticamente processa essa informação:

> Sugiro ser mais apropriado focalizar nas propriedades funcionais das bases de conhecimento lexical e ortográfico, e substituir os mecanismos especificados desnecessariamente por um termo mais neutro tal como "ativação".

Nessa estrutura mais simples, é proposto que palavras e pseudopalavras sejam pronunciadas por intermédio da integração de informações ortográficas e fonológicas, a partir de várias fontes ativadas em paralelo, tanto quanto leitores compreendem sentenças ao integrar informação lexical, sintática e contextual. Conforme as seqüências de letras são identificadas, há uma ativação paralela do conhecimento ortográfico e fonológico de várias fontes na memória. Esse conhecimento pode incluir a pronúncia armazenada da seqüência de letras, pronúncias de palavras que compartilham características com a seqüência de letras e informação sobre a correspondência grafia-para-som das várias subpartes das seqüências de letras (Glushko, 1979, p. 678). O problema central, então, tornou-se determinar quais dessas fontes ou características da soletração da palavra eram mais ou menos relevantes.

A finalidade dessa pesquisa foi encontrar uma maneira objetiva ou quase-objetiva de quantificar "padrões ortográficos" que levassem ao sucesso na decodificação de palavras da língua inglesa. Muitas abordagens foram tentadas, mas todas falharam. Uma razão é a falta de compreensão da estrutura das palavras da língua inglesa (fonotática) e a maneira como o código escrito mapeia-se a essa estrutura. Uma segunda razão deriva da primeira. Em virtude de a análise ser sempre na direção da decodificação, e nunca na direção da codificação, os "padrões estruturais" não refletem a forma como o código foi escrito e como se desenvolveu. O fato é que as soletrações são atribuídas às palavras. As palavras não são atribuídas às soletrações. Uma terceira razão é apontada por Glushko. A estrutura ortográfica consiste nas "dependências contextuais da palavra inteira" e "todos os componentes característicos relevantes e seus padrões seqüenciais" (p. 678). Provou-se ser

---

[9] N. de R. T. Uso da rota fonológica.
[10] N. de R. T. Uso da rota lexical.

extremamente difícil alcançar o objetivo de definir "todas as características relevantes".

Houve duas abordagens principais para esse problema, uma quantitativa e outra subjetiva. A abordagem quantitativa não faz pressuposições *a priori* sobre "padrões", mas depende das contagens de freqüência de seqüências de letras (duas e três letras). A abordagem subjetiva baseia-se na observação de que muitas unidades VC ou VCC finais em palavras monossílabas são soletradas de modo constante, oferecendo pistas ortográficas de como ler a palavra. Nos modelos cognitivos, esse componente é conhecido como o *corpo da palavra*. Professores o conhecem, há pelo menos dois séculos, como *família de palavras*, e, mais recentemente, fora rebatizado de *rima (rime)*. Vou referir-me à representação visual das seqüências de letras VC ou VCC em palavras monossílabas como a *rima ortográfica (orthographic rime)* e à "decodificação" (leitura) fonológica daquela rima como a *rima fonológica (phonological rhyme)*.[11] É muito importante manter clara essa distinção, ou essa pesquisa vai parecer ainda mais complexa do que já é.[12]

Rimas ortográficas têm vizinhas constantes e inconstantes O interesse de Glushko (1979) pela estrutura ortográfica o levou à rima ortográfica. Ele organizou listas de palavras baseadas na constância ou inconstância da rima em termos de como era decodificada – sua *pronúncia*. Esta era a lógica: a rima ortográfica (*ile* em *mile*) automaticamente ativará palavras armazenadas na memória que têm as mesmas rimas, visual e fonologicamente. Na teoria de Glushko, a rima ortográfica mapeia-se diretamente à rima fonológica. A teoria não leva em conta o fato de que uma rima fonológica também se mapearia a uma rima ortográfica (/s/ /t/ /ie/ /l/ – *style*), se, de fato, as rimas são mesmo relevantes.

As listas de palavras consistiam em palavras regulares (aquelas com muitas vizinhas constantes) e palavras-excessões (aquelas com vizinhas inconstantes). As palavras foram combinadas por freqüência na palavra. Por exemplo, *dean* é regular (há apenas uma maneira de ler palavras terminadas em ean); *deaf* é uma palavra-exceção, pois é inconstante devido à palavra *leaf*. Dois conjuntos de pseudopalavras foram também criados trocando-se a consoante inicial dos pares de palavras: *hean* e *heaf*. A hipótese era a de que palavras/pseudopalavras regulares seriam decodificadas mais rápido e de modo mais preciso do que palavras/pseudopalavras-exceções.

Foi nesse ponto que a lógica de Glushko, de outro modo impecável, começou a falhar. Já podemos ver o problema. Devido à consoante inicial não ser parte desse esquema, outras leituras além das que ele esperava não foram permitidas. E se heaf fosse lido como *hef* por analogia a *head*, produzindo o mesmo resultado que *deaf*, mas por uma razão diferente? E se hean fosse lido como *hen* por analogia a *head* em vez de *dean*?

Mais problemático foi o uso de Glushko (1979) do termo *erro*. Os "erros" não foram realmente erros em um sentido objetivo. Ao contrário, os erros ocorreram quando os sujeitos não liam uma pseudopalavra conforme Glushko esperava que lessem (com uma pronúncia constante), muito embora a realização fosse perfeitamente permitida. Por exemplo, a probabilidade matemática de ler heaf como *hef* ou *heef* é idêntica, pois existem apenas três palavras reais grafadas com essa rima, *deaf, leaf* e *sheaf*. Essa pontuação seletiva predispõe a taxa de erro a favor da hipótese, que parece ser o ocorrido.

E houve problemas com as listas de palavras, os dados e as inferências a partir dos

---

[11] N. de T. Em inglês a autora acentua essa distinção ao empregar grafias alternativas para "rima" nessas expressões (*orthographic rime* e *phonological rhyme*).

[12] N. de R. T. A distinção importante a fazer entre os termos Rime e Rhyme é que o primeiro refere-se ao constituinte silábico que procede o *onset*. Ex. na palavra lar, a seqüência [ar] constitui a rima da sílaba. Já o termo Rhyme refere-se à rima entre palavras, que podem ou não exceder a rima da sílaba. Ex., pé e chulé, o segmento [E] das palavras rimam e também constituem a rima da palavra. Já as palavras martelo e castelo, a seqüência [Elu] das palavras é que rimam, possuindo duas rimas de sílaba, o segmento [E] e [u]. Fonte: Lamprecht, R. et al. *Aquisição fonológica do português*. Porto Alegre: Artmed, 2004. Mas aqui, a intenção da autora é diferenciar a rima ortográfica (presente na escrita) e a rima fonológica (presente na fala). Por exemplo, as palavras *massa* e *taça* possuem a mesma rima fonológica, mas não a mesma rima ortográfica.

dados. Vou percorrer os estudos brevemente para ilustrar esses efeitos. Estudantes universitários no primeiro experimento viram 172 palavras e pseudopalavras, além de 100 palavras suplentes apresentadas aleatoriamente (uma de cada vez) pelo computador. Sua tarefa era ler cada palavra tão precisa e rapidamente quanto possível em um microfone e o tempo para começar a falar era registrado (latência de início de fala).

Glushko (1979) forneceu uma análise de itens para os dados de tempo de resposta, uma das poucas pessoas nessa área a fazer isso. Esses valores são extremamente elucidativos. Por alguma razão, contrariando as previsões de Glushko, os alunos leram 14 palavras-exceção mais rápido que palavras regulares, e houve quatro empates. Isto representa 42% das palavras nas listas. E, mesmo assim, os resultados foram "significativos" na direção prevista. As palavras regulares foram lidas, em média, apenas 29ms mais rápido do que as palavras-exceções ($p < 0,05$). Porém, a diferença entre os pares de palavras que foram contrários à previsão foi bem maior, foi de 51,4ms.

O que poderia explicar isso? Certamente não a regularidade e a excepcionalidade ou "rimas" constantes e inconstantes. Talvez isso fosse um efeito da freqüência de palavra. Palavras de alta freqüência como *both, done, most, none, some* e *were* podem ser lidas mais rápido por serem "ativadas" mais rapidamente, para usar a terminologia de Glushko. Algumas dessas palavras se encaixam em pequenas "famílias" fonologicamente: *done, none, some* (*one, come*), *most, post* (*ghost, host*). Mas não há respostas fáceis para o fato de *foot* ter sido lida mais rápido que *feet*, *hood* mais rápido que *heed*, ou *comb* mais rápido que *cold*. O fato de *spook* – a única "rima" inconstante na família ook – ter sido lida 90ms mais rápido do que *spool* é um mistério, e isto vai diretamente contra a idéia de constância como sendo o fator determinante na decodificação dessas palavras.

O experimento 2 foi elaborado para responder à objeção de que havia muitas palavras coincidentes nas listas (palavras com as mesmas rimas), o que poderia ter influenciado a maneira como as pessoas responderam. Esse problema foi remediado ao se usar apenas pseudopalavras. Alguns pares foram tirados diretamente da lista antiga, alguns tinham a mesma rima, mas a consoante inicial diferente, e alguns eram novos. Preparei uma tabela com as seguintes informações: (1) os pares usados no experimento 2; (2) se o mesmo par ou par semelhante foi usado no experimento 1; (3) diferenças de tempo de resposta entre os experimentos 1 e 2; (4) se ou não os tempos de resposta seguiram a previsão.

A tabela ilustrou alguns fatos desconcertantes sobre esses tipos de listas de palavras. Em primeiro lugar, é tentador para os experimentadores deixar de lado palavras que contrariam as previsões e reter as que favorecem. Não estou dizendo que isso seja um ato consciente ou que Glushko fizera isso; do contrário todos os pares de palavras teriam ido na direção da previsão. Mas ele realmente teve uma melhor taxa de sucesso para os pares de palavras reutilizadas que para os novos pares que criou: 16 dos 26 pares antigos favorecendo a previsão (62%) *versus* apenas três dos sete novos pares (43%). Os dados de tempo de resposta representam uma preocupação adicional, pois os valores para os mesmos pares de palavras flutuam consideravelmente do experimento 1 para o experimento 2.

O próprio Glushko (1979) parecia ter sérias dúvidas quanto ao seu esquema de classificação. No terceiro experimento, ele reclassificou palavras em três categorias. Usou a palavra *have* para explicar como isso funcionava. *Have* é tanto uma palavra-exceção quanto inconstante, devido à grafia ave ser decodificada /av/ apenas nessa palavra, enquanto é geralmente decodificada /aev/ (*cave, gave*). Assim, *have* é a única palavra com essa pronúncia. A palavra *gave*, por outro lado, não é mais regular pelo esquema antigo, mas inconstante em virtude da existência de *have*. Outro grupo de palavras foi tanto regular quanto constante, tendo muitas vizinhas e nenhuma competidora. Dois conjuntos de palavras constantes foram derivados das palavras-exceções e inconstantes trocando-se uma única consoante (*haze* e *wade*), e estas se tornaram as palavras-controle.

No geral, os prognósticos de Glushko para esse complexo conjunto de comparações foram confirmados estatisticamente, mas é questionável que o processo de categorização corresponda à sua teoria da ativação, ou que os resultados sejam até mesmo corroborados pelos dados. Primeiramente, os pares de palavras-controle do tipo regulares/constantes (*haze* e *wade*) deveriam ser lidos em uma velocidade mais ou menos igual, tendo derivado da mesma palavra (*gave*), ambas com muitas vizinhas. Mas apenas 66% desses pares de palavras foram processados em velocidades similares, quando todos deveriam ter sido.

Além disso, devido ao fato da teoria da ativação prever que vizinhas irão automaticamente ser ativadas juntas e incrementar a probabilidade de uma determinada leitura de uma palavra, palavras regulares/inconsistentes como *wave* (muitas vizinhas constantes) deveriam ser lidas mais rapidamente que uma palavra excepcional como *have* (todas vizinhas inconstantes). Isto, afinal, é a base do efeito de constância. Ainda assim, o tempo de reação foi de 492ms para *have* e 528ms para *wave*. Da mesma forma, a palavra-excessão *love* levou 472 ms para ser lida, e a palavra regular *grove* levou 642ms. Em conjunto, 12 palavras regulares/inconstantes levaram mais tempo para serem lidas do que palavras-exceção, e quatro foram iguais – 39%, contrariando o prognóstico.

Algumas conclusões A comparação dos tempos de reação de algumas palavras-exceção usadas nos experimentos 1 e 3 revelou alguns valores surpreendentemente imprevisíveis. Freqüentemente, as diferenças entre os tempos de reação para a *mesma palavra* eram maiores que as comparações entre diferentes palavras, o que compromete seriamente esse trabalho. Talvez a latência de início de fala transmitida através de um microfone seja uma tecnologia não-confiável, e/ou as pessoas não sejam constantes na velocidade de nomeação.

Existem inúmeros fatores envolvidos no grau de rapidez com que as pessoas podem ler palavras, e eles nos levam muito além da esfera de "corpos de palavras" constantes ou inconstantes. São eles: o número de vezes que se viu a palavra (familiaridade), a importância emocional da palavra (*love* tem alta importância emocional) e as idiossincrasias devidas ao tipo de palavra.

Questões mais importantes têm a ver com o código de escrita, que é muito diferente do código de leitura. Por exemplo, have é uma soletração totalmente regular; não há outra maneira de escrevê-la, dado que o /v/ final é sempre grafado ve. O e na grafia ve exerce dupla função em algumas palavras, marcando também a vogal. O fato de que o *e* desempenha duas funções em palavras como *gave* torna a soletração *ve* incomum. Várias palavras-exceção nas listas de Glushko não são nada excessões, pois essa é a única maneira em que podem ser soletradas. São palavras como *give, foot, hoof, pint, plow* e *soot*. (Desafio o leitor a soletrá-las de outro modo). Há também palavras em que a soletração da vogal estão vinculadas à consoante *inicial*: b e p levam a soletração u para /oo/ (*bush, bullet, put, push* – *book* é a exceção). A soletração da vogal é controlada pelo w em palavras como *wand* e *work* (em vez de *wond* e *werk*).

Glushko admitiu em uma nota de rodapé que as coisas eram bem mais complexas que padrões de rima simples permitiriam e, talvez, suas observações sejam a melhor conclusão para esse trabalho: "Um modelo mais geral de ativação e de síntese, com uma base experimental mais ampla, permitiria a contribuição de vizinhas em todas as posições, atribuindo-lhes um peso diferente em diferentes tarefas" (p. 684).

A essa altura, devo abordar o problema criado pela noção de que rimas ortográficas são as principais fontes da ativação do cérebro. No trabalho inicial de Glushko e em pesquisas posteriores sobre modelos computacionais de leitura, o corpo da palavra ou rima significa uma *seqüência de letras* mapeadas a uma *pronúncia*. Se a ativação gera uma profusão de palavras relacionadas com rimas idênticas, não se sabe. Isto é agravado pelo fato de que lemos tão rapidamente que não temos consciência de como fazemos isso. Contudo, o cérebro leva 450-700ms para ler uma simples palavra – um tempo bem longo para cérebros. O tempo de reação simples (ver uma luz, apertar uma tecla) varia de 150-200ms; assim, um cérebro pode fazer muita coisa nesse tempo livre.

Indubitavelmente algo se ativa, mas o quê? Se ambas, *rimas* ortográficas e *rimas* fonológicas, se acendem, o caos se seguiria. Várias das palavras de Glushko ilustram isso muito bem. Uma pessoa lê *great* e o sistema visual ativa palavras com a mesma *rima ortográfica: eat, beat, defeat, heat, meat, neat, peat, pleat, seat, treat, wheat*. Alguns milissegundos mais tarde o sistema fonológico encontra um par (/eet/). Enquanto isso, traços de memória relacionavam great à *rima fonológica* (/eat/), ativando rimas fonológicas para as palavras: *bait, crate, date, inflate, freight, gate, hate, mate, plate, slate, spate, straight, trait, wait*. Devido aos sistemas funcionarem em parelelo, assumo que as soletrações acima (rimas ortográficas) são fornecidas bem rapidamente também. O que o cérebro deve fazer com isso? Um colapso do sistema parece inevitável! Porém, Glushko verificou que o tempo de reação para *great* (uma palavra exceção) era 41ms mais rápido do que para *greet*, uma soletração altamente regular, sem "inimigas".

É pouco provável que o sistema funcione dessa maneira. A decodificação pode ocorrer amplamente por meio da geração da relação mais provável entre uma imagem visual (ortográfica) e sua imagem fonológica e onde ambas as imagens estão muito mais altamente especificadas que por fragmentos de palavra como rimas ortográficas ou rimas fonológicas, o que, em vista disso, é uma noção extremamente pitoresca. Como alguém aprende a ler ou a escrever corretamente palavras que não rimam?

Dediquei algum tempo para pesquisar os problemas na elaboração dessas listas de palavras para ilustrar o perigo de fazer inferências a partir desses resultados sobre o modo como o cérebro processa padrões de soletração. Fiz isso também porque as listas de palavras de Glushko avançam inexoravelmente e ainda são usadas hoje para confirmar ou não a validade de modelos computacionais de leitura influentes.

Mais tentativas de identificar a estrutura ortográfica

O trabalho de Glushko levou a uma explosão de pesquisas sobre esse assunto, e não há espaço para cobrir tudo isso aqui. Neste momento, quero lidar rapidamente com o destino da rima ortográfica e, então, revisar descobertas mais recentes que mostram o que realmente está acontecendo.

Juel e Solso O artigo de Glushko foi seguido de uma tentativa mais quantitativa, usando-se freqüências de duas letras (par de letra) em uma série de estudos por Juel e Solso (Solso e Juel, 1980; Juel e Solso, 1981; Juel, 1983). Os autores ofereceram uma análise reveladora e cuidadosa do problema, embora isso fosse simplesmente uma tentativa frustrada, já que as freqüências de duas letras são uma correspondência muito ruim para o código de escrita inglês. Em 60% das palavras em suas listas, pelo menos uma unidade de duas letras estava em discordância com a fonologia da palavra.

A análise de Juel e Solso (1981) deu um passo em direção à identificação de importantes elementos estruturais do código escrito. Os autores identificaram dois tipos de informações contidas nos padrões de soletração. Sua linguagem foi alterada até certo ponto para ser coerente com o uso dos termos neste livro.

1. A probabilidade (ou número de ocorrências) com a qual um par de letras específico aparece em posições de palavra *específicas* em uma sílaba, estimada em um extenso *corpus* de palavras. Chamaram isso de *redundância ortográfica*.
2. A probabilidade com a qual um par de letras aparece em *qualquer* posição em um grande número de palavras diferentes. Chamaram isso de *versatilidade ortográfica*.

Essas categorias ligam seqüências de letras a posições nas palavras, mas não especificam o que o leitor faz com elas. Isso levou a uma terceira categoria ortográfica:

3. A probabilidade com a qual um determinado par de letras representa um fonema ou fonemas em particular. Usando sua terminologia, isto iria refletir "constância ortográfica", mas chamaram isso de codificação ou decodificação.

Como pode ser visto, isso é essencialmente uma lógica visual, e não inclui a estrutura de probabilidade do código escrito do fonema pronunciado. Assim, há duas variáveis ausentes na lista. Uma é a *freqüência* da ocorrência na escrita de uma determinada soletração para um fonema em particular. A outra é a *probabilidade* que alternativas de soletração para o mesmo fonema ocorrem em um grande *corpus* de palavras. Esse problema nunca fora resolvido em pesquisas posteriores e permanecia não-resolvido enquanto este livro ia para publicação.

Houve diversos resultados interessantes nesse trabalho. Juel (1983) relatou que a probabilidade de um par de letras representar constantemente um fonema era muito mais importante para leitores principiantes (alunos de 2ª série). Versatilidade ortográfica era mais importante para crianças maiores (5ª série) e para adultos, e elas liam pares de letras "versáteis" (par de letras que aparecem em várias posições em várias palavras) bem mais rápido. Esse resultado parece contra-intuitivo, pois era de se esperar que o conhecimento posicional de padrões de grafia (*chat*, *catch*) fosse extremamente importante e que devesse melhorar com a idade, e *não* que a estabilidade posicional fosse menos benéfica. Entretanto, este pode ser um artefato da técnica de par de letras e de suas listas de palavras.

Depois de investigar as implicações educacionais desses resultados, ela relatou que alunos de 1ª série ensinados com um método letra-para-som aprendiam as relações letra-som mais rapidamente para pares de letras "versáteis" (aqueles que aparecem em muitos lugares nas palavras) do que para pares de letras não-versáteis. Juel (1983, p. 325) tinha isto a dizer:

Há uma possível implicação educacional que emerge do presente estudo. Uma vantagem real que os leitores adultos têm sobre as crianças é sua sensibilidade a combinações de letras versáteis. Combinações de letras versáteis parecem ser mais rapidamente processadas tanto visual quanto fonologicamente. Apresentar às crianças um grande número de palavras contendo combinações de letras semelhantes parece que facilitaria o desenvolvimento de um conjunto de versatilidade.

A versatilidade representa uma medida de freqüência simples, o fato, por exemplo, de que as letras *ad* aparecem em um grande número de palavras e em um grande número de diferentes posições. Entretanto, jamais deveriam ser ensinadas às crianças pares de letras a menos que sejam dígrafos legítimos. Adaptar o ensino da leitura a palavras representando certas classes de pares de letras seria extremamente contraproducente, pois elas representam muitíssimo mal a natureza fonética e a estrutura do código escrito inglês.

Zinna, Liberman, e Shankweiler Zinna, Liberman e Shankweiler (1986) foram os primeiros a estudar as crianças usando a abordagem de Glushko (1979). Pediu-se às crianças que lessem palavras reais e sem sentido, e seus escores foram dados por precisão e não por velocidade. Zinna e colaboradores (1986) forneceram uma análise completa de como as crianças decodificaram os dígrafos de vogal em cada palavra no seu teste, o que nos diz muito mais do que escores médios e níveis de significância. Como no estudo de Glushko, as palavras foram atribuídas a vizinhanças "constantes" e "inconstantes" com base na rima VC: *beach* era constante porque a soletração *each* tem a decodificação provável "eech"; *head* era inconstante porque a soletração *ead* pode ser decodificada como *"heed"* ou *"head"*.

Os resultados mostraram que crianças são tão idiossincráticas quanto os adultos na forma como respondem a "constância de rima" e "vizinhanças", indicando que rimas ortográficas têm pouca relação com o que o cérebro está fazendo. Vou reportar-me aqui a palavras sem sentido, pois há efeitos-teto sobre palavras reais.

Algumas vizinhanças foram mais constantes do que outras. O grupo constante *oo* (*mooth, looth, poom, shoom, smoon, woon*) comportou-se de maneira ordenada, com praticamente todos optando pelo som vocálico /oo/. As pseudopalavras terminadas em each, ean, eam foram lidas de modo constante como /ee/. Mas nenhuma das demais rimas no grupo "constante" foi lida de modo constante. As crianças decodificaram as rimas oup, oung, oud com cinco diferentes sons vocálicos. Leram as três palavras oup (a vizinhança *soup*) como [oop] 30%, 50%, e 73% do tempo, dependendo da palavra – nem remotamente constante. A decodificação, também, foi instável para palavras com as rimas ield, ief e iece.

Por outro lado, muitas rimas no grupo "inconstante" produziram respostas altamente constantes, a maioria das crianças optando por /o͞ol/ em *bool* e *smool* (não /o͝ol/ como em *wool*). As preferências foram fortes (cerca de 90%) para ler palavras eak como /ee/ e não como /ae/ (*steak*). As crianças ficaram divididas, conforme esperado, nas palavras ow, lendo-as como /ou/ (*cow*) ou /oe/ (*low*) com freqüências iguais.

Ao reexaminar essas palavras, posso confirmar que os padrões de soletração correspondem às intenções dos autores. A variabilidade nas respostas deveu-se às crianças, e não às listas de palavras. Algumas crianças pareciam estar decodificando por analogia a uma família de palavras, outras por analogia a letras iniciais CV (chead foi lida como uma analogia a *cheap* e não a *head* 77% do tempo). Algumas pseudopalavras continham palavras reais inteiras, o que pode ter estimulado as crianças a buscarem palavras pequenas dentro de palavras maiores: *zoo* em *zook* e *moo* em *mook* venceram a batalha com o poderoso ook, família cujo único inimigo é *spook*. O *cow* em *cown* e o *how* em *hown* podem ser responsáveis pela preferência das crianças por leituras /ou/ versus /oe/, o que colheu aproximadamente 100% das respostas.

Ao analisar essas respostas, Zinna e colaboradores (1986) concluíram que "a influência do segmento inicial parece responder pela maioria da variabilidade (p. 474)". Sugeriram que, em razão de as pessoas lerem da esquerda para a direita, a primeira seqüência ativa uma palavra: *prou_* = *proud* em vez de *proup* = *soup*. Mas essa explicação não se mantém coerentemente, nem mesmo para *proup*, que foi lida *proop* em 50% das vezes. Resumindo, a decodificação das crianças não obedeceu nem o *onset* CV nem a "rima" CV, e pareceu envolver a palavra toda.

Treiman e colaboradores A primeira tentativa de fornecer uma descrição quantitativa da consistência com a qual todas as unidades ortográficas representam a língua não apareceu até 1995. Este foi o trabalho de Treiman e colaboradores (1995). Os autores afirmaram que, enquanto o sistema de escrita da língua inglesa é alfabético, existem redundâncias estruturais em sua ortografia. Os autores acreditavam que o elemento estrutural mais importante era a unidade CV ou "rima":

> Argumentamos aqui que uma avaliação das unidades ortográficas e fonológicas que são mais extensas do que grafemas simples e fonemas simples pode lançar uma nova luz sobre a natureza, o uso e a aquisição do sistema de escrita da língua inglesa. Especificamente, alegamos que grupos de letras correspondentes às *rimas* de sílabas faladas, ou unidades que incluem a vogal e qualquer consoante seguinte, desempenham um importante papel na pronúncia de palavras escritas de adultos e de crianças (p. 107, grifo original).

E os autores estavam bem certos quanto a essa direção da relação: "a consoante que segue a vogal ajuda a especificar a sua pronúncia" (p. 108). Referiram-se a isso como "dependência especial".

Essas afirmações são problemáticas, pois o objetivo é muito circunscrito, sugerindo uma falta de objetividade na busca de classificar a estrutura ortográfica.

O artigo foi dividido em três partes. A primeira foi uma tabulação do registro de freqüência das "vizinhas" das unidades ortográficas: C, V, C, CV, VC em 1.329 palavras do tipo CVC. Essas unidades foram analisadas corretamente na medida em que cada fonema poderia ser representado por uma a quatro letras: *sit*, *soap*, *sight*, *sought*.

A tabulação foi realizada conforme segue. Cada letra, dígrafo ou fonograma em cada posição nas 1.329 palavras de estrutura silábica CVC recebeu um valor de acordo com o fato de se a referida letra – na mesma posição em todas as palavras comparação – era pronunciada de modo parecido ou diferente em um *corpus* bem mais extenso de palavras polissilábicas. Uma "vizinhança" (a mesma letra ou seqüência de letra) foi quantificada de acordo com sua *constância*, a freqüência com a qual isso ocorria.

Pronúncias que combinavam eram "amigas", e aquelas que não combinavam eram "inimigas". Cada uma das unidades ortográficas recebeu escore para o número de amigas relativo ao número de amigas e inimigas dado pela fórmula $A/A + I$. Isto fornece um valor simples de "*constância de vizinhança*" para todas as unidades de letras em cada conjunto: C, V, CV, VC.[13]

Os dados tabulados mostraram que a leitura mais constante de qualquer letra em uma palavra CVC é a consoante inicial (95% constante), seguida pela consoante final (92% constante). A unidade VC foi mais constante que a vogal sozinha (62%). Esses valores são da probabilidade de soletração em todas as palavras do *corpus*. Os valores da freqüência de ocorrência na escrita foram um tanto mais baixos para todas as unidades envolvendo vogais, porém consoantes simples mantiveram os mesmos valores altos. Quando foram calculados o número de pronúncias diferentes e suas probabilidades em todas as palavras monossílabas do *corpus*, os mais regulares (previsíveis) foram a consoante final e a unidade VC. A seguir, veio a consoante inicial e a unidade CV. A pronúncia da vogal foi menos previsível.

Treiman e colaboradores tiraram as seguintes conclusões a partir dessa tentativa:

Os resultados para grafemas individuais esboçam um quadro bastante desolador do sistema de escrita da língua inglesa. A língua inglesa não é muito regular. Para vogais, particularmente, um único grafema geralmente corresponde a vários fonemas. Se incorporamos grandes unidades ortográficas e fonológicas em nossa descrição do sistema de escrita da língua inglesa, no entanto, o quadro se torna mais encorajador. As pronúncias de unidades ortográficas que contêm *um grafema de vogal e um grafema de consoante final* são mais constantes do que as pronúncias de grafemas de vogal simples (p. 112, grifo meu).

Há dois problemas com a afirmação acima. Primeiro, a probabilidade da constância VC se dever à consoante controlando a pronúncia da vogal, como alegam os autores, não é maior que a da vogal controlar a soletração da consoante (a causa não é a co-ocorrência). Segundo, essas 1.329 palavras do tipo CVC comuns constituem apenas 0,07% de todas as palavras de um dicionário universitário de 200 mil palavras, dificilmente um número suficiente de palavras para defender a incorporação de unidades ortográficas e fonológicas maiores nas descrições do sistema de escrita da língua inglesa. Finalmente, não há evidência a favor nem evidência considerável contra o pressuposto de que o *comportamento* das pessoas seguirá esse padrão estatístico em particular nessas palavras, conforme mostraram resultados anteriores. O passo seguinte, evidentemente, foi verificar se isso aconteceu. Solicitou-se que estudantes de duas universidades (27 da Wayne State e 30 da McGill) lessem as 1.329 palavras tão rápida e precisamente quanto possível.[14]

---

[13] N. de O. Esta foi uma empreitada formidável, pois unidades ortográficas tinham de ser "decodificadas" para serem comparadas. A pronúncia determinou como cada item recebeu um escore, e isso não pode ser feito por computador. Entretanto, não houve explicação sobre como esse processo decisivo foi realizado, nem quaisquer verificações de confiabilidade no processo de codificação. Por um lado, esse esforço parece altamente objetivo (registros de freqüência), mas, por outro, existe um grau desconhecido de subjetividade que não foi controlado.

[14] N. de O. Tempo de reação (tempo inicial de fala) e escores de erro foram medidos entre sujeitos para cada palavra, para os dois grupos de estudantes separadamente. Assim, houve um total de 1.329 escores de tempo de reação, um para cada palavra. Eles foram usados em uma análise de regressão múltipla para observar a relação entre a velocidade envolvida ao dizer uma palavra e as várias propriedades daquela palavra. Com efeito, "palavras" foram substituídas por sujeitos na análise estatística, e toda a "variância" (variabilidade) veio das palavras, e não dos alunos. Este é um procedimento muito incomum.

Vou apresentar os resultados que foram constantes entre os dois grupos de estudantes. A menos que possam ser generalizados entre populações semelhantes, os resultados não têm validade alguma. Das 42 variáveis inseridas em uma análise de regressão, apenas aquelas mostradas na tabela a seguir responderam por quantidades significativas de variância para *ambos os* grupos de alunos, da Wayne State e da McGill. Esses valores representam variância única para cada variável, com variância compartilhada controlada.

A tabela mostra duas coisas. Primeiro, os dados na última linha refletem um grave problema com a tecnologia usada para medir a latência de início da fala. A variação no ato físico de produzir o fonema inicial em uma palavra respondeu pela maior parte da variância no tempo de início da fala, e foi bem diferente para os dois grupos. Essencialmente, esta é uma enorme fonte de problemas nesses dados. Como tal, deveria ter sido subtraída ou deixada de lado, mesmo assim, os autores *a adicionaram* em sua análise.

Segundo, seja qual for o fator responsável pelo tempo que se leva para ler uma palavra, esse estudo não o encontrou. Frequência de palavra ou familiaridade não vão desempenhar um papel importante na capacidade de estudantes universitários de ler palavras CVC simples de alta frequência, e vemos que isso não ocorre aqui. Mas, mesmo assim, ela respondeu por mais variância que qualquer outro fator medido. O número de letras por fonema e a taxa de constância para a consoante inicial responderam por mais variância que a rima VC, responsável por menos de 1% nos dados da Wayne State e de 1,3% para os alunos da McGill. Embora esses valores pequenos fossem "significativos", devido ao fato de 1.329 palavras terem atuado como "sujeitos" no estudo, eles não têm significância prática.

Treiman e colaboradores chegaram à seguinte conclusão:

> Leitores parecem ter pego a regularidade estatística documentada na Parte 1, de que unidades VC são guias absolutamente confiáveis de pronúncia. Dada uma palavra cuja estrutura VC tivesse uma pronúncia única, as pessoas pronunciavam a palavra com relativa precisão e rapidez. Quando a estrutura VC tinha múltiplas pronúncias, o desempenho era comparativamente mais fraco. Este foi um forte resultado, emergindo em todas as análises de regressão para ambos os grupos de participantes, da Wayne State e da McGill...
>
> Associado ao efeito da constância VC, esse resultado sugere que, pelo menos na tarefa de nomeação acelerada, palavras escritas são processadas em grande medida em termos de unidades ortográficas correspondentes a *onsets* (unidades C) e unidades ortográficas correspondentes a rimas (unidades VC) (p. 121-122).

Os dados não fundamentam essa posição extrema.

A seção final incluiu um estudo com crianças de 1ª, 2ª, 3ª e 5ª séries. Listas de palavras foram compostas com base em escores de constância CV e VC altos ou baixos (proporções de amigos e inimigos). Houve quatro tipos de listas: (1) palavras com escores de constância CV alto/VC alto; (2) palavras com

	Wayne State	McGill
Familiaridade com palavra	3,8%	1,3%
Frequência de palavra	2,2	0,3
Nº de letras em C, V, C (valores somados)	2,7	1,4
Constância: consoantes iniciais	2,2	0,9
Constância: VC	0,8	1,3
Variância devida à produção do fonema inicial	5,2	22,8

escores baixos em ambos; (3) CV alto/VC baixo; (4) CV baixo/VC alto.

Treiman e colaboradores previram que as crianças cometeriam menos erros em palavras com rimas VC altamente constantes, pois, conforme a teoria, a consoante final é a primeira pista para a forma como a vogal é pronunciada nessas palavras. Os dados pareciam confirmar isso, pois palavras nas listas "VC alto" eram lidas significativamente de modo mais preciso por alunos de 1ª, 2ª e 3ª séries. Alunos de 5ª série foram igualmente precisos em todas as quatro listas.

Minha análise das listas de palavras mostrou que algo bem diferente estava acontecendo. Em muitas palavras a *vogal* controlou a forma como a consoante era soletrada nas unidades VC (*watch, beach*), ou a *consoante inicial* controlou como a vogal era soletrada (/b/ e /p/ levam a soletração u para /oo/, como em *bush, push*). Palavras como estas foram espalhadas ao longo das listas e não corresponderam às designações usadas por Treiman e colaboradores. Em um grande número de palavras não houve relação entre nenhum dos fonemas ou grafemas na palavra, o que é típico das palavras CVC "vogal simples" em suas listas: *bob, mob, thin, gum, gun, wet, met*. Em palavras, estruturas CVC perfeitamente "regulares" como estas, qualquer letra pode ser trocada, e isto não afeta como as outras letras são decodificadas.

Realizei uma ampla análise de todas essas palavras nessas listas (ver Apêndice 3) e encontrei apenas duas palavras em 60 em que a consoante final em uma rima VC definitivamente influenciara a forma como a vogal é decodificada: *ball* e *tall*. Em todos os outros casos houve pouca ou nenhuma relação. Isto significa que a vantagem "significativa" na precisão de leitura para rimas VC "constantes" é um artefato das palavras nas listas de palavras. O que poderia ser esse fator?

Descobre-se que a principal razão pela qual as crianças cometeram mais erros ao ler palavras VC de baixa constância foi o fato dessas palavras serem consideravelmente mais difíceis de ler. Eram mais compridas (tinham muito mais letras) e escritas com alternativas de soletração menos comuns: *bear, shall, none, ton, won, cough,* e *rough*. Quatro palavras em uma lista empregavam a soletração do francês antigo se para os fonemas /s/ e /z/ e a vogal poderia ser decodificada de duas maneiras: *chose, dose, lose*. Não é de surpreender que crianças tivessem mais problemas lendo esses tipos de palavras. Se essas soletrações anômalas provocam um decréscimo na precisão de leitura, isto é realmente porque a "rima" é inconstante? Até agora não há medidas satisfatórias para estudar quais padrões "ortográficos" são processados pelo cérebro para ajudar a recuperar informação a fim de decodificar palavras. Essas medidas não são apenas insatisfatórias, mas enganosas, principalmente quando a interpretação dos dados tende a ser parcial.

Modelos Computacionais de Leitura

Por razões desconhecidas, Glushko (1979) abandonou seu estudo das propriedades estatísticas dos padrões ortográficos e se dedicou a outras coisas. Da maneira como as coisas progrediram, talvez esta tenha sido uma sábia decisão. Contudo, as questões fundamentais de Glushko ainda são importantes, uma vez que modelos computacionais de leitura começaram a amadurecer. O problema atual não é tanto se um computador pode aprender a ler, mas qual dos vários modelos corresponde ao modo como humanos lêem. A menos que o modelo se comporte como as pessoas, não se pode inferir que o computador esteja fazendo algo remotamente "parecido com o cérebro". Afinal um computador pode jogar xadrez realizando todos os movimentos possíveis, 10 movimentos à frente, no tempo que leva para dizer *nanossegundo*, mas isso não é o que um enxadrista faz.

Por razões históricas (assume-se), os principais envolvidos em modelos de leitura *de distribuição paralela* ou *de redes neurais* (Seidenburg e McClelland, 1989; Plaut et al., 1996) basearam-se na lógica original de Glushko e tentaram validar seus modelos em tarefas idênticas ou semelhantes às suas, até mesmo a ponto de usarem suas listas de palavras originais. Já vimos que aquelas listas são problemáticas. Depois de mais ou menos uma década, seria possível imaginar que tudo estivesse resolvido e que toda a dor de cabeça de Glushko tivesse passado e servido para alguma coisa. Mas não foi isso que aconteceu.

"Mexendo ainda mais no vespeiro"

Em 1990, Jared, McRae e Seidenberg publicaram o que deveria ser o estudo definitivo para resolver essa questão, particularmente em vista do fato de tantas pessoas estarem com dificuldades de replicar os resultados de Glushko (1979). Ao mesmo tempo, eles estavam interessados em encontrar embasamento comportamental confiável para o fato de um modelo baseado em regras estritas de correspondência fonema-grafema ser inviável. Padrões ortográficos eram importantes, mas o que eram eles?

Os dois problemas centrais eram que os modelos computacionais de "comportamento" (referindo a Seidenberg e McClelland, 1989) não imitavam o comportamento humano e os testes desenhados para medi-lo, como a problemática lista de Glushko. Dá-se ao computador 3 mil palavras para aprender a ler, junto com algum "treino" inicial em correspondências básicas letra-para-som. O computador gradualmente organiza "padrões de ativação" codificados por uma série de pesos (substitutos neurais). Estes, finalmente relacionam uma soletração à sua decodificação mais provável com base em padrões comuns (redundâncias estatísticas) que aparecem no *corpus* inteiro de 3 mil palavras. Conforme aprende, o computador obtém *feedback* em cada tentativa por ter ou não escrito a transcrição fonética correta da palavra. O resultado é realimentado no sistema, e os pesos são modificados. Vários modelos matemáticos foram testados, o mais recente esboçado por Plaut e colaboradores (1996).

A diferença entre esses modelos e medidas comportamentais é que todas as palavras relevantes contribuem para um resultado, além dos dados serem contínuos, valores precisamente pesados e constantemente atualizados. Por outro lado, a pesquisa comportamental depende de categorias discretas de palavras nas quais há competição entre vizinhas constantes e inconstantes, ou em outras variáveis. Nos modelos computacionais, "vizinhas" (amigavelmente ou não-amigavelmente) cooperam para um conjunto de suprimento de informações. Assim, "os pesos vêm para codificar fatos sobre a constância das correspondências grafia-som no *corpus* de treino. O desempenho dos modelos é avaliado em termos de um escore de erro fonológico que indica a discrepância entre o código fonológico computado e o código correto" (Jared, McRae e Seidenberg, 1990, p. 689). Os dois pontos mais importantes sobre essa afirmação incluem o cômputo da constância (quão freqüente uma combinação ocorre ou não ocorre), e o fato da fonologia estar inscrita no processo – um processo que serve a função de integrar padrões de letras e sons da fala. Não há necessidade nem razão, portanto, para "duplas rotas" ou diferentes "caminhos".

O trabalho de Brown (1987) parecia mostrar que o maior impacto na velocidade de decodificação não foi a constância da "rima", mas a freqüência com a qual as rimas ortográficas apareciam na escrita. Jared e colaboradores (1990) sugeriram que talvez a noção de constância seja correta, mas que isto só aparecerá em determinados tipos de palavras, tendo algo a ver com o "tamanho da vizinhança" das inimigas *em relação ao* tamanho da vizinhança das amigas. Por exemplo, se uma rima ortográfica tem poucas inimigas de baixa freqüência na escrita, haverá pouca interferência na decodificação da palavra. Por outro lado, se a rima tem muitas inimigas, todas de alta freqüência na escrita, a decodificação irá demorar mais. Deve-se enfatizar que por "constância" de vizinhança, Jared e colaboradores (1990) queriam dizer apenas *rima ortográfica*.

Em uma série de quatro experimentos, Jared, McRae e Seidenberg (1990) mais ou menos "provaram" a teoria delineada acima, ou pelo menos pensaram tê-lo feito. Mas essa teoria valeu para um *corpus* limitado de palavras, com muitas restrições.[15]

Os resultados mostraram que o "efeito constância" foi isolado para palavras com rimas ortográficas que tinham muitas inimigas, mas não apareceu quando as inimigas eram poucas. Os pesquisadores acreditavam haver resolvido o dilema que abatera essas pesquisas por tanto tempo: o fato de que a freqüência na escrita das rimas ortográficas não havia sido controlado. Eles argumentaram que esses resultados proporcionaram uma forte contestação do modelo da dupla-rota e das regras CFG, pois um sistema baseado em regras não pode explicar o impacto da constância da "rima" e dos efeitos de freqüência na velocidade de reconhecimento de palavras.

Experimentos posteriores adicionaram algumas nuanças. Jared, McRae e Seidenberg (1990) tentaram isolar o impacto da rima ortográfica *visual* e da rima *fonológica* no "efeito constância". Os resultados mostraram que o efeito constância foi verificado apenas quando os alunos respondiam verbalmente (não manualmente), levando os pesquisadores a concluir que ele se devia a fatores fonológicos. Não está claro o que isso significa. Redundâncias estruturais são certamente visuais também; do contrário, crianças surdas não poderiam usá-las para ler e soletrar.

"Mais vespas"

Precisamos pôr em perspectiva os resultados de Jared, McRae e Seidenberg (1990), principalmente porque eles fortaleceram os fundamentos lógicos para os modelos computacionais de leitura mais recentes desse grupo (Plaut et al., 1996). Não basta argumentar simplesmente que esses estudos provaram ou não provaram uma teoria de constância sobre velocidade de reconhecimento de palavra e de precisão, pois todas as restrições que tornaram essa afirmação possível deveriam ser parte da equação. Segue um relato preciso do que aconteceu nesse estudo.

Dado palavras de igual freqüência na escrita, todas de uma sílaba e contendo o mesmo número de letras, o mesmo registro de freqüência de par de letras, e o mesmo escore de erro ortográfico, palavras constantes (rimas pronunciadas apenas de uma maneira) são lidas mais rápida e mais precisamente do que palavras inconstantes (rimas pronunciadas de mais de uma maneira) *apenas se* as palavras inconstantes têm inimigas vistas freqüentemente na escrita. Esse efeito é mais marcado se a freqüência das amigas é baixa também. Esse resultado não é afetado pelo simples total de amigas ou inimigas.

Existem duas maneiras de olhar esse resultado. Aqui está a versão dos autores, apresentada à luz do fato de que eles controlaram todas as variáveis relevantes listadas acima: "é muito provável que os efeitos observados sejam devidos a uma propriedade de estímulo que sistematicamente diferiu entre os grupos: constância de correspondências grafiasom" (p. 707).

Fiquei mais surpresa pelo fato de que, enquanto os controles continuaram aumentando, o *corpus* de palavras tornou-se tão pequeno que os pesquisadores tiveram de repetir listas de palavras a fim de terem palavras suficientes para realizar o estudo. Assim, mesmo se esses efeitos são robustos e replicáveis, eles são relevantes quando pertencendo a um grupo muito especial de palavras constituindo uma pequena fração de todas as palavras?

Jared, McRae e Seidenberg (1990) tentaram relacionar esses resultados a modelos computacionais de reconhecimento de palavras, especialmente o de Seidenberg e

---

[15] N. de O. No experimento final, as seguintes restrições tinham de se aplicar para a "teoria da rima ortográfica" funcionar. Foram selecionadas palavras que cabiam em duas categorias: palavras com amigas de alta freqüência (segmentos de rima que aparecem freqüentemente em muitas palavras) e palavras com amigas de baixa freqüência. Elas foram divididas depois em palavras com rimas constantes e inconstantes (uma decodificação possível *versus* mais de uma). As palavras inconstantes foram divididas posteriormente em palavras com inimigas de alta freqüência (rimas com diferentes pronúncias que apareciam freqüentemente na escrita) e aquelas com inimigas de baixa freqüência (não freqüentes na escrita). Cada palavra foi então combinada com uma palavra-controle em tudo, exceto consistência. Também foram controladas várias outras medidas tais como freqüência de palavra e comprimento de palavra.

McClelland (1989). Esse modelo não tem representações para palavras individuais. Em vez disso, as propriedades do modelo dão origem a efeitos de constância:

> Palavras que são soletradas e pronunciadas de modo semelhante (por exemplo, vizinhas com rima tais como *FEAT* e *TREAT*[16]) têm efeitos parecidos nos pesos: conseqüentemente a exposição a uma palavra melhora o desempenho na outra... Palavras que são semelhantes ortograficamente, mas diferentes fonologicamente[17], têm efeitos mutuamente inibidores: treino em *TREAT* tem um impacto negativo sobre os pesos relativos a *GREAT* e vice-versa. O efeito final de todo o conjunto de experiências de aprendizado é um desempenho mais fraco em itens inconstantes comparado aos totalmente constantes. (Jared, McRae e Seidenberg, 1990, p. 709)

A leitura é realmente uma questão de padrões de ativação recíproca entre rimas ortográficas e rimas fonológicas? Não há evidência convincente até agora de que seja. E Jared e colaboradores introduziram esse pequeno enigma perto do final de seu artigo:

> Ao longo deste artigo, assumimos, como outros antes de nós, que a pronúncia é amplamente determinada por propriedades de vizinhanças definidas em termos de corpos de palavras... Entretanto, existem algumas palavras em inglês que têm *corpus* de palavras que não são encontrados em nenhuma outra palavra (por exemplo, *SOAP* é a única palavra OAP)... O desempenho em *SOAP*, por exemplo, pode ser afetado pela exposição a palavras tais como *SOAK* e *SOAR*. Portanto, nossos estudos não deveriam ser tomados como indicadores de que apenas vizinhanças definidas em termos de corpos de palavras são relevantes para a nomeação (p. 711).

Mas e se houver uma explicação mais simples? E se a palavra *soap* fosse lida

/s/   /oe/   /p/

Por alguma razão, o código alfabético desapareceu dessa pesquisa!

Há uma explicação bem mais simples para os resultados de Jared, McRae e Seidenberg que o apresentado por eles. Isso tem a ver com o fato de que as palavras em suas listas constantes e inconstantes continham diferentes vogais e proporções desiguais das mesmas vogais. Quando as palavras nessas duas listas são equilibradas para contagens dos mesmos sons de vogais, e suas soletrações são examinadas, explicações baseadas em rima se desintegram, um problema semelhante ao das listas de Treiman e colaboradores.

Minha análise foi extensa, e forneço uma pequena amostra aqui usando as palavras do experimento 3 (Jared, McRae e Seidenberg, 1990, p. 698). As palavras nas listas constantes e inconstantes tinham apenas seis vogais em comum em um total de 19 vogais. As vogais nas listas constantes tendiam mais a ser vogais "simples" (curtas): /a/, /e/ e /i/. Ou seja, tendiam a ser as vogais que tinham menos alternativas de soletração e que eram as mais fáceis de decodificar. Com relação ao que isso tem a ver com rimas ortográficas ou rimas fonológicas, a resposta é nada. Mas podemos investigar mais a fundo. A função alegada da rima ortográfica é que a consoante final oferece uma pista para a pronúncia do som da vogal. As consoantes finais ajudaram nessas listas de palavras?

Podemos tomar como um exemplo o som /oe/, que foi o mais usado em todas as listas, para um total de nove palavras. Aqui temos uma lista das palavras /oe/ da lista "constante" na esquerda, como o número total de palavras que são lidas de modo constante (*amigas*) entre parênteses. Elas estão emparelhadas com palavras na lista "inconstante" – isto é, palavras com pronúncias diferentes da mesma rima ortográfica (*inimigas*), com o número de inimigas em parênteses. As contagens baseiam-se em um *corpus* de 3 mil palavras.

---

[16] N. de R. T. bon*eca*; sap*eca*.
[17] N. de R. T. casa e caça.

Palavras constantes	Palavras inconstantes
dome (4)	*some* (2)
foes (11)	*shoes* (1)
prone (9)	*gone, one* (5)
wove (8)	*move, shove* (7)
comb (1)	*tomb, bomb* (3)
dough (2)	*tough, cough, through* (5)
dose (3)	*nose* (6)

Se a rima ortográfica (VC, VCC) é relevante para a decodificação a(s) consoante(s) final(ais) devem afetar a pronúncia da vogal e devem fazê-lo por um valor *estatisticamente* significativo. Apenas uma rima na lista tem pares a seu favor suficientes para que seja lida mais rápido. Ler <u>foes</u> como *foze* tem uma probabilidade de 11:1 sobre *fooz*. Mas, lembrem-se de Glushko (1979)? Ele verificou que a palavra *shoes* foi lida quase 100 ms mais rápido que a palavra de alta freqüência *goes*. Se *goes* não pode vencer *shoes*, certamente *foes* também não pode. (Não há como saber o que aconteceu nesse estudo, pois os tempos de resposta não foram relatados.) Quando realizei esse tipo de análise em todas as palavras nas listas em que os sons de vogal coincidiam, as *consoantes finais não tiveram efeito sobre como a vogal era lida*. Os resultados de Jared, McRae e Seidenberg (1990) são, portanto, um artefato de sons de vogal em particular nas palavras e suas soletrações em particular.

Não há a menor evidência, a partir de quaisquer desses estudos, de que a rima ortográfica é um padrão estrutural importante, assim, não é surpresa nenhuma que desapareça sem deixar vestígios em um novo modelo computacional.

A rima ortográfica se perde na área de atração (attractor space)

Em 1996, Plaut e colaboradores adicionaram uma importante atualização em seu modelo original (Seindenberg e McClelland, 1989). Particularmente quero discutir os resultados do terceiro modelo de uma série de quatro, um modelo descrito como uma "rede atratora" (*atttactor network*). O primeiro e o segundo modelos são mais parecidos com o modelo original, e o quarto modelo incluía um componente semântico. Um modelo de atração é um avanço sobre os outros modelos porque possibilita *feedback* na rede, o que Plaut e colaboradores chamaram de "conexões recorrentes", uma característica dos sistemas neurais reais.

Eles o descreveram desta maneira:

O processamento em uma rede é interativo quando as unidades podem mutuamente restringir umas às outras ao decidir sobre a interpretação mais consistente da entrada... Uma maneira comum na qual a interatividade tem sido usada em redes é ao tornar determinados padrões de atividade *de atração* estáveis. Em uma rede atratora, as unidades interagem e atualizam seus estados repetidamente de tal forma que o padrão inicial de atividade gerado por uma entrada gradualmente se ajusta ao padrão de atração mais próximo (p. 82).

Um "atrator" representa basicamente um ponto em um "espaço de estado multidimensional" no qual, a qualquer momento, o padrão de atividade em todas as unidades envolvidas no processamento corresponde a esse único ponto. Isto se assemelha a um "nó" em uma rede que contém toda a informação sobre uma determinada relação de entrada-saída. Além disso, "um conjunto de padrões iniciais que se ajusta a esse mesmo padrão final corresponde a uma região em volta do atrator, chamada sua área de atração. Para resolver uma tarefa, a rede deve aprender pesos de conexão que fazem as unidades interagirem de tal forma que a interpretação apropriada de cada entrada é um atrator cuja área contém o padrão inicial de atividade para aquela entrada" (p. 82). Se as redes neurais se comportam como atratores ou funcionam por superposição e análise/síntese de Fourier (Pribram, 1991), ou ambos, é um problema para o futuro. O que interessa agora é o quão bem o modelo atrator imita o desempenho humano. Pelo menos ele pode "decodificar" pseudopalavras nunca vistas antes tão bem quanto humanos o fazem. Isto havia sido uma falha dos modelos anteriores. Outro bônus desse modelo é que ele pode ser diretamente comparado aos dados de tempo de reação. Modelos anteriores podiam apenas ser comparados a escores de erro.

Duas propriedades desse modelo são de maior interesse aqui. A primeira é que as redundâncias mútuas das "rimas" ortográficas e das "rimas" fonológicas são mapeadas juntas em uma área atratora Os autores explicam isso desta maneira: "a razão é que, ao aprender a mapear a ortografia à fonologia, a rede desenvolve atratores que são *componenciais* – eles têm subestrutura que reflete correspondência sub-lexical comum entre a ortografia e a fonologia. Essa subestrutura se aplica não apenas à maioria das palavras, mas também a pseudopalavras, permitindo-as serem pronunciadas corretamente" (p. 83, grifo do original).

A segunda propriedade de interesse é que um modelo de atração (*attractor*) pode ser sistemático e continuamente decomposto até seu "estado fronteira", pois mapear uma determinada característica ou características da entrada começa a desmoronar. Isso permite uma medida direta da robustez de cada característica, como também de quais características operam juntas para produzir um resultado correto (a pronúncia correta de uma palavra).

Foi aplicado ao modelo (um programa de computador) a tarefa a aprender 3 mil palavras. Essas palavras variaram em fatores tais como constância de vizinhança (amigas/amigas + inimigas), tamanho de palavra, número de fonemas na palavra e uma medida de freqüência de palavra. Os resultados para o tempo que o modelo levou para aprender a ler uma palavra mostraram que todos os quatro fatores responderam por variância única: 10% para constância de palavra, 5,6% para freqüência, 8% para tamanho ortográfico e 0,1% para tamanho fonológico. Mas essa análise não revelou quais características ortográficas criaram o efeito constância.

A fim de observar as características ortográficas, os pesquisadores reduziram a atividade na "rede" de cada característica separadamente e em conjunto até que o sistema começasse a ler as palavras errado. Isso foi precisamente quantificado como um "valor de fronteira", que varia de 0 a 1. Zero significa que uma letra ou combinação de letras (dígrafo ou encontro consonantal) é relevante para a pronúncia da palavra, mas não para a pronúncia de letras adjacentes; 1 significa que ela é absolutamente essencial para decodificar outras letras. Isso proporciona uma medida pura de probabilidade ortográfica. O sistema foi testado com os quatro tipos de palavras (ver Figura 10.1).

Para as palavras constantes regulares (palavras que são decodificadas constantemente de uma maneira), as unidades correspondendo a consoante(s) inicial(ais), vogal, e consoante(s) final(ais) foram amplamente independentes, o que, como Plaut e colaboradores (1996, p. 88) observaram, "indica que as áreas atratoras para palavras regulares consistem em três subáreas separadas, ortogonais (uma para cada encontro consonantal)." Conforme já observado, letras em palavras CVC com vogais "simples" são "independentes de contexto". Qualquer letra pode ser trocada sem afetar como as outras letras são pronunciadas (*pot, top, dot, pod, pit, tip*, entre outras). Portanto, o modelo confirma o que se conhece sobre o código escrito nesse nível.

Enquanto as palavras se tornam menos "regulares" (palavras regulares/inconsistentes), as unidades ainda continuam independentes, exceto a vogal, que precisa de algum suporte mínimo das consoantes inicial e final. Nos dois tipos restantes de palavras, a vogal deve ter suporte mútuo de ambas as

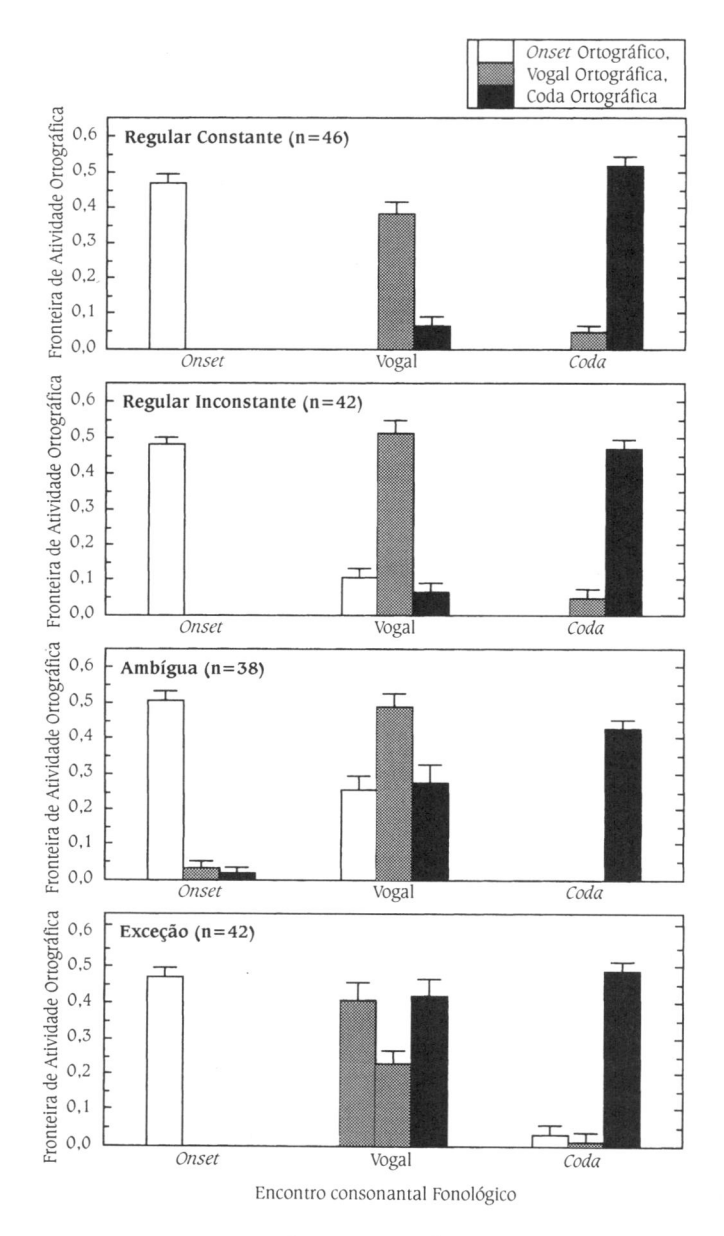

| Figura 10.1 |

A quantidade de atividade na rede atratora (estado de fronteira) para consoantes iniciais (*onset*), vogal e consoantes finais (*coda*) necessária para o computador ler palavras corretamente. Em palavras com soletrações regulares (*trip*) todos os fonemas são independentes de contexto (a decodificação não é influenciada por soletrações vizinhas). Em palavras com soletrações irregulares (*deaf/read, break/beach*), a vogal não pode ser decodificada independentemente das consoantes vizinhas. Extraído de Plaut e colaboradores, 1996. *Copyright* APA. Reproduzido com permissão.

consoantes para ser reconhecida. Isto mostra que as consoantes inicial e final têm dois valores na "área de atração", um para suas contribuições independentes e outro para suas contribuições para uma decodificação correta da vogal. Para palavras ambíguas, a vogal teve um valor de fronteira mais alto do que as consoantes de apoio, mostrando que a vogal era uma pista mais forte para como foi decodificada. Mas, para as palavras-exceção, as consoantes de apoio tiveram valores de fronteira mais altos que a vogal, mostrando que são *cruciais* para decodificá-la.

Há dois pontos importantes aqui. Primeiro, essa análise reafirma minha observação de que os resultados de Jared, McRae e Seidenberg (1990) foram amplamente devidos aos diferentes tipos de vogais nas listas, o que alteraria extremamente essas dependências seqüenciais. Segundo, muito embora essas palavras fossem escolhidas pela presença ou ausência de rimas VC constantes, a unidade VC não desempenhou papel mais importante que a unidade CV. Ambas as consoante(s), inicial(ais) e final(ais), foram necessárias em um mesmo grau para ajudar a decodificar a vogal nas palavras em que ela era ambígua. Não há qualquer base, de fato, para a noção de que a unidade de rima VC dê alguma contribuição especial para a decodificação. Ela colabora bem menos do que as contribuições independentes das consoantes inicial e final isoladas.

Esses resultados confirmam minha análise das listas de palavras apresentadas neste capítulo, que levaram à mesma conclusão. Essa análise baseou-se na estrutura ortográfica do código escrito, não na estrutura ortográfica do "código de leitura". Essa investigação esclarece problemas teóricoschave e levanta questões fundamentais para pesquisa futura:

1. A idéia original de Glushko (1979) de que todas as letras em uma palavra contribuem para um modelo estatístico de redundância ortográfica estava majoritariamente correta, exceto para uma certa classe de palavras tipo CVC.
2. Se a rede atratora fosse ensinada, a estrutura do código escrito diretamente (som para escrita), ela aprenderia a ler mais rapidamente? Ela, afinal, aprenderia a ler? (Humanos aprenderiam).
3. Uma rede treinada inteiramente no "código de leitura" também soletra? Este seria um teste interessante do modelo, pois humanos são inconstantes aqui.

Esses estudos proporcionam um forte embasamento para uma terceira maneira de decodificar a escrita em adição ao conhecimento de correspondências fonema-grafema e da memória visual. Esta terceira maneira é um presente da capacidade do cérebro de codificar automaticamente as redundâncias estatísticas de *qualquer tipo de padrão.* A terceira maneira foi inicialmente proposta por Glushko, e foi operacionalizada matematicamente na pesquisa desenvolvida por Plaut e colaboradores). Aaron e colaboradores proporcionaram evidências posteriores em sua constatação de que crianças surdas dependem de redundâncias estatísticas visuais para ler e soletrar.

Fechamos o círculo. Os Capítulos 1 e 2 mostraram que o conhecimento do código escrito inglês é a chave para compreender como falantes da língua inglesa aprendem a soletrar corretamente e como decodificam (lêem) padrões ortográficos. Esse conhecimento é tão importante para desenhar programas de soletração e de leitura para a sala de aula e para a clínica quanto é para pesquisa comportamental e para desenhar modelos computacionais para a decodificação. Em vista do fato de que pesquisas em sala de aula mostram que sabemos como desenhar programas eficazes de leitura e de soletração, precisamos de um novo mapa para onde nos dirigirmos em seguida. As questões de pesquisa para o século XXI são questões totalmente diferentes daquelas abordadas até aqui, e está na hora de avançar.

11
Novas Diretrizes para o Século XXI

É muita sorte para nós que a expedição do National Reading Panel (2000) tenha trazido à tona tanta riqueza de conteúdo. Agora temos um conhecimento preciso sobre como ensinar cada criança a decodificar, a ler fluentemente e a compreender o que elas lêem. Nenhuma criança precisa ficar para trás. Essas são notícias entusiasmantes, de fato. Custaram a chegar. Estávamos bloqueados por duas barreiras principais: a dificuldade de desencavar de maneira apropriada pesquisas metodologicamente controladas sobre programas bem-sucedidos em meio a uma vastidão de trabalhos descartáveis e a dificuldade de identificar os elementos básicos e no ensino da leitura que conduzem ao sucesso de modo consistente. O NRP (2000) foi um pouco além na resolução do primeiro problema. E espero que este livro ajude a solucionar o segundo.

A análise do NRP mostrou que as pesquisas sobre o ensino da leitura ainda estão sendo moldadas na estrutura fônica *versus* palavra inteira ("guerra da leitura"). Em quase todos os 66 "casos" na base de dados do NRP, o grupo-controle foi ensinado com um método de palavra inteira. Esses métodos foram identificados nas tabelas do NRP como "palavra inteira", "leitura elementar", "linguagem total" ou "não-especificado" – querendo dizer "programa de sala de aula regular" (isto é, palavra inteira). Poucos estudos compararam dois tipos de programa fônico.

É hora de avançar. O objetivo deste capítulo é nos ajudar a fazer isso. Primeiramente, quero resumir as descobertas mais importantes apresentadas neste livro e, depois, gostaria de dar algumas sugestões de como levar a pesquisa em leitura para o século XXI. Começarei com o protótipo. Este é o primeiro conjunto de diretrizes objetivas para o ensino da leitura com base em evidências históricas e científicas. Elas estabelecem as regras básicas, embora ainda estejam incompletas. Um número maior de pesquisa torna-se necessário para determinar detalhes específicos, como a ordem (se há) na qual os fonemas deveriam ser ensinados, a rapidez com que deveriam ser ensinados, que tipo de lições funcionam melhor e quais materiais, exercícios especiais e atividades são importantes e quais não são.

O Protótipo: Juntando Tudo

Vários capítulos abordaram as evidências históricas e empíricas sobre a forma como um sistema de escrita deveria ser ensinado e como um sistema de escrita *alfabético*, em particular, deveria ser ensinado. São esmagadoras as evidências de que os sistemas de escrita de palavra inteira não podem funcionar, nunca funcionaram realmente e nunca irão funcionar. São igualmente claras as evidências de que todos os sistemas de escrita baseiam-se em uma (e apenas *uma única*) unidade fonológica menor que é o nível da palavra.

Dois princípios determinam qual unidade fonológica é escolhida para um sistema de escrita em particular. Primeiro, a unidade deve corresponder à estrutura fonotática da língua. Segundo, a escolha segue a lei do menor esforço e representa um intercâmbio entre percepção e memória. A unidade escolhida dever ser a mais fácil de ouvir (segmento de seqüência da fala), e não deveria impor uma carga excessiva de memória. Isso obedece à seguinte regra simples: muitas unidades = muitos símbolos = não-memorizável. A língua inglesa tem mais de 55 mil sílabas permitidas fonotaticamente. O chinês tem 1.270. Essa é a razão pela qual o chinês usa um sistema de escrita silábico e nós usamos um sistema de escrita alfabético.

Esses fatos excluem todos os programas de leitura com base em palavra inteira e todos os programas de leitura que ensinam unidades fonéticas *não* representadas pelo código. Para um sistema de escrita alfabético isto significa sílabas, encontros consonantais, tanto ensinados como unidades únicas quanto como famílias de palavras (finais com rima).

As lições dos 5 mil anos de história dos sistemas de escrita encontram-se totalmente embasadas pelas evidências do relatório do National Reading Panel (2000). Programas de palavra inteira são constantemente inferiores a programas fônicos, e a fônica multissom não tem qualquer vantagem sobre os programas de palavra inteira. Não apenas isso, mas o treino de consciência fonêmica, que também inclui unidades fonológicas múltiplas, é constantemente inferior como um indicador da habilidade de leitura em relação ao ensino de consciência fonêmica.

Assim, temos duas linhas de suporte para o primeiro conjunto de diretrizes que constituem o protótipo geral. Elas são reiteradas aqui:

1. Assegure-se de que a estrutura completa do sistema de escrita tenha sido entendida (ou totalmente compreendida) antes que um método de ensino seja desenvolvido.
2. Ensine as unidades de som específicas que são a base para o código. (Não ensine outras unidades de som que não têm nada a ver com o código.)
3. Ensine os símbolos arbitrários, abstratos que representam esses sons. Tais símbolos constituem o código.
4. Ensine os elementos do sistema em uma ordem, do simples ao complexo.
4. Assegure-se de que o aluno aprenda que um sistema de escrita é um código e que os códigos são reversíveis.
5. Assegure-se de que a codificação (soletração) e a decodificação (leitura) estejam relacionadas em cada nível de ensino por meio da visão (memória visual), da audição (memória auditiva) e da escrita (memória cinestésica).

Na base desse conhecimento, pesquisa fônica *versus* palavra inteira não é uma questão, e não têm sido há 5 mil anos. A verdadeira e importante questão de pesquisa é *quais métodos fônicos* funcionam melhor?

As pesquisas no século XXI deveriam ser direcionadas para o estudo da eficácia dos vários tipos de programas fônicos delineados no Capítulo 5. Primeiro, precisamos comparar tipos gerais de fônica em que é razoável fazê-lo. Segundo, precisamos comparar métodos no âmbito dos tipos, como as diferentes formas de programas fônico-lingüísticos.

Tipos de programas fônicos: quais funcionam melhor?

O NRP sugeriu uma lista de tipos de programas fônicos sob a rubrica geral de fônica "explícita, seqüencial". Eu sugiro uma outra. Aqui está minha lista mais uma vez:

Fônica Caótica A prática de ensinar aspectos ou elementos do código alfabético de uma maneira caótica, sem sentido e desestruturada. A maioria dos programas de fônica elementar se encaixa nesta categoria.

FÔNICA VISUAL A *versão abreviada* (a) ensina os 26 "sons" das 26 letras do alfabeto. A *versão extendida* (b) ensina os 27 a 200 ou mais "sons" das letras, dígrafos e fonogramas.

FÔNICA TODO-PARA-PARTE (também conhecida como *embutida, analítica, intrínseca*). A prática de facilitar as crianças com fonemas começando com palavras inteiras, depois sílabas e partes de palavras (famílias de palavras, aglutinação), depois fonemas individuais ensinados de forma aberta ou fechada (embutida).

FÔNICA MULTISSOM Igual ao item anterior, mas as unidades de som de duração diferente são misturadas e ensinadas juntas.

FÔNICA LINGÜÍSTICA *Incompleta* (a) (chamada *sintética*) ensina do som para a letra. Ensina os 40 ou mais sons da língua inglesa e suas soletrações principais, além de algumas alternativas de soletração. *Completa* (b) inclui (a) acima e 136 alternativas de soletração.

Podemos excluir a "fônica caótica" de início com base nas evidências do relatório NRP. Crianças ensinadas com a fônica elementar geralmente saíam-se pior quando comparadas a crianças ensinadas com outros tipos de programas fônicos. Podemos eliminar os programas fônica todo-para-parte e multissom também com base na evidência histórica e em sua sombria aparição no relatório NRP (2000).

Resta-nos a fônica visual e a fônica lingüística. Há uma considerável confusão acerca da natureza desses dois tipos de programas, especialmente a distinção entre ensinar a partir da letra *versus* ensinar a partir do fonema, e a questão de qual deles é a fônica "sintética". O comitê de leitura do NRP, aliado com a maioria dos defensores americanos da fônica, ou não reconhecem essa distinção ou não sabem que ela existe.

Vamos esclarecer essa distinção mais uma vez. A fônica lingüística ancora o código nos sons da língua e baseia o ensino da leitura inicial em um código básico. Isto evita muitas armadilhas criadas pelo sistema de escrita inglês altamente opaco. O código é temporariamente estabelecido com um número gerenciável de unidades (40 ou mais sons), e esse número não muda conforme as lições avançam. As crianças percebem que um código alfabético funciona a partir de um número finito de sons da fala para suas soletrações individuais. Elas observam que o código pode ser revertido (todos os códigos são sistemas de mapeamento reversíveis por definição). Mais tarde, alternativas de soletração podem ser facilmente acrescentadas ao sistema sem alterar a lógica: "Há uma outra maneira de soletrar esse som. Vou mostrar-lhes alguns padrões para ajudá-los a se lembrar quando usar essa grafia".

A fônica visual faz o oposto. Devido ao fato de as letras e as seqüências de letras (dígrafos, fonogramas) dirigirem o código, e os fonemas não, isso deixa o código sem qualquer âncora ou ponto final. Conforme o número de "sons" começa a se expandir (há mais de 250 "sons" que as letras "podem fazer"), não há como retornar aos 40 fonemas que são a base para o código. A criança é logo inundada em padrões de letras e não há uma estrutura discernível, nem limite, nem lógica e nenhum ponto-eixo ao redor do qual o código possa reverter-se. Desta forma, o código perde uma de suas propriedades essenciais – sua reversibilidade – e não pode funcionar como um código. Não há uma maneira de ensinar alternativas de soletração, exceto como alternativas *letra-som*, trocando a lógica do código em sua parte principal: "Há outra maneira de *dizer* esta letra". "Esta letra *faz* outro som aqui." Conforme esses sons de letras proliferam, há um alto risco de confusão e de fracasso.

Vimos muitos exemplos da confusão criada pela fônica visual neste livro. Quando Griffith, Klesius e Kromrey (1992) afirmaram que foram ensinadas às crianças os "90 sons individuais diferentes" no programa de leitura elementar usado em seu estudo, não há dúvida de que se referiam a 90 fonemas diferentes individuais na língua inglesa.

Berninger e colaboradores (1998) tentaram ensinar crianças a soletrar usando a seqüência recomendada de Venezky (ver Capítulo 3), que depende unicamente da lógica visual. Essa seqüência tem 47 soletrações representando um número desconhecido de "sons", e *nenhuma soletração* para representar os sete fonemas que faltam. Usando essa seqüência, as crianças foram ensinadas com vários métodos diferentes. Crianças que aprenderam com a "fônica visual" de Venezky não foram melhores em um teste de soletração do que as crianças ensinadas exclusivamente pela memorização (palavras inteiras). E nenhum dos grupos de treino (independentemente do método) saiu-se melhor em um teste padronizado de soletração em relação a um grupo-controle que não havia sido ensinado nada.

Por tais razões a fônica visual leva a questões sem respostas colocadas pelo NRP (2000), como: Quantos sons de letras deveriam ser ensinados?. Se esta fosse uma questão legítima, a resposta apropriada deveria ser todos eles. Sabemos, a partir da análise do código de escrita no Capítulo 3, que existem 40 soletrações do código básico, 136 soletrações comuns remanescentes e 80 palavras inteiras de alta-freqüência com soletrações incomuns. Porém, na lógica da fônica visual, isso significaria que existem 256 sons comuns na língua inglesa representados por 256 soletrações. E, se fôssemos puristas e quiséssemos incluir os registros de Venezky, nos rincões mais longínquos do código, poderíamos acrescentar mais 100 sons de letras raros (ou até mais).

Estruturada na lógica da fônica visual, a questão do NRP (2000) seria genuinamente formidável: Quais das 356 decodificações deveriam ser ensinadas? Estruturada na lógica fônico-lingüística (a lógica do código alfabético) essa questão não tem sentido.

O NRP (2000) tentou responder sua questão conforme segue: "É evidente que as principais correspondências letra-som, incluindo vogais curtas e longas e dígrafos, precisam ser ensinadas" (National Reading Panel, 2000, 2-135). Mas o que é "evidente" – e evidente para quem? E o que é "principal"? Em primeiro lugar, as vogais inglesas não variam sistematicamente em comprimento (ou altura). Em segundo lugar, a quais dígrafos eles estão referindo-se? Mais especificamente, a quais sons desses dígrafos eles estão referindo-se, já que (na fônica visual) os dígrafos têm tantos sons? (O dígrafo ou pode representar /oo/, /ow/, /oe/, /oo/, /u/, /o/, e /er/, como em *soup, proud, soul, could, young, cough,* e *journey.*

A questão fônica visual *versus* lingüística tem um outro lado. Existe uma minoria influente e eloqüente que não reconhece a distinção "letra-primeiro" *versus* "fonema-primeiro". Contudo, esse grupo acredita que as crianças *deveriam ser ensinadas* das letras para os fonemas. Eles argumentam que os fonemas são abstratos e breves, enquanto as letras são concretas (visíveis e concretas). A partir de sua perspectiva, está tudo bem dizer às crianças que as letras "têm sons" durante o ensino da leitura inicial, pois isso não terá importância ao longo de seu percurso. Não fica claro porque as formas das letras seriam mais concretas e menos abstratas às crianças que os sons da sua própria fala.

O perigo de investir na letra primeiro (fônica visual) pode ser visto em qualquer contexto de reabilitação de leitura. Muitas crianças realmente acreditam que as letras "produzem sons" e não têm a menor idéia de onde vem esses "sons". Conheci muitos adultos analfabetos funcionais (incluindo alguns de meus alunos universitários) que ficam surpresos ao saber que um sistema de escrita é um código, e que esse código representa sons em sua fala. Não há necessidade ou razão para correr esse risco.

Na prática uma abordagem fonema-primeiro *versus* letra-primeiro requer uma mudança simples de orientação para alcançar um efeito máximo à medida que o aprendizado avança. As implicações educacionais são tão menores inicialmente que esta é, provavelmente, a razão pela qual as pessoas pensam que elas não têm importância. Na fônica lingüística, a professora começa a lição introduzindo um fonema. A professora pode apresentar isso ou pedir que as crianças ouçam um fonema que aparece em uma história ou poema. Tão logo as crianças se familiarizem com o fonema e consigam produzi-lo, a letra que representa sua soletração mais comum é mostrada a elas. Na fônica visual, a professora aponta para uma forma de letra e/ou a desenha no quadro, e diz às crianças o som que ela "produz". Isto é referido subseqüentemente como uma "letra-som". Essa mudança na lógica bloqueia a compreensão de *onde esse som vem* (que ele é parte da fala natural e é um dos 40 sons que são a base para o código), levando as crianças a acreditar que o som deriva da letra.

As diferenças entre a fônica visual e a fônica lingüística precisam ser esclarecidas semântica, lógica e empiricamente. Um importante passo seria comparar um método fônico-visual, como aqueles desenvolvidos por Venezky ou Beck, com um método fônico-lingüístico, como o Lippincott ou fônico Jolly.

Fônica lingüística: qual funciona melhor?

As questões de pesquisa mais fundamentais têm a ver com os próprios programas fônicos-lingüísticos. Precisamos identificar os elementos que fazem a diferença. Dada sua complexidade e variedade, esta não é uma tarefa fácil. Podemos começar ao estabelecer o que sabemos com certeza, e seguir em frente a partir daí. Para fazer isso, aqui está a versão final do protótipo, que considera as observações em sala de aula, as pesquisas em soletração e os estudos na base de dados do NRP (2000). As duas primeiras atividades na lista estão em itálico, pois produziram correlações negativas ou zero entre o tempo despedido na tarefa e os escores de testes de leitura/soletração em diversos estudos em larga escala.

O protótipo para ensinar o código alfabético da língua inglesa

1. *Nenhuma palavra inteira* (exceto palavras de alta freqüência com soletrações raras).
2. *Nenhum nome de letra.*
3. Orientação som-para-escrita. Fonemas, não letras, são a base para o código.
4. Ensinar apenas fonemas e nenhuma outra unidade de som.
5. Começar com um alfabeto transparente artificial ou código básico: uma correspondência um-para-um entre os 40 fonemas e sua soletração mais comum.
6. Ensinar crianças a identificar e a seqüenciar sons em palavras reais por segmentação e aglutinação, *usando letras*.
7. Ensinar crianças a escrever cada letra. Integrar a escrita em cada lição.
8. Vincular escrita, soletração e leitura para garantir que as crianças aprendam que o alfabeto é um código, e que o código funciona em ambas as direções: codificação/decodificação.
9. A soletração deveria ser precisa ou, no mínimo, foneticamente precisa (dentro do plausível).
10. As lições deveriam evoluir para incluir o código escrito avançado (as 136 soletrações comuns restantes e as 80 palavras inteiras).

Dado que pelo menos cinco programas revistos pelo NRP (2000) seguem todas, ou praticamente todas, essas diretrizes (menos o código escrito completo), as diferenças na eficácia desses programas tem a ver com características específicas, como o andamento e a profundidade das lições, as atividades especiais e os materiais de currículo. Pesquisas variando nesses detalhes, elemento por elemento, seriam extremamente entediantes e gastariam muito tempo, mas nem todos os elementos estão em questão.

Vamos começar com a prova definitiva sobre o que as crianças podem aprender, em que idade e em que período de tempo, para proporcionar uma base ou um conjunto de critérios para o que pode ser alcançado.

Uma "regra" importante precisa ser destacada. Se seu objetivo é ensinar o código alfabético, todos os componentes do protótipo devem ser ensinados *ao mesmo tempo*, pois cada componente incrementa os demais. É contraproducente facilitar as crianças na leitura ao ensiná-las esses elementos devagar, em partes desconectadas e não-relacionadas.

As crianças mais novas nesses estudos estavam nas classes de fônica Jolly/Fast Phonics First, no Reino Unido. Elas tinham entre 4 anos e 8 meses e 5 anos no início do treino. O período do treino durou de 10 a 16 semanas, dependendo do estudo, e o número total de horas em lições de classe inteira variou de 26 a 60h. Nessas sessões de treino as crianças aprenderam os 40 ou mais sons da língua inglesa, suas soletrações do código básico e como escrever cada letra e dígrafo para os 40 fonemas. As crianças aprenderam a identificar fonemas em todas as posições em uma palavra, a segmentar e a aglutinar os fonemas em palavras, a ler, a escrever e a soletrar as palavras comuns. Imediatamente após o treino, essas crianças estavam oito meses acima (adiante) para os padrões de idade do Reino Unido em testes padronizados de leitura e de soletração. O grupo-controle teve escores exatamente nos padrões da idade. Esses ganhos aumentaram, no segundo e no terceiro teste, para um ano acima dos padrões, e, na 4ª e 5ª séries, as crianças estavam dois anos acima dos padrões em testes de decodificação. As magnitudes de efeitos ficaram constantemente em torno de 1,0 ou mais, comparadas às crianças que estavam aprendendo via fônica analítica.

Agora temos uma base útil. Se as crianças pequenas conseguem, assim, aprender a ler e a escrever corretamente os 40 fonemas e suas soletrações comuns em 10 a 16 semanas, certamente qualquer criança maior pode fazer o mesmo. Também sabemos, a partir da descrição de Lloyd (1992) do desenvolvimento da fônica Jolly, que crianças são aprendizes vorazes e que desejam trabalhar duro. Devido ao fato de esses programas envolverem apenas os elementos do protótipo e de o período de aprendizagem ser tão longo comprimido, as crianças percebem os ganhos quase imediatamente. Elas começam a ler palavras depois que os primeiros seis sons foram introduzidos. Isto é altamente motivante, especialmente porque as crianças entram na escola com a grande expectativa de que o "principal evento" é aprender a ler.[1]

Ações da fônica Jolly A diferença interessante entre os estudos do Reino Unido e o estudo escocês é a duração mais curta do treino (26 horas no Reino Unido *versus* 50 a 60 horas na Escócia), mas ambos atingiram ganhos semelhantes, que se sustentaram ao longo do tempo. Por um lado, Sumbler (1999), no Canadá, relatou que, de todas as atividades fônicas que eles avaliaram, o tempo gasto aprendendo e usando ações da fônica Jolly produziu a correlação mais elevada com os escores em testes de leitura. O problema aqui é que as ações da fônica Jolly são confundidas com lições sobre identificação fonêmica como também atividades de segmentação e aglutinação fonêmica, dado que são ensinadas e usadas simultaneamente. Contudo, os dados de Sumbler sugerem que as ações da fônica Jolly são importantes, enquanto os dados de Johnston e Watson sugerem que não são.

Nellie Dale, que desenvolveu o primeiro programa fônico-lingüístico bem-sucedido, advertia professores a "nunca ensinar algo que você terá de descartar mais tarde". Esta advertência se aplica às ações da fônica Jolly, ou aprendê-las poderia ser proveitoso *muito embora* elas irão ser descartadas? Esta é uma interessante questão de pesquisa sob várias perspectivas. Lloyd acredita que os padrões de ação proporcionam um componente "motor", um tipo multissensorial de aprendizado, e isso ajuda a automatizar a aprendizagem de correspondências som-símbolo. Poderia ser argumentado também que os padrões de ação ajudam a focalizar a atenção nas diferenças entre os fonemas, aumentando a discriminação auditiva. (As crianças devem ouvir cuidadosamente para saber qual padrão

---

[1] N. de O. Ao final de sua primeira semana na pré-escola, meu filho reclamou choramingando: "Fui à escola a semana *toda*. Parecia como cem anos, e eu nem aprendi a ler!".

de ação usar.) Observei, no Capítulo 5, que as ações podem ajudar a professora durante o ensino para a classe inteira ao fornecer sinais visuais para quem está participando e quem não está, ou para quem está "conseguindo" ou não.

Lições sobre características motoras da fala Uma questão parecida se aplica aos padrões motores da fala amplamente usados no programa Lindamood, uma idéia que surgiu com Dale. Dale tinha a difícil tarefa de envolver 70 crianças da frente da sua sala. Ela relatou que focar a atenção nos movimentos da boca, língua e pregas vocais enquanto produzem cada fonema, torna mais fácil o ouvir e identificar, e portanto, mais rápido o aprender. Também torna mais fácil dizer fonemas separados (a discriminação auditiva melhora).

Contrário aos padrões de ação da fônica Jolly, os padrões motores da fala são executados espontaneamente. Por não haver necessidade de aprendê-los, apenas se tornar conscientes deles, isso vai tomar pouco tempo extra. Dale usou esses padrões estritamente para suporte auditivo conforme cada fonema era ensinado. No programa Lindamood, entretanto, os padrões motores compõem uma parte importante do treino e são ensinados em profundidade. Cada padrão motor para os 44 fonemas recebe um nome especial que as crianças devem memorizar. Por exemplo, uma bilabial plosiva (/b/, /p/) é chamada *"presilha de lábio"*.[2]

Agora temos os ingredientes para um estudo importante e interessante sobre se esses "componentes adicionais" auxiliam o aprendizado. Um estudo poderia ser desenhado no qual há três grupos de leitores principiantes, todos ensinados com o mesmo programa fônico-lingüístico. Um grupo aprende apenas o programa básico, um segundo grupo aprende isso mais as ações da fônica Jolly, e um terceiro grupo, o programa básico mais padrões motores da fala (*a la* Dale). Esperar-se-ia que qualquer benefício desses componentes adicionais impactassem a velocidade *da aprendizagem* – o tempo que leva para dominar 40 ou mais associações fonema-grafema e a *automacidade* – a velocidade para combinar uma letra com um fonema e vice-versa. Outras medidas importantes, é claro, incluiriam a leitura, a soletração e a consciência fonêmica (segmentação, aglutinação).

A questão do automatismo é extremamente importante. Lloyd (1992) observou que as diferenças mais persistentes entre as crianças foi o tempo que levaram para "automatizar" as associações fonema-grafema. Sem automatismo, as crianças têm dificuldade de aglutinar sons em palavras (auditivamente ou a partir da escrita), pois elas não sabem a seqüência do fonema e qual fonema veio primeiro. Ela verificou ser proveitoso para as crianças acentuar o primeiro fonema na palavra, fazendo com que ele se fixasse na memória e atuasse como um apoio para a seqüência.

As observações de Lloyd quanto ao longo tempo para atingir o automatismo são confirmadas em um estudo sobre conhecimento do nome das letras e da velocidade de nomeação da letra. Mann e Ditunno (1990) verificaram que demorava até o final da 1ª série para todas as crianças atingirem um desempenho livre de erros em nomeação de letras. Entretanto, a *velocidade* de nomeação (automatismo) ainda mostrava alta variabilidade individual e continuava melhorando. Estes são resultados surpreendentes, pois as crianças começam a aprender o nome das letras desde muito cedo. Esta é geralmente a primeira "atividade de leitura", ensinada tanto em casa quanto na escola. Esse estudo mostrou que as crianças podem levar até dois anos ou mais para memorizar os 26 "nomes" das letras do alfabeto, e leva muito mais tempo para automatizar esse conhecimento. (Uma vez que saber o nome das letras de nada adianta para o aprendizado da leitura, este

---

[2] N. de O. Memorizar esses nomes e a quais fonemas eles se aplicam não é fácil, como pode atestar qualquer pessoa que tenha usado o programa Lindamood. Usá-los durante as lições é ainda mais difícil: "Nesta palavra, a 'presilha de lábio quieto' vem depois da 'pequena magricela', não depois do 'raspador'".

constitui outro argumento poderoso para não ensiná-los).

Em vista das diferenças individuais na velocidade da aprendizagem e do longo tempo para atingir o automatismo, as crianças no nosso estudo hipotético precisam ser acompanhadas por vários anos. Este é o único teste verdadeiro para saber se esses componentes extras são importantes no decorrer do processo. Por exemplo, Johnston e Watson (1997) relataram que, aos 7 anos e 6 meses, 9% das crianças da fônica Jolly tiveram escores de mais de um desvio-padrão *abaixo* dos padrões nacionais. Embora isto tenha-se equiparado favoravelmente com o grupo-controle (30% deles abaixo de 1 d.p.), imagina-se por que uma criança teve escore tão baixo assim. Infelizmente, não sabemos nada sobre essas crianças. Elas perderam alguma lição devido à doença, ou foram transferidas de outra escola? Elas ficaram para trás porque não automatizaram correspondências som-letra na mesma velocidade que as outras crianças? Elas ficaram confusas porque esse programa não ensina o código escrito completo?

Leitores principiantes precisam de treino especial de consciência fonêmica?

As evidências mostraram que um programa de treino separado de consciência fonêmica para o ensino da leitura inicial é uma grande perda de tempo. Nenhum programa de consciência fonêmica revisado no Capítulo 6 teve vantagem sobre um programa fônico-lingüístico, nem para leitura e nem para soletração, *ou até mesmo para melhorar a consciência fonêmica.*

Existe, no entanto, um bom argumento para treino especial de consciência fonêmica em uma sessão clínica. Leitores fracos têm estratégias de decodificação extremamente mal-adaptadas, adivinhando palavras inteiras apenas a partir da primeira letra, juntando pequenas partes de palavras em algo parecido com uma palavra, ou se recusando a ler tudo junto (McGuinness, 1997b). Uma estratégia de decodificação ineficiente leva a hábitos que podem ser difíceis de abandonar. É quase um dado que essas crianças (ou adultos) tenham pouca ou nenhuma habilidade de análise fonêmica. Devido à possibilidade da escrita causar aversão, provocando ansiedade e até mesmo pânico, o treino inicial de consciência fonêmica é mais eficaz em um modo auditivo usando placas em branco. Um processo de três passos é necessário: desenvolver a consciência fonêmica com marcadores em branco, aprender correspondências fonema-grafema e ler textos simples (facilmente decodificáveis).

Fluência em leitura

As pesquisas em fluência de leitura são uma mistura curiosa de absurdos e inteligência. A grande maioria das publicações desencavadas pelo NRP (2000) era voltada à premissa de que "ler muito" aumenta a precisão, a velocidade de leitura e a compreensão. As pesquisas (ou quase pesquisas) sobre esse assunto acabaram sendo tão metodologicamente imperfeitas que apenas 14 estudos, entre os mil ou quase isso verificados pelo painel, tinham algum mérito. Esses estudos mostraram essencialmente nada. Existe um problema central com essa premissa, pois, sem um desenho de pesquisa altamente sofisticado, não há como responder por hábitos de leitura nem como dizer se as crianças lêem mais *porque* lêem muito. A melhor pesquisa neste tópico foi proporcionada por Stanovich e West (1989), e mesmo esse estudo não conseguira resolver todos os problemas de desenho de pesquisa. Esse estudo e estudos similares são revisados em *Language developmente and learning to read.*

Felizmente, a questão "ler muito" é uma pista falsa, pois existe uma maneira muito melhor para garantir que as crianças leiam fluentemente, com precisão e com compreensão. Isso acontece com a técnica da releitura. Quero fornecer um breve apanhado desse trabalho com sugestões de pesquisa futura.

Devido à grande variação individual na velocidade em que as associações fonema-grafema tornam-se automáticas, uma pequena porção de crianças tem dificuldade em decodificar em uma velocidade suficiente para compreender o que lê. Avanços nas pesquisas sobre técnicas de releitura como um meio de aliviar essa dificuldade têm sido enormes, e sabemos exatamente como sanar esse problema. O formato básico para esse treino foi amplamente praticado por Dowhower (1987), com os retoques finais acrescentados por Faulkner e Levy (1994, 1999).

A pesquisa citada é notável por seu rigor metodológico, algo tristemente ausente na área como um todo. Entre outras coisas, boa metodologia significa perguntar as questões certas. Pelo fato de as boas pesquisas sobre o ensino da leitura mal terem começado, é instrutivo olhar mais de perto para as questões que todos os pesquisadores na área precisaram identificar para comprovar que a releitura tem um efeito real e de longa duração.

Questões de pesquisa sobre a técnica da releitura

1. A leitura se torna mais rápida com ou sem uma meta-alvo – ou seja, um critério de palavras por minuto?
2. As crianças produzem maiores ganhos lendo sozinhas ou acompanhadas por uma fita de áudio?
3. A releitura é mais eficaz do que ler o mesmo número de histórias *diferentes*?
4. Qual é o tempo de prática ideal necessário para produzir mudanças duradouras?
5. Como esse tempo deveria ser distribuído: concentrado em poucos dias, ou espalhado ao longo de semanas ou meses?
6. Quantas histórias diferentes deveriam ser relidas para garantir um efeito duradouro?
7. O nível de dificuldade do texto faz alguma diferença?
8. A coincidência de palavras de uma história para a outra faz alguma diferença?
9. A coincidência no conteúdo/contexto da história faz alguma diferença?
10. A prosódia (expressão da leitura) melhora com a velocidade?
11. Que tipos de efeitos de transferência existem e como deveriam ser medidos?

Cinco objetivos ou resultados principais tinham de ser medidos para a releitura ser considerada um sucesso. A velocidade da leitura deveria aumentar sem qualquer perda de precisão (ou até mesmo um aumento em precisão). A releitura oral deveria causar uma melhoria na prosódia (melodia, entonação). A compreensão deveria melhorar. Mais importante, deveria haver efeitos de transferência. A velocidade da leitura deveria aumentar de uma história para a outra. Se uma velocidade de leitura-padrão é estabelecida, ela deveria ser alcançada mais rapidamente a cada nova história. A precisão e a compreensão, também, deveriam melhorar com cada nova história.

Forneci uma lista de sugestões com base nos dados para ajudar a garantir que a releitura seja um sucesso. Aqui estão elas novamente. Velocidades de leitura-alvo deveriam ser estabelecidas bem acima da velocidade de leitura inicial da criança. Até agora ninguém fracassou em alcançar alvos de 50 a 60ppm além da linha de base[3] da criança. Penso que esses alvos devam ser reajustados cada vez que a velocidade de leitura da criança melhora em alguma magnitude importante. O objetivo final deveria ser ter *a primeira leitura de uma história* em uma velocidade normal ou superior para a idade da criança. Nesse ponto, os exercícios de releitura podem cessar.

As crianças precisam de experiências múltiplas de releitura (com muitas histórias), não apenas umas poucas. A base de tempo de Dowhower (1987) de cerca de 7 horas de trabalho durante 7 semanas foi eficaz e parece ideal. A pressão de tempo não foi excessiva, e as sessões não foram muito espalhadas a ponto de que impedisse os efeitos de transferência. O objetivo último é a velocidade desejada na primeira leitura, e esse objetivo determina quanto tempo as sessões de releitura duram.

O grau de dificuldade do texto é crucialmente importante, pois a *velocidade está relacionada ao grau de dificuldade*. Leitores muito lentos deveriam começar com passa-

---
[3] N. de R. T. Número de palavras por minuto que a criança lia quando iniciou o ensino.

gens de leitura no seu nível de leitura ou logo acima, não no seu nível de escolaridade. Assim que a velocidade de leitura melhora, as histórias deveriam aumentar em dificuldade. Passagens com palavras coincidentes são melhores para leitores esforçados e leitores muito jovens, e têm maior probabilidade de produzir efeitos de transferência de uma história para a outra. O contexto coincidente também ajuda. Isso cria uma situação em que a transferência é bem-sucedida e incrementa a confiança e a motivação para continuar.

Ensino de vocabulário e de compreensão

As últimas categorias estudadas no relatório NRP são vocabulário e compreensão. A comparação entre os estudos sobre o ensino de leitura básico e os estudos sobre compreensão, em particular, é interessante. Novos programas fônicos são criados a toda hora ao se promover mudanças mínimas em detalhes e ênfase curriculares (e com nomes coloridos dados por seus autores), ainda que as plataformas básicas mudem muito pouco. Como vimos anteriormente, os programas fônicos se reduzem a bem poucos tipos. Programas de compreensão, por outro lado, são desenhados do começo ao fim por indivíduos que parecem nunca terem ouvido falar do trabalho um do outro. O NRP (2000) estava tão dominado pela variedade desses programas que não foi capaz de categorizá-los. Em vez disso, os distribuiu imprecisamente em 16 tipos, amplamente caracterizados pela semântica, e não por nada mais objetivo.

Felizmente, nada disso importa, pois um programa é tão extraordinário que todos os demais programas (para vocabulário e compreensão) desaparecem em meio à comparação. Vou resumir os elementos desse programa abaixo. Primeiro, gostaria de dizer algo sobre as tentativas de melhorar o vocabulário das crianças principalmente porque professores passam tanto tempo trabalhando nisso, conforme mostraram os estudos de observação em sala de aula.

Sabemos que as crianças adquirem um novo vocabulário rápida e automaticamente, em uma ordem de cerca de 8 a 10 palavras por dia. Também sabemos que crianças oriundas de ambientes desfavorecidos não têm as mesmas habilidades de vocabulário que as de lares mais abastados. Faz sentido para as professoras quererem ajudar as crianças que necessitam de atenção especial. Este foi um dos principais objetivos do estudo de Hart e Risley (1995), apresentado anteriormente. O estímulo para aquele estudo foi o fracasso do Head Start em exercer um impacto sobre o vocabulário e as habilidades verbais de um modo geral. A questão principal é qual a melhor maneira de abordar esse problema. Vamos nos voltar mais uma vez para as linhas de base do treino de vocabulário.

É possível ensinar vocabulário a curto prazo, embora muitas pesquisas tenham sido necessárias para compravar isso. McKeown e colaboradores (1985) verificaram que, ao manter a lista de palavras pequena (cerca de 24 palavras de cada vez), comprimir o tempo de aprendizagem, e fornecer uma explicação rica e profunda das palavras, as crianças precisaram de cerca de 5 minutos por palavra para garantir um desempenho quase perfeito em um teste de vocabulário para tais palavras. Usando um formato similar, Jenkins, Matlock e Slocum (1989) confirmaram esses resultados, com um tempo médio de 6,5 minutos por palavra. Não sabemos, no entanto, se essas palavras se tornaram parte do vocabulário expressivo – o vocabulário que as crianças realmente *usam*. Tampouco isso representa uma mudança importante no tamanho do vocabulário, pois as crianças aprendem cerca de oito palavras por dia simplesmente cuidando de seus próprios assuntos.

Acontece que esses ganhos de vocabulário são menores comparados aos que as crianças podem atingir com treino apropriado de compreensão oral e de leitura, conforme verificado pelo brilhante trabalho de Block (1993). O programa de Block teve enormes resultados inesperados para habilidades de vocabulário, muito embora este não tenha sido o foco do treino. A magnitude de efeito não se comparou a nada visto em pesquisas sobre ensino do vocabulário: 2,62 em um teste padronizado. Nos estudos gerais do NRP (2000) a magnitude de efeito para ganhos de vocabulário (em todos os tipos de teste) foi de ME = 0,97. Mas isso caiu substancialmente quando somente testes padronizados foram usados (ME = 0,30).

O programa de Block é o "estandarte de ouro" para a área como um todo. Mais importante, ele mostra que intervenções a curto prazo não são o caminho para melhorar as habilidades de vocabulário e de compreensão. Para fazer diferença o treino precisa se adaptar ao esquema das lições escolares comuns e continuar durante meses e, se possível, durante anos. O programa de Block (1996) durou 3 horas por semana ao longo de um ano escolar inteiro (aproximadamente 96 horas do tempo em sala de aula). Noventa e seis horas soam como muitas horas até você considerar que isso é uma mera fração do tempo total que as crianças passam na escola. Em média, as aulas duram cerca de 5 horas por dia, 5 dias por semana (25 horas), para um ano escolar de 32 semanas (800 horas). O programa de Block tomou cerca de 12% do tempo total em sala de aula e, mesmo assim, literalmente transformou essas crianças. Imagina-se o que as crianças poderiam alcançar se as 22 horas restantes da semana (700 horas do ano escolar) fossem gastas com tais atividades recompensadoras e edificantes. Essa é uma condenação impressionante de nosso sistema educacional.

A outra característica notável do estudo de Block (1996) foi a excepcional metodologia. O programa é também único por estabelecer um objetivo ou um conjunto de objetivos. Eles não foram objetivos provincianos ou acadêmicos limitados, mas objetivos de mudança de vida, e são enumerados aqui mais uma vez:

1. Se o ensino ajuda os alunos a usarem processos estratégicos de modo consistente e reflexivo à medida que lêem, eles deveriam compreender e usar mais informações em suas vidas diárias.
2. Alunos que têm problemas ao compreender podem precisar de um novo tipo de ensino, envolvendo novas estratégias e competências de pensamento/leitura.
3. Alunos que ficam confusos a respeito de importantes conceitos, inferências e relações em um texto podem nunca ter encontrado os padrões de raciocínio indutivo ou dedutivo que o autor usou para criar o texto. Se essas estratégias são explicadas antes da leitura, os repertórios de pensamento deveriam expandir-se.
4. Alunos podem ser mais capazes de generalizar esse novo conhecimento para resolver problemas de decodificação e de compreensão por si só.

As oito estratégias que Block acreditava serem cruciais para melhorar as habilidades de compreensão das crianças e ampliar o progresso em direção a esses objetivos incluíam o fortalecimento de operações cognitivas básicas, como pensamento analítico, estratégias de decisão, resolução de problemas, análise metacognitiva (consciência do estado atual do seu conhecimento) e pensamento criativo. As crianças precisam, ainda, de habilidades sociais para trabalhar em equipe e de habilidades para o aprendizado independente.

O que tornava essas lições eficazes era sua estrutura, uma estrutura que envolveu mais de meses e anos de um trabalho-piloto. As lições funcionavam melhor se fosse ensinada uma estratégia de cada vez e, depois, seguida de atividade em grupo ou individual. Materiais relevantes à lição eram cuidadosamente selecionados e adicionavam *insight* para a resolução de problemas.

As crianças não apenas tiveram expansões extraordinárias no vocabulário, mas as habilidades de compreensão de leitura expandiram também. O treino generalizou para a compreensão oral de tal forma que os alunos se tornaram mais articulados, formularam questões melhores e mais profundas, escreveram trabalhos e histórias mais coerentes e melhoraram drasticamente em termos de comportamento e de confiança.

Os escores no subteste de compreensão de leitura do Iowa Test of Basic Skills mostraram ganhos impressionantes sobre um grupo-controle. A magnitude de efeito para compreensão de leitura foi de 2,24, e foi de 1,34 para o escore do Total Reading (embora a leitura não tenha sido ensinada diretamente). Esses são resultados extraordinários em vista das constatações típicas nessa área.

Houve outras melhoras também. As crianças no programa tinham maiores chances de representar um pensamento analítico em sua escrita em um grau surpreendente ($p < 0,0001$). Relataram que seu aprendizado na escola era útil fora dela (92% relatando "útil"), enquanto *nenhuma* do grupo-controle considerou útil o que aprendeu (o que produz uma declaração e tanto sobre o sistema escolar). As crianças treinadas tinham auto-estima significativamente mais elevada, embora os grupos não diferissem inicialmente. O grupo treinado usou um número maior de estratégias de pensamento crítico, foi mais preciso em suas afirmações sobre essas estratégias e ofereceu um número maior de soluções alternativas para os vários problemas. Essas comparações foram altamente significativas ($p < 0,0001$ em todos os casos).

Eu incitaria o leitor interessado nesse programa a ler os livros de Block e colaboradores, pois tais livros delineiam o programa, as idéias por trás dele e os esforços empregados em sua elaboração (Block, Gambrell e Pressley, 1997; Block e Mangieri, 1997; Block e Pressley, 2001; Block, 2002).

Novas Fronteiras
Relacionando a fônica lingüística ao código escrito avançado

Mesmo nos programas de leitura mais eficazes falta um componente importante do ensino de leitura e de soletração. Trata-se do código de escrita avançado, compreendendo as alternativas de soletração restantes que precisam ser ensinadas tão logo as crianças tenham dominado o código básico. O código avançado consiste em 136 alternativas adicionais de soletrações comuns.

Existem poucos programas que ensinam o código escrito avançado (a fônica Jolly ensina 22 soletrações adicionais apenas para as vogais e o Lindamood, 16 soletrações adicionais). Conheço três programas, e apenas dois deles estão publicados neste momento. O estudo realizado por Smith (1999), relatado no Capítulo 3, usou um programa de soletração desenvolvido por mim (McGuinness, 1997a, 1998a). Adolescentes, que eram leitores e soletradores extremamente fracos, tinham 12 horas de ensino individual sobre o código avançado, incluindo todos os sufixos latinos. Essas crianças não apenas produziram amplos ganhos na soletração (nove pontos de escore-padrão), mas até mesmo ganhos mais amplos na leitura e na compreensão da leitura (10 a 14 pontos de escore-padrão). Os escores do Total Reading estavam na casa dos 50% (normal) em testes padronizados ao final das sessões.

Outro programa publicado – de C. McGuinness e G. McGuinness (1998) – foi originalmente elaborado para a prática clínica em sessões um-a-um com leitores fracos. Ele foi adaptado para os pais ensinarem leitores fracos e principiantes e para os leitores principiantes em sala de aula. Em um estudo com 87 pacientes (McGuinness C.; McGuinness D. e McGuinness G., 1996), os ganhos foram comparáveis aos reportados acima, exceto soletração e compreensão não foram avaliadas. Quase todos os leitores fracos liam no nível da série em cerca de 12 horas ou menos, com base nos testes padronizados de reconhecimento de palavra e decodificação de pseudopalavras.

Devido ao fato desse programa ter sido inicialmente elaborado para leitores fracos (6 anos ou mais), foi possível acelerar a introdução do código escrito avançado, sobrepondo-o ao código básico mais ou menos na metade do caminho. Isso funciona bem para crianças maiores, porém não está claro se uma mudança repentina na lógica (um som-para-uma soletração *versus* um som-para-muitas soletrações) seja tão bem-sucedida com crianças menores. Crianças pequenas podem ficar confusas com isso.

Até agora, não há estudos metodologicamente válidos na versão para sala de aula desse programa. Pesquisas realizadas pelos distritos escolares locais mostram fortes ganhos, porém, até aqui, tais estudos não atendem os padrões do NRP (2000).

Finalmente, há um novo e abrangente programa de leitura/soletração para pais e professores elaborado para crianças com idade entre 4 e 6 anos (McGuinness, no prelo). Este programa integra um programa fônico-lingüístico com o código escrito avançado. As lições são seqüenciadas pela complexidade de soletração. Por exemplo, as crianças começam aprendendo os fonemas que podem aparecer em qualquer posição em uma palavra sem alterar sua soletração. Isso torna possível ensinar a "transitividade" desde o início, o fato de que um mesmo som pode aparecer em todas as posições em uma palavra – algo com que crianças pequenas têm dificuldade. Os primeiros três fonemas nas lições (/p/, /o/ e /t/) formam quatro palavras CVC, assim as crianças podem começar a ler quase imediatamente. Depois de seis fonemas (e uma palavra inteira) as crianças podem ler pequenas frases, como "*a tan man on a mat*".

As lições seguem o mesmo formato e são auto-explicativas (fáceis); dessa forma, nenhum treino é necessário. Cada lição começa com uma história lida pelos pais (ou pela professora) que introduz o fonema correspondente. Um fragmento do "Poppy Pig" foi dado anteriormente. Isto é seguido de um exercício de audição estruturado para ensinar identificação fonêmica e transitividade (todas as posições em uma palavra). A seguir a criança vê a letra para aquele fonema e aprende a traçá-la, copiá-la e escrevê-la de memória. Conforme os fonemas se acumulam as palavras aparecem. Elas são visualmente segmentadas e lidas de uma maneira também segmentada, depois aglutinadas em uma palavra. O ditado de soletração vem depois. Conforme mais palavras são adicionadas, as frases e histórias aparecem. A velocidade recomendada para os pais é um fonema em dias alternados, ou no mínimo três fonemas por semana. Professores podem ir mais rápido. As lições são cumulativas e incluem apenas os sons e as soletrações ensinadas até aquele ponto (sem surpresas). Ao final das lições (depois de aproximadamente cinco a sete meses), a criança pode ler todas as histórias dos pais, e deve ter habilidades de leitura e de soletração de 2ª ou 3ª séries.

Até onde sei, este é o único programa que entrelaça a estrutura do código escrito (do fácil para o difícil) nas lições a partir do primeiro dia. Inclui o código avançado até o nível latino, em palavras mono ou multissílabas.

Esses três programas, dos quais todos apresentam o código escrito avançado de uma maneira ou de outra, precisam de pesquisa extensiva para demonstrar seu mérito. Em termos de ganhos reportados até agora, é previsto que, pelo menos a longo prazo, eles irão superar os programas fônico-lingüísticos básicos, que oferecem ensino mínimo ou nenhum ensino do código escrito avançado.

Modelos computacionais de leitura e o código escrito real

Qual é a relação, se alguma, entre a estrutura do código escrito avançado, delineada no Capítulo 3, e os modelos computacionais discutidos no capítulo anterior? O objetivo declarado das simulações computacionais de leitura é que, se o computador imita o comportamento humano, pode-se inferir que ele reflete algo sobre como o cérebro processa informações e "aprende". O problema principal com essa afirmação é que, enquanto os modelos computacionais podem parecer objetivos e científicos, o computador pode apenas executar o que é programado para fazer, e é avaliado em seu desempenho por aquilo que os humanos julgam ser correto. Não há garantia de que os pesquisadores vão obter um conhecimento preciso da estrutura do código de escrita inglês, como também não há uma garantia de que compreendem como o cérebro funciona.

Esta é uma questão importante, pois o que se pretende é que o "modelo de distribuição paralela", que é parte desse trabalho, funcione como o cérebro humano. Se algum modelo matemático for bem-sucedido em imitar o comportamento humano, *mesmo que o modelo esteja errado, ou que a avalia-*

ção do desempenho do modelo esteja errada, isso pode ter conseqüências perigosas. A tentativa desses pesquisadores de relacionar o desempenho do computador a "tipos de dislexia" é um exemplo primordial desse perigo (ver Coltheart, 1978; Coltheart et al., 1993; Plaut et al., 1996; Seidenberg, 1992).

No capítulo anterior, observei dois problemas centrais com essas simulações computacionais. Um tem a ver com os tipos de palavras dadas para o computador ler, e o outro é que os modelos baseiam-se na fônica visual, em que as probabilidades de padrões de soletração são derivadas das letras. A verdadeira estrutura do código escrito da língua inglesa baseia-se em fonemas. Soletrações são atribuídas a fonemas nas palavras; palavras não são atribuídas a soletrações.

Se você mapear a estrutura do código escrito da maneira como é escrito (ver Capítulo 3), isso põe em foco uma imensa gama de padrões (redundâncias estatísticas) que, de outra forma, não seriam notados por observadores humanos, muito embora certamente sejam "notados" pelo cérebro. Nos estudos de Plaut e colaboradores (1996), diversos padrões *não* discerníveis para a equipe de pesquisa parecem ter sido discernidos pelo programa de computador que estava otimizado para registrar probabilidades.

Nada ilustra isso melhor do que os "erros" de decodificação de pseudopalavras do computador. O computador foi treinado em 3 mil palavras reais (só de estruturas silábicas CVC, CCVC, CVCC) para 2 mil repetições. O número de vezes que cada palavra apareceu foi controlado por sua freqüência na escrita. O "modelo atração" foi então testado para transferência de treino em 86 *pseudopalavras* das listas de Glushko (1979).

De acordo com o grupo, o computador "fracassou" em 19 dessas pseudopalavras. Mas esses "fracassos" foram mais aos olhos do responsável que algo objetivo. Se o computador substituía uma *decodificação permitida* diferente por aquela que os pesquisadores queriam, isso era marcado como um erro. Com base no código escrito real, o computador leu errado apenas três das 19 palavras.

Aqui estão alguns exemplos. As respostas são transcrições fonéticas da saída real dada pelo computador.

Erros de computador?

Computador vê	Computador diz	Pesquisadores dizem
BLEAD, WEAD	bled, wed	bleed, weed
BOST, SOST	boast	bossed

Aqui estão as probabilidades reais (opções) para marcar analogias com palavras reais:

BLEAD, WEAD:
Analogia com aliteração do tipo vogal (VC)
como /e/   (nenhuma)
como /ee/   bleach, bleak

Analogia com rima (VC)
como /e/   bread, dead, dread, head, lead, read, spread, thread, tread
como /ee/   bead, lead, plead, read

BOST, SOST:
Analogia com aliteração do tipo vogal
como /oe/   bold, both
como /o/   Bob, bog, bond, box

Analogia com rima
como /oe/   ghost, host, most, post
como /o/   cost, frost, lost

Nesses exemplos, o computador selecionou uma decodificação igualmente provável ou mais provável que os pesquisadores, uma com base em probabilidades reais.

Em outro *corpus* de palavras, a soletração da vogal era a questão. O fonema /u/ pode ser grafado *o-e* em inúmeras palavras de alta freqüência (*come*). A soletração *o-e* é também a mais provável para o som /oe/ em um grande número de palavras comuns (*home*). A anterior representa "freqüência na escrita", a última, "probabilidade" entre todas as palavras em um *corpus* (vocabulário total). Por alguma razão, o computador preferiu a solução de freqüência. Ele decodificou LOME, MONE, PLOVE, WONE como *lum, mun, pluv, wun,* uma combinação com palavras comuns como *above, come, done, dove, glove, love, none, one, shove, some*. Contudo, essas transcrições foram avaliadas como erros. Se o computador fosse uma criança, ela diria isso "não foi justo!".[4]

A questão aqui é profunda. Ela se reporta à primeira premissa no protótipo geral, que afirma que devemos ter uma compreensão completa da estrutura de um sistema de escrita antes de podermos ensiná-lo. Portanto, devemos ter uma compreensão completa da estrutura de um sistema de escrita antes de o modelarmos. No mínimo, é necessário estar ciente de que nosso sistema ortográfico é um sistema *ortográfico*, não um sistema de *decodificação*. Até que isso aconteça, modelos computacionais de leitura não serão confiáveis. E se eles não são confiáveis em palavras bem simples, como podem lidar com as palavras como *artificial, parallel* e *intelligence*, ou com as centenas de milhares de palavras que não têm "corpos de palavras" e não compartilham "rimas"?

Antes de deixarmos este tópico quero tentar esclarecer uma concepção errônea séria sobre neuroanatomia que permeia os modelos cognitivos e computacionais de leitura. Trata-se da noção de que o "processamento" acontece em "caminhos". O uso do termo *caminho* para referir a processamento neural durante a leitura originou-se no modelo "dupla-rota" de Coltheart (1978). Desde então este termo tornou-se onipresente, mesmo nos modelos computacionais que refutam a teoria de Coltheart (Plaut et al., 1996). Ehri fala de "estabelecer rotas de acesso" como se a aprendizagem fosse sobre co-optar ou criar "canais" no cérebro, como cavar uma vala para instalar uma tubulação ou estender um cabo telefônico.

Aqui estão os fatos. Neurônios vêm em dois sabores principais. Existem células com dendritos e axônios e células somente com dendritos. Dendritos são fibras curtas, ramificadas. Axônios são fibras longas (não-ramificadas). O processamento neural acontece em redes de dendritos. Esse processamento é recursivo, com *feedback* de cada neurônio para cada outro neurônio na rede via dendritos. A saída final desse esforço computacional chega à camada de neurônios com axônios. Axônios transmitem essa saída para outras regiões do sistema nervoso central. *Axônios são os caminhos neurais*. Axônios são como linhas telefônicas, e, como linhas telefônicas, *eles não processam nada*. Eles simplesmente transmitem. A aprendizagem não ocorre em "caminhos", mas via alterações anatômicas e neuromecânicas nos dendritos e nas membranas celulares adjacentes (esta informação está disponível em qualquer livro de graduação bom sobre neurobiologia; por exemplo, ver Pinel, 1997).

Como o cérebro lê?

Anteriormente, descrevi um novo tipo de reconhecimento de palavra inteira que alguns pesquisadores acreditam ocorrer tarde na aquisição da leitura. Essa é essencialmente outra "teoria de poltrona" sobre como o cérebro "lê". É questionada não apenas pela ciência da mente, mas também por estudos que revelam o processamento complexo que acontece em um nível inconsciente *antes* de produzirmos uma resposta comportamental consciente. É ainda outra teoria equivocada que pode levar a conseqüências perigosas, como veremos.

Tentar inferir como o cérebro funciona a partir do comportamento envolve pensar para trás, ou seja, partir do comportamento para o que pode estar ocorrendo no cérebro. Isso pode levar a uma falácia na qual o processamento cerebral é concebido como sendo análogo ao modo como experenciamos ou caracterizamos o comportamento. O engano é que cérebros não funcionam como os humanos pensam, nem funcionam como *produtos* do pensamento humano (máquinas, telefones, computadores digitais). A complexidade do processamento cerebral está bem além de qualquer coisa que nossa mente consciente pode compreender.

---

[4] N. de O. Os autores afirmaram que se avaliassem os erros com base em se *alguma palavra* no *corpus* original de 3 mil tivesse o "mesmo corpo" (rima) que a pseudopalavra, os erros do computador cairiam para nove. Mas o modelo de rede baseia-se em redundância estatística (probabilidade), não casos isolados; desta forma, isto não resolve o problema.

Tenha cuidado com velhas mensagens em novas garrafas A análise comparativa de sistemas de escrita comprova que um sistema de escrita de palavra inteira (logográfico) é impossível. Pesquisas com crianças aprendendo a ler continuam a mostrar que métodos de ensino de palavra inteira são ineficazes. Verificou-se que o tempo gasto memorizando palavras inteiras correlacionou-se negativamente com as habilidade de leitura (Evans e Carr, 1985; Sumbler, 1999). Enquanto isso, alguns pesquisadores em leitura, incluindo aqueles que sabem que métodos de palavra inteira não funcionam, adotaram um novo tipo de modelo de palavra inteira. Chamarei isso de leitura de palavra inteira de *último estágio*, para distingui-lo da leitura de palavra inteira (logográfica).

Esses dois tipos de leitura de palavra inteira são exemplificados pelo modelo de estágio de Frith (1980, 1985). No estágio 1, o *estágio logográfico*, as crianças memorizam palavras por visualização como seqüências de letras aleatórias. Conforme o vocabulário de leitura cresce, o *estágio alfabético* começa, e as crianças compreendem como combinar fonemas com grafemas. Quando isso se torna eficiente, um estágio de palavra inteira final emerge, o *estágio ortográfico*. Palavras que são decodificadas por "regras ortográficas" são finalmente processadas instantaneamente (por visualização) por meio de um caminho visual. Esse modelo está diretamente relacionado ao modelo de leitura computacional de dupla-rota de Coltheart.

Adams e Huggins (1985) propuseram uma idéia semelhante. Estudaram o efeito da freqüência da palavra e do contexto na precisão da decodificação em crianças da escola elementar, e mediram o que chamaram de *vocabulários de visualização funcional*. Eles verificaram que a precisão da leitura era fortemente afetada pela freqüência da palavra e que melhora mais quando as palavras são lidas em contexto em vez de isoladas. Com base nesses resultados, eles propuseram uma *teoria do estágio* de aquisição de palavra inteira. Uma palavra se torna uma palavra inteira em três estágios. No terceiro estágio, ou estágio mais elevado, "a palavra [está] seguramente representada no léxico visual do leitor. É esse terceiro estágio de domínio que possibilita o nível de automatismo do reconhecimento de palavra, que é tão característico dos leitores proficientes e tão central às teorias do comportamento" (p. 275). Adams e Huggins propuseram esse terceiro estágio de "acesso direto automático" apesar do fato de terem medido precisão e não velocidade.

Ehri (1991) acrescentou uma nova reviravolta ao nível de "último estágio". A leitura de palavra inteira é o produto final da internalização do "código de leitura" (correspondências grafema-para-fonema): "A leitura de palavra inteira envolve estabelecer rotas de acesso fonológico visual em vez de rotas estritamente logográfico-visuais na memória lexical" (p. 402).

A versão de Ehri (1998) da leitura de palavra vista aparentemente gerou uma confusão considerável, confusão esta que ela se sentiu obrigada a resolver. No entanto, o buraco só se tornou mais profundo/ o problema só piorou:

Concepções equivocadas sobre leitura de palavra inteira persistem. Uma é a de que somente palavras soletradas irregularmente são lidas por visualização. O quenão é verdade; *todas as palavras*, lidas algumas vezes, *tornam-se palavras inteiras*... O termo "inteira" indica que a visualização da palavra aciona aquela palavra na memória, incluindo informações sobre sua soletração, pronúncia e significado. (p. 91, grifo meu).

Ehri não forneceu definições operacionais para o que constitui uma "palavra inteira", afastando-se da definição usando palavras como *rapidamente* e *automaticamente*. Uma palavra inteira é definida por aquilo que *ela não é*. Se um leitor deve conscientemente decodificar uma palavra, isto significa que ela ainda não adquiriu *status* de palavra inteira: "Palavras não conhecidas por visualização podem ser lidas de outras maneiras, embora essas maneiras requeiram atenção e consumam mais tempo de processamento. Os leitores podem aplicar seu conhecimento das relações grafema-fonema para converter a soletração em uma pronúncia" (p. 90).

A noção de que todas as palavras finalmente são lidas por visualização porque *parece daquela maneira* está rapidamente ganhando aceitação na área apesar da falta de qualquer comprovação. As observações de Aaron e colaboradores (1999) ilustram isso muito claramente: "Muito embora a importância da leitura de palavra inteira seja reconhecida *quase universalmente*, a maneira como o processo acontece continua sendo uma questão não-resolvida" (p. 91, ênfase minha). Eles estão se referindo aqui à leitura de palavra inteira de "último estágio", não à leitura "logográfica".

O perigo de que esta idéia irá encontrar seu caminho para a sala de aula é real. Aaron e colaboradores (1999) tinham diversas sugestões para o modo como professores poderiam ampliar esse tipo de leitura de palavra inteira por meio do treino de vocabulário.

Uma falácia centenária de inferir o tempo de processamento cerebral a partir do tempo de resposta A idéia de que a velocidade de leitura reflete a velocidade de processamento cerebral tem uma longa história, e já surtiu um efeito profundo no ensino da leitura. A história começa em 1886, quando Cattell publicou um pequeno artigo, no periódico *Mind*, comparando o tempo que as pessoas levavam para nomear letras e para ler palavras simples e comuns. Ele verificou que adultos são capazes de ler palavras comuns tão rápido quanto conseguem nomear letras, e que conseguem ler palavras em contexto duas vezes mais rápido que lê-las isoladamente.

Esse artigo foi citado como a derradeira "comprovação científica" para a importância do ensino de palavras inteira como o principal método de ensino da leitura pelos defensores do movimento olhar-e-dizer, no início do século XX. Mais tarde, o artigo de Cattell conquistou a atenção de pesquisadores da leitura, e suas constatações básicas foram replicadas e ampliadas. Biemiller (1977/1978) relatou que alunos de 2ª e 3ª séries levavam mais tempo para nomear palavras que para nomear letras, mas que as velocidades eram idênticas para alunos da 4ª série, e assim permaneciam até a universidadade, enquanto a velocidade de nomeação geral aumentava em cada série.

Samuels e colaboradores conjecturaram que, se uma palavra é lida como uma unidade simples (holisticamente), então o comprimento da palavra não importa (ver Samuels, Laberge e Bremer, 1978; Samuels, Miller e Eisenberg, 1979). Eles verificaram que o comprimento da palavra (três a seis letras) realmente exercia um forte efeito sobre a velocidade de nomeação na 2ª série, e continuava exercendo em séries posteriores, quando as palavras tinham mais de cinco ou seis letras, porém não havia esse efeito para alunos universitários. Eles concluíram que leitores mais jovens processam palavras letra por letra, enquanto alunos universitários lêem "holisticamente". Isso foi interpretado como algum tipo de processo de "ativação": "O que está aparentemente sendo modificado à medida que uma pessoa progride ao longo das séries é uma redução da contribuição da ativação de cada código de letra para o código da palavra" (Samuels, Laberge e Bremer, 1978, p. 719).

Contudo, conforme Samuels, Laberge e Bremer observaram, "unidades de ativação" não podem explicar como estudantes universitários processam todas as palavras na mesma velocidade apesar do comprimento. Em vez disso, propuseram que "deve haver um intercâmbio no limiar de ativação com o comprimento da palavra, de tal forma que códigos de letras de palavras de três letras produzem *mais ativação* que os códigos de letra das palavras de seis letras" (p. 719, ênfase minha).

Que nossas teorias nos guiem em tais complexidades!

Pesquisei uma simples amostra dos muitos estudos ao longo dos últimos 120 anos nos quais pesquisadores concluíram que, se você consegue ler uma palavra tão rapidamente quanto consegue nomear uma letra, isto é prova de que a palavra se tornou uma "palavra inteira", processada holística, instantânea e automaticamente.

Ninguém parou para considerar que os mesmos resultados poderiam refletir os limites do processamento *motor* (velocidade de saída da fala) no período de desenvolvimento, não velocidade de processamento visual. Em outras palavras, a semelhança nas velocidades de nomeação de letras e de palavras pode ser causada por limites no tempo necessário para programar uma saída e produzi-la, não no tempo que leva para percebê-la e reconhecê-la.

A idéia de que se pode inferir algo sobre a percepção, a cognição e o processamento cerebral a partir de uma única medida de tempo de resposta simples é extremamente ingênua. Esse problema foi reconhecido anteriormente no século XX por psicólogos que estudavam tempo de reação, e cientistas que avaliavam padrões de movimentos oculares durante a leitura observaram isso muitas vezes. Nenhuma única medida pode predizer de modo confiável a eficiência do leitor na decodificação de um texto. Rayner (1988, p. 377) resumiu esse trabalho como segue: "Qualquer medida única do tempo de processamento de palavra é uma reflexão fosca da realidade do processamento cognitivo".

Pesquisas sobre movimentos oculares mostram que as medidas extremamente precisas do tempo de fixação por palavra (225ms é a média), gravadas pela câmera de movimento dos olhos mais sofisticada, são muito imprecisas para se fazer inferências sobre como ocorre o processamento. Imagine o quanto essa imprecisão se multiplica quando inclui todo o ato de leitura/fala: focar, varrer, transformar a imagem visual em palavra, programar a saída da palavra, executar o programa de saída. Tampouco isto incluiria o fato de que os indivíduos têm tempos de resposta tão altamente inconsistentes para ler as mesmas palavras, conforme mostrado pelos dados de Glushko (1979).

Jamais poderá haver uma métrica para identificar esse processo. Não há uma maneira de estimar como o cérebro lê a partir de tempos de resposta tão lentos quanto 450 – 800ms, o tempo que leva para ler uma única palavra em voz alta. Nem há qualquer evidência (ou razão) de que a decodificação fonológica pare porque as respostas motoras (orais) aceleraram. A velocidade e a complexidade dos sistemas neurais cerebrais encontram-se em uma velocidade e quantidade muito além dos limites que uma simples medida de comportamento pode mostrar.

A teoria da palavra inteira de último estágio baseia-se no pressuposto de que, porque uma palavra *parece ser* reconhecida instantaneamente, ela é processada instantaneamente também. O sentido de "parece ser" é capturado de uma maneira muito bonita pelas observações espontâneas das crianças no estudo de Varnagen e colaboradores (1997) sobre estratégias da escrita: "Eu simplesmente sabia".

Bem, a mente nos prega peças, como Freud observara muito tempo atrás no *Projeto de uma psicologia científica* (Freud, 1966;[5] Pribram e Gill, 1976). Freud, que se formou como neurologista, foi aparentemente o primeiro a perceber que o córtex cerebral torna a reflexão consciente possível, e depois apenas porções dele, dependendo daquilo de que se é consciente. Período de consciência, ou "período de atenção", é restrito a um domínio ou evento em um dado momento no tempo. Não podemos estar conscientes de tudo de uma vez (McGuinness e Pribram, 1980). Muito do que acontece no córtex cerebral e tudo o que acontece nas regiões subcorticais operam fora da nossa atenção consciente ou de nosso controle consciente.

Um século mais tarde sabemos que o cérebro processa todos os sinais sensoriais recebidos, porém apenas nos alerta para aquilo que é relevante *depois de processá-lo*. Podemos pedir a nosso cérebro para manter algo "na mente" se escolhemos focar nele, mas geralmente a um custo metabólico (Pribram e McGuinness, 1975). Além disso, a atenção consciente de eventos externos pode ser incrivelmente lenta, especialmente quando são novos e inesperados. Quando o ex-presidente

---

[5] N. de T. Em português: Freud, S. Projeto de uma Psicologia Científica. In: *Edição Standard Brasileira da Obras Psicológicas Completas de Sigmund Freud*. Rio de Janeiro: Imago, 1977, p. 381-533.

Reagan foi baleado, um filme gravou quase um minuto de silêncio antes que alguma reação fosse vista ou ouvida (os cérebros estavam agitados enquanto os corpos estavam congelados na inação).

Há outro princípio cerebral em operação. Com experiência e aprendizado, o processamento neural aumenta em eficiência (em termos de precisão, de velocidade e de organização neural) até um ponto em que o processamento múltiplo ou "paralelo" acontece no piloto automático, fora da nossa atenção. Existem propriedades inerentes aos sistemas neurais que permitem um processamento tão rápido que nunca nos tornamos conscientes dele, não importa o quanto tentemos. As pessoas não ouvem ou sentem a co-articulação fonêmica na fala. Ainda assim, sabemos que está lá. Não ouvimos as diferenças de microssegundos entre o tempo de chegada dos sons em cada ouvido que nos permitem localizar os objetos no espaço.

Nossa noção de que lemos palavras inteiras instantaneamente por visualização via alguma tubulação direta do olho para o sentido é uma *ilusão*. Não importa o quanto algo "parece" acontecer instantaneamente, ele não acontece. Atenção consciente e processamento cerebral ocorrem em diferentes tempos. O cérebro pode mapear correspondências grafema-fonema, analisar padrões de redundâncias ortográficas, registrar graus de familiaridade de palavra, perceber pistas contextuais e resolver possíveis decodificações de soletrações estranhas ou imprevisíveis, em paralelo. Tudo mais que o cérebro faz funciona dessa maneira. Em conversas normais mapeamos seqüências de fonemas em palavras, processamos sintaxe e semântica, percebemos qualidade e tom de voz, percebemos alteração vocal e observamos movimentos da boca, expressões faciais, postura corporal e trejeitos, *tudo ao mesmo tempo*. O cérebro tem uma incrível capacidade de "multiplexar" ou "multitarefar" centenas ou milhares de operações simultaneamente. Cérebros são processadores paralelos redundantes mesmo quando não precisam ser.

Seu cérebro pode ler antes que você saiba o que foi lido Mal começamos a arranhar a superfície do modo como o cérebro processa uma página escrita. Recentes avanços mostraram que as expectativas dos leitores com base na sintaxe e na semântica governam o modo como o texto é lido e o que eles procuram ou ignoram. Isso vai contra a idéia apresentada anteriormente, na qual a leitura é essencialmente passiva e linear: ver palavra... automaticamente decodificar palavra... ir para a próxima palavra, e assim por diante. Os testes fundamentais para esse novo conhecimento baseiam-se em artigos e preposições, aquelas pequenas palavras onipresentes que se esperaria fossem as mais automaticamente lidas de todas: *uma, o, sobre, em, para, e*.

Healy (1976) desenvolveu uma técnica útil para medir aquilo de que as pessoas são conscientes quando processam um texto, chamada de "*efeito da letra que falta*". Pedia-se às pessoas que localizassem uma letra-alvo conforme liam um texto contínuo em uma velocidade normal. Letras em artigos e preposições pareciam ser perdidas mais facilmente. As taxas de erro para detectar o *t* em palavras como *the* eram muito mais elevadas que para detectá-lo em *think*.

Naquele tempo descobriu-se que leitores focam com menor freqüência e por períodos mais curtos os artigos e as preposições que em outras palavras (Rayner, 1977). Várias explicações foram propostas para esse efeito. Uma foi a de que os artigos e preposições são redundantes e podem ser pulados. Outra foi a de que, em virtude de leitores focarem o significado, essas palavras são perdidas por serem semanticamente vazias.

Greenberg e Koriat (1991) pensavam diferente. Descobriram que leitores de hebraico detectam artigos e preposições com base amplamente em seu papel sintático e semântico na sentença. Eles acompanharam essa pesquisa com alunos de universidades norte-americanas e a adaptaram para a língua inglesa variando os papéis lingüísticos das preposições.

Em um experimento a palavra *for* aparecia em sentenças no seu simples papel preposicional assim como em uma de duas frases comuns. Em "*for better or worse*", ela atua como uma preposição, enquanto em "*for or against*", atua como um modificador (adjetivo/advérbio). A expectativa era a de que a taxa de erro (detectar a letra-alvo *f* em *for*) seria a mesma quando *for* estivesse em seu papel preposicional usual, mas que as taxas de erro baixariam quando *for* atuasse como um modificador. Isto foi exatamente o que se observou. A taxa de erro para *for* como uma preposição foi de 23% em uma sentença e de 25% em uma frase comum, porém apenas 6% quando atuou como modificador.

Greenberg e Koriat (1991) replicaram esse efeito usando a preposição *on* em sentenças em que *on* funcionava como uma preposição, ou como um adjetivo em termos compostos como *on switch, on call, onlooker, on side*. A taxa de erro para encontrar a letra-alvo *n* foi de 42% quando *on* era uma preposição, porém apenas de 17% quando era um adjetivo.

Os pesquisadores procuraram a fonte desse efeito realizando experimentos com a localização de informação em uma sentença. Foram elaboradas sentenças em que o contexto da frase inicial era o mesmo, porém a palavra *for* era usada de modo diferente. Em um caso ("*for or against*") ela era um modificador; no outro ("*for abortion*") uma preposição. Eles predisseram que detectar estas palavras iria variar como uma função do contexto, mesmo quando sua função estava no futuro (na segunda frase), evidência de uma análise de "último estágio" da estrutura da sentença. Em outras palavras, as pessoas ou antecipavam a segunda frase antes que a lessem, ou elas realmente a liam *antes que estivessem conscientes de a ler.*

Os alunos não conseguiram encontrar 35% dos alvos quando *for* era uma preposição simples e 27% dos alvos na frase "*for abortion*", mas apenas 3% dos alvos em "*for or against*". Pelo fato de que o contexto anterior não poderia ter influenciado esses resultados, e a palavra *for* ter sido detectada bem facilmente em uma frase, mas não na outra, isto exclui a teoria de que essas palavras são parte de alguma "estrutura de palavra unida" (dependências seqüenciais).

Para compreender isso mais precisamente, Greenberg e Koriat elaboraram sentenças com controles tanto no conteúdo quanto nas frases funcionais. O significado, por exemplo, foi mantido constante em todas as frases importantes, enquanto o conteúdo variou. Eles criaram sentenças nas quais a palavra *for* poderia estar vinculada a algo que a precedesse ou que viesse depois dela, como nas seguintes questões: "*Are you for abortion or against it?*" e "*With regard to this question of abortion, are you for or against it?*" Na primeira sentença, *for* é a preposição da palavra objeto *abortion*, e a afirmação é *explícita*. Na segunda sentença, a palavra *abortion* vem primeiro e *for* vem depois, servindo de modificador ("*for or against*"). Neste caso, o significado está *implícito* (reporta-se a algo anterior).

Greenberg e Koriat predisseram que a frase explícita, em que *for* desempenha seu papel preposicional usual, produziria mais erros que a frase implícita. Isso mostraria que o efeito da letra que falta está relacionado a um papel sintático específico dos artigos e das preposições, e também esclarece como as sentenças são processadas. A taxa de erro foi de 22% para detectar a letra *f* em *for* na frase explícita, mas apenas de 14% na frase implícita.

Considerados como um todo, esses resultados fundamentam uma abordagem estrutural, ativa da leitura de sentenças, que psicólogos chamam *processamento top-down* (descendentes) ou *análise por síntese*:

Propomos que, embora a codificação da estrutura e a codificação do sentido andem juntas durante a leitura, a codificação da estrutura geralmente indica o caminho. Leitores tentam estabelecer uma construção estrutural provisória para a frase e então usá-la para guiar a interpretação e a integração das unidades constituintes em uma representação significativa. O estabelecimento dessas construções parece ocorrer em um estágio relativamente inicial no processamento do texto com base em uma análise visual apressada e superficial... A detecção de letras é mais difícil em artigos e preposições, da que normalmente servem para sustentar a estrutura da frase, que as palavras de conteúdo informativo semanticamente. Entretanto, quando artigos e preposições são forçadas a desempenhar um papel de conteúdo, suas letras constituintes permanecem disponíveis (p. 1058).

Os autores concebiam a "construção estrutural" como local no sentido do contexto imediato. A localização de uma determinada palavra que retire a ambigüidade do sentido muda a profundidade da análise perceptual em palavras vizinhas, mesmo quando ela "aparece na mente" antes de ser lida/ou ser esperada no futuro.

Essa pesquisa mostra que a leitura é muito mais complexa e muito mais fascinante do que alguém poderia imaginar. Ela destaca o fato de que essa complexidade, que, nesses estudos, requereu busca visual, decodificação, processamento do significado e análise sintática, é também acompanhada por uma tentativa de realizar uma análise estrutural global de cada sentença e de prever quais palavras precisam ser brevemente varridas ou receber atenção total. *E isso acontece completamente fora da atenção consciente.* Um bom leitor é apenas consciente do significado. A impressão na página é totalmente invisível.

Não somos os regentes dessa sinfonia. Nosso cérebro é. Esta é a razão pela qual é uma tolice imaginar que alguém possa decretar como uma determinada palavra é lida pelo cérebro simplesmente porque ler parece automático e, então, presumir conhecer o que esse processo envolve.

Apêndice 1: Como os Países Trapaceiam os Estudos Internacionais Sobre Alfabetização

Em 2001, a mídia no Reino Unido relatou que estudantes ingleses superaram escores suecos em uma pesquisa internacional recente sobre leitura, citando o PISA 2000[1] (Programme for International Student Assessment, OECD,[2] 2001). Porém, apenas quatro anos antes, em um outro estudo da OECD abrangendo 12 países, a Suécia chegava em primeiro no grupo etário de 16 a 25 anos, enquanto o Reino Unido, a Austrália, a Nova Zelândia, a Irlanda e os Estados Unidos mal superavam a Polônia. Resultados contraditórios também apareceram em um estudo recente com crianças de 9 anos de 32 países – PIRLS 2001 (Progress in International Reading, Abril, 2003). A Inglaterra ocupava a terceira posição nesse estudo, atrás da Suécia e da Holanda. Os Estados Unidos estavam em nono. A aparente elevação nos índices de alfabetização da Inglaterra e dos Estados Unidos não se reflete em estudos domésticos bem-conduzidos, como o National Assessment of Education Progress (NAEP).

No relatório NAEP, mais recente, sobre crianças da 4ª série (NAEP 2002, Departamento de Educação dos EUA., 2003. Ver o *website* do USDE), 39% das crianças estavam "abaixo do básico" (funcionalmente analfabetas), 32% estavam no "nível básico", 23% eram "proficientes" e 6% eram "avançadas". Esses valores são similares a resultados anteriores de 43%, 33%, 20% e 4%, respectivamente. Certamente, é bem pouco provável que uma taxa de 38% de analfabetismo funcional arremesse os Estados Unidos para um nono lugar internacionalmente. Os estudos do NAEP são extremamente rigorosos. Nos dados do NAEP, publicados em 1992 (Mullis et al., 1993), 140 mil crianças foram testadas em bases individuais. Os itens de teste eram fixos, e avaliadores externos monitoraram protocolos e taxas de cumprimento das exigências.

Estudos de leitura internacionais anteriores patrocinados pelo OECD também foram bem-conduzidos. Ainda assim um funcionário superior desse projeto me disse que alguns países os pressionaram a fim de obscurecer ou disfarçar os dados. Um país abandonou o estudo por não terem gostado de seus resultados.

Hoje a situação deteriorou-se a tal ponto que os resultados são o que menos importam. PISA (2000) é o mais recente dos estudos do OECD, envolvendo milhares de alunos de 15 anos de 32 países. As páginas 232 a 236 do relatório fornecem informações sobre a amostra da população junto com tabelas de taxas de exclusão e de cumprimento. O cumprimento das exigências foi monitorado das seguintes maneiras:

Escolas-alvo representando uma amostra demográfica foram indicadas aos distritos escolares locais.

Se uma escola não participasse ou não pudesse participar, uma escola substituta de uma segunda lista tinha de ser escolhi-

---

[1] N. de R. T. O Brasil também participou deste estudo.
[2] N. de O. Organização para a Cooperação e Desenvolvimento Econômico.

da. Para evitar tendenciamento na seleção, a taxa de cumprimento no item 1 foi fixada em um mínimo de 85%.

Um número fixo de alunos por classe tinha de participar, com base no tamanho da classe (geralmente cerca de 35 alunos), satisfazendo a um mínimo de 80% de participação dos alunos.

As taxas de exclusão referem-se a crianças na população que não podem ser testadas devido a deficiência mental, cegueira, surdez, etc. As diretrizes foram: "A porcentagem de crianças de 15 anos excluídas entre as escolas deveria ser menor que 2,5% da população-alvo desejada nacionalmente." A última parte estava em negrito. Esta seção do relatório também afirmava expressamente que a "educação especial" não era um critério de exclusão.

O consórcio PISA, um conjunto de vários funcionários do Governo e especialistas em estatística, foi aparentemente incapaz de fazer cumprir até mesmo essas poucas diretrizes. O fracasso ao cumprir as taxas de exclusão foi completamente ignorado. Para explicar as baixas taxas de cumprimento em alguns países, os mesmos forneceram uma documentação que explicava adequadamente porque elas foram baixas. (p. 236) Na verdade, foram explicadas em vão. A Holanda, com uma taxa de cumprimento de 27%, foi o único país excluído do estudo. As taxas de cumprimento para os piores infratores restantes são dadas abaixo. O escore na coluna um deve ser de 85% para satisfazer as exigências do estudo. Senão os escores de leitura não serão confiáveis, especialmente quando a porcentagem de escolas ausentes é somada à porcentagem de alunos ausentes. Mesmo com as escolas substitutas, os Estados Unidos testaram apenas 55% dos alunos que deveriam ter testado.

Países com baixas taxas de cumprimento:

	Escolas-alvo	Com substituição	Alunos
Estados Unidos	56%	70%	85%
Reino Unido	61%	82%	81%
Bélgica	69%	86%	93%
Nova Zelândia	78%	86%	88%
Polônia	79%	83%	88%
Austrália	81%	94%	84%
Japão	82%	90%	96%

Contudo, como mostrado pelos países seguintes, não há desculpa para baixas taxas de cumprimento.

Países com excelentes taxas de cumprimento:

Coréia	100%	100%	99%
Suécia	100%	100%	88%
Áustria	99%	100%	92%
Itália	98%	100%	93%
Finlândia	97%	100%	93%
Espanha	95%	100%	92%
México	93%	100%	94%

Compilei listas representando os fatos reais sobre as taxas de exclusão e de cumprimento para todos os países. Escores de testes de leitura compostos estão incluídos, extraídos da Tabela 2.3a, p. 253 do relatório.

Países que não conseguiram satisfazer as exigências para ambas as taxas:

	Taxa de exclusão	Escore de leitura
Irlanda	4,6%	527
Luxemburgo	9,1%	441
Holanda	4,4%	NA
Nova Zelândia	5,1%	529
Polônia	9,7%	470
Reino Unido	4,9%	523
Estados Unidos	4,1%	504

Países que não conseguiram satisfazer apenas a taxa de exclusão, tendo escore acima de 3%:

Canadá	4,9%	534
Dinamarca	3,1%	497
França	3,5%	505
Suécia	4,7%	516

Países que não conseguiram satisfazer apenas a taxa de cumprimento de 85%:

Austrália		528
Bélgica		507
Japão		522

Os países seguintes participaram conforme as regras.

Países que cumpriram todas as exigências, classificados por escores de teste de leitura:

Finlândia	546	Alemanha	484
Coréia	525	Liechtenstein	483
Áustria	507	Hungria	480
Islândia	507	Grécia	474
Noruega	505	Portugal	470
Suíça	494	Rússia	462
Espanha	493	México	422
República Tcheca	492	Brasil	396
Itália	487		

Nesta última lista, o que é mais significativo é a ausência de países de língua inglesa. Das tabelas como um todo, nota-se os escores altamente inflados para os "trapaceiros" comparados aos países que não trapacearam. É evidente que os países de maior escore na lista final estão lá por alguma razão. A Finlândia e a Coréia têm os sistemas de escrita mais transparentes do mundo. Quase tão bons são os sistemas de escrita escandinavo, alemão, italiano e espanhol. É uma pena a Suécia ter violado os critérios de exclusão, pois não havia necessidade. Eles teriam obtido escores próximos do topo de qualquer maneira.

Pense sobre o quão enganador esse relatório é. Se alguém simplesmente olhasse para as tabelas de escores dos testes de leitura, desconhecendo ou deixando escapar as complexas tabelas sobre taxas de exclusão e de cumprimento, poderia parecer que os Estados Unidos haviam obtido escores na faixa média, e que o Reino Unido ocuparia a mesma posição da Coréia.

O controle sobre amostragem e taxas de cumprimento também foi um problema no estudo PIRLS 2001, abrangendo 150 mil alunos de 35 países. Esse estudo foi patrocinado pelo Boston College, com o apoio da Associação Internacional para a Avaliação do Aproveitamento Escolar. Um exemplo do problema é o fato de que Singapura testou 7 mil crianças, enquanto os Estados Unidos testaram apenas 3.763. Embora a Suécia tenha aparecido no topo desse estudo, quase nada mais se encaixa nas expectativas. Holanda e Inglaterra (principais culpadas no estudo PISA, 2000) aparecem em segundo e terceiro, seguidas de Bulgária e Letônia. Islândia e Noruega aparecem em 21º e 25º, a penalidade por participarem conforme as regras.

Como os diretores de projetos obviamente perderam o controle sobre esses estudos, os testes internacionais tornaram-se um exercício de futilidade. São uma enorme perda de tempo e recursos e nada provam.

Apêndice 2: Mau Uso da Estatística
Problemas Estatísticos em Bond e Dykstra, 1967

Uso de médias em vez de dados individuais na estatística ANOVA

O uso de médias simples para representar os dados de uma população pequena (20 a 30 crianças por classe) está sujeito a sérias distorções. Para isto, bastava uma ou duas crianças em uma classe terem escores extremos, uma situação comum na pesquisa sobre leitura. A matemática que embasa a estatística de análise de variância (ANOVA) e as tabelas de probabilidade elaboradas para funcionar com essas estatísticas baseiam-se em variâncias e não em médias.

A ANOVA computa uma razão da variância entre grupos em relação à variância dentro dos grupos. Nesse estudo, cada classe deveria contribuir com uma faixa de escores. Esses escores são usados para computar a razão da variância devida a tratamentos (variância entre grupos) em relação à variância devida às crianças em todos tratamentos e em todas as classes (variância dentro dos sujeitos). A variância entre grupos é o numerador, e a variância dentro dos sujeitos é o denominador ou termo de erro. Esses termos deveriam refletir uma distribuição normal (variância normal da capacidade de leitura de todas as crianças). Substituir escores individuais por escores de média da classe significa ser improvável que os escores sejam normalmente distribuídos.

A probabilidade de obter um resultado significativo (razão F ampla) é determinada pelo tamanho da diferença entre os grupos e pelo poder no estudo. "Poder" se traduz em número de sujeitos. Milhares de sujeitos significa poder muito alto, e dezenas de sujeitos significa poder baixo. Ao se usar as médias em vez de escores individuais, toda a variância (a variabilidade) das crianças foi eliminada e substituída pela variabilidade entre médias de classe. Isto não apenas mudou o foco de Bond e Dykstra (1967) de um estudo comparando crianças para outro comparando classes, como também reduziu drasticamente o poder estatístico a tal ponto que a probabilidade de se obter um resultado significativo tornou-se extremamente baixa.

Sobre Unidades de Medida Atualmente está na moda usar médias de classe como a unidade de medida em casos em que o "tratamento" (o método de ensino) é dado para a classe toda em vez de indivíduos (ou grupos). De um ponto de vista lógico, não fica claro porque isso é necessário, e de um ponto de vista matemático isso não faz sentido. Estatísticas ANOVA foram inventadas para testes de campo nas pesquisas agrícolas. Se plantas são substituídas por crianças, a analogia é quase perfeita, exceto que as variáveis dependentes são altura e peso. Em testes de campo, as plantas são colocadas em lotes, e cada lote tem o mesmo tratamento (proporções específicas de nutrientes). Lotes são contrabalançados ou randomizados ao longo do terreno para controle de certos fatores, tais como luz do sol, drenagem, vento, conteúdo mineral do solo, etc. Depois do tratamento, cada planta contribui com um escore para a análise. Isto é essencial para computar a variância dentro dos lotes como uma função do tratamento, a menos que o número de lotes seja vasto. Usar a altura média por lote eliminaria essa variância, e a análise estatística seria inválida.

Análise de Covariância

A análise de covariância (ANCOVA) justifica-se quando sujeitos diferem amplamente em uma determinada habilidade no início de um estudo em que a *mesma habilidade* está sendo treinada, ou quando sujeitos diferem amplamente em algo que provavelmente contribua para essa habilidade, como, por exemplo, QI ou vocabulário. Em outras palavras, covariância seria usada onde seria lógico emparelhar ou combinar sujeitos entre grupos, ou quando ocorre uma diferença entre grupos que não parece ser devida ao acaso. Mesmo que se assuma que o estudo de Bond e Dykstra satisfaz esses requisitos, deve-se ser capaz de responder a seguinte questão: Os grupos diferiram constantemente nas medidas básicas? Infelizmente essa questão não pode ser respondida, pois os dados incorretos (médias novamente) foram usados para as análises estatísticas. Além disso, quando comparando as estatísticas para todos os projetos combinados *versus* análises de projetos individuais, os resultados dos testes de base padeceram de um efeito "agora você vê, agora você não vê". Nas comparações entre os métodos leitura elementar e i.t.a., o conhecimento da letra foi significativamente melhor para o método i.t.a. Porém, quando os cinco projetos foram analisados separadamente, o efeito nome da letra desapareceu *para cada grupo.* Entretanto, surgiu uma diferença de grupo em discriminação fonêmica que nunca estivera lá antes. Esses resultados são típicos do que acontece quando médias em vez de escores individuais (variâncias) são usadas em uma análise estatística.

ANCOVA baseia-se em estatística correlacional com a idiossincrasia de que nos permite tornar todos os grupos comparáveis nas medidas básicas, e então ajustar a medida resultante de modo apropriado. A matemática requer que os dados sejam lineares e normalmente distribuídos, com variâncias similares em cada teste. Ao se reduzir os dados a médias nenhum desses requisitos pode ser preenchido. Além disso, os cômputos na análise ANCOVA devem incluir valores para erros de amostragem e variância residual (o quadrado da estimativa do desvio padrão), nenhum dos quais pode ser computado com médias.

Graus de Liberdade

Graus de liberdade traduzem-se no número de sujeitos em um estudo, menos os níveis ou condições sob cada tratamento ou fator, menos 1. Ao computar a estatística ANOVA, a variância total para tratamentos é dividida pelo número de níveis para aquele tratamento (para i.t.a. *versus* leitura elementar, df = 1), e a variância total para sujeitos nos tratamentos (erro dentro dos sujeitos) é $N - 1 - 1$. Se os graus de liberdade para o intervalo de erro são muito grandes (muitos sujeitos), então o valor final para erro dentro dos sujeitos (o denominador na razão F) é muito pequeno. Isto, por sua vez, tornaria o valor F final muito grande e com maior probabilidade de ser significativo. Nesse estudo, projetos individuais foram analisados um de cada vez, e os graus de liberdade deveriam ter representado apenas as classes naquele projeto. Em vez disso, o valor para os graus de liberdade representaram todos os projetos em um grupo de método. Na comparação i.t.a., os graus de liberdade para o termo de erro foram cinco vezes maiores que deveriam ter sido para cada comparação. E o mesmo problema persistiu o tempo todo.

Como ilustração, ao analisar cada projeto separadamente, isso reduz a um desenho de grupo aleatório de dois fatores (gênero x tratamento). O Projeto 1 tinha 32 classes (64 médias), assim graus de liberdade seriam 1 (tratamento), 1 (sexo) e 61 sujeitos. Os valores de tabela dados, entretanto, foram 1 e 292, o que, evidentemente, está errado. Este não foi apenas um erro tipográfico, pois o mesmo erro apareceu em outras tabelas em que projetos individuais foram analisados separadamente (ver Tabelas 27, 38, 49, 60 e 71). O mesmo erro apareceu na análise dos testes individuais também. Isto significa que não se pode depender dos resultados para nenhuma das medidas de resultado.

APÊNDICE 3: UMA ANÁLISE DAS LISTAS DE PALAVRAS DE TREIMAN E COLABORADORES, 1995

Listas de Palavras de soletração CVC estão Classificadas por Constância Alta e Baixa dos Segmentos Iniciais (CV) e Finais (VC)

As palavras são listadas por tipo de soletração, começando com vogal + *r*.

CV Constância Baixa/VC Constância Alta

bar, jar, beer, dear, rear, turn, ball, tall, lock, cook, loss, bob, mob, heap, thin

CV Constância Alta/VC Constância Alta

deck, pick, suck, Dutch, mess, gum, gun, met, wet, file, game, hope, rode, role, sung

CV Constância Baixa/VC Constância Baixa

bear, pull, push, wash, watch, none, ton, won, cough, rough, lose, dog, fog, death, bade

CV Constância Alta/VC Constância Baixa

word, worm, chose, dose, lease, pose, gas, yes, doll, shall, hood, mood, wood, limb, mead

Problemas com Unidades VC de Constância Alta

1. Uma lista contém seis palavras vogais + r: *bar, jar, beer, dear, rear* e *turn*. O /r/ é uma vogal por seus próprios méritos (/r/ em *her*). Quando combinada com outra vogal (VV) como em *for*, isto cria um ditongo: /oe/-/er/. Um ditongo é ensinado como uma unidade (um dígrafo ou fonograma) e não como dois fonemas separados (/oe/ e /r/), o que não faria sentido. As palavras listadas acima são, na verdade, palavras CV, não palavras CVC, e, assim, não têm unidade VC. A letra *r* não pode "controlar" a pronúncia das vogais porque é parte da vogal.
2. Este caso é revelado pela palavra *turn*, que é tratada como uma palavra CVC na qual o /r/ (grafado *ur*) conta como uma vogal.
3. A palavra *bear* está em uma das listas VC-constância baixa, porém tem a rima idêntica a *dear* e *rear* na lista VC- constância alta. Não fica claro como *ear* pode ser constante e inconstante ao mesmo tempo. E, é claro, estas são palavras CV, em primeiro lugar, e não têm unidade VC.
4. Havia oito palavras nas listas VC- constância alta em que a vogal controla a soletração da consoante final, exatamente o oposto da alegação. Essas palavras são *lock, cook, deck, Dutch, pick, suck, loss* e *mess*. A fonologia da vogal determina a soletração do /k/, /ch/, /f/, /j/, /l/ e /s/ finais. "Vogais simples" geralmente levam as soletrações *ck, tch, dge, ff, ll* e *ss*. Todas as

outras vogais ou consoantes levam *k*, *ch*, *ge* e *l*, como também *ce*, *se* ou *s*. A consoante final não controla o modo como a vogal é pronunciada nessas palavras. A pronúncia não seria modificada se outras soletrações permitidas fossem usadas: *lok, dek, duch, pik, suk, los* e *mes*. São as *soletrações* que são controladas, não a pronúncia.

5. Havia nove palavras CVC do tipo vogal "simples" ("curta"): *bob, bog, thin, gun, gum, met, wet, sun* e *sung*. Nessas palavras todas as soletrações do fonema são "independentes de contexto". Nenhum fonema (ou sua soletração) tem a menor influência no modo como os outros são decodificados ou soletrados. Eles são pronunciados de modo constante, não porque a unidade VC os torna constantes, mas porque nada é afetado pelo que está perto.

6. As palavras com vogais V + *e* também são estáveis: *file, game, hope, rode* e *role*. A vogal não é influenciada ao se mudar a consoante final: *file, fine, five / gage, gale, game, gape, gate, gave / hope, hole, hone, home, hose / rode, role, robe, rose, rote, rove*.

7. Existem apenas duas palavras em que a consoante final controla a pronúncia da vogal. Essas são as vogais "controladas pelo *l*". Quando a letra *l* segue *a*, isto faz com que ela seja lida como /o/, como mostrado aqui: *ball, tall* (embora nem sempre: *shall, fallow, gallows, tallow, pal, pallid*). Isto preencheria o critério deles para "constância alta", mas elas são as duas únicas palavras em todas essas listas que o fazem.

8. Uma das palavras VC- constância alta é *heap*. Supõe-se que o p sinalize que *ea* seja lido /ee/ e não /e/ (*head*). A família ortográfica *eap* consiste em quatro palavras – *heap, cheap, reap* e *leap* – mas isso não se mantém em palavras polissilábicas (*weapon*). A unidade VC não é produtiva aqui em vista do fato de que a família *fonológica eep* tem duas soletrações, as acima e *beep, cheep, creep, deep, keep, peep, seep, sheep, sleep, steep, sweep, weep*.

Problemas com Unidades VC de Constância Baixa

Quando nos voltamos para as palavras com unidades VC- constância baixas – rimas ortográficas em que é improvável que a consoante ajude a decodificar a vogal – encontramos tipos completamente diferentes de palavras. Em primeiro lugar elas são consideravelmente mais difíceis de ler. As palavras são mais compridas e têm soletrações mais irregulares. Mas isso era uma função da constância da VC baixa? Pode a ausência de algo ser uma causa?

1. Existem bem mais palavras soletradas irregularmente nas listas VC- constância baixa. Mencionei *bear*, que é "irregular" comparada a *dear* e *rear*. Há *shall* (uma das renegadas da família *all*), como também *none, ton* e *won*, com soletrações incomuns para a vogal /u/. *Cough* e *rough* aparecem ambas na mesma lista, causando confusão porque *ou* representa diferentes sons de vogal, e *gh* é uma soletração de baixa probabilidade para /f/. As crianças tinham problemas ao ler essas palavras por causa de suas soletrações irregulares, por causa da inconstância do *ough* (*bough, bought, thought, through*), ou porque a "rima VC era muito inconstante" para dar uma pista de como pronunciar a vogal, como eles alegam?

2. Essas listas continham muitas palavras nas quais a consoante inicial controla a grafia da vogal: *pull, push, wash, watch, word, worm*. Conforme observado acima, /p/ e (/b/) levam a soletração u para a vogal /oo/, como em *pull, push, pudding, pulley, pullet, put* (e em *bull, bullet, bully, bush, butcher*). O som /w/ leva a soletração a para o som da vogal /o/: *wad, waffle, wan, wand, wander, want, wash, wasp, watch, water*, o que vale também

para os encontros /sw/ (*swah, swamp, swap, swat*) e até mesmo para os encontros /skw/ (*squab, squabble, sqall, squander, squash, squat*). O som /w/ leva a soletração <u>or</u> para o som da vogal /er/, como em *word, work, world, worm, worry, worse, worst, worth, worthy*. Vale observar que quatro dessas soletrações que são fortemente controladas pela CV não estavam na lista de constância CV-alta, mostrando que essas listas refletem pouca compreensão do código escrito inglês.

3. Quatro palavras usam a soletração do francês antigo *se* para /s/ e /z/: *chose, dose, pose* e *lose* (*choze, doass, poze* e *looze*), e são instáveis para ambas, consoante e vogal, tendo, desta forma, grande probabilidade de causar erros de decodificação. Para aumentar a confusão, palavras incomuns de final /s/ também estavam na lista: *gas, yes*. Elas são parte de um grupo pequeno de palavras terminadas em /s/ (não plural) que usam a soletração *s* e não *ss* (*bus, gas, us, this, yes*).

4. As palavras *hood, mood* e *wood* estavam na mesma lista. Isto cria confusão, pois esta é a soletração principal (soletração do código básico) para duas vogais (nada a ver com "controle" por uma consoante final), como em *food, mood, noodle, poodle / good, hood, stood, wood*.

5. Duas outras palavras pareciam designadas a provocar erros de leitura – *limb* e *mead* –, pois poucas crianças teriam ouvido falar delas.

6. Finalmente, as palavras *dog* e *fog* estão nessas listas. Essas são parte do grupo CVC de "contexto independente", e não fica claro porque a soletração *og* é "inconstante" com alguma outra pronúncia.

Glossário

alcance perceptivo Na pesquisa sobre movimento ocular, é o nome dado à distância entre do foco visual central e a região periférica, É a amplitude que as pessoas podem ver e/ou usar a informação. Na pesquisa sobre leitura, isso é medido pelo número de letras à esquerda ou à direita que influencia a velocidade de decodificação.

alfabeto Sistema de escrita baseado nas menores unidades fonológica da língua, os fonemas (consoantes e vogais individuais).

alfabeto consonantal Sistema de escrita no qual os símbolos são atribuídos apenas para consoantes. Adequados para línguas em que seqüências de consoantes carregam a carga de significado e as vogais indicam mudanças gramaticais, e são inferidas a partir do contexto.

alfabeto opaco Sistema de escrita alfabético no qual existem múltiplas soletrações para o mesmo fonema.

alfabeto transparente artificial Usado durante o ensino da leitura inicial. Cada fonema na língua é representado por uma letra, dígrafo ou símbolo artificial.

alfabeto transparente Sistema de escrita alfabético no qual raramente há mais de uma soletração para o mesmo fonema.

Aliteração Repetição do fonemas inicial em palavras sucessivas. Ex. o *r*ato *r*oeu a *r*oupa do *r*ei de *r*oma.[1]

alternativas de soletrações Todas as soletrações possíveis de um único fonema.

analfabetismo funcional Designação para as dificuldade de leitura usada em testes nacionais em que o leitor é incapaz de encontrar, usar e interpretar o significado de um texto escrito.[2]

análise de covariância Ferramenta estatística para ajustar escores pós-testes para refletir diferenças individuais nesses escores no teste inicial (por exemplo, a inteligência é covariada a fim de observar a correlação entre consciência fonêmica e leitura, independente de inteligência).

análise de fator Tipo complexo de estatística correlacional no qual as relações entre escores em uma variedade de testes são exploradas no espaço geométrico. Os testes são classificados de acordo com a semelhança entre eles (proximidade nesse espaço), e escores de fator ou "cargas de fator" são computados para cada teste em relação a cada outro teste. Testes que "carregam" juntos (estão altamente correlacionados) constituem um fator. Um fator é uma abstração, e o pesquisador deve determinar o que os testes têm em comum. Geralmente, uma carga de fator não é significativa a menos que seja 0,80 ou mais elevada.

análise de item Na elaboração do teste, uma técnica analítica para determinar o poder e a confiabilidade dos itens individuais para medir um constructo, como, por exemplo, quais itens produzem respostas constantes/consistentes ou inconstantes/inconsistentes, e quais são muito fáceis ou muito difíceis.

aprendizagem por associação de pares Tipo de aprendizagem que requer memorização de pares arbitrários de algo (por exemplo, símbolos de letras para fonemas).

caractere Na escrita chinesa, símbolo que representa uma sílaba (ou palavra).

carga de fator Valor final atribuído a um teste depois que uma análise de fator foi realizada. Isto representa o poder daquele teste de representar um fator em valores correlacionais.

classificação percentual Conversão de um escore de um teste padronizado para refletir o nível em que esse escore excede uma percentagem da população. Um escore percentual de 90 significa que essa pessoa excedeu 90% da população.

classificador Escrita chinesa, um símbolo que atua como um marcador para uma categoria semântica.

co-articulação Fonemas se sobrepõem na fala. Durante o fluxo da fala, um fonema modifica a produção do fonema anterior.

codificação Ato de transcrever unidades dentro de uma categoria em símbolos arbitrários atribuídos para cada unidade (por exemplo, fonemas em suas soletrações). Ato de codificar algo. O inverso de decodificação.

---

[1] N. de R. T. Esta vocábulo foi adicionado no glossário, por aparecer ao longo do livro e não ser definido.

[2] N. de R. T. Atualmente, o conceito de alfabetizado tem mudado. Para ser considerado um indivíduo alfabetizado, não basta a criança e/ou o adulto saber escrever e ler, eles precisam fazer uso desta aprendizagem. Quem não o faz, é considerado como analfabeto funcional.

código Qualquer sistema em que símbolos arbitrários são atribuídos a unidades dentro de uma categoria. Os símbolos numéricos 1-10 representam unidades de quantidade. Letras representam unidades de sons da fala, os fonemas.

código básico Usado durante o ensino da leitura inicial. Cada fonema na língua é representado por sua soletração mais comum ou menos ambígua.

confiabilidade Na elaboração de testes, um teste confiável é aquele em que as pessoas conseguem escores semelhantes em diferentes ocasiões.

consciência fonêmica Capacidade de ouvir e de lembrar a ordem dos fonemas nas palavras.

consciência fonológica Capacidade de ouvir e de lembrar uma variedade de unidades de som dentro das palavras: sílaba, unidades intra-silábicas (onset/rima), fonema.

consoante Fonema que envolve contato e movimento entre um ou mais articuladores da fala. Na **consoante sonora** há a vibração das pregas vocais. Na **consoante surda** não há vibração das pregas vocais.

decodificação Ato de traduzir símbolos que representam unidades de algo de volta para suas unidades de origem (por exemplo, a tradução de letras em fonemas). O inverso de codificação.

decodificação por analogia Abordagem de ensino na qual as crianças são incentivadas a decodificarem uma palavra desconhecida por meio da busca na memória por uma palavra com os mesmos sons finais e, então, trocar o(s) som(ns) inicial(ais). ("**Hand** looks like **land**, except it starts with an aitch".[3])

desvio-padrão Medida da variância (variabilidade) em um conjunto de escores que representa a raiz quadrada da soma do quadrado das diferenças de cada escore da média.

determinante Símbolo que representa uma categoria semântica (planta, homem, água).

diacrítico Uma marca especial ou letra extra escrita acima, abaixo ou ao lado de uma letra para indicar sua pronúncia.

dígrafo Duas letras que representam um fonema: *ch* em *church*.[4]

dislexia Palavra, derivada do grego, para "leitura fraca". Em alguns países (EUA) esta leitura fraca é devida a uma predisposição genética. Em outros países, significa leitura fraca, de etiologia não especificada.

distribuição normal Distribuição matemática de uma série de medidas na qual a forma da distribuição pode ser totalmente determinada pelo desvio médio e pelo desvio-padrão.

ditongo Som de vogal que elide duas vogais em rápida sucessão e conta como uma única vogal (/e/ + /ee/ = /ae/ em *late*).[5]

efeito piso Quando um teste ou tarefa é tão difícil que a maioria dos escores é zero.

efeito teto Situação na qual um teste ou uma tarefa é tão fácil que a maioria das pessoas consegue escores perfeitos.

encontro consonantal Duas ou mais consoantes em seqüência em uma palavra: *str* em *street*.[6]

família de palavras Grupo de palavras que compartilham os mesmos sons finais, que são soletradas igual, e que rimam (*bright, night, fight, sight*).[7]

filogenia Padrões evolucionários ou linhas de descendência de um organismo.

fonema A menor unidade de fala que as pessoas podem ouvir; corresponde a consoantes e vogais.

fonética Estudo dos sons da fala nas palavras.[8]

fônico Termo genérico para qualquer método de leitura que ensina a relação entre letras e fonemas.

fonologia Estudo da organização de sons da fala que compõem uma língua.

fonotática Seqüências de fonemas permitidas nas palavras de uma determinada língua.

freqüência Usada aqui como uma medida de freqüência da ocorrência de uma determinada soletração em um texto escrito. Freqüência é o número de vezes que a soletração ocorrer em um número específico de palavras no texto.

grau de liberdade Em estatística, o número de escores em um estudo que são livres para variar dado um valor conhecido.

hieroglífico Um sistema de escrita usado em monumentos religiosos ou públicos com objetivos sagrados ou políticos.

hiragana Um dos dois sistemas bifônicos (CV) usados no sistema de escrita japonês.

---

[3] N. de R. T. A palavra mão é parecida com a palavra pão, exceto porque começa com eme.
[4] N. de R. T. *ch* em *chave*.
[5] N. de R. T. Uma seqüência de duas vogais ou de uma vogal mais glide, dentro de uma sílaba, formando uma unidade. Ex.: pai – [pay]. Fonte: Yavas et al. *Avaliação fonológica da criança*. Porto Alegre: Artmed, 1991.
[6] N. de R. T. Ex.: **pr**ato.
[7] N. de R. T. é; pé, chulé, picolé.
[8] N. de R. T. Interessa-se mais pela descrição dos sons da fala como um fenômeno físico: como são articulados por um falante. Fonte: Lamprecht e et al. *Aquisição fonológica do português*. Porto Alegre: Artmed, 2004.

homófonas Palavras que soam exatamente igual, mas que têm um significado diferente.

identificação de palavra Mesmo que reconhecimento de palavra.

isomórfico Mesma forma.

kanji Símbolos representando palavras inteiras usados no sistema de escrita japonês.

katakana Um dos dois sistemas bifônicos (CV) usados no sistema de escrita japonês.

leitura elementar Programa de leitura que inclui todos os elementos de um currículo. Elaborado por editoras de publicações de educação para uso em sala de aula.

linguagem tonal Linguagem na qual alterações no tom significam alterações de sentido.

linguagem total Filosofia[9] que sustenta que aprender a ler é semelhante à aquisição da linguagem natural. Crianças aprendem a ler por exposição, lendo junto com a professora e adivinhando palavras com o uso de contexto, figuras e outras pistas.

logograma Símbolo abstrato que representa uma palavra inteira.

mapeamento Processo pelo qual unidades de um tipo são atribuídas a unidades de outro tipo.

magnitude de efeito Conversão da diferença em escores entre dois grupos para unidades de desvio-padrão. Isto proporciona uma métrica-padrão para comparar dois ou mais estudos com desenhos de pesquisa e medidas semelhantes.

memória de evocação Memória recuperada na memória de longo prazo sem a ajuda de dicas ou pistas. (Um teste de ensaio envolve memória de evocação).

memória de reconhecimento Memória recuperada na memória de longo prazo auxiliada por dicas e pistas. (Um teste de múltipla escolha envolve memória de reconhecimento).

metanálise Média extraída de uma série de magnitudes de efeito. Isto proporciona uma visão geral em unidades de desvio-padrão de muitos estudos usando desenhos e medidas semelhantes de pesquisa.

método de leitura ecléctico Método de ensino que inclui uma variedade de abordagens não necessariamente relevantes àquilo que precisa ser ensinado.

morfema Menor unidade de uma palavra que expressa sentido (*boat* contém um morfema; *boats* e *boating* contêm dois morfemas).[10]

morfologia Divisão da gramática que estuda a estrutura das palavras, as regras para a combinação de morfemas.

olhar-e-dizer Método de leitura do início do século XX no qual as crianças memorizavam palavras escritas isoladas como seqüências de letras aleatórias somente por meio da memória visual.

onset Termo técnico que se refere à(s) consoante(s) inicial(ais) que precedem uma "rima". *str* em *street* é um *onset*.[11]

ontogenia O desenvolvimento biológico de um indivíduo.

ortografia "Soletração-padrão". Padrões de soletrações permitidas para sons nas palavras em um sistema de escrita.

palavras inteiras Palavras escritas que se pede às crianças para memorizarem visualmente como seqüências aleatórias de letras. Uma verdadeira palavra inteira contém padrões de soletrações raras ("yot" = *yacht*).

paleografia Estudo de sistemas de escrita antigos.

percepção categórica Incapacidade de ouvir as diferenças acústicas nas comparações entre duas consoantes semelhantes (*ba/pa*) e a tendência a ouvir apenas uma ou a outra.

pictograma Figura estilizada que representa uma palavra inteira. Usada em tempos remotos para propósitos comerciais (faturas, controle de estoque) ou como parte de um sistema de escrita antiga.

poder estatístico Número de escores em um determinado teste ou tarefa. Quanto maior o número, maior a probabilidade de haver uma distribuição normal. Isso se traduz para o número de sujeitos em um estudo: grande número = poder elevado = resultado mais confiável.

probabilidade Possibilidade de um determinado evento ou ocorrência como uma função de uma gama total de possibilidades (*a* é a soletração mais provável para o som /a/ (*cat*)).

prosódia Termo genérico para variações nas propriedades acústicas da fala para uma determinada língua que não carrega significado diretamente, como fluência, melodia, padrões de acentuação e inflexão.[12]

radical Parte de um caractere chinês que representa uma categoria semântica. Idêntica a um determinante.

---

[9] N. de R. T. No original *philosofy*, optei em manter o termo utilizado pela autora.
[10] N. de R. T. Ex. A palavra falar tem dois morfemas – fal e ar.
[11] N. de R. T. Ex. Na palavra mar, a nasal [m] está na posição de onset.
[12] N. de R. T. Essas variações podem exercer uma função lingüística (para distinguir palavras no Japão, por exemplo) como também não-lingüísticas (para exprimir o estado emocional do falante, por exemplo).

reconhecimento de palavra Tipo de teste de leitura no qual uma criança decodifica uma lista de palavras não-relacionadas, uma de cada vez.

rima Termo técnico para a parte final de uma palavra que "soa como" outras palavras (rimas). _and_ em _band, bland, brand, hand._[13]

semântica Conteúdo ou seqüência de palavras em frases que expressam significado. Na lingüística – o estudo do sentido na linguagem humana.

sílaba Unidade de fala contida em uma palavra, ou constituindo uma palavra inteira, que consiste em uma vogal (núcleo) mais quaisquer consoantes. _I_ e _straight_ são palavras de uma sílaba; _basket_ e _triumph_ são palavras de duas sílabas, e assim por diante.

silabário Sistema de escrita baseado na sílaba.

sistema bifônico Sistema de escrita no qual um símbolo representa uma unidade consoante-vogal (CV) em uma língua.

sistema de escrita Mapeamento sistemático dos elementos de uma unidade de fala em um conjunto de símbolos arbitrários, de forma que cada palavra na língua possa ser representada. Nenhum sistema de escrita marca palavras inteiras. Sistemas de escrita marcam uma das quatro unidades de som (e apenas uma): sílaba, bifone CV, só consoantes, consoantes e vogais (fonemas).

soletração inventada Método de ensino no qual as crianças são incentivadas a recriar o sistema de escrita com base em qualquer conhecimento que possam ter.

teste binômi Teste estatístico que computa um escore numérico que irá exceder o acaso (adivinhação) em um nível específico de probabilidade. A computação leva em consideração o número de itens em um teste e o número de alternativas para cada resposta.

teste padronizado Teste administrado para um número muito grande de pessoas (normalizado) em uma ampla faixa etária, no qual os escores de teste são "padronizados" para adequarem-se a uma distribuição normal. Isto é freqüentemente convertido para uma métrica-padrão, com uma média de 100 e desvio-padrão de 10. Escores de testes individuais levam em consideração a idade (em meses) e a distância da média nas unidades de desvio-padrão.[14]

testes informais Testes elaborados pelos próprios pesquisadores com o objetivo de avaliar a habilidade ensinada, sendo testes com pouca confiabilidade. Além disso, não medem o efeito de generalização, uma vez que, avaliam as próprias palavras (ou os fonemas) que foram ensinadas. São testes não-padronizados nem normatizados.[15]

validade do constructo Aspecto do desenho do teste em que os itens refletem fielmente o constructo que está sendo medido, e não algum outro constructo.

vocabulário expressivo Vocabulário falado. O número de palavras que alguém é capaz de produzir com compreensão.

vocabulário receptivo Número de palavras que alguém pode entender quando faladas por outras pessoas.

vogal Fonema no qual os articuladores não param nem obstruem o fluxo da respiração. Todas as vogais são sonoras.

vogal + r Categoria de vogais em inglês na qual o som /r/ é tanto uma vogal por si só (_her_ contém os sons /h/ /r/), ou forma um ditongo com outra vogal (_for_ contém o ditongo /oe/ + /r/). Existem nove dessas vogais na língua inglesa.[16]

vogal schwa Som "uh" omitido em uma sílaba não-acentuada (_hesitate_, _abundance_).[17]

---

[13] N. de R. T. Rima também pode ser entendida como um constituinte silábico que vem depois do _onset_. Ex. na palavra mar; a seqüência [ar] constitui a rima. Fonte: Lamprecht et al. _Aquisição fonológica do português_. Porto Alegre: Artmed, 2004.

[14] N. de R. T. Não há testes disponíveis em português brasileiro para avaliação da leitura, com tal padronização.

[15] N. de R. T. Esta vocábulo foi adicionado no glossário

[16] N. de R. T. Não há no português brasileiro esta categoria de vogais.

[17] N. de R. T. O schwa é uma vogal central, média-baixa e produzida sem o arredondamento dos lábios. De acordo com Cristófaro-Silva (2005), "tem características articulatórias bem próximas ao **a** átono final do português brasileiro – como na vogal final da palavra 'pizza'. No português brasileiro, o schwa tende a ocorrer sempre em posição pós-tônica, ou seja, após a vogal tônica e sempre se relaciona com um 'a' ortográfico.(p. 132). Fonte: Cristófaro-Silva, Thaïs. _Pronúncia do Inglês para falantes do português brasileiro: os sons_. Belo Horizonte: FALE, UFMG, 2005.

REFERÊNCIAS

Aaron, P. G. 1991. Can reading disabilities be diagnosed without using intelligence tests? *Journal of Learning Disabilities, 24*, 178-186, 191.

Aaron, P. G., Joshi, R. M., Ayotollah, M., Ellsberry, A., Henderson, J., and Lindsey, K. 1999. Decoding and sight-word naming: Are they independent components of word recognition skill? *Reading and Writing: An Interdisciplinary Journal, 11*, 89-127.

Aaron, P. G., Keetay, V., Boyd, M., Palmatier, S., and Wacks, J. 1998. Spelling without phonology: A study of deaf and hearing children. *Reading and Writing: An Interdisciplinary Journal, 10*, 1-22.

Adams, G. L., and Engelmann, S. 1996. *Research on Direct Instruction: 25 Years Beyond DISTAR*. Seattle: Educational Achievement Systems.

Adams, M. 1990. *Beginning to Read*. Cambridge, MA: MIT Press.

Adams, M. J., and Fluggins, A. W. F. 1985. The growth of children's sight vocabulary: A quick test with educational and theoretical implications. *Reading Research Quarterly, 20*, 262-281.

Alrred, R. A. 1990. Gender differences in spelling achievement in grades 1 through 6. *Journal of Educational Research, 83*, 187-193.

Aslin, R. N., Saffran, J. R., and Newport, E. L. 1998. Computation of conditional probability statistics by 8-month-old infants. *Psychological Science, 9*, 321-324.

Ball, E. W., and Blachman, B. A. 1988. Phoneme segmentation training. Effect on reading readiness. *Annals of Dyslexia, 38*, 208-225.

Ball, E. W., and Blachman, B. A. 1991. Does phoneme awareness training in kindergarten make a difference in early word recognition and developmental spelling? *Reading Research Quarterly, 26*, 49-66.

Balmuth, M. 1992. *The Roots of Phonics*. Baltimore: York Press.

Baron, J., and Strawson, C. 1976. Use of orthographic and word-specific knowledge in reading words aloud. *Journal of Experimental Psychology: Human Perception and Performance, 2*, 386-393.

Barr, R. C. 1972. The influence of instructional conditions on word recognition errors. *Reading Research Quarterly, 7*, 509-529.

Barr, R. C. 1974/1975. The effect of instruction on pupil reading strategies. *Reading Research Quarterly, 4*, 556-582.

Beck, I. L., Perfetti, C. A., and McKeown, M. G. 1982. Effects of long-term vocabulary instruction on lexical access and reading comprehension. *Journal of Educational Psychology, 74*, 506-521.

Becker, W. C., and Gersten, R. 1982. A follow-up of follow through: The later effects of the Direct Instruction model on children in fifth and sixth grades. *American Educational Research Journal, 19*, 75-92.

Beers, C. S., and Beers, J. W. 1992. Children's spelling of English inflectional morphology. In S. Templeton and D. R. Bear, eds., *Development of Orthographic Knowledge and the Foundations of Literacy*, 231-252. Hillsdale, NJ: Erlbaum.

Bell, N. 1986. *Visualizing and Verbalizing for Language Comprehension and Thinking*. Paso Robles, CA: Academy of Reading Publications.

Berninger, V. W., Vaughan, K., Abbott, R. D., Brooks, A., Abbott, S. P., Rogan, L., Reed, E., and Graham, S. 1998. Early intervention for spelling problems: Teaching functional spelling units of varying size with a multiple-connections framework. *Journal of Educational Psychology, 90*, 587-605.

Biemiller, A. [1977] 1998. Relationship between oral reading rates for letters, words, and simple text in the development of reading achievement. *Reading Research Quarterly, 13*, 223-253.

Blachman, B. A., Tangel, D. M., Ball, E. W., Black, R., and McGraw, C. K. 1999. Developing phonological awareness and word recognition skills: A two-year intervention with low-income, inner-city children. *Reading and Writing: An Interdisciplinary Journal 11*, 239-273.

Block, C. C. 1993. Strategy instruction in a literature-based reading program. *Elementary School Journal, 94*, 139-151.

Block, C. C. 2002. *Improving Comprehension Instruction: Rethinking Research, Theory, and Classroom Practice*. Jossey-Bass Education Series, no. 20. San Francisco: Jossey-Bass.

Block, C. C., and Mangieri, J. N. 1997. *Reason to Read: Thinking Strategies for Life through learning*. Pearson Learning report, no. 20.

Block, C. C., and Pressley, M., eds. 2001. Comprehension Instruction. New York: Guilford Press.

Block, C. C., Gambrell, L., and Pressley, M. 1997. *Training the Language Arts: Expanding Thinking through Student-Centered Instruction*. Boston: Allyn and Bacon.

Bond, C. L., Ross, S. M., Smith, L. J., and Nunnery, J. A. 1995-1996. The effects of the Sing, Spell, Reading and Write program on reading achievement of beginning readers. *Reading Research and Instruction, 35*, 122-141.

Bond, G. L., and Dykstra, R. 1967. The cooperative research program in first- grade reading instruction. *Reading Research Quarterly, 2*, 1-142.

Bond, G. L., and Dykstra, R. 1997. The cooperative research program in first-grade reading instruction. (Reprint of the 1967 paper.) *Reading Research Quarterly*, 32, 342-344.

Boronat, C. B., and Logan, G. D. 1997. The role of attention in automatization: Does attention operate at encoding, or retrieval, or both? *Memory and Cognition*, *25*, 36-46.

Bradley, L., and Bryant, P. E. 1983. Categorizing sounds and learning to read – a causal connection. *Nature, 301*, 419-421.

Bradley, L., and Bryant, P. E. 1985. *Rhyme and Reason in Reading and Spelling*. Ann Arbor: University of Michigan Press.

Brady, S., Fowler, A., Stone, B., and Winbury, N. 1994. Training phonological awareness: A study with inner-city kindergarten children. *Annals of Dyslexia, 44*, 26-59.

Brennan, F., and Ireson, J. 1997. Training phonological awareness: A study to evaluate the effects of a program of metalinguistic games in kindergarten. *Reading and Writing: An Interdisciplinary Journal, 9*, 241-263.

Brett, A., Rothlein, L., and Hurley, M. 1996. Vocabulary acquisition from listening to stories and explanations of target words. *Elementary School Journal, 96*, 415-422.

Brown, A. S. 1988. Encountering misspellings and spelling performance: Why wrong isn't right. *Journal of Educational Psychology, 80*, 488-494.

Brown, G. D. A. 1987. Resolving inconsistency: A computational model of word naming. *Journal of Memory and Language, 26*, 1-23.

Brown, I. S., and Felton, R. H. 1990. Effects of instruction on beginning reading skills in children at risk for reading disability. *Reading and Writing: An Interdisciplinary Journal, 2*, 223-241.

Brown, R., Pressley, M., Van Meter, P., and Schuder, T. 1996. A quasi-experimental validation of transactional strategies instruction with low-achieving second-grade readers. *Journal of Educational Psychology, 88*, 18-37.

Bruck, M., and Waters, G. S. 1990. An analysis of the component spelling and reading skills of good readers-good spellers, good readers-poor spellers, and poor readers-poor spellers. In T. H. Carr and B. A. Levy, *Reading and Its Development: Component Skills Approaches*, 161-206. New York: Academic Press.

Bus, A. G., and van IJzendoorn, M. H. 1999. Phonological awareness and early reading: A meta-analysis of experimental training studies. *Journal of Educational Psychology, 91*, 403-414.

Byrne, B., and Fielding-Barnsley, R. 1989. Phonemic awareness and letter knowledge in the child's acquisition of the alphabetic principle. *Journal of Educational Psychology, 81*, 313-321.

Byrne, B., and Fielding-Barnsley, R. 1990. Acquiring the alphabetic principle: A case for teaching recognition of phoneme identity. *Journal of Educational Psychology, 82*, 805-812.

Byrne, B., and Fielding-Barnsley, R. 1991. *Sound Foundations*. Sydney: Peter Leyden Educational.

Byrne, B., and Fielding-Barnsley, R. 1993. Evaluation of a program to teach phonemic awareness to young children: A 1 year follow-up. *Journal of Educational Psychology, 85,* 104-111.

Byrne, B., and Fielding-Barnsley, R. 1995. Evaluation of a program to teach phonemic awareness to young children: A 2 and 3 year follow-up and a new preschool trial. *Journal of Educational Psychology, 87*, 488-503.

Byrne, B., and Fielding-Barnsley, R. 2000. Effects of preschool phoneme identity training after six years: Outcome level distinguished from rate of response. *Journal of Educational Psychology, 92*, 659-667.

Calfee, R. C., and Henry, M. K. 1985. Project READ: An inservice model for training classroom teachers in effective reading instruCtion. J. V. Hoffman, ed., *Effective Teaching of Reading: Research and Practice*, 199-229. Newark, DE: International Reading Association.

Campbell, J. R., Donahue, P. L., Reese, C. M., and Phillips, G. W. 1996. *National Assessment of Educational Progress 1994: Reading Report Card for the Nation and States*. Washington, DC: Office of Educational Research and Improvement, U.S. Department of Education.

Cattell, J. M. 1886. The time taken up by cerebral operations. *Mind, 11*, 220-242, 377-392, 524-538.

Chall, J. 1967. *Learning to Read: The Great Debate*. New York: McGraw-Hill.

Chall, J., and Feldman, S. 1966. First grade reading: An analysis of the interactions of professed methods, teacher implementation and child background. *The Reading Teacher, 19*, 569-575.

Chaney, C. 1992. Language development, metalinguistic skills, and print awareness in 3-year-old children. *Applied Psycholinguistics, 13*, 485-514.

Chang, Kwang-chih. 1963. *The Archeology of Ancient China*. New Haven, CT: Yale University Press.

Chomsky, C. 1976. When you still can't read in the third grade: After decoding, what? *Language Arts, 53*, 288-296.

Chomsky, N., and Halle, M. 1968. *The Sound Patterns of English*. New York: Harper and Row.

Civil, M. 1973. The Sumerian writing system: Some problems. *Orientalis, 42*, 21-34.

Clanchy, M. T. 1994. *From Memory to Written Record: England 1066—1307*. Oxford: Blackwell.

Clay, M. 1985. *The Early Detection of Reading Difficulties*. Tadworth, Surrey: Heinemann.

Clymer, T. 1983. The utility of phonic generalizations in the primary grades. In L. M. Gentile, M. L. Kamil, and J. S. Blanchard, eds., *Reading Research Revisited*, 113-119. Columbus, OH: Merrill.

Coltheart, M. 1978. Lexical access in simple reading tasks. In G. Underwood, ed., *Strategies of Information Processing*, 151-216. San Diego, CA: Academic Press.

Coltheart, M., Curtis, B., Atkins, P., and Haller, M. 1993. Models of reading aloud: Dual-route and parallel-distributed processing approaches. *Psychological Review, 100*, 585-608.

Cooper, J. S. 1996. Sumerian and Akkadian. In P. T. Daniels and W. Bright, *The World's Writing Systems*. New York: Oxford University Press.

Cossu, G., Rossini, F., and Marshall, J. C. 1993. When reading is acquired but phonemic awareness is not: A study of literacy in Down's syndrome. *Cognition, 46*, 129-138.

Coulmas, F. 1989. *The Writing Systems of the World*. Oxford: Blackwell.

Cunningham, A. E. 1990. Explicit versus implicit instruction in phoneme awareness. *Journal of Experimental Child Psychology, 50*, 429-444.

Cunningham, A. E., and Stanovich, K. E. 1990a. Assessing print exposure and orthographic processing skill in children: A quick measure of reading experience. *Journal of Educational Psychology, 82*, 733-740.

Cunningham, A. E., and Stanovich, K. E. 1990b. Early spelling acquisition: Writing beats the computer. *Journal of Educational Psychology, 82*, 159-162.

Cunningham, A. E., Stanovich, K. E., and West, R. F. 1994. Literacy environment and the development of children's cognitive skills. In E. M. H. Assink, ed., *Literacy Acquisition and Social Context*, 70—90. New York: Harvester Wheatsheaf.

Dahl, P. R. 1979. An experimental program for teaching high-speed word recognition and comprehension skills. In J. E. Button, T. Lovitt, and T. Rowland, eds., *Communications Research in Learning Disabilities and Mental Retardation*, 33-65. Baltimore, MD: University Park Press.

Dale, N. 1898. *On the Teaching of English Reading*. London: Dent.

Dale, N. 1902. *Further Notes on the Teaching of English Reading*. London: G. Philips and Son.

Daniels, P. T., and Bright, W. 1996. *The World's Writing Systems*. New York: Oxford University Press.

Dickinson, D. K., and Smith, M. W. 1994. Long-term effects of preschool teachers' book reading on low-income children's vocabulary and story comprehension. *Reading Research Quarterly, 29*, 105-122.

Dixon, M., and Kaminska, Z. 1997. Is it misspelled or is it mispelled? The influence of fresh orthographic information on spelling. *Reading and Writing: An Interdisciplinary Journal, 9*, 483-498.

Dowhower, S. L. 1987. Effects of repeated reading on second-grade transitional readers' fluency and comprehension. *Reading Research Quarterly, 22*, 389-406.

Dykstra, R. 1967. Continuation of the Coordinated Center for First-Grade Reading Instruction Programs. Report of Project No. 6-1651. Minneapolis: University of Minnesota.

Dykstra, R. 1968a. The effectiveness of code and meaning-emphasis beginning reading programs. *The Reading Teacher, 22*, 17-24.

Dykstra, R. 1968b. Summary of the second-grade phase of the Cooperative Research Program in primary reading instruction. *Reading Research Quarterly, 4*, 49-70.

Ehri, L. C. 1980. The development of orthographic images. In U. Frith, ed., *Cognitive Processes in Spelling*, 311-338. London: Academic Press.

Ehri, L. C. 1986. Sources of difficulty in learning to spell and read. In M. L. Wolraich and D. Routh, eds., *Advances in Developmental and Behavioral Pediatrics*, 121-195. Greenwich, CT: JAI Press.

Ehri, L. C. 1989a. Knowledge and its role in reading acquisition and reading disability. *Journal of Learning Disabilities, 22*, 356-365.

Ehri, L. C. 1989b. Movement into word reading and spelling: How spelling contributes to reading. In J. Mason, ed., *Reading and Writing Connections*, 65-81. Boston: Allyn and Bacon.

Ehri, L. C. 1991. Development of the ability to read words. In R. Barr, M. L. Kamil, P. B. Mosenthal, and P. D. Pearson, eds., *Handbook of Research in Reading*, vol. 2, 383-417. N York: Longman.

Ehri, L. C. 1992. Review and commentary: Stages of spelling development. In S. Templeton and D. R. Bear, eds., *Development of Orthographic Knowledge and the Foundations of Literacy*. Hillsdale, NJ: Erlbaum.

Ehri, L. C. 1995. Phases of development in learning to read words by sight. *Journal of Research in Reading, 18*, 115-125.

Ehri, L. C. 1998. Word reading by sight and by analogy in beginning readers. In C. Hulme and R. M. Joshi, eds., *Reading and Spelling: Development and Disorders*. Hillsdale, NJ: Erlbaum.

Ehri, L. C., and Wilce, L. S. 1987. Does learning to spell help beginners learn to read words? *Reading Research Quarterly, 22*, 47-65.

Eldredge, L. 1991. An experiment with a modified whole language approach in first-grade classrooms. *Reading Research and Instruction, 30*, 21-38.

Elley, W. B. 1989. Vocabulary acquisition from listening to stories. *Reading Research Quarterly, 24*, 174-187.

Ellis, A. J. 1870. *Transactions of the Philological Society*, 89-118. London.

Engelmann, S., and Bruner, E. 1969. *Distar reading program*. Chicago: Science Research Associates.

Evans, M. A., and Carr, T. H. 1985. Cognitive abilities, conditions of learning, and early development of reading skill. *Reading Research Quarterly, 20*, 327-350.

Falkenstein, A. 1964. Das Sumerische. Reprint from *Handbuch der Orientalistik*. Leiden: Brill.

Faulkner, H. J., and Levy, B. A. 1994. How text difficulty and reader skill interact to produce differential reliance on word and content overlap in reading transfer. *Journal of Experimental Child Psychology, 58*, 1-24.

Faulkner, H. J., and Levy, B. A. 1999. Fluent and nonfluent forms of transfer in reading: Words and their message. *Psychonomic Bulletin and Review, 6*, 111-116.

Fischer, F. W., Shankweiler, D., and Liberman, I. Y. 1985. Spelling proficiency and sensitivity to word structure. *Journal of Memory and Language, 24*, 423-441.

Fisher, R., and Craik, F. I. M. 1977. The interaction between encoding and retrieval operations in cued recall. *Journal of Experimental Psychology: Human Learning and Memory, 3*, 701-711.

Flavell, J. H. 1963. *The Developmental Psychology of Jean Piaget*. Princeton, NJ: Van Nostrand.

Flesch, R. [1955]. 1985. *Why Johnny Can't Read*. 3rd ed. New York: Harper and Row.

Foorman, B. R., Francis, D. J., Beeler, T., Winikates, D., and Fletcher, J. M. 1997. Early interventions for children with reading problems: Study designs and preliminary findings. *Learning Disabilities, 8*, 63-71.

Foorman, B. R., Francis, D. J., Fletcher, J. M., Schatschneider, C., and Mehta, P. 1998. The role of instruction in learning to read: Preventing reading failure in at-risk children. *Journal of Educational Psychology, 90*, 37-55.

Foorman, B. R., and Liberman, D. 1989. Visual and phonological processing of words: A comparison of good and poor readers. *Journal of Learning Disabilities, 22*, 349-355.

Freud, S. 1966. *Project for a Scientific Psychology*. Ed. J. Strachey. Standard Edition of the Complete Psychological Works of Sigmund Freud, vol. 1, 281-397. New York: Norton.

Friederici, A. D., and Wessels, J. M. I. 1993. Phonotactic knowledge and its use in infant speech perception. *Perception and Psychophysics, 54*, 287-295.

Frith, U. 1980. Unexpected spelling problems. In U. Frith, ed., *Cognitive Processes in Spelling*. New York: Academic Press.

Frith, U. 1985. Beneath the surface of developmental dyslexia. In K. E. Patterson, J. C. Marshall, and M. Coltheart, eds., *Surface Dyslexia: Neuropsychological and Cognitive Analyses of Phonological Reading*. London: Erlbaum.

Fulwiler, G., and Groff, P. 1980. The effectiveness of intensive phonics. *Reading Horizons, 21*, 50—54.

Gelb, I. 1963. *A Study of Writing*. Chicago: University of Chicago Press.

Gentry, J. 1981. Learning to spell developmentally. *Reading Teacher, 34*, 378-381.

Gersten, R., Darch, C., and Gleason, M. 1988. Effectiveness of a direct instruction academic kindergarten for low-income students. *Elementary School Journal, 89*, 227-240.

Geva, E., and Siegel, L. S. 2000. Orthographic and cognitive factors in the concurrent development of basic reading skills in two languages. *Reading and Writing: An Interdisciplinary Journal, 12*, 1-30.

Glushko, R. J. 1979. The organization and activation of orthographic knowledge in reading aloud. *Journal of Experimental Psychology: Human Perception and Performance, 5*, 674-691.

Goodman, K. 1967, May. Reading: A psycholinguistic guessing game. *Journal of the Reading Specialist*, 126-135.

Goswami, U. C. 1990. Phonological priming and orthographic analogies in reading. *Journal of Experimental Child Psychology, 49*, 323-340.

Graham, S. 2000. Should the natural learning approach replace spelling instruction? *Journal of Educational Psychology, 92*, 235-247.

Graves, M. F., and Dykstra, R. 1997. Contextualizing the first-grade studies: What is the best way to teach children to read? *Reading Research Quarterly, 32*, 342-344.

Greenberg, S. N., and Koriat, A. 1991. The missing-letter effect for common function words depends on their linguistic function in the phrase. *Journal of Experimental Psychology: Learning, Memory and Cognition, 17*, 1051-1061.

Griffith, P. L., Klesius, J. P., and Kromrey, J. D. 1992. The effect of phonemic awareness on the literacy development of first grade children in a traditional or a whole language classroom. *Journal of Research in Childhood Education, 6*, 85-92.

Haddock, M. 1976. Effects of an auditory and an auditory-visual method of blending instruction on the ability of prereaders to decode synthetic words. *Journal of Educational Psychology, 68*, 825-831.

Hanna, P. R., Hanna, J. S., Hodges, R. E., and Rudorf E. H. 1966. *Phoneme-Grapheme Correspondences as Cues to Spelling Improvement*. Washington, DC: U.S. Department of Health, Education, and Welfare, Office of Education.

Hart, B., and Risley, T. R. 1995. *Meaningful Difference*. Baltimore: Paul H. Brookes.

Hatcher, P. J., Hulme, C., and Ellis, A. W. 1994. Ameliorating early reading failure by integrating the teaching of reading and phonological skills: The phonological linkage hypothesis. *Child Development, 65*, 41-57.

Haynes, D. P., and Ahrens, M. 1988. Vocabulary simplification for children: A special case of "motherese"? *Journal of Child Language, 15*, 395-410.

Healy, A. F. 1976. Detection errors on the word *the*: Evidence for reading units larger than letters. *Journal of Experimental Psychology: Human Perception and Performance, 2*, 235-242.

Helfgott, J. A. 1976. Phonemic segmentation and blending skills of kindergarten children: Implications for beginning reading acquisition. *Contemporary Educational Psychology, 1*, 157-169.

Henderson, E. H. 1982. *Orthography and Word Recognition in Reading*. New York: Academic Press.

Henderson, E. H. 1992. The interface of lexical competence and knowledge of written words. In S. Templeton and D. R. Bear, eds., *Development of Orthographic Knowledge and the Foundations of Literacy*, 1-30. Hillsdale, NJ: Erlbaum.

Henderson, E. H., and Beers, J. W., eds. 1980. *Developmental and Cognitive Aspects of Learning to Spell: A Reflection of Word Knowledge*. Newark, DE: International Reading Association.

Henry, M. K. 1989. Children's word structure knowledge: Implications for decoding and spelling instruction. *Reading and Writing: An Interdisciplinary Journal, 2*, 135-152.

Herman, P. A. 1985. The effect of repeated readings on reading rate, speech pauses, and word recognition accuracy. *Reading Research Quarterly, 20*, 553-564.

Ho, Ping-ti. 1976. *The Cradle of the East*. Chicago: University of Chicago Press.

Hodges, R. E. 1981. *Learning to Spell*. Urbana, IL: National Council of Teachers of English.

Hodges, R. E. 1982. *Improving Spelling and Vocabulary in the Secondary School*. Urbana, IL: National Council of Teachers of English.

Hohn, W. E., and Ehri, L. C. 1983. Do alphabet letters help prereaders acquire phonemic segmentation skill? *Journal of Educational Psychology, 78*, 243-255.

Holmes, V. M., and Ng, E. 1993. Word specific knowledge, word-recognition strategies and spelling ability. *Journal of Memory and Language, 32*, 230-257.

Hoover, W. A., and Gough, P. B. 1990. The simple view of reading. *Reading and Writing: An Interdisciplinary Journal, 2*, 127-160.

Howard, M. 1982. Utilizing oral-motor feedback in auditory conceptualization. *Journal of Educational Neuropsychology, 2*, 24-35.

Howard, M. P. 1986. Effects of pre-reading training in auditory conceptualization on subsequent reading achievement. Unpublished doctoral dissertation, Brigham Young University.

Hudson, J. A., and Shapiro, L. R. 1991. From knowing to telling: The development of children's scripts, stories and personal narratives. In A. McCabe and C. Peterson, eds., *Developing Narrative Structure*, 89-137. Hillsdale, NJ: Erlbaum.

Huey, E. B. 1908. *The Psychology and Pedagogy of Reading*. New York: Macmillan.

Hulme, C. 1981. *Reading Retardation and Multi-sensory Teaching*. London: Routledge and Kegan Paul.

Hulme, C., and Bradley, L. 1984. An experimental study of multi-sensory teaching with normal and retarded readers. In R. Malatesha and H. Whitaker, eds., *Dyslexia: A Global Issue*, 431-443. The Hague: Nijhoff.

Hulme, C., Monk, A., and Ives, S. 1987. Some experimental studies of multi-sensory teaching: The effects of manual tracing on children's paired associate learning. *British Journal of Developmental Psychology, 5*, 299-307.

Jacoby, L. L., and Hollingshead, A. 1990. Reading student essays may be hazardous to your spelling: Effects of reading incorrectly and correctly spelled words. *Canadian Journal of Psychology, 44*, 345-358.

Jared, D., McRae, K., and Seidenberg, M. S. 1990. The basis of consistency effects in word naming. *Journal of Memory and Language, 29*, 687-715.

Jeffrey, W. E., and Samuels, S. J. 1967. Effect of method of reading training on initial learning and transfer. *Journal of Verbal Learning and Verbal Behavior, 6*, 354-358.

Jenkins, J. R., Matlock, B. A., and Slocum, T. A. 1989. Two approaches to vocabulary instruction: The teaching of individual word meanings and practice in deriving word meaning from context. *Reading Research Quarterly, 24*, 215-235.

Jensen, H. 1969. *Sign, Symbol, and Script*. New York: Putnam.

Johnson, S. [1755] 1773. *A Dictionary of the English Language*. 4th ed. London: Strahan.

Johnson-Glenberg, M. C. 2000. Training reading comprehension in adequate decoders/poor comprehenders: Verbal versus visual strategies. *Journal of Educational Psychology, 92*, 772-782.

Johnston, R. S., and Watson, J. 1997, July. Developing reading, spelling and phonemic awareness skills in primary school children. *Reading*, 37-40.

Johnston, R. S., and Watson, J. 2003. Accelerating reading and spelling with synthetic phonics: A five year follow up. *Interchange 4*, ISSN 1478-6788, 1-8. Edinburgh: Scottish Executive Education Department.

Johnston, R. S., and Watson, J. Forthcoming. Accelerating the development of reading, spelling, and phonemic awareness skills in initial readers. *Reading and Writing*.

Jordan, T. R. 1986. Testing the BOSS hypothesis: Evidence of position- insensitive orthographic priming in the lexical decision task. Memory and Cognition, 14, 523-532.

Joshi, R. M., Williams, K. A., and Wood, J. R. 1998. Predicting reading comprehension from listening comprehension: Is this the answer to the IQ debate? In C. Hulme and R. M. Joshi, eds., *Reading and Spelling: Development and Disorders*, 319—327. Mahwah, NJ: Erlbaum.

Juel, C. 1983. The development and use of mediated word identification. *Reading Research Quarterly, 18*, 306-32 7.

Juel, C., Griffith, P. L., and Gough, P. 1986. Acquisition of literacy: A longitudinal study of children in first and second grade. *Journal of Educational Psychology, 78*, 243-255.

Juel, C., and Solso, R. L. 1981. The role of orthographic and phonic structure in word identification. In M. L. Kamil and A. J. More, eds., *Perspectives in Reading Research and Instruction: 30th Yearbook*. Washington, DC: National Reading Conference.

Jusczyk, P. W. 1998. *The Discovery of Spoken Language*. Cambridge, MA: MIT Press.

Karlgren, B. 1923. *Analytic Dictionary of Chinese and Sino-Japanese*. Paris: Geuthner.

Katz, L., and Frost, R. 1992. The reading process is different for different orthographies: The orthographic depth hypothesis. In *Orthography, Phonology and Meaning*, 67-83. Amsterdam: North-Holland.

Klesius, J. P., Griffith, P. L., and Zielonka, P. 1991. Whole language and traditional instruction comparison: Overall effectiveness and development of the alphabetic principle. *Reading Research and Instruction, 30*, 47-61.

Kramer, S. N. [1956] 1981. History Begins at Sumer. 2nd ed. Philadelphia: University of Pennsylvania Press.

Kramer, S. N. 1963. *The Sumerians*. Chicago: University of Chicago Press.

Krevisky, J., and Linfield, J. L. 1990. *The Awful Speller's Dictionary*. New York: Random House.

Landerl, K., Wimmer, H., and Frith, U. 1997. The impact of orthographic consistency on dyslexia: A German-English comparison. *Cognition, 63*, 315-334.

Larson, S. C., and Hammill, D. D. 1994. *Test of Written Spelling*. Austin, TX: Pro-Ed.

Leinhardt, G., and Engel, M. 1981. An iterative evaluation of NRS. *Evaluation Review, 5*, 579-601.

Leslie, L., and Thimke, B. 1986. The use of orthographic knowledge in beginning reading. *Journal of Reading Behavior, 18*, 229-241.

Levy, B. A., DiPersio, R., and Hollingshead, A. 1992. Fluent rereading: Repetition, automaticity, and discrepancy. *Journal of Experimental Psychology: Learning Memory and Cognition, 18*, 957-971.

Levy, B. A., and Kirsner, K. 1989. Reprocessing text: Indirect measure of word and message level processes. *Journal of Experimental Psychology: Learning, Memory, and Cognition, 15*, 407-417.

Levy, B. A., Nicholls, A., and Kohen, D. 1993. Repeated readings: Process benefits for good and poor readers. *Journal of Experimental Child Psychology, 56*, 303-327.

Liberman, A. M., Cooper, F. S., Shankweiler, D. P., and Studdert-Kennedy, M. 1967. Perception of the speech code. *Psychological Review, 74*, 431-461.

Liberman, I. Y., Shankweiler, D., Liberman, A. M., Fowler, C., and Fisher, F. W. 1974. Explicit syllable and phoneme segmentation in the young child. *Journal of Experimental Child Psychology, 18*, 201-212.

Lie, F. 1991. Effects of a training program for stimulating skill in word analysis in first-grade children. *Reading Research Quarterly, 26*, 234-250.

Lindamood, C. H., and Lindamood, P. C. 1969. *Auditory Discrimination in Depth*. Allen, TX: DLM Teaching Resources.

Lindamood, P. 1991. *Reports of Santa Maria-Bonita Project: 1985-1988. Fort Osage follow on 1991*. San Luis Obispo, CA: Lindamood-Bell Learning Processes.

Lloyd, S. 1992. *The Phonics Handbook*. Essex, England: Jolly Learning Ltd.

Lundberg, I., Frost, J., and Petersen, O. 1988. Effects of an extensive program for stimulating phonological awareness in preschool children. *Reading Research Quarterly, 23*, 263-284.

Lundberg, I., Olofsson, A., and Wall, S. 1980. Reading and spelling skills in the first school years predicted from phonemic awareness skills in kindergarten. *Scandinavian Journal of Psychology, 21*, 159-173.

Lysynchuk, L. M., Pressley, M., D'Ailly, H., Smith, M., and Cake, H. 1989. A methodological analysis of experimental studies of comprehension strategy instruction. *Reading Research Quarterly, 24*, 458-470.

Mair, V. 1996. Modern Chinese writing. In P. T. Daniels and W. Bright, eds., *The World's Writing Systems*, 200-208. Oxford: Oxford University Press.

Mann, V. A. 1993. Phoneme awareness and future reading ability. *Journal of Learning Disabilities, 26*, 259-269.

Mann, V. A., and Ditunno, P. 1990. Phonological deficiencies: Effective predictors of future reading problems. In G. T. Pavlidis, ed., *Perspectives on Dyslexia*, vol. 2 New York: Wiley.

Markman, E. M. 1978. Realizing that you don't understand: A preliminary investigation. *Child Development, 48*, 986-992.

Martinussen, R, and Kirby, J. 1998. Instruction in successive and phonological processing to improve the reading acquisition of at-risk kindergarten children. *Developmental Disabilities Bulletin, 26*, 19-39.

Mattingly, I. G. 1985. Did orthographies evolve? *Remedial and Special Education, 6*, 18-23.

Mattys, S. L., Jusczyk, P. W., Luce, P. A., and Morgan, J. L. 1999. Phonotactic and prosodic effects on word segmentation in infants. *Cognitive Psychology, 38*, 465-494.

McArthur, T., ed. 1992. *The Oxford Companion to the English Language*. Oxford: Oxford University Press.

McCracken, G., and Walcutt, C. C. 1963. *Basic Reading*. Philadelphia: Lippincott.

McGuinness, C., McGuinness, D., and McGuinness, G. 1996. Phono-Graphix: A new method for remediating reading difficulties. *Annals of Dyslexia, 46*, 73-96.

McGuinness, C., and McGuinness, G. 1998. *Reading Reflex*. Simon and Schuster/Free Press.

McGuinness, D. 1992. *Allographs Dictionary*. Unpublished manuscript.

McGuinness, D. 1997a. *Allographs I: A Linguistic Spelling Program*. Sanibel, FL: SeaGate Press.

McGuinness, D. 1997b. Decoding strategies as predictors of reading skill: A follow-on study. *Annals of Dyslexia, 47*, 117-150.

McGuinness, D. 1997c. Why Our Children Can't Read. New York: Simon and Schuster/Free Press.

McGuinness, D. 1998a. *Allographs II: A Linguistic Spelling Program. Multisyl-lable Word Building*. Sanibel, FL: SeaGate Press.

McGuinness, D. 1998b. *Why Children Can't Read*. London: Penguin Books.

McGuinness, D. 2004. *Language Development and Learning to Read*. Cambridge, MA: MIT Press.

McGuinness, D. Forthcoming. *Sound Steps to Reading*.

McGuinness, D., McGuinness, C., and Donohue, J. 1995. Phonological training and the alphabet principle: Evidence for reciprocal causality. *Reading Research Quarterly, 30*, 830-852.

McGuinness, D., and Pribram, K. H. 1980. The neuropsychology of attention: Emotional and motivational controls. In M. C. Wittrock, ed., *The Brain and Educational Psychology*. New York: Academic Press.

McKeown M. G., Beck, I. L., Omanson, R. C., and Pople, M. T. 1985. Some effects of the nature and frequency of vocabulary instruction on the knowledge and use of words. *Reading Research Quarterly, 20*, 522-535.

McNemar, Q. 1949. *Psychological Statistics*. New York: Wiley.

Meyer, D. E., Schvaneveldt, R. W., and Ruddy, M. G. 1971. Facilitation in recognizing pairs of words: Evidence of a dependence between retrieval operations. *Journal of Experimental Psychology, 90*, 227-234.

Meyer, L. A., Stahl, S. A., Linn, R. L., and Wardrop, J. L. 1994. Effects of reading storybooks aloud to children. *Journal of Educational Research, 88*, 69-85.

Michalowski, P. 1996. Mesopotamian cuneiform. In P. T. Daniels and W. Bright, eds., *The World's Writing Systems*, 33-36. Oxford: Oxford University Press.

Morris, D., and Perney, J. 1984. Developmental spelling as a predictor of first-grade reading achievement. *Elementary School Journal, 84*, 441-457.

Morris, J. M. 1984. Phonics: From an unsophisticated past to a linguistics-informed future. In G. Brooks and A. K. Pugh, eds., *Studies in the History of Reading*. Reading, England: University of Reading.

Mullis, I. V. S., Campbell, J. R., and Farstrup, A. E. 1993. *National Assessment of Educational Progress 1992: Reading Report Card for the Nation and States*. Washington, DC: Office of Educational Research and Improvement, U.S. Department of Education.

Muter, V., and Snowling, M. 1997. Grammar and phonology predict spelling in middle childhood. *Reading and Writing: An Interdisciplinary Journal, 9*, 407-425.

Nagy, W. F., and Herman, P. 1987. Breadth and depth of vocabulary knowledge: Implications for acquisition and instruction. In M. McKeown and M. Curtis, eds., *The Nature of Vocabulary Acquisition*, 19-36. Hillsdale, NJ: Erlbaum.

Nation, K., and Snowling, M. 1997. Assessing reading difficulties: The validity and utility of current measures of reading skill. *British Journal of Educational Psychology, 67*, 359-370.

National Reading Panel. 2000. Report. Washington, DC: National Institute of Child Health and Human Development.

Nelson, K. 1998. *Language in Cognitive Development*. Cambridge, England: Cambridge University Press.

Nisbet, S. D. 1939. Non-dictated spelling tests. *British Journal of Educational Psychology, 9*, 29-44.

Nunes, T., Bryant, P., and Bindman, M. 1997. Morphological spelling strategies: Developmental stages and processes. *Developmental Psychology, 33*, 637-649.

Olson, R., Forsberg, H., Wise, B., and Rack, J. 1994. Measurement of word recognition, orthographic, and phonological skills. In G. R. Lyon, ed., *Frames of Reference for the Assessment of Learning Disabilities: New Views on Measurement Issues*, 229-277. Baltimore: Brookes.

Organization for Economic Cooperation and Development. 1995. Literacy, Economy, and Society. Ottawa: Statistics Canada.

Organization for Economic Cooperation and Development. 1997. *Literacy Skills*. Ottawa: Statistics Canada.

Rayner, K. 1977. Visual attention in reading: Eye movements reflect cognitive processes. *Memory and Cognition, 4*, 443-448.

Palincsar, A. S., and Brown, A. L. 1984. Reciprocal teaching of comprehension-fostering and comprehension-monitoring activities. *Cognition and Instruction, 1*, 117-175.

Pearson, D. 1997. The first grade studies: A personal reflection. *Reading Research Quarterly, 32*, 428-432.

Perfetti, C. A. 1984. Reading acquisition and beyond: Decoding includes cog-nition. *American Journal of Education*, 40-57.

Piaget, J. [1964] 1993. Development and learning. In M. Gauvain and M. Cole, eds., *Readings on the Development of Children*, 25-33. New York: Scientific American Books. W. H. Freeman.

Pinel, J. P. J. 1997. Biopsychology. Boston: Allyn and Bacon.

Pintner, R., Rinsland, H. D., and Zubin, J. 1929. The evaluation of self-administering spelling tests. *Journal of Educational Psychology, 20*, 107-111.

Pitman, J., and St. John, J. 1969. *Alphabets and Reading*. London: Pitman.

Plaut, D. C., McClelland, J. L., Seidenberg, M. S., and Patterson, K. 1996. Understanding normal and impaired word reading: Computational principles in quasi-regular domains. *Psychological Review, 103*, 56-115.

Plomin, R., Fulker, D. W., Corley, R., and DeFries, J. C. 1997. Nature, nurture, and cognitive development from 1 to 16 years: A parent-offspring adoption study. *Psychological Science, 8*, 442-448.

Postman, L. 1975. Verbal learning and memory. *Annual Review of Psychology, 26*, 291-335.

Pribram, K. H. 1991. *Brain and Perception: Holonomy and Structure in Figural Processing*. Hillsdale, NJ: Erlbaum.

Pribram, K. H., and Gill, M. 1976. *Freud's Project Re-assessed*. New York: Basic Books.

Pribram, K. H., and McGuinness, D. 1975. Arousal, activation, and effort in the control of attention. *Psychological Review, 82*, 116-149.

Rashotte, C. A., and Torgesen, J. K. 1985. Repeated reading and reading flu-ency in learning disabled children. *Reading Research Quarterly, 20*, 180-188.

Rayner, K. 1986. Eye movements and the perceptual span in beginning and skilled readers. *Journal of Experimental Child Psychology, 41*, 211-236.

Rayner, K. 1998. Eye movements in reading and information processing: 20 years of research. *Psychological Bulletin, 124*, 372-422.

Read, C. 1971. Pre-school children's knowledge of English phonology. *Harvard Educational Review, 41*, 1-34.

Read, C. 1986. *Children's Creative Spelling*. London: Routledge and Kegan Paul.

Robbins, C., and Ehri, L. C. 1994. Reading storybooks to kindergartners helps them learn new vocabulary words. *Journal of Educational Psychology, 86*, 54-64.

Robinson, A. 1995. *The Story of Writing*. London: Thames and Hudson.

Rosenshine, B., and Meister, C. 1994. Reciprocal teaching: A review of the research. *Review of Educational Research, 64*, 479-530.

Rosenshine, B., Meister, C., and Chapman, S. 1996. Teaching students to generate questions: A review of the intervention studies. *Review of Educational Research, 66*, 181-221.

Samuels, S. J. 1972. The effect of letter-name knowledge on learning to read. *American Educational Research Journal, 9*, 65-74.

Samuels, S. J. 1979. The method of repeated readings. *The Reading Teacher, 4*, 403-408.

Samuels, S. J., Laberge, D., and Bremer, C. D. 1978. Units of word recognition: Evidence for developmental changes. *Journal of Verbal Learning and Verbal Behavior, 17*, 715-720.

Samuels, S. J., Miller, N. L., and Eisenberg, P. 1979. Practice effects on the unit of word recognition. *Journal of Educational Psychology, 71*, 514-520.

Schatschneider, C., Francis, D. J., Foorman, B. R., Fletcher, J. M., and Mehta, P. 1999. The dimensionality of phonological awareness: An application of item response theory. *Journal of Educational Psychology, 91*, 439-449.

Schmandt-Besserat, D. 1978. The earliest precursors of writing. *Scientific American, 238*, 50-59.

Schneider, W., Roth, E., and Ennemoser, M. 2000. Training phonological skills and letter knowledge in children at risk for dyslexia: A comparison of three kindergarten intervention programs. *Journal of Educational Psychology, 92*, 284-295.

Scragg, D. G. 1974. *A History of English Spelling*. Manchester, England: Manchester University Press.

Seidenberg, M. S. 1992. Dyslexia in a computational model of word recognition in reading. In P. B. Gough, L. C. Ehri, and R. Treiman, eds., *Reading Acquisition*. Hillsdale, NJ: Erlbaum.

Seidenberg, M. S., and McClelland, J. L. 1989. A distributed, developmental model of word recognition and naming. *Psychological Review, 96*, 523-568.

Senechal, M., and Cornell, E. H. 1993. Vocabulary acquisition through shared reading experiences. *Reading Research Quarterly, 28*, 361-374.

Shanahan, T. 1984. Nature of the reading-writing relation: An exploratory multivariate analysis. *Journal of Educational Psychology, 76*, 466-477.

Share, D. L., Jorm, A. F., Maclean, R., and Matthews, R. 1984. Sources of individual difference in reading acquisition. *Journal of Educational Psychology, 76*, 1309-1324.

Siegel, L. S., Share, D., and Geva, E. 1995. Evidence for superior orthographic skills in dyslexics. *Psychological Science, 6*, 250-254.

Silberberg, N., Iversen, I., and Goins, J. 1973. Which remedial method works best? *Journal of Learning Disabilities, 6*, 18-22.

Smith, A. A. 1999. The simple logic of sound-to-letter mapping: A reversible code. Unpublished master's thesis, Massey University, Albany, New Zealand.

Solso, R. L., and Juel, C. 1980. Positional frequency and versatility of bigrams for two- through nine-letter English words. *Behavior Research Methods and Instrumentation, 12*, 297-343.

Stahl, S. A., and Fairbanks, M. M. 1986. The effects of vocabulary instruction: A model-based meta-analysis. *Review of Educational Research, 56*, 72-110.

Stahl, S. A., and Miller, P. D. 1989. Whole language and language experience approaches for beginning reading: A quantitative research synthesis. *Review of Educational Research, 59*, 87-116.

Stanovich, K E., and West, R. 1989. Exposure to print and orthographic processing. *Reading Research Quarterly, 24*, 402-433.

Stebbins, L., St. Pierre, R. G., Proper, E. L., Anderson, R. B., and Cerva, T. R. 1977. *Education as Experimentation: A Planned Variation Model*. Vols. IVA-D. Cambridge, MA: Abt Associates.

Steffler, D. J., Varnhagen, C. K., Treiman, R., and Friesen, C. K. 1998. There's more to children's spelling than the errors they make: Strategic and automatic processes for one-syllable words. *Journal of Educational Psychology, 90*, 492-505.

Stuart, M. 1999. Getting ready for reading: Early phoneme awareness and phonics teaching improves reading and spelling in inner-city second language learners. *British Journal of Educational Psychology, 69*, 587-605.

Sumbler, K. 1999. Phonological awareness combined with explicit alphabetic coding instruction in kindergarten: Classroom observations and evaluation. Unpublished doctoral dissertation, University of Toronto.

Szeszulski, P. A., and Manis, F. R. 1990. An examination of familiar resemblance among subgroups of dyslexics. *Annals of Dyslexia, 40*, 180-191.

Torgesen, J. K., Wagner, R. K., Rashotte, C. A., Rose, E., Lindamood, P., Conway, T., and Garvan, C. 1999. Preventing reading failure in young children with phonological processing disabilities: Group and individual responses to instruction. *Journal of Educational Psychology, 91*, 579-593.

Treiman, R. 1994. Use of consonant letter names in beginning spelling. *Developmental Psychology, 30*, 567-580.

Treiman, R., and Broderick, V. 1998. What's in a name: Children's knowledge about the letters in their own names. *Journal of Experimental Child Psychology, 70*, 97-116.

Treiman, R., Mullennix, J., Bijeljac-Babic, R., and Richmond-Welty, E. D. 1995. The special role of times in the description, use, and acquisition of English orthography. *Journal of Educational Psychology, 124*, 107-136.

Treiman, R., and Tincoff, R. 1997. The fragility of the alphabetic principle: Children's knowledge of letter names can cause them to spell syllabically rather than alphabetically. *Journal of Experimental Child Psychology, 64*, 425-451.

Uhry, J. K, and Shepherd, M. J. 1993. Segmentation/spelling instruction as part of a first-grade reading program: Effects on several measures of reading. *Reading Research Quarterly, 28*, 219-233.

Varnhagen, C. K., McCallum, M., and Burstown, M. 1997. Is children's spelling naturally stage-like? *Reading and Writing: An Interdisciplinary Journal, 9*, 451-481.

Vellutino, F. R., and Scanlon, D. M. 1987. Phonological coding, phonological awareness, and reading ability: Evidence from a longitudinal and experimental study. *Merrill-Palmer Quarterly, 33*, 321-363.

Vellutino, F. R., Scanlon, D. M., and Tanzman, M. S. 1994. Components of reading ability: Issues and problems in operationalizing word identification, phonological coding, and orthographic coding. In G. R. Lyon, ed., *Frames of Reference for the Assessment of Learning Disabilities: New Views on Measurement Issues*, 279-332. Baltimore: Brookes.

Venezky, R. L. 1967. English orthography: Its graphical structure and its relation to sound. *Reading Research Quarterly, 2*, 75-105.

Venezky, R. L. 1970. *The Structure of English Orthography*. The Hague: Mouton.

Venezky, R. L. 1973. Letter-sound generalizations of first, second, and third-grade Finnish children. *Journal of Educational Psychology, 64*, 288-292.

Venezky, R. L. 1995. From orthography to psychology to reading. In V. W. Berninger, ed., *The Varieties of Orthographic Knowledge, Vol. 2: Relationships to Phonology, Reading and Writing*. Boston: Kluwer Academic Publishers.

Venezky, R. L. 1999. *The American Way of Spelling*. New York: Guilford Press.

Vihman, M. M. 1993. Variable paths to early word production. *Journal of Phonetics, 21*, 61-82.

Wagner, R. K., and Barker, T. B. 1994. The development of orthographic processing ability. In V. W. Berninger, ed., *The Varieties of Orthographic Knowledge, Vol. 1: Theoretical and Developmental Issues*. Boston: Kluwer Academic Publishers.

Waters, G. S., Bruck, M., and Malus-Abramovitz, M. 1988. The role of linguistic and visual information in spelling: A developmental study. *Journal of Experimental Child Psychology, 45*, 400-421.

Webster, N. 1783. *A Grammatical Institute of the English Language*. Part I. Facsimile (1968). Menston, England: Scholar Press.

White, T. G., Graves, M. F., and Slater, W. H. 1990. Growth of reading in diverse elementary schools: Decoding and word meaning. *Journal of Educational Psychology, 82*, 281-290.

Williams, J. P. 1980. Teaching decoding with an emphasis on phoneme analysis and phoneme blending. *Journal of Educational Psychology, 72*, 1-15.

Willows, D. M., and Ryan, E. B. 1986. The development of grammatical sensitivity and its relationship to early reading achievement. *Reading Research Quarterly, 21*, 253-266.

Wimmer, H. 1993. Characteristics of developmental dyslexia in a regular writing system. *Applied Psycholinguistics, 14*, 1-33.

Wimmer, H., and Goswami, U. 1994. The influence of orthographic consistency on reading development: Word recognition in English and German children. *Cognition, 51*, 91-103.

Wimmer, H., and Landerl, K. 1997. How learning to spell German differs from learning to spell English. In C. A. Perfetti, L. Rieben, and M. Fayol, *Learning to Spell*, 81-96. Mahwah, NJ: Erlbaum.

Witherspoon, A. 1973. *Common Errors in English*. Totowa, NJ: Littlefield, Adams.

Yopp, H. K 1988. The validity and reliability of phonemic awareness tests. *Reading Research Quarterly, 23*, 159-177.

Zinna, D. R., Liberman, I. Y., and Shankweiler, D. 1986. Children's sensitivity to factors influencing vowel reading. *Reading Research Quarterly, 21*, 465-479.

ÍNDICE ONOMÁSTICO

Aaron, P. G., 27-28, 160-161, 207-210, 245-246
Adams, G. L., 100
Adams, M. J., 119, 245
Ahrens, M., 162
Allred, R. A., 184-186
Aslin, R. N., 19-20, 30-31

Ball, E. W., 113-114, 131-132, 137-139
Balmuth, M., 14
Barker, T. B., 45
Baron, J., 211-212
Barr, R. C, 91-92
Beck, I. L., 113-114, 171-174
Becker, W. C., 84-85
Beers, C. S., 190
Beers, J. W., 188-190
Bell, N., 177-178
Berninger, V. W., 59-62, 232-233
Biemiller, A., 246-247
Bindman, M., 192-194, 200-201
Blachman, B. A., 113-114, 131-132, 137-139
Block, C. C., 180-182, 239-241
Bond, C. L., 114
Bond, G. L., 72-83, 86, 97-98, 102-103, 184-186, 207
Boronat, C. B., 91-92, 96
Bradley, L., 91, 126-130, 201-202
Brady, S., 131
Bremer, C. D., 246-247
Brennan, F., 140-141
Brett, A., 168-170
Bright, W., 19-20
Broderick, V., 203-204
Brown, A. L., 177
Brown, A. S., 93-94
Brown, G. D. A., 223-224
Brown, I. S., 103-104
Brown, R., 179-180
Bruck, M., 198-201, 207, 210-211
Bruner, E., 84-85
Bryant, P. E., 126-130, 192-194, 200-201
Burstown, M., 193-195, 202-203
Bus, A. G., 122-124
Byrne, B., 135-137

Calfee, R. C., 60-61
Campbell, J. R., 15, 159-161
Carr, T. H., 88-90, 245
Cattell, J. M., 245-246
Chall, J., 68-72, 81-83, 86-88, 97-98
Chaney, C., 19-20, 119-120, 133
Chang, Kwang-chih, 29
Chapman, S., 175-179
Chomsky, C., 149-150
Chomsky, N., 211-212
Civil, M., 28-29
Clanchy, M. T., 24
Clay, M., 139
Clymer, T., 43-45, 72, 196-197
Coltheart, M., 210-212, 236, 237
Cooper, J. S., 28-29
Cornell, E. H., 166-168, 170-171
Cossu, G., 15-16, 120-121
Coulmas, F., 19-20, 24-31, 33
Craik, F. I. M., 27
Cunningham, A. E., 91, 130-131, 201-203, 207-208

Dahl, P. R., 149-150
Dale, N., 13-14, 17-18, 65-67, 102-103, 202-203, 235-236
Daniels, P. T., 19-20
Darch, C., 100
Dickinson, D. K., 167-169, 170-171
DiPersio, R., 154, 156-156
Ditunno, P., 236-237
Dixon, M., 94-95
Donohue, J., 103-106, 128-129
Dowhower, S. L., 151-156, 158, 238-239
Dykstra, R., 68, 72-88, 97-98, 102-103, 184-186, 207

Ehri, L. C., 45, 92-93, 129-131, 166-168, 170-171, 186, 188-190, 195-196, 243-246
Eisenberg, P., 246-247
Eldredge, L., 115-116
Elley, W. B., 168-169
Ellis, A. J., 13-14, 52-53, 65
Ellis, A. W., 139-141
Engel, M., 113-114

Engelmann, S., 84-85, 100
Ennemoser, M., 131-135
Evans, M. A., 88-90, 245

Fairbanks, M. M., 169-170, 174
Falkenstein, A., 28-29
Faulkner, H. J., 156-158, 238
Feldman, S., 82-83, 87-88
Felton, R. H., 103-104
Fielding-Barnsley, R., 135-137
Fischer, F. W., 196-198, 200-201, 206-207, 212-213
Fisher, R., 27
Flavell, J. H., 188
Flesch, R., 65-67, 68, 72, 86-87
Foorman, B. R., 45, 105-108
Freud, S., 187-188, 247
Friederici, A. D., 19-20, 30-31
Frith, U., 15-16, 145-146, 188-190
Frost, J., 126
Frost, R., 31
Fulwiler, G., 103-104

Gelb, I., 19-20, 26-27, 30-31
Gentry, J., 194, 202-203
Gersten, R., 84-85, 100
Geva, E., 41-42, 51-52, 210
Gill, M., 247
Gleason, M., 100
Glushko, R. J., 211-219, 222-223, 226, 229, 243, 247
Goins, J., 103-104
Goodman, K., 86-87
Goswami, U. C., 15-16, 45, 145-146
Gough, P. B., 160-161
Graham, S., 183-184
Graves, M. F., 68, 162-163
Greenberg, S. N., 248-250
Griffith, P. L., 100-101, 114-117, 172-173, 232-233
Groff, P., 103-104

Haddock, M., 128-129
Halle, M., 211-212
Hammill, D. D., 61-62
Hanna, P. R., 50-52, 58-59, 196-197
Hart, B., 163-167, 239
Hatcher, P. J., 139-141
Hay, J., 65-66
Haynes, D. P., 162
Healy, A. F., 248-249
Helfgott, J. A., 248-249
Henderson, E. H., 188-189, 190, 202-203
Henry, M. K., 60-62
Herman, P. A., 150-152, 162-164
Ho, Ping-ti, 29
Hodges, R. E., 58-59
Hohn, W. E., 131
Hollingshead, A., 93-95, 154, 156

Holmes, V. M., 198-199, 207
Hoover, W. A., 160-161
Howard, M. P., 103-105
Hudson, J. A., 159-160
Huey, E. B., 148
Huggins, A. W. F., 245
Hulme, C., 91, 139-141, 201-202
Hurley, M., 168-170

Ireson, J., 140-141
Iversen, I., 103-104
Ives, S., 91

Jacoby, L. L., 93-95
Jared, D., 223-227, 229
Jeffrey, W. E., 203-204
Jenkins, J. R., 173-174, 239
Jensen, H., 30-31
Johnson, S., 13, 43-44, 196
Johnson-Glenberg, M. C., 177-178
Johnston, R. S., 109-113, 235-237
Jordan, T. R., 45
Joshi, R. M., 160-161
Juel, C., 160-161, 217-218
Jusczyk, P. W., 30-31

Kaminska, Z., 94-95
Karlgren, B., 29
Katz, L., 31
Kirby, J., 116-117
Kirsner, K., 154, 156
Klesius, J. P., 100-101, 114-117, 232-233
Kohen, D., 156-158
Koriat, A., 248-250
Kramer, S. N., 32-33
Krevisky, J., 94-95
Kromrey, J. D., 100-101, 114-117, 232-233

Laberge, D., 246-247
Landerl, K., 15-16, 41-42, 51-52, 145-146
Larson, S. C., 61-62
Leinhardt, G., 113-114
Leslie, L., 45
Levy, B. A., 154, 156-158, 238
Liberman, A. M., 19
Liberman, D., 45
Liberman, I. Y., 19, 119, 196-198, 132-133, 212-213, 218-219
Lie, F., 136-137
Lindamood, C. H., 65-66, 102-106, 235-236
Lindamood, P. C., 65-66, 102-106, 235-236
Linfield, J. L., 94-95
Lloyd, S., 107-112, 173-174, 234-237
Logan, G. D., 91-92, 96
Lundberg, I., 126, 128-129, 132-133, 139
Lysynchuk, L. M., 178-179

Mair, V., 29
Malus-Abramovitz, M., 198-201, 207, 210-211
Manis, F. R., 45
Mann, V. A., 184-185, 236-237
Markman, E. M., 174-175
Marshall, J. C., 15-16, 120-121
Martinussen, R., 116-117
Matlock, B. A., 173-174, 239
Mattingly, I. G., 31
Mattys, S. L., 19-20, 30-31
McArthur, T., 26-27
McCallum, M., 193-195, 202-203
McClelland, J. L., 211-212, 222-226, 229
McCracken, G., 66-67
McGuinness, C., 52-53, 103-106, 116-117, 128-129, 140-141, 241
McGuinness, D., 11-12, 14, 22-23, 29-31, 33, 47, 51-59, 61, 63-64, 66-67, 91-92, 103-106, 116-117, 128-129, 140-141, 237, 241-242, 247-248
McGuinness, G., 52-53, 116-117, 140-141, 241
McKeown, M. G., 171-174, 239
McNemar, Q., 67-68, 76-77
McRae, K., 223-227, 229
Meister, C., 175-179
Meyer, D. E., 27
Meyer, L. A., 90-91
Michalowski, P., 28-29, 32-33
Miller, N. L., 246-247
Miller, P. D., 97-98
Monk, A., 91
Morris, D., 191-194
Morris, J. M., 14, 65
Mullis, I. V. S., 15, 159-161
Muter, V., 184-185

Nagy, W. F., 162-164
Nation, K., 161
Nelson, K., 159-160, 162-163
Newport, E. L., 19-20, 30-31
Ng, E., 198-199
Nicholls, A., 156-158
Nisbet, S. D., 93
Nunes, T., 192-194, 200-201

Olofsson, A., 126, 128-129
Olson, R., 45

Palincsar, A. S., 177
Pearson, D., 81-83
Perfetti, C. A., 45, 171-172
Perney, J., 185-194
Petersen, O., 126
Piaget, J., 187-188, 190
Pinel, J. P. J., 243-244
Pintner, R., 93
Pitman, I., 13-14, 65
Pitman, J., 65-66

Plaut, D. C., 211-212, 222-223, 226-229, 242-244
Plomin, R., 164-165
Postman, L., 27
Pressley, M., 240-241
Pribram, K. H., 226-227, 247-248

Rashotte, C. A., 151-152
Rayner, K., 145-146, 157-158, 175, 247-249
Read, C., 186-189, 202-203
Rinsland, H. D., 93
Risley, T. R., 163-167
Robbins, C., 166-168, 170-171
Robinson, A., 38
Rosenshine, B., 175-179
Rossini, F., 15-16, 120-121
Roth, E., 131-135
Rothlein, L., 16869-170
Ruddy, M. G., 27
Ryan, E. B., 175

Saffran, J. R., 19-20, 30-31
Samuels, S. J., 148-150, 203-204, 246-247
Scanlon, D. M., 45, 91-92
Schatschneider, C., 127-128, 133, 143
Schmandt-Besserat, D., 27-28
Schneider, W., 131-135, 137
Schvaneveldt, R. W., 27
Scragg, D. G., 14, 65
Seidenberg, M. S., 211-212, 222-229, 242-243
Senechal, M., 166-168
Shanahan, T., 185-186, 207
Shankweiler, D. P., 196-198, 200-201, 212-213, 218-219
Shapiro, L. R., 159-160
Share, D. L., 128-129, 210
Shepherd, M. J., 61-62, 92-93, 129-130
Siegel, L. S., 41-42, 51-52, 210
Silberberg, N., 103-104
Slater, W. H., 162-163
Slocum, T. A., 173-174, 239
Smith, A. A., 61-62, 92-93, 241
Smith, M. W., 167-171
Snowling, M., 161, 184-185
Solso, R. L., 217-218
St. John, J., 65-66
Stahl, S. A., 97-98, 169-170, 174
Stanovich, K. E., 45, 91, 198-199, 201-203, 205-208, 237
Stebbins, L., 84-85
Steffler, D. J., 194-195
Strawson, C., 211-212
Stuart, M., 109-111
Sumbler, K., 88-91, 109-112, 235-236, 245
Szeszulski, P. A., 45

Tanzman, M. S., 45
Thimke, B., 45

Tincoff, R., 93, 203-204
Torgesen, J. K., 103-106, 113-114, 151-152
Treiman, R., 93, 202-204, 219-223, 225-226

Uhry, J. K., 61-62, 92-93, 129-130

van Ijzendoorn, M. H., 122-124
Varnhagen, C. K., 193-195, 197-198, 202-203, 247
Vellutino, F. R., 45-46, 91-92
Venezky, R. L., 40-42, 47-52, 58-62, 211-213, 232-233
Vihman, M. M., 119

Wagner, R. K., 45
Walcutt, C. C., 66-67
Wall, S., 126, 128-129
Waters, G. S., 198-201, 207, 210-211
Watson, J., 109-113, 235-237
Webster, N., 46-47, 51-52, 66-67, 69-70

Wessels, J. M. I., 19-20, 30-31
West, R. F., 45, 198-199, 206-208, 237
White, T. G., 162-163
Wilce, L. S., 61-62, 92-93, 129-130
Williams, J. P., 126, 128-129
Williams, K. A., 160-161
Willows, D. M., 175
Wimmer, H., 15-16, 41-42, 51-52, 133-135, 144-146, 203-204
Wingo, C., 65-66
Witherspoon, A., 196-197
Wood, J. R., 160-161

Yopp, H. K., 128-129, 141-142

Zielonka, P., 114-115
Zinna, D. R., 218-219
Zubin, J., 93

ÍNDICE ANALÍTICO

Abordagens de ensino fônicas
    fônica analítica ou intrínseca, 68-69, 71-72, 101-102, 109, 231-232, 234-235
    fônica embutida, 103-107
    fônica explícita, 101-102, 114
    fônica leitura elementar, 101-102, 113-115, 232-233
    fônica lingüística, 101-102, 113-114, 117-118, 120-122, 133, 136-137, 142-143, 232-236, 241-265
    fônica sintética, 68-72, 86, 101-102, 117, 232
    fônica sistemática, 101-102, 117
Ações da Fônica Jolly, 107-112, 235-236
Afixo, 196-197
Alfabeto móvel, 102-103
Alfabeto opaco, 13, 16-17, 23-24, 40-42, 45-46, 64-65, 123-124, 183, 185-186
Alfabeto transparente artificial 52-53, 64-65, 234
Alfabetos transparentes, 12-13, 15-17, 36-37, 40-42, 51-52, 64-65, 123-124, 133-137, 145-146, 203-204
Alofone, 42-43
Analfabetismo funcional
    países e, 15, 19, 233-234
    taxa de, 15, 18-19
Análise estatística
    disponibilidade de, 67-68, 71-72
    métodos inválidos de, 75-77, 80-81
    métodos válidos de, 77-78, 80
Aprendizagem por associação de pares, 27, 27-28, 63-64, 203-204
Artigos e preposições na leitura, 247-250
Atenção
    e consciência fonêmica, 120-121
    e memória, 91-92, 96
    na sala de aula, 107-108
Base de dados ERIC, 147-148
Base de dados PsychINFO, 147-148
Categorias fônicas
    fônica *caótica*, 102, 232
    fônica lingüística (*ver* Fônica, abordagens de ensino)
    fônica multissom, 102, 232
    fônica todo-para-parte, 102, 232
    fônica visual, 102, 114-117, 231-234, 242-243
Cérebro
    análise consciente na leitura, 144-147, 184, 247-250
    análise inconsciente na leitura, 156
    neuroanatomia e caminhos neurais, 243-245
    processamento da escrita, 205-206, 211-212, 216-217, 222-223, 229, 242-250
    teorias de "ativação do cérebro", 212-217, 223-225, 246-247
Classificação do sistema de escrita da língua inglesa
    Hanna et al., 50-52
    McGuinness, 51-59
    Venezky, 47-50
    Webster, 46-47
Co-articulação, 120-121, 144-145, 247-248
Codificação, 39-41, 186-187
Código básico, 52-54, 56, 64-66, 69-70, 88-89, 232-235
    programas de ensino, 102-113
    quadro de soletração Teste binômio, 126-127, 166
Código escrito avançado, 51-59, 61-62, 234, 241-242
Códigos, 186-187
    como sistemas de escrita, 22-24, 26-27, 40-41, 47-48
Compreensão da leitura
    habilidades. *Ver também* Compreensão de histórias
        compreensão oral (ouvir) e, 159-161, 175
        fluência da leitura e, 159-161, 175
        precisão na decodificação e, 159-161, 175
        vocabulário e, 159
    medidas de
        analfabetismo funcional, 159-161
        análise de fator, 161
        fidelidade de tratamento, 180-181
        metanálise, 175-177
        teste de preenchimento de lacunas, 161
        testes informais, 175-177
        testes NAEP, 159-160, 176
        testes padronizados, 159-161, 176-182
    métodos de treino
        estratégias de pensamento crítico, 181-182
        programa de compreensão de Block, 180-182
        programa de visualização/verbalização, 177-179
        programas de ensino recíproco, 175, 177-180
        resumo dos, 238-241
        revisão do National Reading Panel, 162, 174-177
        técnica de estratégias múltiplas, 177
        tempo do treino, 176

Consciência fonêmica
   aglutinação/segmentação, 88-89, 92-93, 106-107, 109-112, 119-122, 124-126, 128-129, 131-133, 135-137, 142-143, 234-235, 241-242
   consciência explícita, 119-121
   decodificação e, 205-208
   habilidades em, 114-115
   treino com e sem letras, 124-125
   treino computadorizado em, 124
   treino de, 89-90, 105-106, 119-143, 230-231, 236-237
Consciência fonológica. *Ver também* Consciência fonêmica
   aliteração, 126-129, 133
   análise da sílaba, 137-138
   identificação de rima, 119-120, 126-129, 133, 141-142
   origem da, 19
   tarefas de segmentação de sílaba/rima, 123-124, 126-129, 132-133
   treino de, 87-88, 14
Consoantes
   encontros consonantais, 21, 56, 70, 135, 227, 229-231
   sonoras, 120-121
Construção de teste, 143
Copiar/escrever como ferramentas de aprendizagem, 89-91, 93-94, 121-122, 141, 234, 241-242
Crianças surdas e leitura/soletração, 27-28, 207-210
Dados demográficos, 73-74, 81
Dale, Nellie, 65-66, 235-236
Decodificação, 39-41, 47, 90-91, 126-127, 159, 186-187
Desenvolvimento da linguagem, 119
Diferênças de gênero
   na leitura, 73-74, 76, 80-81, 83-84
   na soletração, 76, 80-81, 83-84
Dígrafos, 15-16, 44-45, 48-49, 65-66, 70, 137-138, 210-211, 218-220, 227, 229, 232-235
Dislexia, 15-17, 19
DISTAR (método de ensino direto), 84-85, 100
Educação universal, 14
Efeito da letra que falta, 248-249
Ensino da leitura
   Alemanha, 17-18, 40-41, 131-133
   Áustria, 133-135, 158
   Califórnia, 18-19
   Canadá, 41-42, 109-112
   Escócia, 109-112
   Finlândia, 40-42
   Inglaterra, 41-42, 107-108, 145-146
   Itália, 40-41
   Noruega, 40-41, 136-137
   Suécia, 40-41
   Texas, 142-143
Envolvimento dos pais, 107-108
Escolas sumérias, 40, 91-92
Estágios de Piaget, 187-188

Estratégia de decodificação, 53, 91-92, 198, 237
Estrutura da língua inglesa, 51-53
Estudos de treino por computador, 123-124
Estudos longitudinais, 83-85, 192, 195-196, 236-237
Fidelidade de tratamento, 81-82
Fonemas
   consoantes, 49, 51
   definição, 12-13
   quadro de, vi-vii
   tarefas
      classificação, 124-125
      discriminação, 124-125, 128-131, 141-142
      identificação, 124-125, 128-130, 133, 136-137, 141-142, 241-242
      manipulação/exclusão, 124-125, 130-131, 133, 141-142
      seqüenciamento (aglutinação/segmentação), 124-125, 141-142
   transitividade, 135, 241-242
   vogais, 50-51
   vogal + r, x, 49-51
   vogal schwa, 49-51
Fônica e treino de percepção articulatória, 102-103, 117-118
Fonogramas, 45-46, 70, 210-211, 219-220, 232
Fonotática, 19-20, 30-31, 38, 51-53, 63-64, 205-206, 213-214, 230-231
Freqüência de leitura (exposição à escrita)
   familiaridade das palavras e, 247-248
   impacto na precisão, 207-208
   para treino de fluência, 147-148, 151, 237
   testes de, 206-210
Head Start, 83-84, 163-164, 167-168
História
   compreensão, 168
   evocação, 172-173
   gramática, 159, 176
Jardim-de-infância, Origens do Teste LAC de consciência fonêmica, 130-131
Jogos de palavras no ensino, 18-20, 21, 45-46, 56-57, 69-70, 99-100, 230-231
Latência de início de fala/tempo de resposta, 214-217, 221, 226-227
Letras não-pronunciadas, 53-54, 56
Ligadura como diacrítico, 33
Línguas, impacto no sistema de escrita
   acadiano, 28-29
   alemão, 16-17
   árabe, 27-28
   aramaico, 35-36
   chinês, 29, 52-53
   egípcio, 27-28
   grego, 38
   hebraico, 27-28
   indiano, 12-13, 33-34
   japonês, 12-13, 29-30
   sumério, 28-29

Línguas compostas, 56-57
Magnitude de efeito
  definição, 98-99
  fórmula, 98
Marca diacrítica, 15-16, 36, 51
Memória
  de evocação, 39-40, 61-62, 92-93, 173-174, 183, 201
  de reconhecimento, 39-40, 61-62, 92-93, 183, 201
  leitura de palavra inteira e, 186
  promovido pela, 91
  visual na leitura, 205, 207-212
Memorização
  letras como auxílio, 131
  limites para, 27-30, 32-33, 38, 63-64, 230-231
Metanálise, 98-99
Método da releitura para treino da fluência, 66-67, 72, 230
  dificuldade do texto e, 156-158
  efeitos de transferência, 148-156
  estudos de treino, 147-158, 237-239
  fita de áudio e, 151-154
  meta-alvo, 148-154, 156
  precisão na decodificação e 144-154, 156-158
  revisão e, 154, 156-158
Métodos de leitura. *Ver também* Fônica, abordagens de ensino
  eclético ou balanceado, 18-19, 63-64, 70-71, 88-91, 113-114
  esquemas de leitura (Reino Unido), 17-18, 100-101
  experiência lingüística, 72-78, 88-89, 97-98
  fônico, 17-18, 42-43, 65-67, 70-72, 78, 80, 88-91, 100-101, 231-232
  leitura elementar, 17-19, 65-66, 68-70, 72, 76-78, 78, 80, 83-84, 86-87, 100-101, 114, 117-118, 162-163, 230
  leitura elementar + fônico, 72-78, 83-84
  linguagem total, 17-19, 86-87, 96-98, 106-107, 117-118, 114-118, 162-163, 165-166
  lingüísticos, 68-70, 74-76, 77-78, 83-84
  livros reais, 17-18
  olhar-e-dizer, 17-18, 65-66, 71-72, 245-246
  palavra inteira, 14, 17-18, 21, 27-28, 38, 63-64, 89-92, 138-139
  palavra inteira, 14, 17-18, 86-87, 113-114, 230-231
Modelo de estágio de Freud, 187-188
Modelos cognitivos de leitura/soletração, termos e expressões. *Ver também* soletração
  amigas/inimigas, 214-216
  constância ortográfica, 219-224, 226-227
  corpo da palavra, 213-214, 216, 243-244
  efeito da freqüência de palavra, 214, 221
  família de palavras, 214, 218-219
  palavras-exceção, 214-216, 220-226
  palavras regulares, 214-216, 243-244
  redundância ortográfica, 217-218, 220-223
  rima fonológica, 214, 216-217, 224-227
  rima ortográfica, 214-219, 221-227, 229, 243-244
  versatilidade ortográfica, 217-218
  vizinhas constantes/inconstantes, 214, 216, 218-220, 223-224, 226-227
Modelos computacionais de leitura, 210-212, 216-217, 222-229, 242-245
  conexões recorrentes, 226-227
  modelo de processamento paralelo distribuido, 211-212, 222-223, 242-243, 247-248
  modelo de rede atratora, 226-229, 243
  modelo dupla-rota, 210-212, 223-224, 243-244
Montesori, Maria, 39-40, 202-203
Morfologia, 56-57
Movimentos oculares e leitura, 145-147, 157-158, 247
  alcance funcional, 146
  alcance perceptivo, 146
  efeitos da sintaxe, 146-147
  efeitos do contexto, 146, 148-150
National Assessment of Educational Progress (NAEP), 15, 159-161, 176
National Reading Panel (NRP), v-vi, 11-12, 14, 61-65, 86, 183, 230-241
  ensino da leitura, 96-117-118, 234-235
  treino de compreensão, 162, 174-177, 239
  treino de consciência fonêmica, 119-143
  treino de fluência, 146-149, 237
  treino do vocabulário, 169-171, 238-239
Nome das letras e aprendizado da leitura, 140-141, 186, 234
Observações em sala de aula, 70-72, 82-83, 87-92, 234, 239
OECD (1995, 1997), 15, 261-264
Ordem alfabética, 34-35
Palavras homófonas, 25-26
Palavras inteiras
  como método de leitura, 211-212
  leitura de palavra inteira de último estágio, 244-247
  mito das, 21, 38, 247
  palavras inteiras verdadeiras, 49-50
  vocabulário funcional, 245
Paleografia, 19, 22-24, 30-31
Percepção da fala, 119-121
Período de atenção (cerebral), 247
Pesquisas de leitura internacionais, 15, 261-264
Placas de argila, 28-29
Prefixos/sufixos e soletração, 56-57, 197-198
Princípio alfabético, 70, 135-136, 203
Problema das muitas palavras, 184, 205-229
Programa de Pesquisa Cooperativa, 72-84
Programas de leitura
  DISTAR, 84-85, 100, 137-139
  exercícios fônicos, 75-76
  Fast Phonics First, 109-113
  Fônica Jolly, 88-89, 23-24, 107-113, 117-118, 125-126, 143, 234-237, 241
  Glossic, 65
  Hay-Wingo, 65-66

Initial teaching alphabet (i.t.a), 65-66, 69-70, 72-78, 80-81, 83-84
leitura elementar Ginn, 69-70
leitura elementar Harper e Row, 114
leitura elementar Houghton-Miffin, 114-116
leitura elementar Scott-Foresman, 69-70, 74-75, 114, 138-139
Letterland, 141
Lindamood Auditory
    Discriminação em profundidade, 65-66, 102-106, 117-118, 131, 235-236
    Lippincott, 66-67, 69-70, 72-78, 80-81, 83-84, 86, 93, 102-104, 143, 234
    Open Court, 105-108
    Orton-Gillingham, 99-100, 137-138
    Project Read, 60-61
    Reading Recovery, 107-108, 139-141
    Sing, Spell, Read, and Write, 114
    Sistema *New Primary Grade Reading*, 113-114
    Speech to Print, 75-76
    Success in Kindergarten, 141
    Webster's Blue-Backed Speller, 46-47
    Word Power, 75-76
Programas de treino fonológico/fonêmico
    Categorização de Som, 126-131, 133
    programa Lundberg, 126, 132-133, 139-141
    Sound Foundations, 135
Projeto *Follow Through*, 83-85
Proto-escrita, 24
Protótipo para o ensino da leitura, 40, 63, 69-70, 88-89, 96, 100, 140-141, 230-232, 234-235
    progamas que se adequam ao protótipo, 102-113, 117-118
Raiz da palavra, 51-52, 196-198
Síndrome de Down e leitura, 15-16, 120-121
Sistema de escrita da língua inglesa. *Ver também*
    alternativas de soletração, 53-55, 57, 241
    características estruturais 54, 56-57
    definição, 42
    padrões previsíveis de, 49, 56
    palavras polissilábicas e, 51, 56-57
    problemas com, 45-47, 58-59
    soletrações baseadas no grego, 51-52, 56-61
    soletrações baseadas no latim, 51-52, 56-58, 241-242
    soletrações derivadas do francês normando, 51-52, 54, 56-58
    soletrações escritas anglo-saxônicas, 51-52, 54, 56-57
Sistemas de escrita, 119-120
    análise comparativa dos, 19-22, 24-27, 244-245
    antigos
        acadiano 22, 28-29
        anglo-saxão, 40-42, 45-46
        aramaico, 22, 35-36
        assírio, 31
        babilônico, 22-24, 31, 34-36
        chinês, 27-29, 31-33
        coreano, 33-36
        cretense, 22, 33
        egípcio, 22-28, 30-31, 36
        fenício, 34-37
        hitita, 19, 22, 31
        indiano, 33-34-35
        inglês antigo, 41-42
        japonês, 29-30, 37-38
        maia, 22, 24-26, 33
        normando-francês, 41-42
        persa antigo, 33-36
        romano (latim), 42, 45-46
        sumério, 22-24, 27-29, 31-33, 40
        vietnamês, 31
    classificadores semânticos, 27-29, 36-37
    definições dos, 11-12, 22-27, 37-38
    escritas
        cuneiforme, 35-36
        escrita brahmi, 33-34
        Han'gul, 34-36
        hieroglíficas, 25-28, 36
        hiragana e katakana, 29-30, 33-34
        kanji, 29-30, 37-38
        Linear A, 22
        Linear B, 22, 33, 38
    função dos, 24
    mitos sobre, 20-21
    modernos
        alemão, 12-13, 41-42, 123-124, 132-135, 144-146, 203-204
        árabe, 36
        cheroqui, 33-34
        dinamarquês, 123-124
        espanhol, 12-13, 123-124
        europeu, 36-37
        finlandês, 40-42, 123-124
        inglês, 41-42, 145-146
        israelita, 41-42, 123-124
        italiano, 12-13, 123-124
        norueguês, 123-124, 136-137
        sueco, 123-124
    pressuposições sobre, 36-37
    teoria evolucionária dos, 19-20, 26-27, 30-31, 37-38
    tipos (*ver também* Alfabeto opaco, Alfabetos transparentes)
        alfabeto, 12-13, 19-20, 23-24, 36-38, 64-65, 70, 119-121, 230-231
        alfabeto consonantal (seqüência de consoantes), 12-13, 27-28, 36-37
        baseado em significado, 26-29, 63-64
        baseado em som, 26-29
        bifone consoante-vogal (bifone CV), 12-13, 29-30, 32-38, 63-64
        logográfico, 19, 26-29, 33, 37-38, 244-245
        palavra inteira, 25-26, 38, 63-64
        pictográfico, 19, 26-29, 33
        silabário, 11-12, 19, 28-33, 36-37
Sistemas de mapeamento, 22-25, 232

Sobreposições de códigos, 45-47, 57, 70
Soletração
　alternativas, 45-47, 51, 70, 102-103, 109, 117, 198-200, 218, 225-226, 232-233
　análise estrutural do código escrito
　　Hanna et al., 50-52
　　McGuinness, 51-59
　　Venezky, 47-51
　　Webster, 46-47
　categorias de soletração das palavras
　　soletrações raras (palavras-exceção), 196-200, 205
　　soletrações regulares, 43-45, 52-53, 183, 196-196-201
　erros, 91-96
　estágios, 51-52, 87-88, 92-93, 184-186, 202-203
　estratégias de processamento, 194-195
　　letras-sons, 186, 203-204
　　memória visual, 197-199
　　nome das letras, 186, 201-204
　estrutura de probabilidade do código escrito
　　freqüência na escrita, 48-51, 53, 208-209, 213-215, 217-220, 223-224, 243-244
　　probabilidade estatística, 45-47, 50-51, 53, 54, 56, 95, 208-211, 217-220, 242-244
　　redundância estrutural, 45-47, 54, 56, 205-206, 217-219, 223, 229
　　soletrações dependentes do contexto, 205-206
　　soletrações independentes do contexto, 199-200, 227, 229
　freqüências de duas e três letras, 209-211, 213-214, 217-218, 224
　　correspondências fonema-grafema, 205, 209-213, 236, 237
　definição de ortografia, 26-27, 43-48, 51-52
　estrutura fonotática e soletração, 205-206, 213-214
　estrutura lingüística e, 195-196, 199-200, 205
　estrutura morfológica e, 196-202, 205, 212-213
　generalizações de soletração, 43-45
　"regra" da vogal presa, 212
　"regras" de correspondência fonema-grafema (CFG), 44-45, 211-213, 223, 224, 247-248
　"regras" de duplicação de consoante, 196-198, 212
　"regras" de soletração, 43-45, 48-49, 94-95, 186, 196, 197-198, 201-202
　"regras" ortográficas, 205-206, 212-213, 245
　indicadores de
　　gênero, 184-186
　　habilidade na leitura, 185-186
　　QI verbal, 184-185, 197-198, 207
　métodos baseados na estrutura do código, 51-59, 61-62
　métodos em escolas
　　baseados em regras, 43-45, 48-49, 94-95
　　ensino do nome das letras, 92-93
　　escrita inventada, 86-87, 92-93, 95, 140-143, 184, 186-187
　　miscelânea, 95-96
　　pesquisa sobre programas tradicionais, 183-184
　modelos de estágio, 185-196, 200-201
　origem dos sistemas de escrita, 41-42
　padrões lingüísticos/visuais do código escrito usado em pesquisas cognitivas
　pesquisa sobre novos métodos de ensino, 58-62
　reforma
　tipos de testes
　　ditado de palavras (soletração), 93-95, 129, 241-242
　　reconhecimento ortográfico, 93-94, 96, 197-198, 200-201
Soletração padronizada, 43-46
Tabelas de alfabeto, 36-37
Teoria do desenvolvimento fonológico, 19, 87-88, 119-120, 122-123, 126-127, 141-142
Teste Rosner de consciência fonêmica, 141-142
Testes genéricos de leitura
　compreensão de leitura, 88-89, 132-133
　decodificação de pseudopalavras, 102-103, 114-115, 126-127, 136-137
　decodificação/ reconhecimento de palavra, 103-105, 241
　fluência, 123-124, 132-133
Testes informais (desenhados pelo experimentador), 124-125
Testes padronizados
　específicos
　　British Ability Scales, 139-140
　　California Achievement Test, 95
　　California Test of Basic Skills, 114
　　Comprehensive Test for Basic Skills, 95
　　Detroit Test of Learning Aptitude, 177-178
　　Fry Word List, 73-75, 77-78, 80-81
　　Gates Word List, 74-75, 77-80
　　Gates-MacGinitie, 115-116, 177-178, 185-186
　　Gilmore Tests of Accuracy and Rate, 73-74, 77-78, 80
　　Iowa Test of Basic Skills, 171-172, 180-181, 240-241
　　McGraw-Hill Basic Study Skills, 95
　　Metropolitan Achievement Test (MAT), 84-85, 95, 130-131
　　Murphy-Durrell Letter Name, 74
　　Peabody Comprehension Test, 161
　　Phoneme Discrimination Test, 74
　　Pintner-Cunningham IQ Test, 74
　　Schonell Spelling, 141
　　Stanford Achievement Test (SAT), 114, 179-180, 208-209
　　Test of Written Spelling, 61-62
　　Wechsler Adult Intelligence Scale (WAIS), 197-198
　　Wechsler Intelligence Scales for Children (WISC), 161, 177-178
　　Wide Range Achievement Tests (WRAT), 84-85, 177-178, 197-198, 206-207, 210

Woodcock Reading Mastery, 61, 114, 116-117,
   131, 135, 137, 160-161, 206-209
   gerais, 67-68, 115-116, 122-126, 131-133, 137-139,
   141, 144, 198-199, 241
Texto codificado em cores, 106-107
Tipos de línguas e sistemas de escrita
   hamito-semita, 27-28, 30-31, 36
   indo-européia, 33, 35-36
   línguas tonais, 29
Treino de correspondências letra-som, 128-129, 131,
   133-137, 139
Treino de padrões motores da fala, 102-103, 136-137,
   235-236
Unidades fonológicas no ensino da leitura
   análise de sílaba, 137-138
   analogia de aliteração/rima, 99-102, 109-112
Velocidade de leitura e fluência, 123-124, 144-159, 237
Velocidade de nomeação, 203-204, 236-237, 245-247
Ver também Método de releitura para treino da fluência
   compreensão e, 144-147, 150-154
   escores de leitura, 145-149
   leitores bons *versus* leitores fracos, 157-158
   leitores lentos, 15-16, 144-147, 158
   prosódia e, 151-154
   relatório do National Reading Panel, 144, 146-149
   treino de palavra inteira e, 148-150
   velocidade de fala e, 144-146

Vocabulário
   aquisição, 162-165
      compreensão oral, 162
      derivação de palavra e, 162
      hereditariedade/QI verbal, 164-165
      leitura e, 162
      literatura infantil e, 162
      tamanho do vocabulário expressivo, 162-163,
         174
      televisão e, 162
   treino
      freqüência de exposição e, 171-174
      Head Start, 163-164, 174, 239
      inferência a partir do contexto, 173-174
      interação professor-criança, 168
      lições em sala de aula e, 89-91
      metanálise de pesquisa em sala de aula, 169-170
      ouvir histórias como método, 166-170
      perigos da linguagem total, 165-166
      programas bem-sucedidos, 171-175
      relatório do National Reading Panel, 169-171
      testes de múltipla escolha na pesquisa, 166-169,
         171-172
      testes padronizados e, 166, 170-172
      vocabulário expressivo e, 166-167, 172-174, 239
      vocabulário receptivo e, 167-168, 172-174
Webster, Noah, 39-40, 44-45, 69-70